龟兹石窟保护与研究
国际学术研讨会论文集

新疆龟兹研究院　编

科学出版社
北　京

内 容 简 介

本书为2011年“龟兹石窟保护与研究”国际学术研讨会论文集。全书共收录来自中、德、意、美、日、韩等国学者的文章32篇，分为“保护篇”和“研究篇”两大部分。“保护篇”集中探讨了龟兹石窟的保护成果，涉及环境因素、壁画保护等相关内容；“研究篇”则对石窟壁画中的图像、题记以及简牍、造像等内容进行了考古学和历史学的研究和分析。

本书适合于从事石窟考古、历史、艺术与文物保护的专家学者，及相关专业的大专院校师生参考阅读。

图书在版编目（CIP）数据

龟兹石窟保护与研究国际学术研讨会论文集 / 新疆龟兹研究院编. —北京：科学出版社，2015. 12

ISBN 978-7-03-045993-0

Ⅰ.①龟… Ⅱ.①新… Ⅲ.①龟兹-石窟-保护-国际学术会议-文集 Ⅳ.①K879. 2-53

中国版本图书馆CIP数据核字（2015）第244970号

责任编辑：孙 莉 曹 伟 / 责任校对：邹慧卿

责任印制：肖 兴 / 封面设计：李 佛 张 放

科 学 出 版 社 出版

北京东黄城根北街16号

邮政编码：100717

http://www.sciencep.com

中国科学院印刷厂 印刷

科学出版社发行 各地新华书店经销

*

2015年12月第 一 版 开本：889×1194 1/16

2015年12月第一次印刷 印张：22 插页：10

字数：625 000

定价：260.00元

（如有印装质量问题，我社负责调换）

主　编　赵　莉

副主编　杨　波

序

荣新江
（北京大学中国古代史研究中心）

一个多世纪以来，有关古代龟兹的研究大体上是由不同学科的学者分别从事着某一方面的研究。考古学家注重的是龟兹石窟的洞窟类型与断代研究，或关注龟兹范围内的古城和戍堡；美术史家重在比定壁画图像并对石窟壁画进行艺术分析和分期；佛教学家重点阐释丝路北道小乘佛教的发展及其与大乘佛教的关系，特别关注龟兹出身的鸠摩罗什对中国佛教的贡献；语文学家解读了一件又一件的梵文、龟兹文佛典，个别学者进而探讨它们的部派归属；历史学家努力把传统的汉文典籍记录和当地出土的少量汉文文书相结合，来探讨龟兹的历史进程，特别是唐朝在西域的军政体制、交通路线。凡此种种，都已经取得了非常丰厚的成果，有些成果是综合两三个学科所取得的优异成绩，值得肯定。

最近10年来，有关龟兹研究资料的整理有了整体性的突进。龟兹石窟内容的系统著录，龟兹地区文物普查的完成，各国所藏龟兹出土文书以纸本和数字化形式的大量公布，都为我们今后对龟兹的研究提供了良好的基础。

在此基础上，今后的龟兹研究更应当走出学科的独立分野，应努力推进跨学科的集体合作研究。比如，古代龟兹的佛教社会是一个完整的系统，佛教洞窟的开凿和壁画的绘制，是和某种佛教思想相辅而行的，而佛教思想反映在当地僧侣阅读，使用的梵文、龟兹文、汉文的佛典和佛教仪式类文本当中，同时，石窟寺的管理和运营是和当地的佛教教团及寺院经济密切相关的。因此，需要把考古、美术、佛教、语言、历史的学者集中起来，以佛教石窟为中心，展开跨学科的研究。又如，历史学家关注的城镇、道路也好，军事、行政体制也罢，也同样是在一个复杂的系统当中，既要关注唐朝制度的导入，也要发掘当地社会的自身文化传统，还要留意外来文化的影响，把历史典籍的大记录与龟兹文、汉文，以及其他出土文书随意遗存的小事情结合起来，得出龟兹历史的整体景观。

2011年8月，在古代龟兹佛教的中心之一——克孜尔千佛洞召开的“龟兹石窟保护与研究”国际学术研讨会，就是朝着这个方向努力的一步。会议由新疆维吾尔自治区文化厅和自治区文物局主办，新疆龟兹研究院与北京大学中国古代史研究中心承办，与会代表从多角度对龟兹石窟的保护问题提出解决方案，也提交了丰富多彩的研究论文，并进行了充分的学术交流。现在这部论文集，就是经过作者修订而后形成的。

近年来，我作为北京大学中国古代史研究中心的代表，与新疆龟兹研究院、中国人民大学国学院西域历史语言研究所合作，努力推动进行龟兹石窟保存的吐火罗文、汉文、察合台文等各种文字题记的调查、解读、研究，希望对龟兹石窟的内涵与年代、龟兹古代佛教社会、龟兹王国军政体制与基层社会等问题，做更加深入的综合性研究，以期推进龟兹学的整体进步。

本次会议也是我们合作的成果之一。今受命不辞，因述合作研究之缘起，兼阐发龟兹综合研究之方向，是为序。

2012年9月8日

Preface

Rong Xinjiang
(Center for Research on Ancient Chinese History, Peking University)

For more than one century, ancient Kucha was studied by many scholars from separate fields with different approaches. Some archaeologists focused on the classification and dating of Buddhist grottoes, and some others paid their attention on the ruins of ancient cities and fortifications. Art-historians concentrated on the identification of murals, their chronology and further iconographical analysis, while Buddhologists usually concern the development of the Small Vehicle Buddhism in the northern branch of the Silk Road and its relationships with the Great Vehicle, especially Kumārajīva's contribution to the Chinese Buddhism. Philologists deciphered Sanskrit and Kuchean Buddhist literatures piece by piece, whereupon a few scholars discussed the school affiliation of some texts. Historians made their effort to link Chinese traditional resources with the sporadic manuscripts found *in situ*, so as to discuss the historical process of Kucha, notably the military institution, the administrative system, and the transportation network in the Western Regions under Tang's rule. Their research have been very fruitful. Some results brought by the coordination between two or among three different approaches are particularly worthy.

In the last decade, the working on the research materials about ancient Kucha has made remarkable progress. Important contributions include the systematic compilation of the descriptions about the Kucha Grottoes, the completion of the investigation of local surviving remains, and the publication of the unearthed manuscripts either in print or in online databank. These all serve as a good base for the future of Kucha studies.

In this regard, the Kucha studies shall go beyond the boundaries of traditional disciplines and seek to develop a collective collaboration among them. For example, the Buddhist society in ancient Kucha should be an integrated system. The building of grottoes and the painting of murals should be paralleled by the current Buddhist philosophy in their days, which was further reflected in the canonical and para-canonical texts of various languages (e.g. Sanskrit, Kuchean and Chinese) for the reading and use of local monks. As to the operation and management of cave monasteries, they involved local Buddhist communities and the monastic economy. Therefore, the specialists of archaeology, art history, Buddhology, linguistics and history shall be gathered to develop a multidisciplinary approach, of which the center shall be placed on Buddhist grottoes. Furthermore, it stands to reason that the settlements and the roads, as well as the military and administrative institutions behind them, which were all embedded in a complicate system. Thus our attention should be focused not only on the introduction of the Tang institution, but also on the indigenous traditions and the influences from other neighbouring civilizations. In other words, the historical events seen in the traditional sources should be integrated with the records found in the unearthed documents written in Kuchean, Chinese and other languages, so that a general historical aspect of ancient Kucha may come into view.

Taking these ideas as our starting point, the Center for Research on Ancient Chinese History, Peking University now collaborates with the Kucha Research Academy of Xinjiang for the purpose of studying unearthed texts and cave inscriptions, whereupon more close analyses will be taken of various issues such as the contents and dating of grottoes, the features of Kuchean Buddhist society, the administrative and military systems of ancient Kucha, as well as the local civil society. It is hoped that such a project will promote the substantial progress of the Kucha studies.

September 8, 2012

目　　录

保　护　篇

研　究　篇

Catalogue

Protection

Research

保 护 篇

龟兹石窟保护今昔探讨

黄克忠
（中国文化遗产研究院）

一、要总结评估龟兹石窟以往做过的保护工程

笔者于1986年参加了克孜尔石窟第一期加固工程的勘察、前期试验研究与排水设计工作。由于窟区岩体为第三纪砂岩与泥岩夹层，质地疏松，遇水崩解。此外，窟区冲沟纵横，窟内裂隙遍布，雨水沿裂隙渗漏，再加上此地区地震频繁，造成洞窟大面积坍塌，壁画损坏严重，一些位置较高的洞窟已无法攀登。前期的试验研究主要围绕锚杆拉拔试验、栈道梁试验、防止岩石风化崩解的化学材料室内及现场试验等项目进行。为防止加固工程对地下可能被掩埋的遗迹造成损害，我们还对部分遗迹进行了考古清理和物探工作。在使用防风化材料的试验中，由于大面积实施存在施工技艺及经费等方面的考虑，所以在实际工程中没有做这项工作。

现在再来看过去做过的几期工程，发现有不少值得总结的经验教训。例如，栈道梁根部出现裂缝，栈道下沉；窟檐过于死板与环境不协调，虽然后期有所改进，但仍不理想；岩体表层风化剥离病害仍未解决；管理不到位，设计与施工脱节，没有现场监理，造成钻孔打入窟内，灌浆污染壁画等。究其原因，从技术层面考虑，还是对龟兹石窟的特性研究不够，缺乏各专业间的相互研讨。就以栈道梁的设计来说，尽管当时经过试验，认为栈道梁的抗裂矩是设计值的1.6倍，也满足荷载的设计要求，为防止梁根部受力对岩壁挤压使岩石破碎，设计了钢筋混凝土梁垫，但为什么仍出现开裂呢？这有待于我们进行科学的专业评估。据笔者分析，其中一个很重要的因素是对第三纪砂岩性能还需要更深入的研究，如它的应力松弛与蠕变性能。据文献记载，此类岩石应力松弛后的岩石强度得不到充分发挥，设计参数中设定的岩体强度值过高，岩体表层又未能做防风化加固等，因而使它产生了变形破坏。现在我们认识到，对以往实施过的工程进行跟踪与评估是必不可少的一个程序。

二、进一步研究适用于龟兹石窟的保护措施

文物保护措施是否科学，主要看我们能否保持住石窟的真实性和完整性，即不改变文物的原状，以及传递不同历史时期人类生存信息的文物古迹能否长久地保存，从而显示它们的重要性、典型性、独特性。所以，如何根据龟兹石窟区域内的岩体特性、气候、环境、石窟建造与价值等特点，开创性地研究一些具有成效的实际应用的保护措施，就要求我们首先在前期做好勘察、试验工作。可以从大环境、小环境与石窟岩体表层的微观环境着手。

大环境主要应关注对石窟有可能带来灾害的地震、洪水、沙尘暴等问题。应对这些灾害可能对石窟造成的危险性进行风险评估，如对地震风险评估的主要内容有：识别评估对象面临的各种风险，利用收集到的数据资料评估风险发生的概率和可能带来的损失量，确定石窟文物承受风险的能力，确定风险消减和控制的优先等级，推荐风险消减的对策等。要与当地的地震部门联系，将我们管辖的几个石窟区列入他们的地震监测系统，定期监测地震活动情况，并积累本地区强震动数据，与就近的地震监测台站合作进行监测预警。又如，对克孜尔、库木吐喇两个石窟洪水灾害的预防，则需要整理历年洪水对窟区造成的危害及最高洪水位。要主动与石窟环境密切相关的上游克孜尔水库取得联系，请他们提供历年的洪水位、洪水期的下泄流量，及时通报特大洪水时开闸放水的时间与最大流量等，组成共同预警机构。

对于洞窟小环境的研究与监测，我们已经有很好的榜样，敦煌研究院有一套成熟的经验可供借鉴。但是不能操之过急，要根据自己的条件逐步完善。考虑到管辖区范围广、交通不便、基础设施差等问题，要尽量使用安全程度高、无线遥控的监测设备，尽可能与安全防范系统共同设计。

至于石窟岩体表层的微观研究，则需要花费更多的精力并要有开创精神。要研究岩石表层微缺陷和它的劣（风）化特征，以及微环境变化对岩石表层的影响；要研究其表层的物理性质、矿物组成、化学成分、力学性质及微观结构在深度上的变化规律。尤其要关注冻融、干湿交替与盐类迁移结晶过程等对岩石表层的影响。只有如此进行劣（风）化的机理研究，才能避免保护过程中由于不恰当的保护行为所造成的新破坏。

再说过去的保护加固措施是否适用于龟兹石窟，也需要在总结评估的基础上创新或改进。例如，锚杆，过去大量使用的是钢筋砂浆锚杆，钢筋被水泥包裹，老化期不足百年，尤其用在文物本体上弊病更多。而我们发现克孜尔47窟外侧壁面上多处锚孔内的木杆与石灰浆材，却已保存了千年以上，这对我们应是重要的借鉴。再如，使用钢筋混凝土栈道，其重量过大，现在有许多轻型建材是否能替代它，这些都是值得我们研究的课题。

优秀的文物保护传统技艺必须和现代科技紧密结合。传统材料与传统工艺是由古代匠人的经验和灵感所制造发展起来的，为求得更佳的效果，经过几代人的改善、改良、淘汰才得以传承至今。这些符合科学道理的材料和工艺我们当然应该继承，但是积极引进新材料、新技术加以试验，并证实其可行，也是被中外文物保护修复专家实践证明是正确的道路。即使维修加固同一个石窟群，为了考虑它们的不同保存状态，也需要分别选用适当的保存材料。采用适当的保护措施，懂得如何使用传统材料和工艺，并确定哪些地方必须采取现代材料和工艺，这需要经过慎重、细致研究后才能得出正确的认识。

修复壁画的过程就是研究的过程。修复前，应充分利用现代科学技术手段对石窟壁画的材质、成分、结构进行分析，尽可能的获取科学证据——化学的、物理的、生物的，并掌握材质的性能，通过这些数据来了解壁画病变的原因和程度。在维修保护过程中，如何通过仪器设备、分析原理、技术手段、物质结构和化学组成对对象进行分析，以保证维修技术的科学性、实用性及结论的可靠性，这也是我们必须深入思考的问题。改善保存的环境，就要了解保护文物古迹的最佳环境是什么。使用新材料、新技术时，需要做室内和现场试验，修完了还需要检测保护的效果。

进行档案记录时，需要对数据库、地理信息系统、虚拟现实技术、网络技术等有所了解和掌握。用文字、图表、摄影材料、采相、拓片、摹本及计算机磁盘等形式，对石窟的历史、艺术和科学价值进行科学、准确、翔实的记录。把建造历史、保护修缮史、保存现状管理情况等信息进行全面的记录保存，以备使用查考。目前正在试验应用的三维数字扫描技术，能真实地记录石窟整体和局部的面貌，现状与残损部位能被直观、具体、真实地记录下来，并能将记录方式应用于后续研究的过程中。

三、应有多学科的团队参与石窟保护的全过程

石窟保护的复杂性与其生存环境的多样性，使保护工作的任何一个环节都需要多学科的参与、合作。有许多学科的专门技术和测试方法，不可能全部由文物部门自己去完成，一定要依靠社会各部门的科研单位、大专院校合作完成。

龟兹石窟以它独特的风格和完整的体系而著称于世，人们在长期的实践中积累和形成了与之相适应的、体系完备的营造技术。因此在进行价值评估以及制定保护程序、技术措施时，都要考虑石质文物所具备的文化、哲学和历史的观念，尤其需要人文与自然科学的结合，从美术史、历史、考古学、建筑史、民俗学等观点进行调查研究并评估其价值；还要以自然科学的方法判断其价值。例如，^{14}C测定，材质的物理、化学性质测定，隐蔽遗迹的判释等。

我们要更新我们的知识结构，要将与自然科学有关的方法科学有效地与社会科学文化背景有机地结合在一起，充分展现出多学科研究的价值，有意识地完善研究方法。例如，从考古清理与文献资料中，我们了解到20世纪初，德国人格伦威德尔与法国人伯希和等，都曾在此进行过发掘，除掠走大量文物外，文献记载他们还发现了小型黏土建筑、大型建筑中的炼铜炉、制作陶像的作坊，其中有用来制作塑像和装饰的雪花石膏型模和用来浇铸人头的大型模，还有保存残余谷物颗粒的仓库等。如能将文献研究、考古调查清理与勘察、物探技术相结合，统一工作计划，相信我们会获得更多的历史信息。当我们开挖人工湖发现陶祖、山崖前用推土机开路发现彩色陶片时，就会与这些尚未发现的遗址、遗迹联系起来，进行多方位的工作。一旦发现遗址，除了清理发掘外，还要考虑如何将其更好地保护与展示，而不能一埋了之。

现代科学技术扩大了我们获取更多古代信息的范围和种类，提高了提取信息和分析问题的能力，这就提醒我们要更系统、更深入地关注如何建立起兼顾保存物质性和保持文化观念的方法和技术。把微观研究同宏观研究相结合，静态研究与动态研究相结合，确立整体保护维修的观念。它应该是多种思维方式和手段的结合，只有形成一个综合的、系统的、多学科的石窟保护维修理论体系，才能担当起保护、研究、弘扬、传承文化遗产的重任。

最后，对战斗在龟兹石窟保护及其他第一线的同仁们说句贴心话：对你们热爱文物保护事业和勇于实践的精神表示衷心的敬佩，由于你们热爱文化遗产保护事业和甘于寂寞、艰苦奋斗的精神，才能抵制住现今社会上浮躁、拜金的邪气；能守住这些珍贵的文化遗产，安下心来做些调查研究，学些真本事，是多么难能可贵。真诚地希望能看到更多的年轻人加入这项崇高的事业中。

Past and Present of Kucha Grottoes Protection

Huang Kezhong
(Chinese Academy of Cultural Heritage)

Firstly, we should sum up and assess the projects, which have been done for the protection of Kucha Caves in the past.

I joined the first prospecting of the Kizil Grottoes strengthening, pre-trial research and drainage design in 1986. Since the cave area is covered by tertiary sandstone and mudstone, which are in loose texture, in addition to water disintegration, serious diseases have a very wide distribution. In order to prevent the possible damage to buried ruins by the strengthening projects on the ground, we had done some of the archaeological cleaning up and geophysical work. In the testing about against-weathering materials, there are some problems on construction skills and funding concerns, so we have not put it into effect.

If we review our projects of the past days, there are a lot of experience and lessons, which is worth summarizing up, and it is also an indispensable process to track and assess for the project.

Secondly, we must make further research on the appropriate project measure for Kucha Grottoes protection.

Whether the conservation measure is scientific or not, depends on the ability to protect the authenticity and integrity of the caves—maintaining the status of the heritage. According to rock features of Kizil Grottoes area, climate, environment, grotto construction and value, how to find some effective protection measures is an important task. To solve the problem, we require good preliminary research, investigation and experimental work, to which we can start from environment around grottoes and microcosmic surrounding of surface layer.

Excellent traditional conservation skills and modern technology must be closely integrated.

Mural restoration process is the process of studying murals. Before restoration, we should make full use of the modern scientific and technological means to analyze the material of the murals, composition, and structure, in order to get a variety of scientific data as much as possible. We also should analyze the causes and extent of disease through these data. In this process, we must ensure the maintenance of technical science, practicality and reliability of conclusions through the instruments of physical structure and chemical composition. About how to improve the preservation of the environment, I think we should note: firstly, we must understand what the best environment is for heritage conservation. Before using new materials and technology, tests of indoor and field must be done, as well as the protective effect.

About file recording, we should understand and master the database, geographic information systems, virtual reality technology and network technology, by which we will offer accurate and detailed records about the grottoes of history, art and scientific value with text, graphics, photographic materials, mining phase, rubbings, facsimile, computer etc., and we will show out a comprehensive record-keeping for the construction history, repairment history of the protection, conservation status, management and other information.

At present, we are testing the application of three-dimensional digital scanning technology, which can provide intuitive, concrete, real comprehensive record information of cultural relics, and be applied in the following study.

Thirdly, there should be a multi-disciplinary team involved in the whole process of cave protections.

The complexity of the protection of caves and their diversity of the store environment requires multi-disciplinary participation, cooperation in every aspect of the process of the protection.

Modern science and technology has expanded our range for more ancient and types of information, and has improved the extraction of information and the ability to analyze problems, which made us get more systematic and more deep concern about how to save the material to establish and maintain cultural values of the methods and techniques. The micro-research combination with macro-research and static study combination with dynamic study will establish the overall concept system of protection and maintenance. A variety of ways of thinking patterns and means should be combined to form a comprehensive, systematic, multi-disciplinary grotto protection and maintenance theoretical system, which will assume the protection, research, promotion, hcritagc and innovation task.

砂砾岩石窟岩体裂隙灌浆材料研究新进展

李最雄
（敦煌研究院）

一、引　　言

位于中国西北古丝绸之路上的石窟，其岩体大都属于泥质胶结砂岩或砂砾岩，这种岩体松散、孔隙率大、力学强度极低。石窟崖体风化严重，冲沟、裂隙发育，使岩体很容易坍塌，对洞窟内的精美壁画和塑像造成了严重毁坏。过去，针对孔隙率小、力学强度高的灰岩及钙质胶结砂岩石窟岩体特性，我们在加固工程中已经开发出许多力学强度高、适宜岩体裂隙的灌浆材料。但是，岩体松散、力学强度极低的泥质胶结砂砾岩石窟岩体裂隙灌浆材料的研究一直是个空白。20世纪90年代，在进行甘肃省安西县榆林窟抢险加固工程时，我们开发出一种适宜松散砂砾岩石窟岩体裂隙的灌浆材料PS-F（PS——模数3.7～3.8、浓度8%～12%的硅酸钾，F——粉煤灰）[1~4]。

PS-F浆液结石体最大的特点是收缩变形性小，既能确保灌浆的密实性，也能使浆液结石体和岩体裂隙两壁的岩面牢固黏结，达到理想的灌浆效果。浆液结石体的强度可以通过控制PS的模数和固化剂的用量得到很好的效果，使其强度略高于砂砾岩的强度。

近两年，敦煌研究院和中国文化遗产研究院合作，对中国古代建筑中使用的两种硅酸盐材料料礓石和阿嘎土进行了物理力学特性研究，结果表明：以烧料礓石和烧阿嘎土为主要材料制成的浆液与PS-F浆液有相近的物理力学特性。但是，烧料礓石和烧阿嘎土浆液结石体比PS-F浆液结石体有更小的收缩变形性，这一特性对岩体裂隙灌浆是非常重要的。因此，烧料礓石和烧阿嘎土可作为一种很好的砂砾岩石窟岩体裂隙的灌浆材料。

二、实　　验

（一）试样制备

分别选1000℃焙烧3小时的料礓石和阿嘎土，制成180目粉状物，选180目的石英砂。分别以石英砂、料礓石质量比1：1，水灰比0.33制样（试样简称SL）；石英砂、阿嘎土质量比1：1，水灰比0.50制样（试样简称SA）。以70mm×70mm×70mm和40mm×40mm×160mm两种类型试样进行物理力学性能实验。

（二）物理力学实验

1. 结石体不同龄期含水率变化和孔隙率

制作40mm×40mm×160mm试样，分别测试结石体3d、7d、14d、28d龄期的含水率变化及结石体的孔隙率。依据《GB T50123-1999 TUG 土工试验方法标准》进行实验，所用的试验仪器有JA2003电子天平、DHG-9140CHON烘干箱、JDM-1土壤相对密度仪、WH-1土壤湿度密度仪等（图一）。

测试结果表明，烧料礓石和烧阿嘎土都有很大的孔隙率，这就使修复结石体具有很好的透水性和透气性，也就使修复结石体与石质文物本体能很好兼容，耐久而不易产生剥离。石质文物的修复材料，其结石体的透水性和透气性，对石质文物修复效果及耐久性是至关重要的。

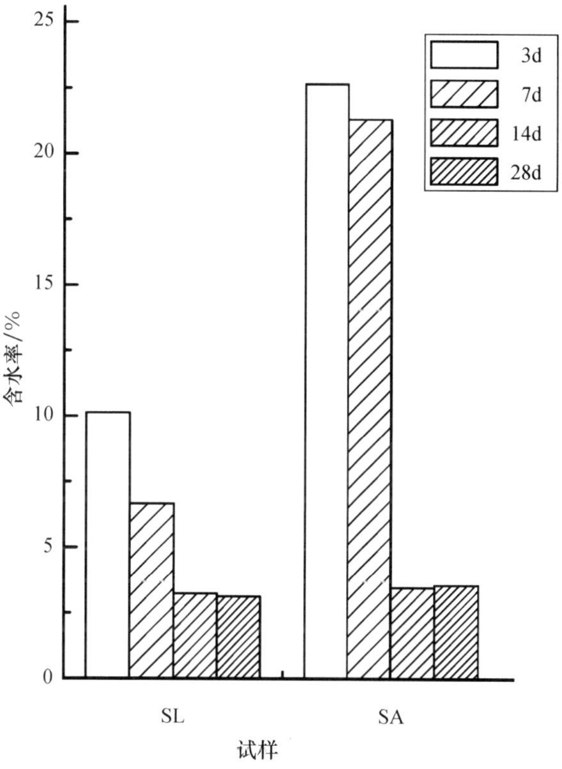

图一　结石体不同龄期含水率变化

2. 收缩变形性测试

采用40mm×40mm×160mm试样，用电子千分尺对样品进行收缩性测试（图二）。

测试结果表明，经改性后的中国传统材料烧料礓石和烧阿嘎土，其结石体的收缩变形性都非常小，烧料礓石几乎无收缩。和上述修复结石体的透水性及透气性一样，修复结石体的收缩变形性对石质文物保护修复后的耐久性也是非常重要的[5~9]。

3. 弹性波速与龄期的关系

采用70mm×70mm×70mm试样，测试其1～30d的弹性波速（图三）。

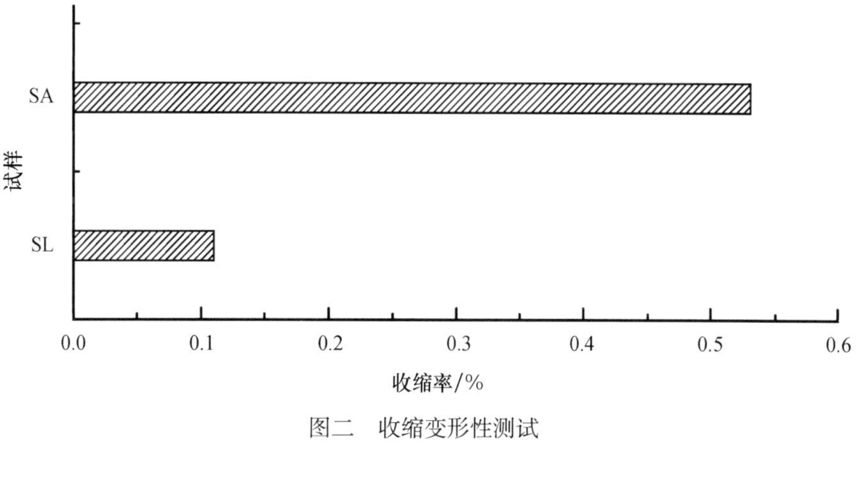

图二　收缩变形性测试

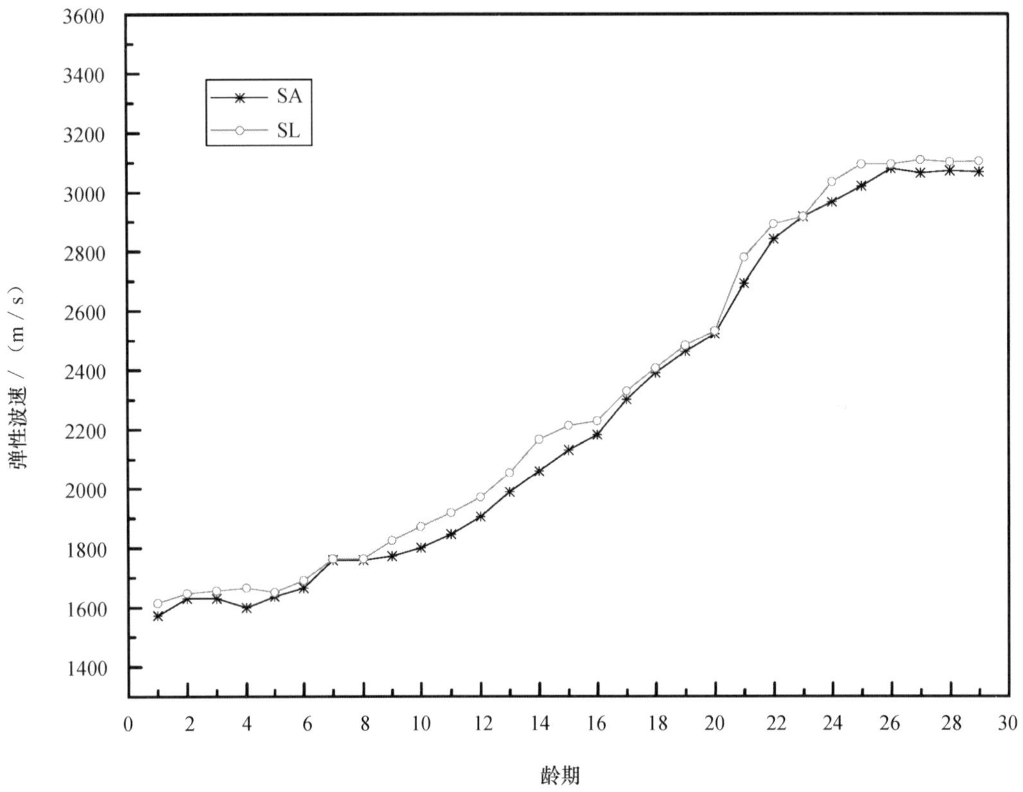

图三　龄期-波速关系图

从图三测试结果表明，中国传统的烧料礓石和烧阿嘎土有基本相似的随龄期变化的弹性波速，并具有以下特点。

（1）随着龄期的增加，弹性波速呈增长趋势。

（2）1～7d时弹性波速增长缓慢，之后持续增长。

（3）SL和SA 2d之后，弹性波速稍有下降的趋势，第4d之后又开始增长。

（4）不同龄期的相同时段，SL＞SA。

（5）22d之后，波速增加趋于缓慢，25d之后，弹性波速变化很小，基本趋于稳定状态。

（6）对比SL、SA相应的龄期强度，其变化与弹性波速变化趋势一致。

4. 龄期强度测试

采用40mm×40mm×160mm试样、JJ-5电动抗折仪、CSS-WAW300DL电液伺服万能试验机，分别测结石体3d、7d、14d、28d龄期的抗折、抗压强度，结果如图四所示。实验数据依据《GB11671-1999水泥胶沙强度检验方法》检验。

从图四的测试结果表明，在相同的养护条件下烧料礓石3d龄期的抗折强度达到28d龄期抗折强度的93.6%，表明烧料礓石有较高的早期抗折强度，之后随龄期增长，7d、14d龄期的抗折强度以相同的速度稍有上升，较3d龄期的抗折强度稍微增大，28d龄期的抗折强度又稍微下降。烧阿嘎土具有与烧料礓石基本相同的特点，3d龄期的抗折强度达到28d龄期抗折强度的69.7%，表明烧阿嘎土也

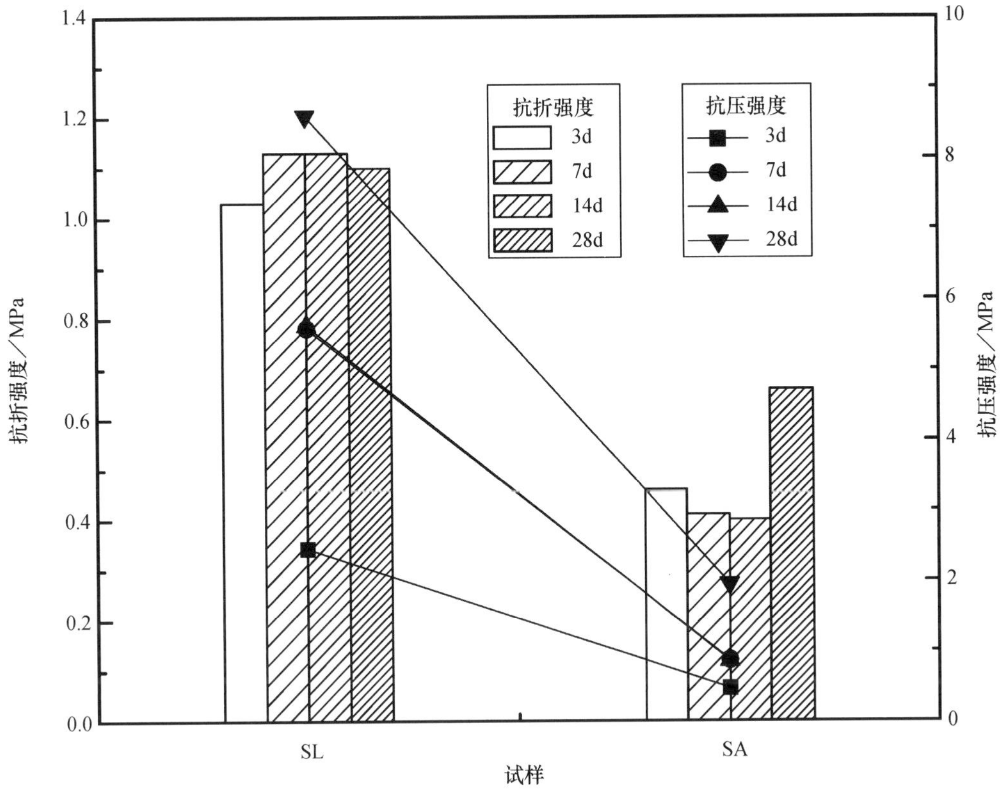

图四　结石体随龄期强度的变化

有较高的早期抗折强度，之后随龄期增长，7d、14d龄期的抗折强度稍有下降，28d龄期的抗折强度又有较明显增大。

在相同的养护条件下，烧料礓石3d龄期的无侧限抗压强度达到28d龄期抗压强度的28.5%，之后随龄期增长，7d、14d和28d龄期抗压强度明显增大。烧阿嘎土具有与烧料礓石基本相同的特点，3d龄期的无侧限抗压强度达到28d龄期抗压强度的23.6%，之后随龄期增长，7d、14d和28d龄期抗压强度较明显增大。两者相比较，烧料礓石较烧阿嘎土有较高的抗折强度和特别高的无侧限抗压强度，同时，烧料礓石有明显高的早期抗折强度，其原因是烧料礓石中含有较高的β-CSH_n和C_2ASH_n水泥石成分，而烧阿嘎土中含有较高的CaO。

5. 固化温度对结石体强度的影响

将40mm×40mm×160mm试样，在室温下固化3d后分别在常温、50℃、100℃及150℃条件下固化8h后测其强度，测试结果如图五所示。

测试结果表明，烧料礓石和烧阿嘎土随固化温度升高，烧料礓石的抗折强度稍有提高，而烧阿嘎土的抗折强度略有下降。随固化温度升高，抗压强度变化不大，有的略有提高，有的略有下降。总之，在25～150℃范围内，随固化温度升高，对烧料礓石和烧阿嘎土结石体的强度影响不大。

烧料礓石和烧阿嘎土都含有一定量的气硬性胶凝材料CaO和水硬性胶凝材料β-$CaSiO_3$及$Ca_2Al_2Si_2O_8$，CaO在H_2O的作用下先生成$Ca(OH)_2$，再逐渐吸收空气中的CO_2生成$CaCO_3$，其强度

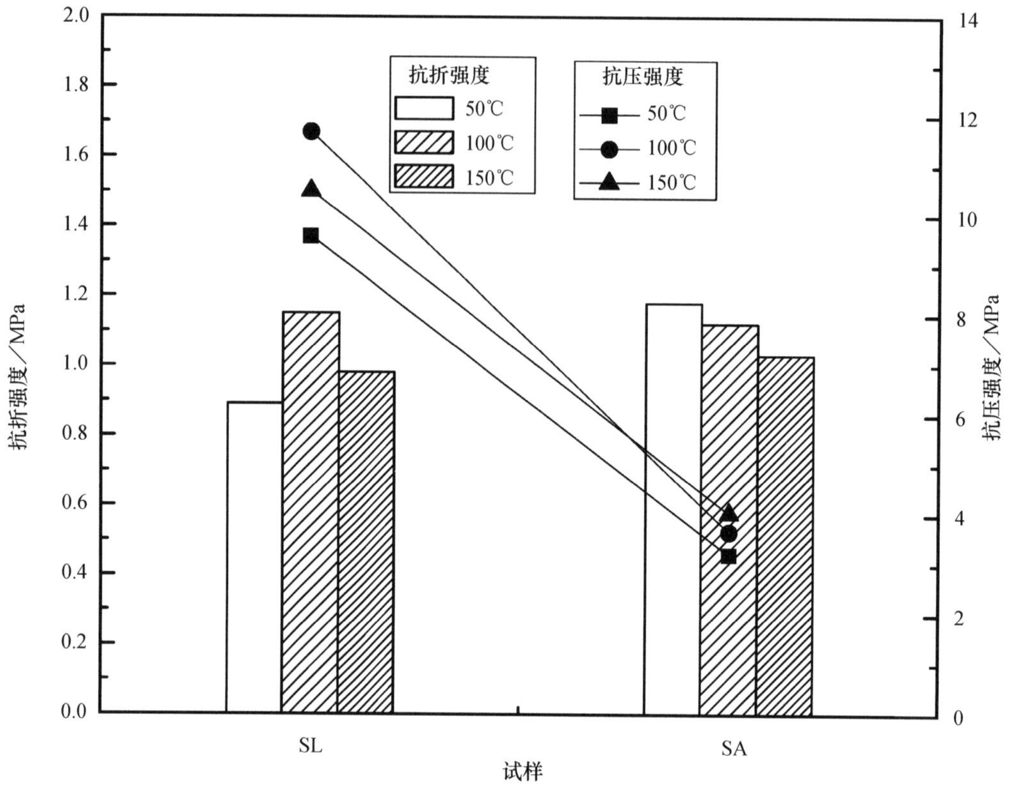

图五　固化温度对结石体强度的影响

逐渐提高。β-$CaSiO_3$及$Ca_2Al_2Si_2O_7$也是在H_2O作用下，进行水化反应，生成β-CSH_n及β-CSH_n水泥石，其强度快速提高。

气硬性：$CaO+H_2O \rightarrow Ca(OH)_2+Q$［放热］　$Ca(OH)_2+CO_2 \rightarrow CaCO_3+H_2O$

水硬性：β-CaO·SiO_2(β-CS)＋$nH_2O \rightarrow$ β-CaO·SiO_2·nH_2O(β-CSH_n)

$2CaO \cdot Al_2O_3 \cdot SiO_2(C_2AS)+nH_2O \rightarrow 2CaO \cdot Al_2O_3 \cdot SiO_2 \cdot nH_2O(C_2ASH_n)$

因此，烧料礓石和烧阿嘎土的胶凝体，只有在H_2O和CO_2存在的环境中，逐渐进行水化和炭化反应，才能生成多孔隙的$CaCO_3$胶凝体，β-CSH_n及β-CSH_n水泥石主要为提高胶凝体的强度做贡献，固化温度对强度的影响不大。

6. 结石体的水稳定性

将50d龄期的40mm×40mm×160mm试样，在室温水中浸泡24h，取出后立即进行湿试块的抗折、抗压强度测试，结果见图六。

测试结果表明，烧料礓石和烧阿嘎土在水中浸泡24h后，所有试样外形完整无损，也未开裂。烧料礓石结石体试样在水中浸泡24h后，其抗折强度略有下降，而烧阿嘎土的抗折强度稍有提高。烧料礓石结石体试样在水中浸泡24h后，其抗压强度略有下降，而烧阿嘎土的抗压强度略微升高。证明烧料礓石和烧阿嘎土的结石体都有较好的水稳定性，修复石质文物后有很好的防雨蚀性能[7，10~11]。

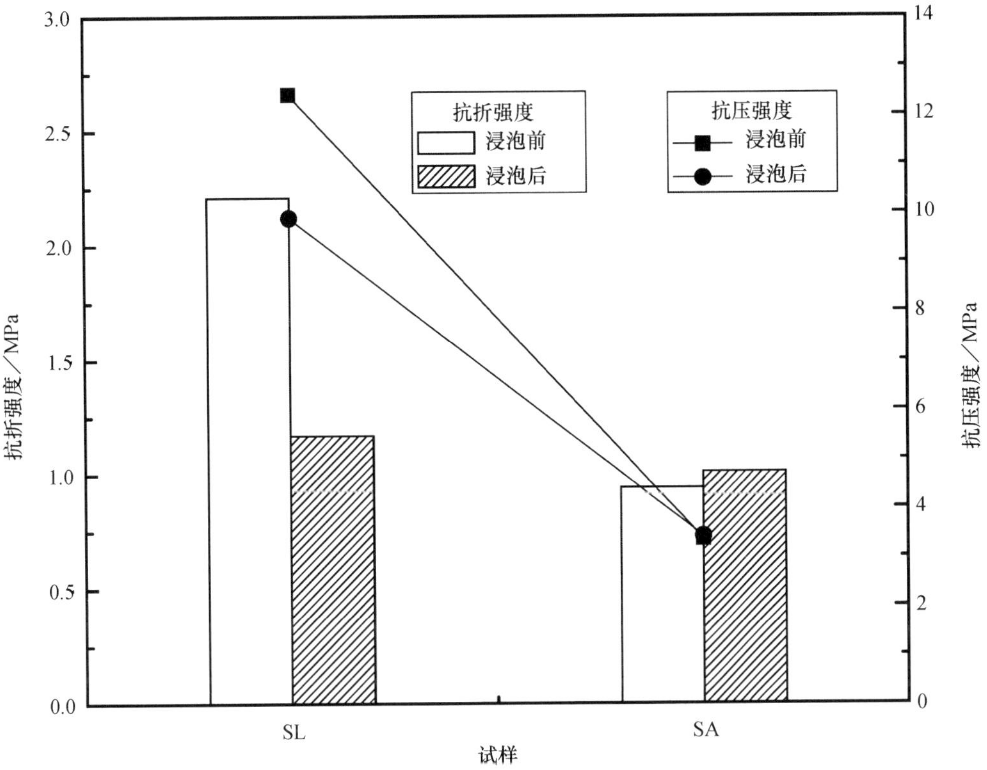

图六　结石体经水浸泡后强度的变化

7. 结石体的安定性

将50d龄期的40mm×40mm×160mm试样，先在饱和Na_2SO_4溶液中浸泡20h，取出后在105℃烘4h，如此反复循环5次，最后对试样进行抗折、抗压强度测试，结果见图七。

测试结果表明，烧料礓石和烧阿嘎土的试样经反复循环5次后所有试样外形基本完整，外表轻微掉皮。烧料礓石抗折强度稍有下降，烧阿嘎土的抗折强度明显提高；烧料礓石和烧阿嘎土的抗压强度都有不同程度提高，这是由于Na_2SO_4渗入结石体的孔隙，在105℃加热时形成结晶，填充结石体的孔隙，使其强度提高。

安定性实验证明，烧料礓石、烧阿嘎土有很好的安定性。因为石窟遗址或土建筑遗址的岩土体裂隙渗水中往往含有大量的可溶性盐，如Na_2SO_4、NaCl等。如果古遗址的保护加固材料有很好的安定性，这对提高古遗址的稳定性及加固保护效果是非常重要的。

8. 结石体的耐碱性

将50d龄期的40mm×40mm×160mm试样，先在2%NaOH溶液中浸泡12h，取出后在105℃烘4h，最后对试样进行抗折、抗压强度测试，结果见图八。

测试结果表明，烧料礓石、烧阿嘎土的试样经耐碱性实验后，试样外形基本完整，外表轻微掉皮。烧料礓石和烧阿嘎土的抗折强度都有不同程度下降；烧料礓石的抗压强度明显提高，烧阿嘎土的抗压强度略有下降。实验证明，烧料礓石和烧阿嘎土都有较强的耐碱性，其理由与上述安定性实验相同。

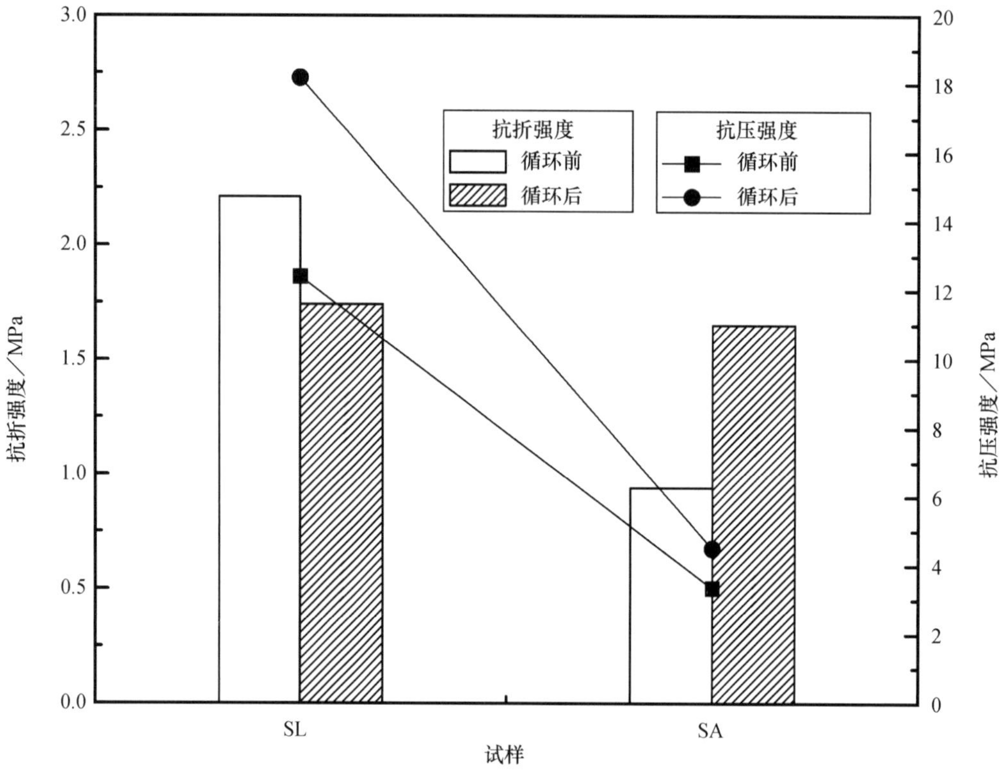

图七　结石体安定性实验的抗压强度变化

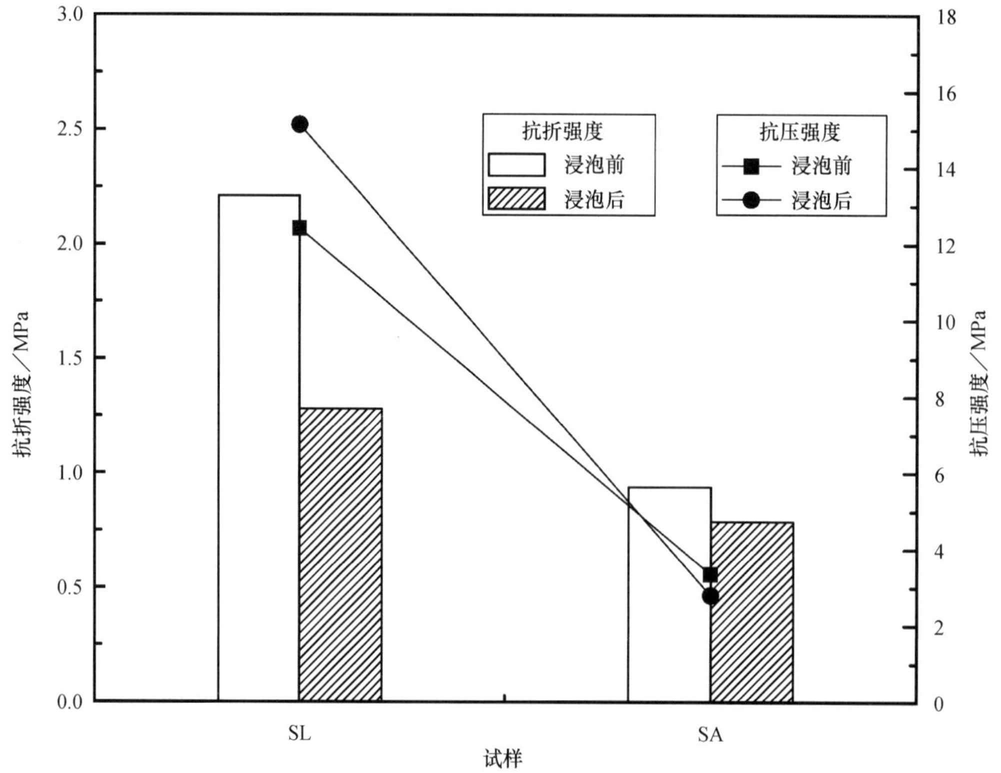

图八　耐碱前后强度的变化

9. 结石体的冻融实验

将50d龄期的40mm×40mm×160mm试样，先在−30℃低温下冻12h，然后在温度25℃、相对湿度70%条件下融12h，如此反复18个循环后对试样进行抗折、抗压强度测试，结果见图九。

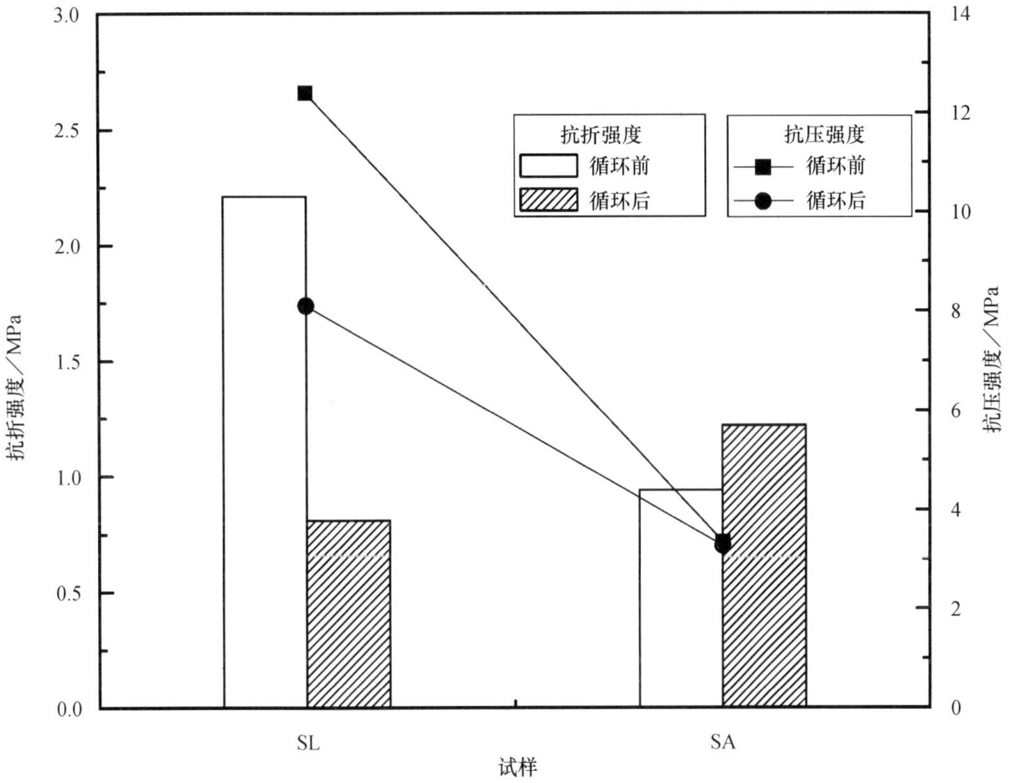

图九　冻融循环对强度的影响

测试结果表明，烧料礓石、烧阿嘎土的试样反复冻融18个循环后，所有试样外形完整无损，也未开裂，但烧料礓石的抗折强度有所下降，烧阿嘎土的抗折强度较前明显提高；烧料礓石抗压强度明显下降，烧阿嘎土的抗压强度稍下降。实验证明，烧料礓石、烧阿嘎土都有较强的抗冻融性。这一特性对我国西北地区的古遗址保护加固非常重要[7]。

10. 结石体的温湿度循环

将50d龄期的40mm×40mm×160mm试样，先在100℃烘箱中加热12h，取出后在温度25℃、RH70%恒温恒湿箱中放置12h，如此反复循环18个周期后对试样进行抗折、抗压强度测试，结果见图一〇。

测试结果表明，烧料礓石、烧阿嘎土的试样经温湿度变化反复循环18个周期后，所有试样外形完整无损，也未开裂，但所有试样的抗折强度和抗压强度都略有不同程度的下降，烧料礓石结石体强度下降较明显。由于烧料礓石较烧阿嘎土含有较多的β-CS和C_2AS水泥成分，原来结石体的强度就明显高于烧阿嘎土结石体强度。烧料礓石结石体的强度主要靠其中的β-CS和C_2AS进行水化反应生成β-CSH_n和C_2ASH_n水泥石而提高，由于结石体在100℃烘箱中加热12h后，又在25℃、RH70%

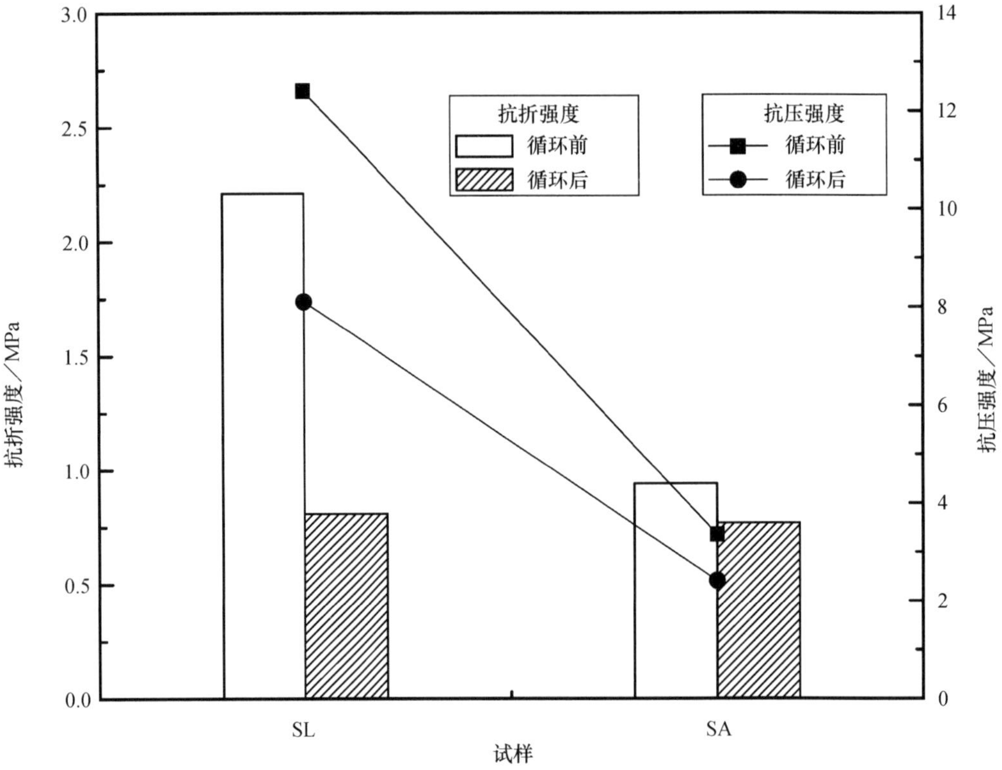

图一〇　温湿度循环前后抗压强度的变化

的恒温恒湿箱中放置12h，如此反复循环18个周期。这一老化过程明显影响了烧料礓石中β-CS和C_2AS的水化作用，结果导致结石体强度明显下降。

总体评价，烧料礓石和烧阿嘎土的结石体都有较强的耐温湿度变化对其强度的影响特性，这对提高古遗址保护加固后的耐候性非常重要[12]。

11. 耐风蚀的风洞模拟实验

实验分别采用6 m/s、8 m/s、10 m/s、12 m/s、16 m/s、18 m/s、20 m/s、24 m/s、28 m/s、32 m/s的挟沙风，紊流强度在0.4%以下进行样品耐风蚀的风洞模拟实验，吹蚀时间为10min。根据实验结果做出挟沙风风速与风蚀模数的关系图，结果见图一一。

风洞模拟实验结果表明：

（1）未经高温焙烧的料礓石（L）和阿嘎土（A）重塑样的耐风蚀性能极差，经8m/s的挟沙风吹蚀10min后，质量分别损失了13.34%和45.51%，风蚀模数分别为95.87 kg/（m^2·h）和338.04 kg/（m^2·h）；经10m/s的挟沙风吹蚀10min后，质量分别损失了24.3%和87.78%，风蚀模数分别为151.04 kg/（m^2·h）和355.17kg/（m^2·h）。经12m/s、16m/s的挟沙风分别吹蚀10min后，料礓石的质量分别损失了40.95%和63.09%。

（2）从图一一中可以看出，挟沙风在6～16m/s时，SL质量减少的较慢，风蚀模数变化不大，18～28m/s的挟沙风吹蚀时，风蚀模数显著增加，由4.41kg/（m^2·h）增加至26.93kg/（m^2·h），质量减少得较快。

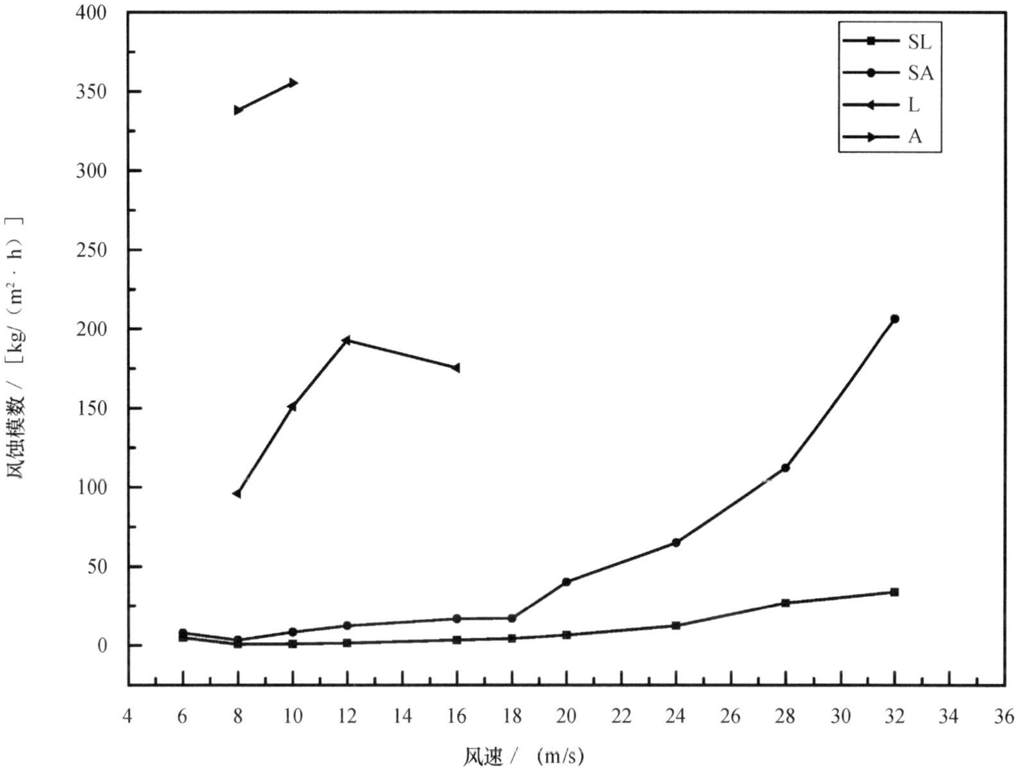

图一一 挟沙风风速与风蚀模数的关系图

（3）挟沙风在10m/s时，吹蚀10min，SA质量减少明显增加，在12m/s挟沙风之后，风蚀模数持续增长，由12.53 kg/（m^2·h）增加至206.35 kg/（m^2·h），质量减少显著增加。

（4）比较相同风速的风蚀模数，SL的耐风蚀性能明显优于SA。

总体评价，中国传统的烧料礓石和烧阿嘎土都有相当强的耐风蚀性能。

三、结　　论

通过以上实验，可得出以下结论。

（1）中国古代建筑中使用的两种硅酸盐材料料礓石和阿嘎土经高温焙烧改性后有基本相似的弹性波速特点、大的孔隙率及非常小的收缩变形性。因为烧料礓石和烧阿嘎土中，产生胶凝作用的有两种成分：一种是生石灰CaO，另一种是水泥成分β-CS及C_2AS。CaO是一种气硬性胶凝材料，它首先与水作用生成Ca（OH）$_2$胶凝体，Ca（OH）$_2$再与大气中的CO_2、H_2O作用，逐渐炭化生成孔隙率较大的$CaCO_3$胶凝体，但$CaCO_3$胶凝体早期强度增长较慢。β-CS和C_2AS是水硬性胶凝材料，它与水较快地产生水化作用生成强度较高的CSH_n和C_2ASH_n结石体，也称水泥石。因此，气硬组分缓慢的炭化过程逐渐形成孔隙率大、透水气性好的$CaCO_3$胶凝体，水硬组分较快水化，使结石体早期强度很快增长。这样，气硬组分和水硬组分形成的混合胶凝体不但早期强度互补，满足文物修复的要求，同时形成的混合胶凝体孔隙率大、有很好的透气、透水性。之后，胶凝体逐渐炭化使其与修复加固的文物本体很好的兼容及牢固结合，产生很好的保护修复效果。

（2）烧料礓石和烧阿嘎土都有较好的水稳定性、抗冻融性、耐风蚀性、耐碱性介质性、较强的耐温湿度变化对其强度的影响性等特性，对保护修复后提高遗址的抗风蚀、雨蚀性及耐候性都是非常重要的。

（3）中国传统的古建筑材料料礓石和阿嘎土经高温焙烧改性后，可作为性能很好的砂砾岩石窟岩体裂隙的灌浆材料。

四、进一步的工作

经初步研究我们发现，中国传统的古建筑材料料礓石和阿嘎土因产地不同有多种类型。不同产地的料礓石和阿嘎土中，SiO_2、黏土和$CaCO_3$的含量不同。通过实验研究，选择不同产地的料礓石和阿嘎土，并控制焙烧温度，使生成物中水硬组分和气硬组分比例产生有规律的变化，生产出多种不同类型的烧料礓石和烧阿嘎土，再通过其物理力学特性研究，开发出适应于不同岩性的岩土类古遗址保护修复材料。

参考文献

［1］ 李最雄，易武志．PS-C对砂砾岩石窟岩体裂隙灌浆的研究．文物保护与考古科学，1989,（2）：19-28.

［2］ 李最雄，张鲁，王亨通．砂砾岩石窟岩体裂隙灌浆的进一步研究．敦煌研究，1993,（3）：79-97.

［3］ 李最雄，张虎元，王旭东. PS-F灌浆材料的进一步研究. 敦煌研究，1996,（1）：125-139.

［4］ 杨涛，李最雄，堪文武. PS-F灌浆材料的物理力学性能. 敦煌研究，2005,（4）：40-50.

［5］ 李最雄，王旭东．榆林窟东崖的岩体裂隙灌浆及其效果的人工效果检测．敦煌研究，1994,（2）：174-184.

［6］ 李最雄．李最雄石窟保护论文集．兰州：甘肃民族出版社，1994.

［7］ 李最雄．丝绸之路古遗址保护．北京：科学出版社，2003.

［8］ 汪万福，李最雄，马赞峰，等．西藏布达拉宫东大殿空鼓病害壁画保护修复研究．中国藏学，2005,（3）：213-221.

［9］ 李最雄，汪万福，王旭东，等．西藏布达拉宫壁画保护修复工程报告．北京：科学出版社，2008.

［10］ 李最雄，张虎元，王旭东．古代土建筑遗址的加固研究．敦煌研究，1995,（3）：1-17.

［11］ 李最雄，王旭东．古代土建筑遗址保护加固研究的新进展．敦煌研究，1997,（4）：167-172.

［12］ 邵明申，李黎，裴强强，等．环境因素对PS加固土遗址效果的影响．工程地质学报，2010,（3）：371-375.

Advances in Fracture Grouting Materials Research on Conglomerate Grottoes Rock

Li Zuixiong

（Dunhuang Academy）

The grottoes located in the northwest of Silk Road mostly belong to argillaceous sandstone for its rock mass, for which have a loose structure, a large porosity and a very low mechanical intensity. Grottoes' cliff body suffers serious weathering and developing gully fissure, and it is easy to cause collapse for cliff and major damages to elegant murals and statues in the caves. Many suitable rock fracture grouting materials in high mechanical intensity have been developed in the process of consolidation in the past on small porosity and high mechanical intensity limestone and calcareous sandstone. However, it is still a margin in argillaceous sandstone fracture grouting materials. In the 1990s, when we carried out the emergency consolidating project of Gansu Yulin grottoes, a grouting material PS-F was researched to consolidate loose sandstone rock crack (PS—a modulus of 3.7-3.8 and a concentration of 8%-12% potassium silicate，F—coal ash).

The main characteristic of PS grout stone body is the low contraction deformation, so it can ensure that grouting achieves at a dense effect and grout stone body can be a strong bond to both sides of rock fracture to get an ideal grouting effect. The grout intensity can be controlled through getting hold of the amount of PS modulus and curing agent, and grout intensity will be a little higher than that of conglomerate.

In recent years, Dunhuang Academy cooperating with Chinese Culture Heritage Research Institute has conducted a study on the two silicate materials Agar soil and Ginger net used in Chinese ancient buildings. The results indicated that Ginger net and Agar soil are burned calcinated at 1,000℃ for 3 hours and are formulated into grout which had no contraction deformation. Agar soil and Ginger net are mainly made of two materials: gas rigid materials quicklime and hydraulic cement composition, β-CS and C_2AS. When grout forming stone, CaO firstly interacting with water produces gel $Ca(OH)_2$, then $Ca(OH)_2$ combining with CO_2, H_2O in the air gradually carbonate into a little large porosity gel $CaCO_3$ at a slow growth rate at the beginning. Hydraulic cementitious materials β-CS and C_2AS cause hydration with water faster and produce higher intensity stones CSHn and C_2ASH. Therefore, slow carbonization for gas rigid materials forms a large porosity and good permeability of $CaCO_3$, hydraulic materials hydrate faster and enhance stone body growing intensively earlier. This kind of mixed gel combined with gas rigid materials and hydraulic materials is not only the complementary strength at the early time, but also has a large porosity and good water and gas permeability. Meanwhile, grout stone can research a good water stability, resistance to freeze thawing, resistance to wind erosion, good resistance to erosion of alkaline medium and stronger resistance to changes of temperature and humidity.

基于《中国文物古迹保护准则》的壁画保护方法论探索与实践

王旭东[1, 2]
（1. 敦煌研究院　2. 国家古代壁画保护工程技术研究中心）

一、《中国文物古迹保护准则》编撰的背景

中国近代文物古迹保护的观念和方法开始于20世纪30年代，在专业建筑师的主持下整修了一批古建筑。20世纪50～90年代，保护整修的项目大量增加，文物保护工作者通过这些项目的实施积累了丰富的经验，提出了若干值得探讨的保护理论。通过系统总结经验，取得了大多数从业人员的共识，建立有中国特色的文物古迹保护理论的条件已经成熟。另外，我国虽颁布了《中华人民共和国文物保护法》及其《实施条例》，国家和地方也制定了一些有关文物古迹管理和保护工程的法规，共同构成了中国文物古迹保护管理的法律体系，但在实际工作中，还需要对相关法规进行专业性阐释，并形成相应的行业规则。此外，在中国以市场经济为主导的社会环境中，文物古迹的保护及其价值取向，也面临着新的课题。因此，拓展保护理念，坚持保护原则，为文物古迹保护事业的可持续发展制定明确的保护工作准则，已势在必行。

第二次世界大战以后，保护文物古迹已成为国际社会共同关注的事业。众多专家组织了各类国际保护组织，很多国家签署了各类国际保护公约，不少国家还制定了符合本国国情的保护规则。国际古迹遗址理事会（International Council on Monuments and Sites, ICOMOS）成立于1965年，是一个国际非政府专业组织，从事古迹、建筑群和考古遗址的保存、保护、修缮工作及其研究。1964年，其前身发布了《国际古迹保护与修复宪章》即《威尼斯宪章》，成为该组织共同遵守的主要思想原则。由于该组织在专业上的重大国际影响，1972年联合国教科文组织认定其为世界遗产委员会的咨询机构。该组织成员有建筑师、工程师、城镇规划师、考古学家、地理学家、历史学家、经济学家、文物保护工作者、遗产地的管理者，等等。我国于1993年加入该组织。

中国是联合国《保护世界文化和自然遗产公约》的缔约国，也是国际古迹遗址理事会的成员国，应当为国际文化遗产保护理论做出贡献。《中国文物古迹保护准则》（以下简称《准则》）即是以国际古迹遗址理事会中国国家委员会的名义组织编写的。编写《准则》的准备工作开始于1997年，当年10月，国家文物局正式组建了“准则编撰项目组”，成员全部为中国专家，编撰采取了中外合作的方式，邀请美国盖蒂保护研究所和澳大利亚遗产委员会的专家参与工作。1998年，国家文物局又组建了以局长为首的《准则》编撰顾问组，对《准则》的起草和修改进行了指导。编制过程中，中国、美国、澳大利亚专家多次有针对性地考察三国的古迹遗址及其保护工作，吸收了《威尼斯宪章》和《巴拉宪章》的精髓，高度总结了中国的经验并形成具有中国特色的文物保护纲领

性文件。《准则》十易其稿，最终于2000年10月10日，在承德举行的中国ICOMOS大会上获得原则性通过。

二、《准则》的主要内容

《准则》由三个部分组成：第一，《准则》分序言和正文5章，共38条。第二，《关于〈中国文物古迹保护准则〉若干重要问题的阐述》（以下简称《阐述》），是对《准则》条文进行深入的解释和阐发，共16章。第三，《中国文物古迹保护准则案例阐释》，用86个文物保护案例，对准则条文和阐述进行解说。

（一）适用对象、宗旨

《准则》适用的对象通称为文物古迹。是指人类在历史上创造或人类活动遗留的具有价值的不可移动的实物遗存，包括地面与地下的古文化遗址、古墓葬、古建筑、石窟寺、石刻、近现代史迹及纪念建筑、由国家公布予以保护的历史文化街区（村镇），以及其中原有的附属文物。也就是我们通常所说的不可移动文物。

《准则》的宗旨是对文物古迹实行有效的保护。“保护是指为保存文物古迹实物遗存及其历史环境进行的全部活动。保护的目的是真实、全面地保存并延续其历史信息及全部价值。保护的任务是通过技术和管理的措施，修缮自然力和人为造成的损伤，制止新的破坏。”

（二）保护原则

《准则》中主要提出以下原则。

（1）必须原址保护；

（2）尽可能减少干预；

（3）定期实施日常保养；

（4）保护现存实物原状与历史信息；

（5）正确把握审美标准；

（6）必须保护文物环境；

（7）已不存在的建筑不应重建；

（8）考古发掘应注意保护实物遗存；

（9）预防灾害侵袭。

（三）文物保护工作程序

文物保护首先是一种文化活动，同时也是一种科学研究活动。文物保护工作程序表（图一）中的6个步骤之间是一种逻辑关系，而且研究工作要贯彻始终。“文物古迹的不可再生性，决定了对它干预的任何一个错误都是不可挽回的。前一步工作失误，必然给后一步造成损害，甚至危

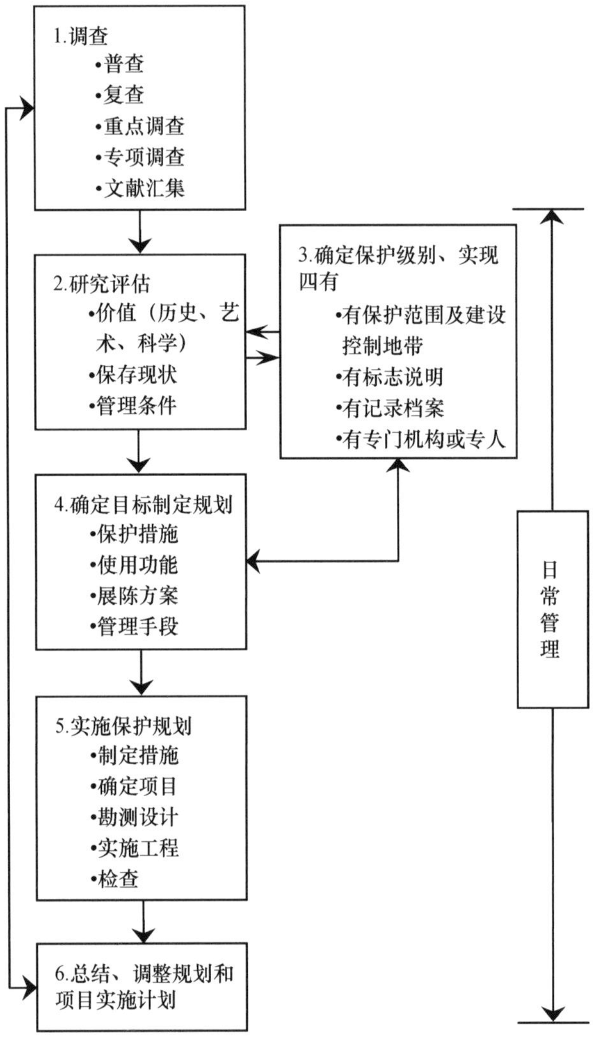

图一　文物保护工作程序

害全部保护工作，因此必须分步骤按程序进行工作，使前一步正确的工作结果成为后一步工作的基础。”

所有保护工作必须建立在对保护对象的全面深入的评估之上。评估是至关重要的环节，这关系到我们即将采取的保护管理措施是否恰当。文物保护重要的不是我们能做什么，而是我们应该做什么。没有全面充分的评估、深入细致的研究，想达到这样的要求是不可能的。

“评估的主要内容是文物古迹的价值，保存的状态和管理的条件，包括对历史记载的分析和对现状的勘察。”“评估必须以研究为基础”，“评估对象是实物遗存和相关环境”，“评估要有明确的结论”。

在对文物古迹进行保护工作的各个程序中，“对文物古迹价值的评估应当置于首要的位置”。如此强调文物古迹的价值评估具有基础性和极端重要性，是因为对文物古迹的价值判定决定着其保护规划原则和具体的保护措施是否正确。

关于文物古迹的保存状态评估，《阐述》指出，保存状态是指目前文物古迹的客观状态。评估内容包括：①自然和社会环境及其对文物古迹的影响；②文物古迹结构的稳定状态和材料退化状态；③文物原状的研究确认；④实施保护工程的必要性和可能性分析；⑤对文物古迹利用的可能性分析。

关于文物古迹的管理条件评估，《阐述》规定评估的主要内容包括：①管理机构的状况、任务、人员与能力；②利用是否合理，社会干扰因素是否可以控制；③日常保养与监测状况；④展示、开放、服务设施状况；⑤防灾减灾布置与能力；⑥财务保障能力。

关于保护规划，《准则》指出，“制订保护规划必须依据评估的结论，首先要确定主要的保护目标和恰当的保护措施。一般规划应包括保护措施、利用功能、展陈方案和管理手段四方面内容，特殊的对象可制订分区、分类等专项规划。各类保护规划特别是历史文化街区（村镇）的规划都要与当地的总体规划密切结合，并应当依法审批，纳入当地的城乡建设规划”。《阐述》第9章还更具体地论述了保护总体规划应该具备的6部分内容。2004年8月，国家文物局颁布了《全国重点文物保护单位保护规划编制要求》，从规范的高度，规定了规划的适用范围、指导思想、编制原则、编制要求和管理程序，规定了保护规划应该具有的基本内容。

（四）保护工程

保护工程是对文物古迹进行修缮和相关环境进行整治的技术措施。对文物古迹的修缮包括日常保养、防护加固、现状修整、重点修复四类工程。每一项工程都应当有明确的针对性和预期的效果。所有技术措施都应当记入档案保存。

1. 日常保养

日常保养是及时化解外力侵害可能造成损伤的预防性措施，适用于任何保护对象。

2. 防护加固

防护加固是为防止文物古迹损伤而采取的加固措施。

3. 现状修整

现状修整是在不扰动现有结构，不增添新构件，基本保持现状的前提下进行的一般性工程措施。

4. 重点修复

重点修复是保护工程中对原物干预最多的重大工程措施，主要工程有恢复结构的稳定状态，增加必要的加固结构，修补损坏的构件，添配缺失的部分等。原址重建是保护工程中极特殊的个别措施，必须要有充分可靠的真实依据。环境治理是防止外力损伤、展示文物原状、保障合理利用的综合措施。经过发掘的古文化遗址和古墓葬，一般情况下，在取得研究所需资料后应回填保护，并防止盗掘。特殊情况核准露明保护的，应严格保护现状，除日常保养外尽量少加干预。无条件原址保存的构件，才允许易地保护。

三、壁画保护的程序

根据《准则》，并按照壁画保护的特点，将壁画保护工作分为十二步（图二）。

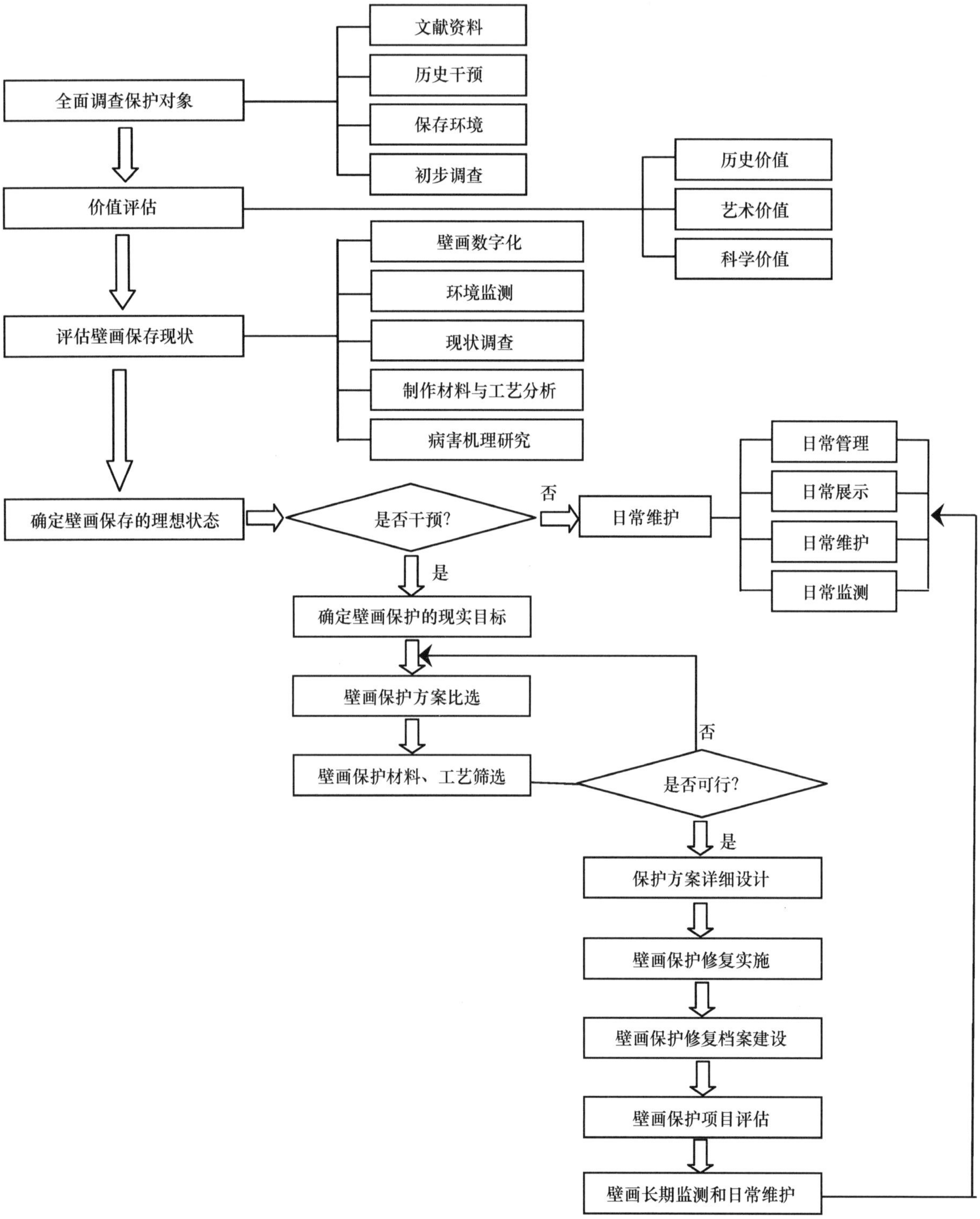

图二　壁画保护程序图

（1）全面调查保护对象。

主要开展的工作有文献资料、历史干预信息、考古资料等的收集，保存环境与保存现状的初步调查与了解。

（2）价值评估。

根据《准则》要求，依据现场调查资料，采用各种分析方法，将壁画的价值按照历史、艺术和科学价值进行详细评估。

（3）评估壁画保护现状。

利用照相机和测试仪器，对壁画进行摄像拼接成图后，进行壁画病害类型和分布调查，绘制壁画病害图，进行壁画制作材料与工艺的分析测试，初步分析病害成因，并根据假设病害成因，通过布设环境监测设备和模拟试验，开展壁画病害机理研究，查明壁画病害成因。

（4）确定壁画保存的理想状态。

综合以上调查和研究，确定出壁画保存的理想状态，判断壁画是否需要进行干预。如果不需要干预，进入日程维护，如需要干预进行下一步工作。

（5）确定壁画保护的现实目标。

壁画保存的状态往往存在一定的问题，达不到理想状态，因此必须采取一定的技术或管理手段实施干预，才能达到或接近我们认为的理想状态。对必须干预的保护对象就应该确定一个现实的保护目标，以使保护工作具有很好的可操作性，在确保状态稳定的前提下，还要保证保护对象的真实性、完整性。

（6）壁画保护方案比选。

针对壁画存在的问题，提出多种可行的保护方案，并分析各种方案之间的优劣。

（7）壁画保护材料、工艺筛选。

针对拟定的初步保护方案，通过分析不同保护材料的性能，进行室内模拟试验，并开展保护材料与工艺的筛选工作，优选出可行的保护材料。

根据室内试验的结果，在现场不太重要的部位开展小范围的试验，并对保护效果进行评估，最终筛选出可行的保护材料和保护工艺，为保护方案详细设计提供依据。

（8）保护方案详细设计。

根据以上调查和研究成果，进行壁画保护实施设计，达到修复人员可完全按照设计开展壁画保护修复的设计深度。

（9）壁画保护修复实施。

选择具有相应资质的机构和修复人员，承担壁画保护修复项目，实施过程中设计人员应全程参与和指导。

（10）壁画保护修复档案建设。

在壁画保护修复过程中要做好修复档案的建设工作，为今后的保护和研究留下翔实的资料。保护修复档案应当包括保护过程中所有的资料。

（11）壁画保护项目评估。

壁画修复过程中需进行多次保护项目的评估，发挥各学科专家的作用，确保保护措施的必要性、科学性和可操作性，利用最小的和适度的干预达到大家认为理想的保护状态。

（12）壁画长期监测和日常维护。

通过一次保护工程并不能解决所有的保护问题，因此，保护工程的完工，并不是壁画保护工作的结束，还需进行长期监测和日常维护、保养，以确保保护工程的效果和对壁画及时有效的保护。

四、壁画保护案例

（一）莫高窟第85窟壁画保护

莫高窟第85窟保护修复项目是《准则》的试点项目，旨在采用《准则》要求的程序开展相关调查评估研究工作，找到壁画保护的科学程序。

在过去的数世纪里，莫高窟洞窟遭受着不同类型的病害影响，包括地仗层脱落、颜料层起甲、盐害和颜料变色与褪色等。1997年，敦煌研究院与美国盖蒂保护研究所开始了为期8年的保护修复项目，旨在研究并了解壁画与塑像的不同病害，以便实施保护措施。选择第85窟，是因为此窟是莫高窟艺术、历史及宗教遗产的代表性洞窟，并具有该遗址所发现的很多典型病害及保护问题。第85窟国际合作项目使壁画和塑像得到了保护而不是复原。保护与复原是两种不同的方法：保护是通过治理病害和控制病害成因来保存石窟；复原则是通过清洁，有时通过重绘某些缺失区域来改善壁画和塑像的外观。复原的负面效应是损害了文物的真实性。

该项目依照《准则》开展工作。研究过程中所形成的一套科学保护程序，已经应用于莫高窟其他洞窟及其他具有类似问题的石窟遗址的保护中。

1. 壁画和塑像

第85窟绘有350平方米的壁画。主要壁画绘制于晚唐（848～907年）时期，后经五代（907～979年）与元（1279～1368年）重修。此窟绘有代表莫高窟晚唐时期最高艺术水准的一些壁画，主要包括17幅绘制精美的佛教经变画。

大型佛坛上的塑像群也为晚唐之作，20世纪初重修。佛坛上释迦牟尼佛坐在带有装饰的佛座上，迦叶与阿难分立左右。

（1）绘画材料与技术。

莫高窟开凿于由砂砾岩组成的松散崖壁上，壁画的制作工艺为用泥土、细砂和植物纤维的混合物作为壁画地仗层，涂抹于开凿石窟的四壁和窟顶，使泥壁壁面平整便于作画，之后在地仗上敷以粉层；在粉层上以红黑线条勾勒出线描草图，用天然矿物颜料和有机色料在壁面上作画。

（2）塑像制作工艺。

塑像的制作使用了与绘制壁画地仗层相同的方法，即在以芦苇包裹的木头骨架上涂抹泥层，塑造成型，然后绘制壁画。

2. 病害现状与成因

根据《准则》，我们在项目开始时对第85窟进行了现状调查，然后进行了壁画病害机理分析。

（1）现状调查。

莫高窟在元代以后被废弃的数百年里，第85窟一直暴露在外，崖面风化、风沙和洪水侵蚀使壁画和塑像产生了较多病害。

第85窟壁画病害包括盐害、起甲、地仗层与砾岩层之间失去黏结力后造成的空鼓脱落等。壁画空鼓是第85窟最严重的病害，一些空鼓的壁画有脱落的危险。最近一次壁画的脱落发生在1996年，主室西披的一大片壁画由于空鼓病害而脱落了。

通过现状调查，我们制作了第85窟病害分布3D模型（图版12）。该模型展示了第85窟的病害现状，壁画脱落区域（黄色）集中于四壁下部和后部，窟顶角落；壁画空鼓区域（红色）在整窟都有发现，但主要集中于石窟后部。

我们对以前壁画处理与状况的记录和历史照片进行了研究，从病害图中显示（图三），此窟壁画病害自东向西加重，南北两壁西侧及西北为病害最严重的区域。

（2）病害成因。

合作组对壁画的病害成因、病害机理及劣化速度进行了调查、分析。

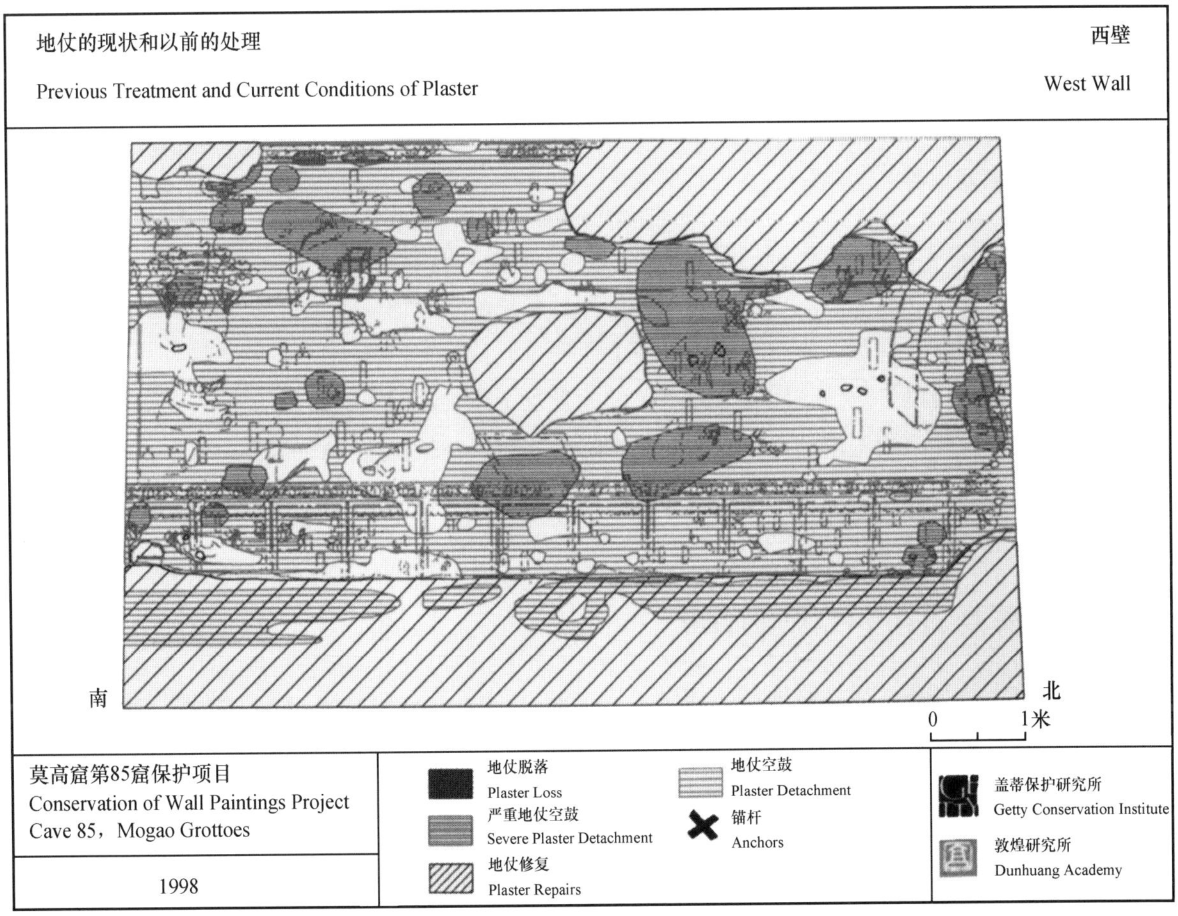

图三　壁画病害调查图

第85窟保护之前的病害既有突发的，也有持续发展的。洞窟四壁下部的湿气侵入及盐分活动，导致了壁画制作材料发生了物理化学变化，并导致病害发生。我们可以减缓引起这些病害的大部分因素，但无法移除壁画中的所有盐分。因此，了解盐害发生的过程，制定预防性保护措施，是降低劣化速度的基本手段。

3. 保护

过去对莫高窟的保护常专注于实际的修复，有关壁画病害成因的研究不够系统和深入，20世纪70年代已经治理过的一些病害（如起甲和地仗层空鼓）有复发的现象，并导致了病害进一步的劣化与脱落。因此，对保护材料的研究与测试，以及病害治理成了第85窟保护项目的主要内容。

在弄清了病害成因和机理后，遵循最小干预、兼容性和可再处理的原则，我们对第85窟进行了保护干预。所采用的保护材料经过了严格的筛选与测试，以评估其性能。通过在实验室内对80多种不同配比灌浆材料的测试，筛选出了重新加固壁画层的灌浆材料，主要材料为本地的脱盐澄板土、玻璃微珠（Scotchlite K1®）、碎浮石、搅拌好的蛋清和蒸馏水。通过在第85窟西壁下部砾岩层（没有颜料层的区域）上黏结了新的模拟地仗层，现场测试了灌浆材料性能。

对整窟大面积的壁画层进行了灌浆处理，用灌浆材料重新黏合岩层的壁画地仗层，并使用一种凝胶溶液加固起甲颜料层，取代过去空鼓壁画锚固措施。改进壁画保护所用的材料与工艺是本项目的一个主要目标。使用注射器和导管在壁画层后进行灌浆处理。在灌浆之后，立即用有吸水能力的顶板顶住壁画，并在灌浆材料干燥前保持稳定。这一关键步骤降低了含水灌浆材料造成的可溶盐运移所带来的损害，并避免了盐分在壁画表面结晶。

4. 日常监测及保养

在完成第85窟的保护后，应定期监测壁画的状况。现状监测很重要，应选择壁画区域进行定期现状监测。在监测期间对监测区域进行检查和拍照。在莫高窟崖顶设置全自动气象站（监测降雨、空气温度、相对湿度、日照、风速和风向等多个气象因子）。

环境控制措施可以有效地减缓与盐分有关的病害发生。关闭洞窟的密封门可以降低窟内外空气的交换率，从而保持窟内湿度的稳定，尤其是在降雨期间。鉴于泥层材料的脆弱状况和壁画对水的高度敏感，降低可溶盐只能限于局部选定的区域。使用带有吸水棉纸的超声波加湿器来吸收表面的水和盐分。

（二）莫高窟第98窟壁画保护

第98窟位于莫高窟南区中段底层，建于五代（924年），在《敦煌遗书》中所称“大王窟”。由前室（殿堂）、甬道、主室3个部分组成，前室已塌毁，在莫高窟属大型洞窟。窟内壁画内容相当丰富，经变画多达10种，而且是供养人题记最多的一个洞窟，是该时期最有价值和代表性的洞窟，过去一直作为重点开放洞窟供游客参观。壁画的主要病害为大面积空鼓、地仗酥碱、颜料层起甲脱落。上述病害主要分布于洞窟主室西壁及南北壁的西侧下部。

事实上，我们自20世纪60年代起就对该窟做过多次修复，主要措施是对空鼓壁画实施边缘加固，对酥碱壁画和起甲壁画进行修复加固。但并没有从根本上解决问题，到了20世纪90年代，上述病害，尤其是空鼓和酥碱病害更加严重，1998年10月2日，西壁壁画脱落0.6平方米，被迫停止开放。

为了防止壁画进一步脱落，修复人员试图采用泥浆对空鼓壁画进行灌浆加固，但随即出现了泛白现象，究其原因是浆液中的水分激活了地仗层中的可溶盐导致的结果。为了不致造成更大的问题，修复人员立即停止了修复工作。这时，中美合作团队正在莫高窟第85窟开展空鼓壁画和酥碱壁画的保护修复研究，而第98窟的病害类型、分布与第85窟非常相似，于是，我们对第98窟仅采用了临时性的保护措施，期待第85窟的研究成果。通过中美保护专家的共同努力，我们找到了壁画保护的科学程序，弄清了空鼓、酥碱壁画病害产生的机理，筛选出了合适的空鼓壁画灌浆材料和工艺，以及壁画脱盐材料和工艺。

根据第85窟的经验，敦煌研究院的保护技术人员严格按照业已形成的壁画保护程序，独立开展了对第98窟的保护修复任务。先后开展了环境监测、壁画现状评估、壁画制作材料和工艺分析、壁画病害成因研究，以及修复材料和工艺的筛选。目前修复人员正在利用适合该窟的壁画灌浆材料和脱盐材料开展保护修复工作。

这里笔者想特别讲一下该窟可溶盐和水汽运移的监测研究，来说明研究工作的重要性。通过分析，第98窟岩体内的可溶盐主要以硫酸盐和氯盐为主，两者的含量比较接近。从易溶盐总量来看（图四），在表面到100cm内的总含盐量呈降低趋势，洞窟西壁岩体表面至60cm处含盐量高于岩体整体含盐量。第98窟西壁的盐分主要分布在0～35cm深处，是岩体内盐分的富集区；从35～100cm处的平均含盐量为前者的1/3。

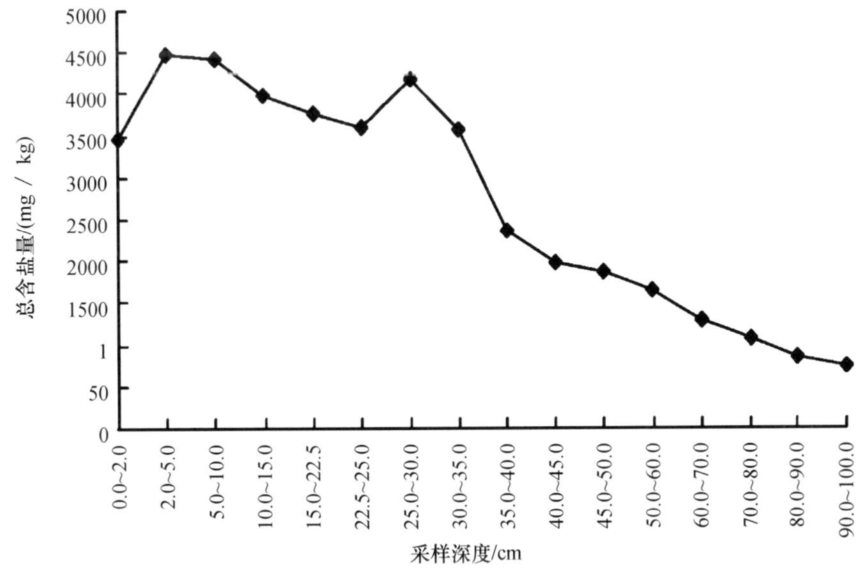

图四　岩体内总含盐量随深度变化曲线

通过监测发现，岩体内的相对湿度随深度逐渐增加（图五）。在60cm处，岩体内的相对湿度达到致使可溶盐溶解的程度，也就是65%左右，在95cm处达到90%以上，在深125cm处超过100%，说明已经有凝结水产生，而过去我们总认为莫高窟的岩体是比较干燥的。研究和监测表明，岩体内

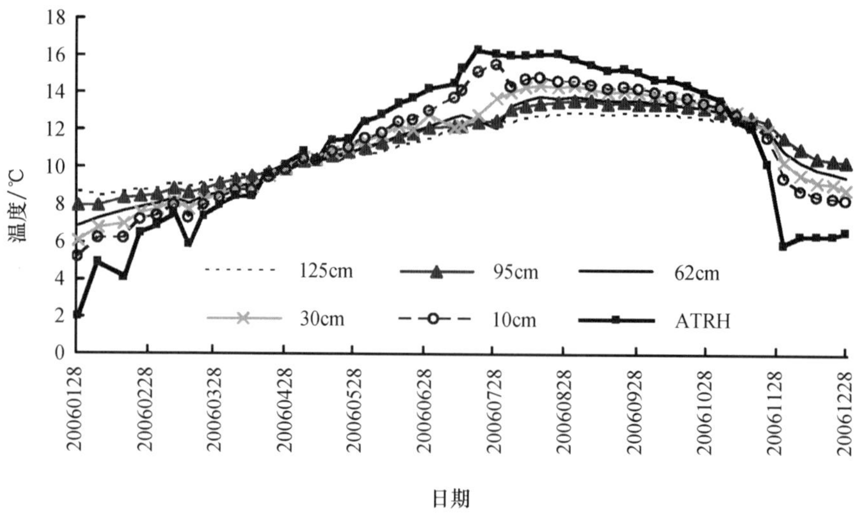

图五　岩体内温度随深度变化曲线

一定湿度的空气可以造成可溶盐的溶解，并随着湿度梯度的作用向岩体表面运移最终到达壁画地仗层，形成盐分的富集并导致壁画的损害。

由此可见，深入的监测可以为病害机理研究提供依据，而病害机理的研究又为我们筛选合适的保护材料和保护修复工艺奠定了基础。过去的教训和今天的现实告诉我们，只有按照科学的壁画保护工作程序，全面开展评估工作，深入进行相关研究，才能确保我们的保护工作不致出现大的失误。

五、结　　语

（1）本文对《准则》进行了全面的梳理，并强调了所有保护工作必须按程序进行，谈到了评估工作的重要性及其主要内容。同时指出，各项研究工作应始终贯穿于保护工作的全过程。

（2）在《准则》框架下，总结了壁画保护十二步方法论、基本程序及其每个阶段的主要任务。结合莫高窟第98窟的经验和教训，说明了任何违背《准则》所提出的保护工作都会给文物的保护带来非常不利的影响，甚至会造成不可挽回的损失。

（3）保护工作必须按程序进行；评估在保护全过程中具有基础性地位；各项研究工作应贯穿于保护工作的全过程；日常保养维护和监测作为非常重要的预防性保护措施，应予以高度重视。

（4）尽管每个遗址或文物古迹都有其自身的特点，因赋存环境不同、建造材料不同，存在的保护问题也会各异，但保护工作的基本程序是相同的。希望各位同行能在以后的文物保护工作中切实领会《准则》的精神，结合自己的工作实际，严格遵循保护程序，融会贯通，创造性地开展文物保护研究和修复工作，以高度负责的态度，做好我们所承担的文物保护工作，上对得起祖宗，下对得起子孙。

Exploration and Practice of the Methodology for Wall Painting Conservation Based upon the Principles for the Conservation of Heritage Sites in China

Wang Xudong [1,2]

(1. Dunhuang Academy, Dunhuang 2. National Research Center for Conservation of Ancient Wall Paintings)

The Principles for the Conservation of Heritage Sites in China (hereafter referred to as the *Principles*) was written in the name of ICOMOS China. Experts from the Getty Conservation Institute in USA and the Australian Heritage Council participated in the writing. It was finished by summarizing decades of conservation experience on Chinese heritage sites and absorbing international advanced conservation concepts. Its core contents are as follows: conservation must follow a process; assessment is fundamental through the whole conservation process; all kinds of researches should be carried out through the process of conservation; and daily maintenance and monitoring should be highly regarded as a very important preventive conservation measure. According to the basic principles, procedures and concepts specified in the *Principles* as well as the particularities of the conservation of ancient wall paintings, the methodology for wall painting conservation is summarized in 12 steps, namely, comprehensive investigation of conservation, value assessment, assessment of current conservation condition, determination of optimum condition for wall painting conservation, determination of real goal for wall painting conservation, selection of wall painting conservation plans, research of the materials and techniques for wall painting conservation and restoration, detailed design of conservation plans, restoration of wall paintings, establishment of an archive for wall painting restoration, assessment of wall painting conservation projects, long-term monitoring and daily maintenance of conservation. Based on the conservation practices in the Mogao Caves 85 and 98, this paper demonstrates that the *Principles* is a scientific and basic guideline for the conservation of wall paintings, and any conservation work that violates the conservation process set in the *Principles* will cause irretrievable loss to the cultural relics. The heritage sites or cultural relics differ from each other more or less in terms of their own features, environments, materials and techniques, and deterioration, but their conservation projects follow the same basic conservation principles and processes. The author hereby suggests that all the site managers and conservators who have been engaged in site conservation and management should pay more attention to the research work and daily maintenance and monitoring, and manage and protect the heritage sites creatively under the guidance of the *Principles*.

文化景观的理念与石窟寺保护

——以世界遗产的概念为视点

杜晓帆

（联合国教科文组织北京办事处）

一、问题的提出

2003年，阿富汗巴米扬山谷的文化景观和考古遗址被列入世界文化遗产名录。这是第一个以文化景观进入世界遗产名录的石窟寺遗址。世界遗产委员会在遴选理由的第四条标准中这样评价：巴米扬山谷是杰出的文化景观，描述了佛教发展史上一段辉煌的历史。

中国是世界上拥有石窟寺最多、最丰富的国家，从1987年莫高窟开始，1999年大足石刻、2000年龙门石窟、2001年云冈石窟先后进入了世界文化遗产名录，从类型上来说，在中国的世界遗产名录中比例最大。但是，无论是申报理由，还是世界遗产委员会的评价，均未提及这些石窟寺同样作为文化景观的价值。

过往，我们对于石窟寺的保护、管理和研究，更多的是关注石窟及其遗址本身的艺术和历史价值，对于石窟寺作为信众礼拜的对象、石窟与自然环境的关系，以及石窟发展和形成的过程等相对重视不够。由于缺少对于石窟寺整体文脉的理解和把握，过分强调了每一个石窟本身，而不注意石窟之间的脉络；过分强调从里进行保护规划，向外而不考虑从外部空间向石窟内部的过渡，因此在保护规划的设计过程中，缺失了一些作为文化景观的石窟寺所包含的内容。以文化景观的视野来考量石窟寺的保护和管理，无疑可以对保护石窟寺及其遗址的真实性和完整性做出贡献。

二、世界遗产视点下的文化景观

庐山国家公园1996年就以文化景观列入世界文化遗产名录，而在之后的很长一段时间里，国内特别是文化遗产领域，对文化景观并没有给予足够的重视，几乎看不到任何公开发表的研究成果。2004年，日本东京文化财研究所召开了一个以文化景观为主题的国际学术会议，主办方委托笔者在国内邀请一位学者参加会议，虽然在高校及文物界多方咨询，但还是没有合适的人选。最终勉为其难，由笔者作为代表参加了会议，介绍了中国的相关情况。最近两年，文化景观在中国逐渐热了起来，2008年的杭州会议上还形成了“杭州建议”，代表了中国对于文化景观的认识；2010年进入世界文化遗产名录的五台山，由当初申报时的文化与自然双遗产改为文化景观；2011年西湖以文化景观申报世界文化遗产，使文化景观的概念进入了民众的视野。然而，作为文化遗产的一种类型，对于文化景观的研究和认识还有许多工作需要加强。虽然世界遗产中文化景观理念的实践已经历20多年，但许多关键性概念和相关思考仍处于发展与深入的阶段，处于不断探讨和争论当中。而国内相关的研究更加薄弱，需要引起文化遗产领域学者的关注。

文化景观并不是一个新概念。早在1925年，美国加州大学伯克利分校地理学系教授C.O.Sauer就首次提出了这一术语。他认为："文化景观是通过文化群体作用而形成的自然景观。文化是动因，自然物是媒介，文化景观是结果。"在他提出这一概念之后的几十年中，对文化景观的研究并未引起人们的广泛关注。开始大规模展开文化景观的研究，是自20世纪80年代始，基于对文化景观的不同理解，不同研究机构、组织和个人对文化景观的定义也不尽相同。1992年10月，联合国教科文组织世界遗产委员会文化景观专家组报告中提出："文化景观是自然与人类的共同作品"，"它体现了人类与自然环境相互作用的多样性"。由此，文化景观成为文化遗产中一个新的类型。

世界遗产中的文化景观代表了《保护世界文化和自然遗产公约》中第一条指明的"人与自然的共同作品"（combined works of nature and man），是于1992年世界遗产委员会第16次大会上列入文化遗产范畴的一个新的类型。文化景观遗产的概念早在1984年即提出讨论并于1992年正式纳入世界遗产范畴，国际上关于其定义、价值、功能、分类、保护和管理等研究已颇为丰富。

文化景观是附着在自然物质之上的人类活动形态，是人类社会和聚居环境演变的例证。因此，文化景观是不断发展变化的，其发展变化服从于其自身的发展规律。文化景观的形成是一个漫长的过程，每一个时代都对文化景观有所贡献，当然每个时代的人都是按照其文化标准对景观施加影响的。由于民族迁移等因素，一处文化景观往往并非由一个民族创造。文化景观作为世界文化遗产中的一个类型固然需要研究和重视，而文化景观这一概念在文化遗产保护中的理念与方法，对于发展中国家来说，意义更为重大。

对于文化遗产保护来说，文化景观的理念可以具有以下四个重要的意义。

（1）关注文化遗产与自然的关联性，拓展了文化遗产价值的复杂性和多样性。

（2）强调任何一个文化遗产的形成都是经历了一个长期发展的过程。

（3）更加注意人与文化遗产之间的关系，尤其是非物质性的价值。

（4）为文化遗产提供了整体保护的方法论。

三、文化景观的理念与石窟寺的保护

任何一个石窟寺在其兴建之初，从选址到洞窟的开凿，开窟者们除考虑地理、地质环境和洞窟安全外，无不充分地考虑了与周边环境的关系。而且作为一个宗教活动的场所，住寺僧人和信众的活动轨迹是由洞窟的分布及洞窟的内容所决定的。同时，现存石窟的规模都是经过了一个长久的历史过程才得以形成的，在这个形成过程中，各个时期宗教自身的发展变化、信众群体组成成分的变化、绘画技巧、造像工艺、审美的变化，以及特殊的历史事件等，都对石窟产生过影响。

因此，在对一个石窟寺实施保护的过程中，特别是制定保护总体规划的时候，就不能忽视以上所提出的问题。而文化景观的保护理念，笔者认为可以为石窟寺的保护和管理提供以下几个方面的借鉴作用。

第一，充分认识和把握石窟寺的整体文脉，在关注每一个石窟本身的同时，注重窟与窟之间的脉络关系，强调在从里进行保护规划的同时，考虑从外部空间向石窟内部的过渡。也就是在文化景观保护的整体性理念的指导下，将石窟寺的完整性得以更好地保护。

第二，加强对石窟寺的选址、开凿，以及形成过程与自然环境关系的研究，并将研究成果体现在保护和管理规划中。这对于保护方法，以及保护和展示设施的规划、设计具有重要的意义。

第三，充分认识和把握石窟寺曾是一个地域重要的宗教场所的事实，加强对僧人及信众在石窟寺内活动轨迹的研究，为展示和说明石窟寺的宗教、历史、文化及艺术价值等提供真实的依据。同时，在客观条件允许的情况下，尽可能地为参观者提供合理的参观、学习和体验线路。

总之，文化景观除了作为文化遗产中的一个新的类型，它的保护理念同样可以为石窟寺的保护做出一定的贡献。特别是在落实整体保护的策略时，为规划设计提供方法论。在总结过往石窟寺保护规划经验的基础上，引入文化景观的保护理念，对像龟兹石窟这样由众多石窟组成的石窟群的整体保护，实现其真实性和完整性的最佳保护和展示就会成为可能。

The Concept of Cultural Landscape and Protection of Grotto Temples

—In the Perspective of World Heritage

Du Xiaofan

（UNESCO Beijing Office）

In 2003, Cultural Landscape and Archaeological Remains of the Bamiyan Valley was inscribed in the *World Heritage List*. It is the first remains of grotto temple inscribed in the *World Heritage List* as a cultural landscape. The World Heritage Committee's justification criterion IV is as follows: the Bamiyan Valley is an outstanding example of a cultural landscape which illustrates a significant period in Buddhism.

China possesses the most grotto temples in the world, following the inscription of Mogao Caves in 1987, Dazu Rock Carvings, Longmen Grottoes and Yungang Grottoes were inscribed in the *World Heritage List* successively from 1999 to 2001. China takes account for the largest portion in the *World Heritage List* in terms of type of World Heritage Sites. But neither the nomination dossiers nor the justifications have mentioned the value of grotto temples as a cultural landscape.

Cultural landscape represents "Combined Works of Nature and Man" in Article 1 in *Convention Concerning the Protection of World Cultural and Natural Heritage*, which is a new type included in the World Heritage in the 16th session in 1992 World Heritage Conference. The concept of cultural landscape was raised and discussed in 1984, and officially included into World Heritage articles in 1992. The research on the definition, value, function, classification, protection and management of cultural landscape are very rich globally.

The term "cultural landscape" is a manifestation of human activities sticking to nature, which is the evidence of evolution of human society and living environment. Thus, a cultural landscape has been developed all the time, the development obeys its own developing rules. The formulation of a cultural landscape is a long process, which has adopted contributions of every generation. Also, each generation influenced the cultural landscapes in their own cultural standards. Moreover, given the aspect of ethnic migration, a cultural landscape is always not created by a single race. Indeed, as a type of World Cultural Heritage, cultural landscapes need to be reached and paid attention to, but the concept and methodology of cultural landscape in the protection of the cultural heritage is more essential to developing countries.

In the past, pertaining to the protection, management and research of grotto temples, we are always putting more focus on the art and history value of grottoes and remains. Nevertheless, given grotto temples as the objects that followers worship, relationship between grotto temples and nature, as well as lack of attention in the development and formulation of grotto temples, the attention is not enough. What's more, it has always been lack of overview of all grotto temples, putting more focus on each grotto temple rather than the relationship among each grotto temple, more focus on the planning and protection from inside to outside, rather than the transaction from outside to inside. These aspects lead to the shortage of part of the concept of grotto temples as the cultural landscapes in protection planning and designing. It is no doubt that protection and management will contribute to the integrity and authenticity of grotto temples and remains in the perspective of the cultural landscapes.

龟兹石窟保护三题

柴剑虹[1]　柴新夏[2]
（1. 中华书局　2. 中国地质大学地球科学与资源学院）

笔者于1980年夏初次考察了库木吐喇石窟后，为其下层洞窟精美壁画惨遭河水浸泡而震惊不已，曾经撰写题为《救救库木吐拉》的短文及小诗，在当年的《新观察》杂志和1981年4月24日的《人民日报》发表，呼吁关注“现代文明”对“古代文明”造成的损害，保护龟兹石窟，抢救珍贵的文化遗产。短文提出水库问题，小诗赘引如下：

高高的烽火台屹立在沙海之中，
因此人们称它为“库木吐拉”。
库木吐拉有壮观的千佛洞，
那是丝绸之路的明珠和鲜花。
可是，今天我慕名远道而来，
却看见壁画残破、洞窟陷塌！
健美的飞天肢残体缺。
快乐的伎乐潸然泪下，
庄严的佛祖面目全非，
慈悲的菩萨在寻觅失却的莲花……
已往的责任暂且放下，
今天，对河水的冲刷和路人的涂画，
我们又该想些什么有效的办法？
我叹息，我惭愧，我悲痛：
这些中华民族的奇珍异宝，
难道要毁灭在我们的眼下？
面对满目疮痍的千佛洞，
我喊一声：“救救库木吐拉！”

1998年7月，龟兹石窟研究所正式向新疆维吾尔自治区领导提交报告，要求废掉东方红水电站，以解决库木吐喇石窟的水患，时间已经过去了整整18年。奋战在第一线的龟兹石窟的同仁们已经为石窟的保护与研究付出了许多心血。30年来，龟兹石窟的保护虽取得了不少成绩，但还存在着有待解决的问题。结合敦煌莫高窟等国内著名石窟在保护工作上的经验与存在的问题，兹仅就我们目前所掌握的一些地质资料与人为因素进行初步思考，提出以下三题。

其一，要对龟兹石窟存在的地质灾害隐患有准确、清醒的认识和科学监测、预防的措施。

克孜尔（北纬41°47′，东经82°29′）、库木吐喇（北纬41°27′，东经82°41′）等石窟位于襟一山（却勒塔格）带三河（渭干——木扎提、克孜勒、库车）的地貌环境，处于地震比较活跃的天山地质断裂带（图一）。目前已知我国境内分布有23条地震带，分为单发式、连发式及活动方式未定三种类型，而新疆沿天山、昆仑山的三条地震带恰恰均属于活动方式未定类，更带有不确定因素（图二）。尤其是20世纪60年代以来该地区地震频发，1963年12月18日，与克孜尔正对着的却勒塔格山南麓发生里氏5.2级的地震；千佛洞西北处则在2005年9月23日、10月20日发生里氏4.8、4.9级地震三次；库木吐喇石窟附近则于2009年11月26日发生里氏4.9级地震。这些均属破坏力较大的浅层地震（图三）。这些地震近年来有逐渐增多的趋势[①]。据国家地震台网的资料，仅2009年8月28日至2011年5月31日，克孜尔附近拜城、库车、新和三县境内地区（北纬41°32′～41°99′；东经81°17′～83°00′）就发生了震级里氏3.6～4.5的浅层地震16次（图四）。详细情况见表一。

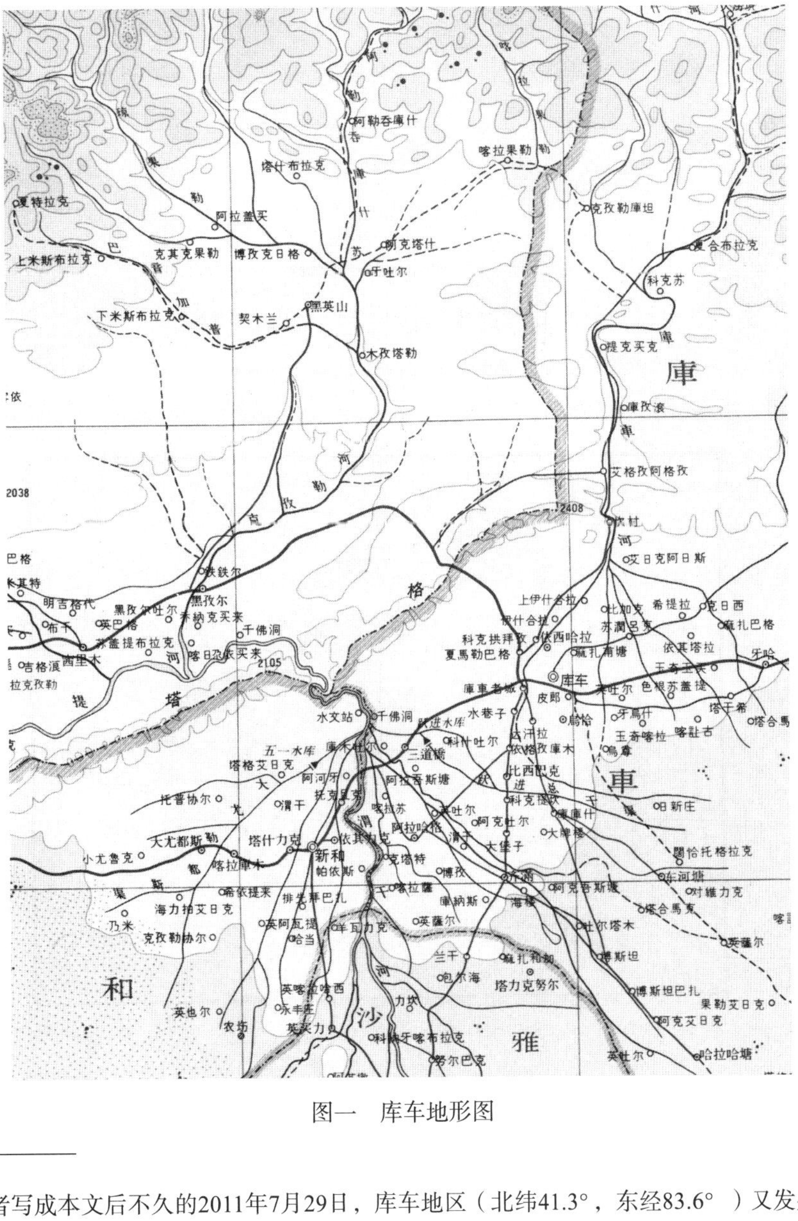

图一　库车地形图

① 就在笔者写成本文后不久的2011年7月29日，库车地区（北纬41.3°，东经83.6°）又发生了一次震源深度为7千米的里氏3级地震。

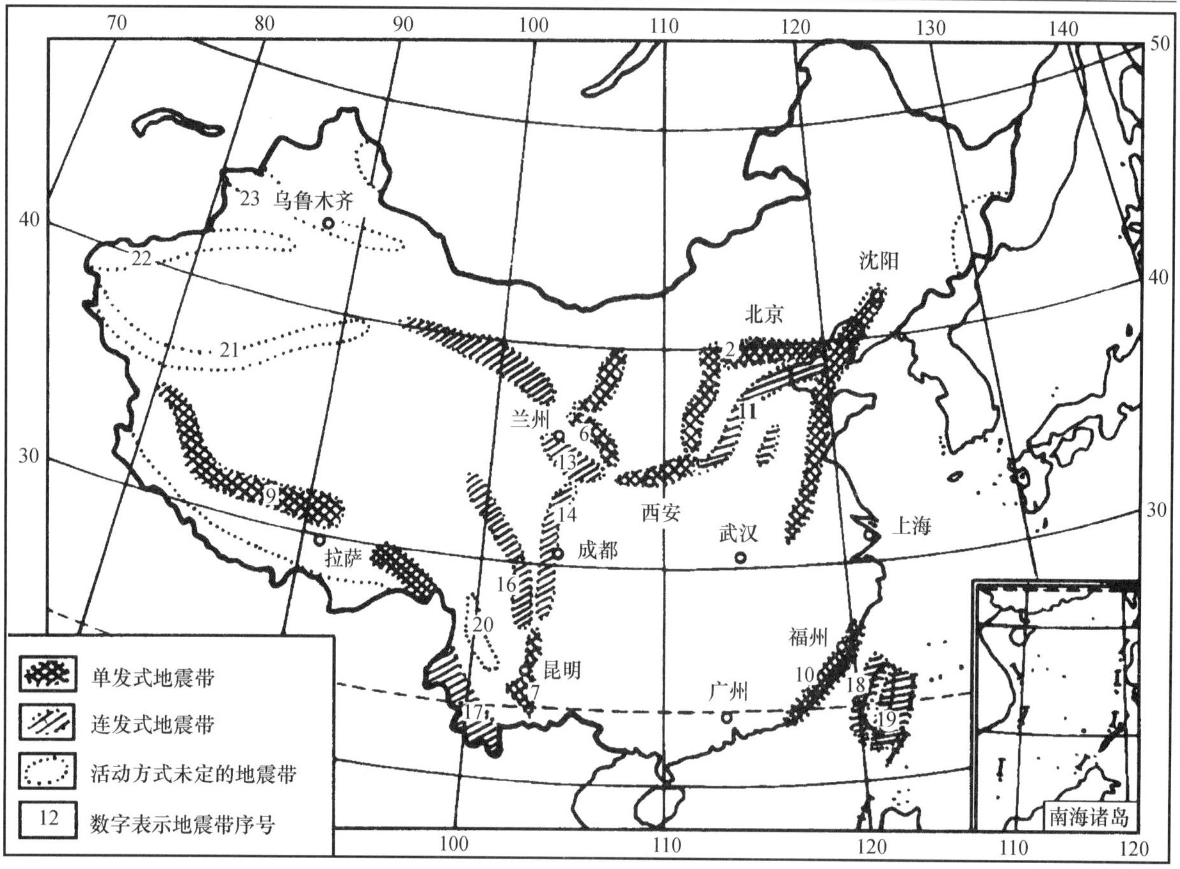

图二　中国地震带分布图

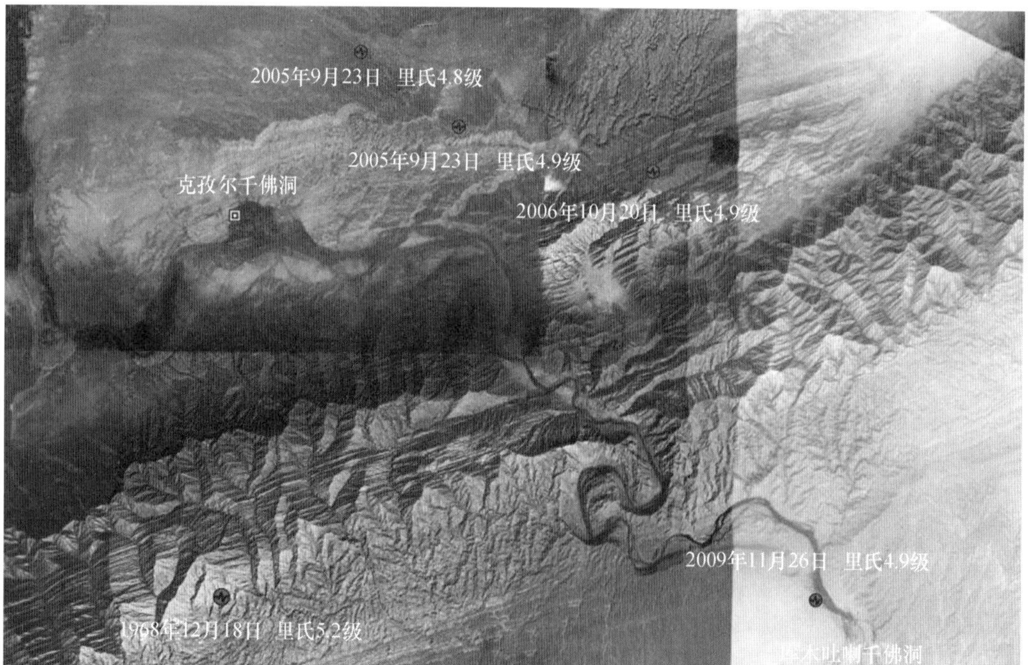

图三　库车-克孜尔地震点卫星图示-1

图四 库车-克孜尔地震点卫星图示-2

表一 2009年8月28日至2011年5月31日克孜尔附近地震记录

发震日期	发震时刻	纬度/°	经度/°	深度/km	震级
2011-05-31	00：37：06.6	41.99	82.27	10	ML3.8
2011-05-30	15：44：18.5	41.98	82.25	10	ML4.0
2011-05-13	14：48：12.0	41.97	82.33	7	Ms4.4
2011-05-11	21：47：59.9	41.68	81.17	7	ML3.9
2011-01-18	09：00：53.7	41.40	82.04	2	ML4.0
2011-01-12	11：25：35.5	41.65	81.16	7	ML3.7
2010-11-06	21：36：31.5	41.32	81.65	7	ML3.8
2010-06-22	20：57：58.6	41.95	82.55	9	ML4.3
2010-06-22	19：20：09.8	41.98	82.59	7	ML3.8
2010-06-22	11：21：48.0	41.95	82.58	40	Ms4.2
2009-11-26	23：14：18.1	41.82	82.45	8	ML3.6
2009-11-26	19：26：46.3	41.82	82.37	5	ML4.1
2009-09-02	18：16：10.4	41.72	81.53	10	Ms4.5
2009-09-02	16：49：41.7	41.75	81.53	6	ML4.1
2009-09-02	01：33：03.7	41.75	81.51	10	ML3.9
2009-08-28	23：04：59.3	41.87	83.00	2	ML3.6

注：2011-05-30、2011-05-31为快报记录，余为正式记录

这16次地震对龟兹石窟的影响我们尚不清楚，但据《新疆龟兹研究院（所大事记）》所载，1998年的一次地震，就曾经造成库木吐喇第7～9三窟的坍塌①。据《人民日报·海外版》2001年5月18日刊登的保护克孜尔石窟的专文报道：

由于石窟建在坡度很陡的山崖，山顶砂岩风化雨淋，某些洞窟及栈道也因山体岩石崩塌而毁坏。特别是去年夏季的几场暴雨，使山体石砂下滑，岩石松动，威胁游人安全，洞窟只好用木柱撑着，并谢绝游人参观。同时，由于石窟地处地震带，山体崩塌严重，石窟前崖基本塌毁。1999年3月，一场5.6级地震，也对克孜尔石窟造成了较大损害。

其实，历史上新疆、甘肃地区因地震造成石窟坍塌、被掩埋的灾害恐怕已是屡见不鲜，只是还缺乏比较完整、准确的记录②。

渭干河流域在拜城盆地的地形特征是北高南低、西高东低，中部为山前冲洪积倾斜平原，多以冲积为主的卵砾石、砂砾石、砂及粉土、粉质黏土组成，抗洪性能不佳。卫星图清晰显示，渭干—木扎提河在却勒塔克山南、北两麓转曲接流，很可能是历史上地貌变动的产物，也增加了水患的隐忧。据《龟兹记忆》所载《森木塞姆千佛洞的忠诚守护者》一文所述，2002年7月10日渭干河流域就发生过较大洪水（据“中国水利网”的新闻报道为“7.23超百年一遇大洪水”），而该千佛洞则常常要预防库车河支流发的“小脾气”，“突如其来的山洪常常会冲毁那条通往千佛洞的道路”；至于其第15号窟曾经发生山体塌方，是否与水患有关则不得而知。据新闻报道，2010年7月28～29日，天山中西部山区出现强降雨天气过程，导致7月29日渭干河流域诸河流出现超警戒流量。克孜尔河克孜尔水文站出现最大洪峰流量1800m^3/s，为百年一遇的洪水；木扎提河托克逊水文站出现最大洪峰流量1560m^3/s，为15年一遇的洪水，导致克孜尔水库告急，幸而泄洪疏导及时，避免了灾害的发生。一方面，新闻报道说克孜尔水库的防灾效益（包括对龟兹石窟文物的保护）明显；另一方面，也给我们防范更大的洪灾敲响了警钟。

目前，地震、洪水还很难精确预报，因此要把科学预防摆在十分重要的位置。这种预防，要从“千年不遇”的忧患意识出发，高标准严要求，不能小修小补小投资，政府和各级相关部门必须加大投入。另据前引《人民日报·海外版》2001年的专文报道，克孜尔“将借鉴敦煌莫高窟壁画维修保护好的做法，在克孜尔石窟内设置监测仪器，准确地对洞窟内外的干湿度、气温变化、壁画表面湿度、窟内二氧化硫和硫化氢等气体进行监测，建立病害分析实验室，收集有关资料，购置对修复材料性能进行科学试验的基础设备，建立现代化气象站和地震观测站，在洞窟内安装玻璃罩和监测系统等，维修工程预计于2002年9月完工”。我们相信这些措施的落实是十分必要的，龟兹研究院是否还应设立地质监测（而不仅仅是“观测”）机构（小组、网点），配备相关专业人员与先进仪器，加强信息收集及沟通，设立比较完备的近百年来相关地质、气象、水文档案，这有利于掌握防灾的主动权。

---

① 新疆龟兹研究院编：《龟兹记忆——新疆龟兹研究院（所）成立25周年纪念文集》，2010年内部印行。

② 如《光明日报》最近刊发的文章就曾提及：“1916年，吐鲁番地区发生大地震，三分之二的吐峪沟石窟顷刻间灰飞烟灭，被永远深埋在岁月的尘埃中。”在四川汶川“5·12”大地震中，据不完全统计，甘肃省共有16处全国重点文物保护单位、13处省级文物保护单位、16处市县级文物保护单位受损（据2011年7月21日“中新网”的报道）。

其二，要对因种种现代人需求而改变（改造）石窟周边自然环境持特别谨慎的态度，必须考虑因外在因素的改变而引发的灾害（凿山、改河、挖湖、拦坝，修水库、公路、住宅、采矿、开采油气，以及军事活动、科学试验等）。据最近由人民出版社出版的《家国光影》一书（周海滨著）披露，我国进行核试验的原子弹靶场的地点，最初定在离敦煌120千米处，并已获总参批准，所幸陈赓将军提出不同意见，认为这会影响敦煌地区人民的安全，也不利于敦煌文物古迹的保护，最后于1958年年底确定将靶场向罗布泊地区转移，1959年6月正式改称核试验基地。这才避免了敦煌地区的生态环境和文物遭破坏的灾难。由于不适当地在石窟寺周边地区建设水库、拦洪坝、建水电站而造成文物毁损，这方面不乏惨痛的教训。在20世纪60年代，库木吐喇石窟东南、西南已经分别建有跃进、五一水库，到70年代后期又在石窟旁截渭干河水建成东方红水电站，造成周围水位上升，许多下层洞窟惨遭水泡而毁损，就是极为惨痛的例子。其后，尽管洞窟前修筑了拦水坝，但仍无法解决水患。不得已，20世纪70年代末请敦煌研究院美术所的专家来临摹残存壁画以保存图像资料，后又请龟兹石窟研究所的同志历时三载临摹被水浸泡的壁画，然后揭取这些壁画另行保存①。另据在甘肃炳灵寺石窟从事保护与研究的人员告知，由于炳灵寺石窟紧挨着刘家峡大型水库，石窟环境改变，不仅下层洞窟常常遭受水患，而且因为空气湿度的变化，即使是位置较高洞窟的雕塑、壁画，也同样饱受着湿气的侵害。最近的例子在敦煌莫高窟：为保护通向莫高窟的公路、桥梁，前两年在宕泉河上筑起了一道拦洪坝，但近期一场洪水（2011年6月15～16日）冲垮了拦洪坝，意外造成游客中心在建工区进水，并殃及通往莫高窟的公路及北区底层洞窟、南区窟前广场（图五）。近年来，敦煌研究院研究人员对莫高窟北区考古发掘证实："北区崖面从下至上第一层洞窟的全部和第二层洞窟的大部分，合计有99个洞窟受到过大泉河洪水的冲刷和浸泡"，"对洞窟造成严重破坏"②。2011年6月的一次事件又一次给我们敲响了警钟：如果对可能发生的特大水患采取的预防措施不到位或不合理，极有可能对洞窟造成更大的危害。

图五　莫高窟新闻图片

克孜尔石窟西边亦建有规模较大的克孜尔水库（图六）、水电站，对环境、气候的影响有多大，对洞窟保护的利弊，需进一步做科学分析，并加强灾害预防措施。克孜尔水库工程区处在强震频繁的地区，副坝就建立在活动断层之上。这里有两个问题：一是库坝区地震基本烈度为8度，设

① 王建林：《我与千佛之因缘》，新疆龟兹研究院编，《龟兹记忆——新疆龟兹研究院（所）成立25周年纪念文集》，2010年。

② 樊锦诗、彭金章、王旭东：《敦煌莫高窟北区洞窟及崖面崩塌原因探讨》，《敦煌研究》2004年第3期。

图六　克孜尔水库照片

防烈度为8.5度，是否留有的余地不够充分？（建设时仅经受了烈度7度的考验）。一是克孜尔水库有6.4亿m^3的容量，其压力对地壳的作用，是否有可能引发强震仍值得研究。因为相关科学研究已经断定，水库会引发地震。学界公认：

> 20世纪50～60年代，世界各地修建的大中型水库急剧增加，诱发地震的水库数量也随之呈现出上升的趋势。尤其是进入60年代以后，全球水利地震的频度和强度都达到了高峰，几座大型水库相继发生6级以上地震，造成大坝及库区附近建筑物的破坏和人员的伤亡。①

据有关部门截至1995年的统计，已知全球约有百余个水库蓄水后诱发了地震，中国则曾有广东、广西、青海、贵州、湖南等12个省区的19座水库发生诱发地震，其中库容量115亿m^3的广东河源新丰江水库，1959年10月蓄水，第二个月即诱发地震，在1962年3月19日更是诱发了6.1级强震，几千间房屋遭到严重破坏，并且造成人员伤亡；水库边坡发生地裂、崩塌、滑坡，右侧坝体产生裂缝。所幸震前对大坝采取了加固措施，才避免了一场更大的灾难。这19座诱发地震的水库，库容量在0.004亿～6.1亿m^3的有9座，占总数19座的47%②。克孜尔水库的库容为6.4亿m^3，又位于地震活跃区，我们更不能掉以轻心。

此外，因采矿和开采石油、天然气而诱发地震也已被国内外的许多事例而证实，这对于矿产、油气资源丰富的新疆南部地区来说，在日渐扩大开采规模的同时，也必须把防范灾害的科学措施落到实处。

其三，任何人为的影响，如洞窟光照、空气、湿度及改变窟体结构、窟面原状的行为都应在禁止之列（如为临摹搭建脚手架、在墙面钉纸，为拍影视作品架设灯光，超人数参观等）。在这一方面龟兹研究院的同仁们已经采取了许多有效可行的保护措施，这里只是再强调提出关于加强保护措施的科学性、可行性研究问题。

我们先举敦煌莫高窟藏经洞所出古代珍贵写卷的保护例子。英国、法国劫藏的大批敦煌写卷，为了解决纸张的脆裂、散落隐患，从保护与便于阅读的良好愿望出发，在20世纪对写卷进行了覆黏透明网线的试验，当时觉得效果不错。但由于他们对我国古代纸张缺乏研究，对现代网线黏合材料

① 潘懋：《灾害地质学》第四章，北京大学出版社，2002年。

② 潘懋：《灾害地质学》第四章，北京大学出版社，2002年。

能引起化学变化的性能并无把握，所以中国的相关专家并不赞同这种措施，认为经过一段时间，反而会造成无法挽救的损害。对壁画、绢画的修复同样存在着这种情况。比较起来，德国图书馆将吐鲁番写本夹在透明玻璃片中，倒不失为一种保护的好办法。2009年，我们在俄罗斯艾尔米塔什博物馆库房看到苏联第二次世界大战时在德国截获的龟兹、吐鲁番壁画，也是封装在玻璃框中，虽然过去了七八十年，其色彩等依然变化不大，差可慰人。近十几年，大英博物馆邀请中国上海的专家来一道修复敦煌绢画；法国国家图书馆则请中国国家图书馆的专家去指导敦煌写卷的修复，就都是很正确的选择。

又如，20世纪90年代以来，敦煌莫高窟随着旅游参观人数的不断增长，洞窟保护也面临着十分严峻的形势①。除控制开放洞窟和参观人数外，敦煌研究院也利用社会捐资，采取钢化（有机）玻璃挡板防范接触墙面，通过控制洞窟温度、湿度、二氧化碳浓度等手段，来保护洞窟。但仍然有许多课题（如水汽附着、声光电污染、温度变化、安装铝合金门造成空气闭塞等问题）有待进一步探索、研究。克孜尔石窟在窟区参观面积、参观人数及气候环境等方面都与莫高窟不同，实际上更为严峻。例如，洞窟所在的明屋塔格山崖总面积约40 000m^2，参观面积不到莫高窟南区的1/3，年参观人数目前约为莫高窟的1/12，但有日益增加的趋势；克孜尔地区的年平均降水量约为88mm，则是莫高窟窟区的两倍多，加上窟旁有木扎提河水流淌，崖面有山泉渗出，加上人工湖的开凿，改善了的小环境，使洞窟湿度常年超过莫高窟。因此，用玻璃挡板隔离壁画与参观者的做法，反而有害。最近，杭州西湖文化景观向联合国教科文组织申报世界文化遗产成功。杭州市区面积3068km^2（中心城区683km^2），申遗面积约43km^2（其中西湖面积6.5km^2）；年游客人数为3000万，据报道市政府已决定限制旅游人数。目前克孜尔千佛洞的参观、游览面积大概不足0.5km^2，是否也可以据此研究确定它的最佳参观人数？

总之，保护珍贵的龟兹石窟，应该是一个各级政府高度重视、各种机构协调一致、各学科联手进行的综合的系统工程，我们这里只是限于所掌握的极不全面的资料，提出几点很不成熟的粗浅认识，以就正于方家。

Three Topics of Kucha Grottoes Conservation

Chai Jianhong[1] Chai Xinxia[2]

（1. Zhonghua Publishing House

2. School of Earth Science and Resources of China University of Geosciences）

On current data of the natural and human factors, such as geology and the change of environment, we have presented three topics in protect Kucha Grottoes.

First of all, administration should have accurate understanding of geological disaster around Kucha Grottoes, and develop scientific precaution. Kizil Grottoes and Kumtura Grottoes are located in active fault

① 据敦煌研究院接待部工作人员告知，2011年参观莫高窟的人数将突破2007年55.7万人次的纪录，有可能超过70万人次，最多的一天有7000游客进入窟区。

zone where earthquake have occurred frequently since the 1960s. Meanwhile, Weigan-Muzat river has the risk of flooding. It is very important to give more attention to disaster prevention in the case of the difficulty to accurately forecast earthquake and flood.

Secondly, it is necessary to be prudent in environmental transformation, such as the reservoir and hydropower station to the west of Kizil Grottoes. In that case, further scientific analyses need to be done to strengthen disaster prevention measures.

Thirdly, any behavior that cause negative impacts to conditions, such as light, air, humidity, structure and surface intact in the grottoes should be prohibited. Here we just put forward and emphasize how to keep the protective practice scientific and feasible.

The Graying Phenomenon on Mural Paintings from Cave 8, Kizil

Ellen Egel[1] Stefan Simon[2]

(1. Rathgen Research Laboratory, National Museum in Berlin

2. Institute for the Preservation of Cultural Heritage, Yale University)

Introduction

Buddhist mural paintings (Xinjiang, China) were discovered in Kizil (Figure 1), on the Northern Silk Road, by the German sinologist Albert Gruenwedel (1856-1935) and Albert von Le Coq (1860-1930) at the beginning of the twentieth century. Among many others a surface of approximative $35m^2$ of mural paintings was detached and removed from Cave 8 (Chinese numeration) in 1913-1914 under the direction of Albert von Le Coq. The fragments have since been stored in Berlin.

Figure 1 South side of the Buddhist monastery site of Kizil (Xinjiang, China) in august 2011

The detachment and removal of the mural paintings from their original place and site has been carried out without due respect for the integrity and spirit of the place. It came along with considerable losses and cannot be justified in the light of modern conservation ethics and standards.

Plate 13 shows one scene, which is currently under conservation in the Asian Art Museum in Berlin. Style of the garment and armature leads to the assumption that the painting may represent members of the ethnic group of the Tocharian, maybe a depiction of the painters themselves.

The fragments underwent important conservation treatments. The first major conservation intervention occurred in 1926 and consisted in the stabilization of the clay plaster by embedding the fragments on a gypsum carrier. The fragile paint layer was consolidated with organic polymers in the 1960s. One of the products used was Calaton, a derivative of the Polyamid 6.6, commonly named as "soluble nylon" in the conservation field, due to its solubility in short chain alcohols[1]. Moreover, a polyvinyl acetate (PVAc) with the trade name Caparol-Binder was applied as well as consolidation agent.

In order to establish a conservation strategy, analytical research on Cave 8 ("Hoehle der sechzehn Schwerttraeger") was triggered by the presence of three main decay considerations: apparent graying of the mural painting's colors, general loss of color intensity and the fact that Calaton is known to become insoluble upon ageing in alcoholic solvents[2]. Laboratorial investigations could explain alteration processes/damages in order to develop an appropriate conservation approach based on the state of the art.

Multispectral Imaging

Multispectral imaging was carried out for the documentation of the wall paintings from Cave 8. It consists in taking four photographs in different spectral ranges ［ultraviolet(UV) reflectance and UV fluorescence photographs as well as the ones taken in the visible and infrared range(VIS and IR respectively)］, using appropriate light sources and filters (Table 1). Moreover, two new digital images can be generated in an image-editing software: a combination of the VIS photograph with the UV reflectance photograph, respectively IR photograph, will create the UV reflectance false color and IR false color images.

Table 1　Exciting and detection wavelength areas for the different photographs

Photograph	Exciting wavelength area/nm	Detection wavelength area/nm
UV reflectance	300 - 420	300 - 400
UV fluorescence	250 - 400	385 - 1100
VIS	250 - 2500	365 - 720
IR	250 - 2500	780 - 1100

In the RGB color space, a color is defined by three components, the red R, the green G and the blue B. The IR false color image is produced by shifting the IR photograph, which contains a "red information", on the red channel of the VIS photograph. Therefore, the red channel shifts on the green and the green on the blue one. According to this manipulation, the information from the blue channel is eliminated. Substituting the blue channel of the VIS photograph with the UV reflectance photograph, shifting the blue channel on the green, and the green on the red one, and discarding the red, the UV reflectance false color image is obtained [3].

The high definition images and their calibrations permitted an accurate documentation of the mural paintings from Cave 8 in the Asian Art Museum in Berlin. The UV fluorescence photograph could distinguish two types of fragments. Those treated with Calaton, do not show apparent fluorescence opposed to the fragments conserved with Caparol-Binder, which shows a strong blue fluorescence (Plate 14). Complementary analysis using FTIR spectroscopy could in fact identify in the areas showing an intensive blue fluorescence polyvinyl acetate (Figure 2).

Beside the creation of the IR false color image, the IR photograph can be an interesting tool to reveal

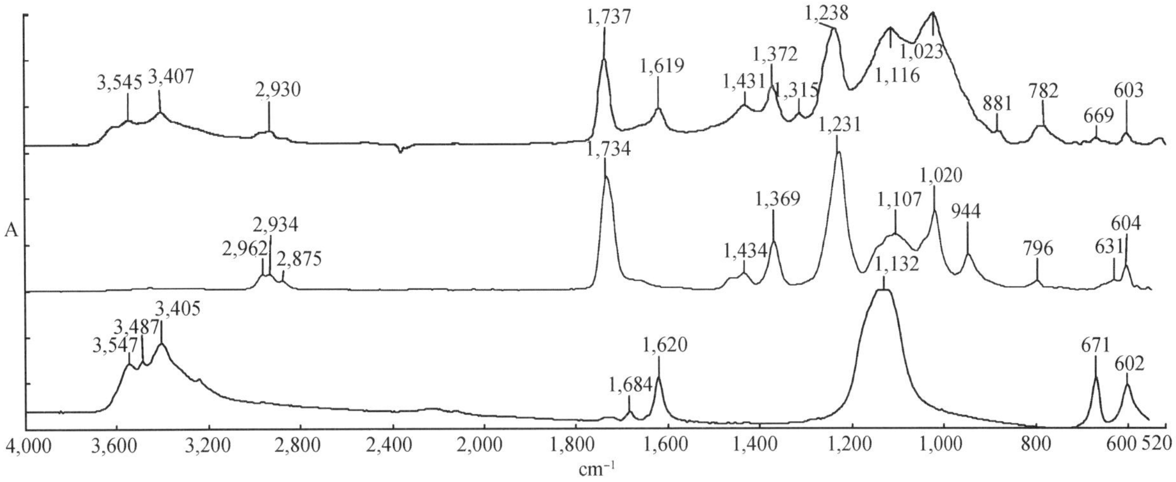

Figure 2 From the top to the bottom: FTIR spectrum of sample s1, labeled in Figure 3b, with reference spectra of the Caparol-Binder (PVAc) and gypsum

underdrawings, which are not visible to bare eyes. Plate 15 shows an example, where the underlying sketch of the arm is clearly observable in the IR image. Furthermore, the comparison with reference materials (Plate 16) can be in some cases helpful for the identification of pigments. The blue pigment of Cave 8 turns red in the IR false color image and green in the UV reflectance false color image, as shown in Plate 17, which matches with the reference of lapis lazuli. Beside its reflection in the blue spectral range[4], lapis lazuli also shows a strong reflection at about 700 nm in the red spectral range. It becomes therefore red in the IR false color image, a behavior which would not be shared e.g. by the blue pigment azurite; Table 2 summarizes the color behavior of different blue and green pigments in the IR false color image.

Table 2 Coloration behavior of blue and green pigments in the IR false color image [4]

Pigment	Red coloration	No red coloration
Blue pigments	Lapis lazuli, Smalt, Indigo, Cobalt blue, Cerulean blue, Egyptian blue	Prussian blue, Azurite, Vivianite, Mangan blue
Green pigments	Oxide of chromium, Cobalt green	Malachite, Green earth, Verdigris, Emerald green

Graying Phenomenon

The wall paintings from Cave 8 reveal a grayish surface, which severely affects the perception of the depictions. The study of the graying phenomenon and its cause is therefore a central key to develop an appropriate conservation strategy for the paintings.

High resolution photography (multispectral imaging) and microscopy of the wall paintings were used to support sampling, particular in areas exhibiting the graying phenomenon (Plate 18). This precise documentation shows that most areas, which appear today brown, are affected by the graying (Table3). The background of the painting (sample s2), but also other regions as the border of the garment (sample s3) and the tyre belt (sample s4) present a gray surface, and a white layer was found covering the upper strata of the cross-sections, as illustrated by means of microscopy in Plate 19、20. FTIR spectroscopy of these upper layers, whose thickness varied between 10 and 25 μm, could identified gypsum $CaSO_4•2H_2O$ as the major component. The presence of other compounds, such as calcite ($CaCO_3$), quartz (SiO_2) and PVAc, from the consolidation product Caparol-Binder, was also documented (Figure 3).

Table 3 Description of the samples

Sample	Acronym	Description
St III III p10	s2	grayish, background
St III III p13	s3	grayish, border from the garment
St III III p16	s4	grayish, tyre belt
St III III p24	s5	grayish, decoration on the blue garment

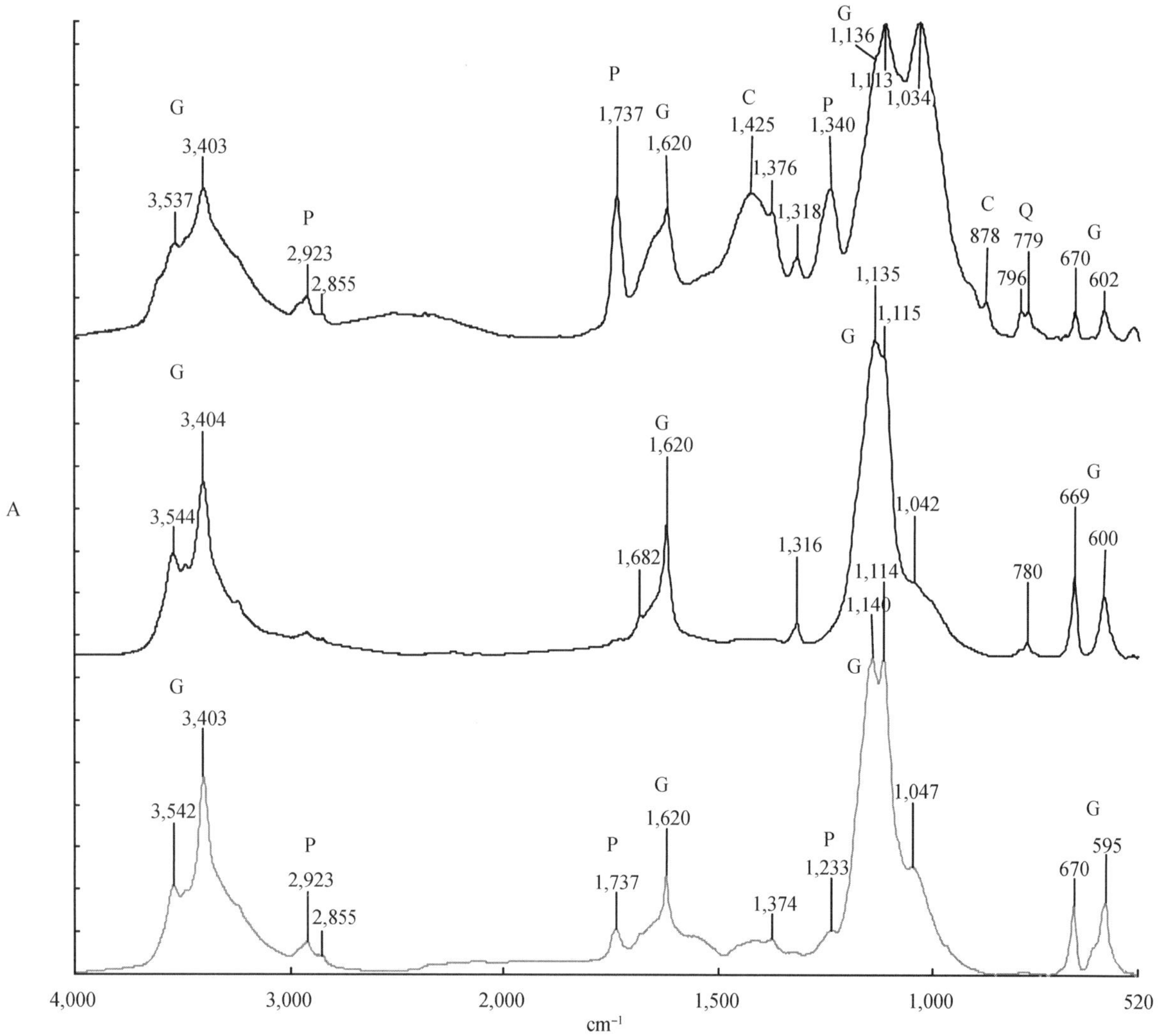

Figure 3

From the top to the bottom: FTIR spectra of the upper layer from samples s2, s3 and s4. The representative absorption bands of gypsum, calcite, quartz and PVAc are respectively marked by the letters G, C, Q and P

Table 4 describes the results of the analysis performed for each sample. The weak FTIR absorption band at 1,317 cm^{-1} suggests a calcium oxalate. Unfortunately, the confirmative bands at 1,620 cm^{-1} and 780 cm^{-1} are overlapping with the OH bending vibration of gypsum and the vibrations of quartz (doublet at 796 cm^{-1} and 780 cm^{-1}) respectively. Furthermore, the band or shoulder at around 1,040 cm^{-1} indicates the presence of a silicate, which was confirmed by means of ESEM/EDX. Plate 21 shows the mappings of the elements calcium (Ca), silicium (Si), lead (Pb) and aluminum (Al) for the sample s3.

Table 4 Analytical Results of the Samples Labeled in Figure 8

Sample	Paint layers (max. thickness)	ESEM/EDX (Elements)	FTIR
s2	3) white (12 μm) 2) orange + red-brown (40 μm) 1) white – ground layer (12 μm)	3) Ca, S, Si, Al, K, Fe 2) Pb, (Fe) 1) Ca, S	3) gypsum, silicate, PVAc, calcite, quartz, (oxalate)
s3	4) white (25 μm) 3) red-brown (50 μm) 2) orange (8 μm) 1) white – ground layer (20μm)	4) Ca, S, Al, Si, K, Fe 3) Pb, Fe 2) Fe 1) Ca, S	4) gypsum, (oxalate)
s4	3) white (10 μm) 2) orange + red-brown (20 μm) 1) white – ground layer (60 μm)	3) Ca, S, Si, Al 2) Pb, Fe 1) Ca, S	3) gypsum, silicate, PVAc
s5	5) white (13 μm) 4) red (7 μm) 3) blue (30 μm) 2) blue (35 μm) 1) white – ground layer (20 μm)	5) Ca, S, Al, K, Na, Mg 4) Pb 3) Al, Na, Mg, Ca, Si, K 2) Ca, S, Si, Al, K, Mg, Na 1) Ca, S	5) gypsum, silicate, PVAc, (oxalate)

The graying of the paint layer sometimes appears like a deliberate decoration, as the circular pattern on the blue garment shows in Plate 22. The cross-section of sample s5, taken from this area, shows two thin paint layers on the top of the blue: a red layer of minium (Raman spectroscopy) under a white one, which contains gypsum and silicates. It can be noticed that the presence of a white mineral layer on colored paint layers, can primarily be observed over lead pigments (Figure 4). Minium Pb_3O_4 but also its oxidized degradation product plattnerite PbO_2 could be identified by means of Raman spectroscopy as components from the paint layers covered with the white upper layer.

In an article from 1937 on the materials used in the wall paintings from Kizil, R. J. Gettens described the violet-gray tones as a particularly interesting color [5]. He studied several small fragments of wall paintings, which had been removed from Kizil by Albert von Le Coq and acquired by purchase in 1926 from the Fogg Art Museum.

R. J. Gettens observed already a white surface layer on the top of a dark painting layer: "The cross-section of a specimen shows a surface layer of dense white pigment and directly beneath is a dark, chocolate-brown pigment in distinct granules which appears to be the same brown lead dioxide previously described, although no red lead can be seen."

The identification of the material of this upper white layer with its rudimentary investigation

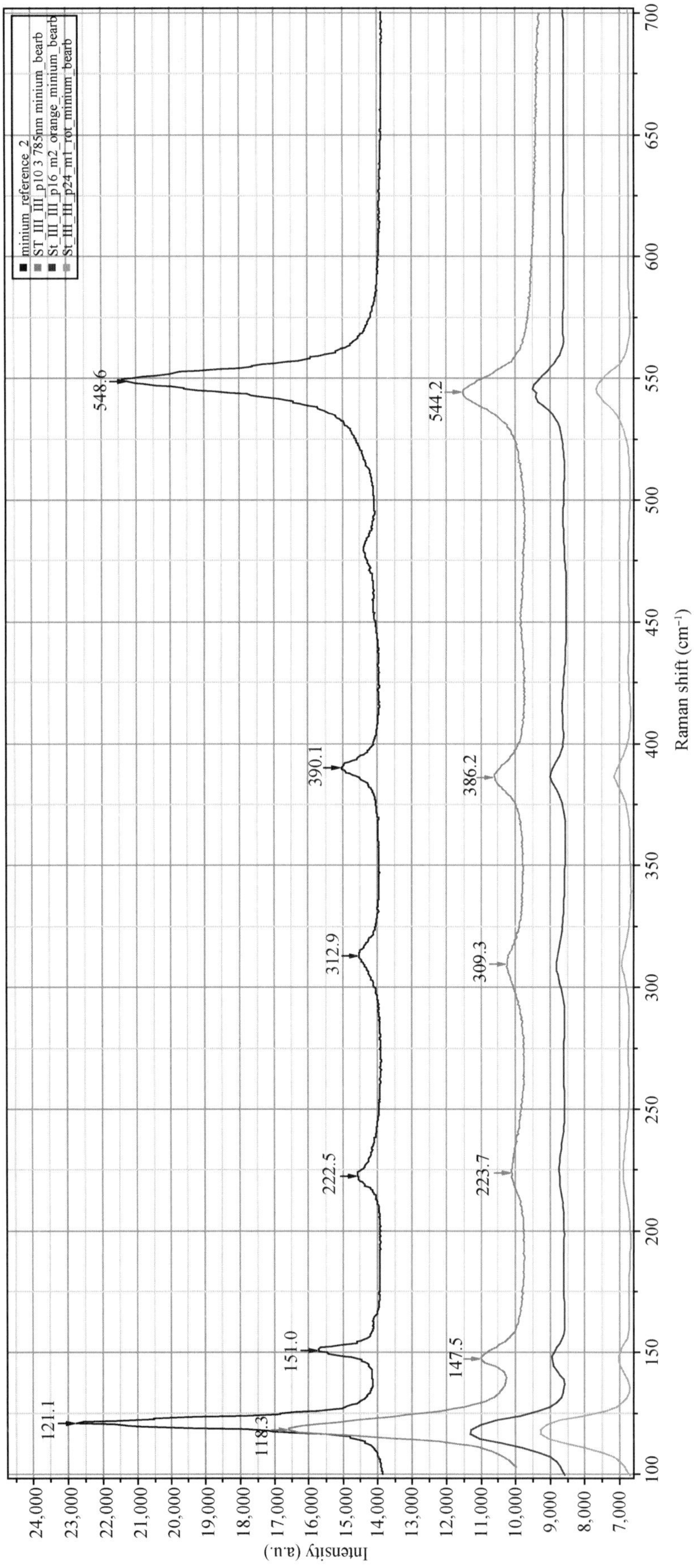

Figure 4　From the top to the bottom: Raman reference spectrum of minium with Raman spectra of samples s2, s4 and s5

techniques (mostly microchemical tests) posed serious difficulties at that time. Nevertheless, R. J. Gettens, characterized a complicated mixture of lead, calcium and sodium sulphates and enunciated the following hypothesis: "It is possible that the original color of these two faces was a true flesh tone produced by laying gypsum over red lead, but that a combination of factors, namely the darkening of red lead and a chemical reaction between calcium sulphate, other salts, and red lead, have produced the complex compounds now present and resulted in color and optical change. That the surface was originally calcium sulphate is supported by its occurrence as the principal pigment (washed with iron oxide) in the flesh tints of the other fragments."

The origin of this white mineral upper layer at the top of the red lead colored painting layers, observed in the paintings from Kizil, is difficult to explain and still unclear. The *in situ* paintings from Cave 8 are also affected by this phenomenon (Plate 23): Gypsum was found, laying on a red lead painting layer (Figure 5). The areas concerned appear today gray, so that color fading probably resulted in this change of aspect.

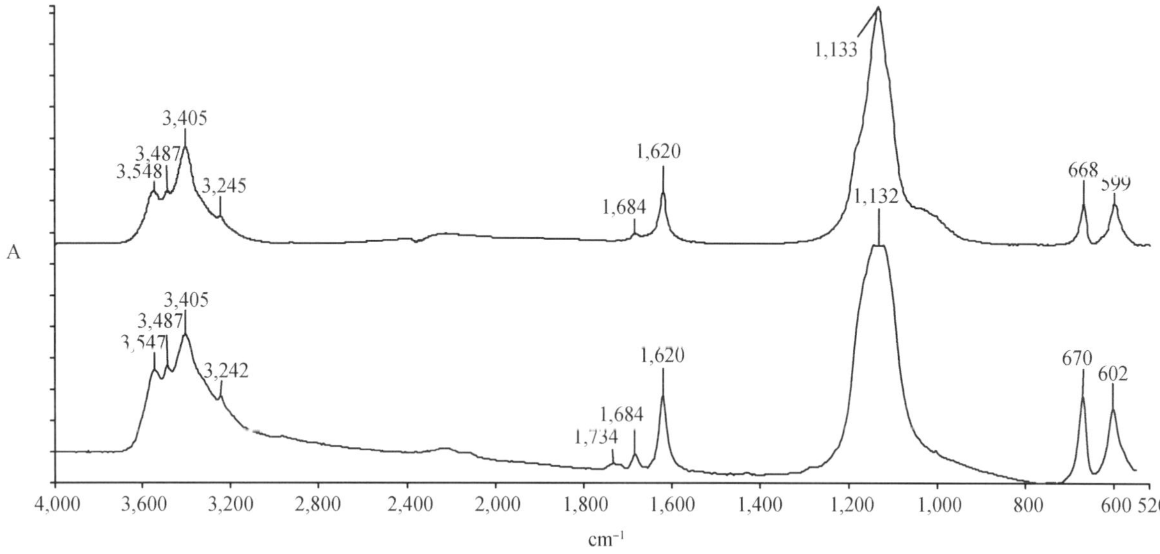

Figure 5 From the top to the bottom: FTIR spectrum of the grayish layer from sample s6 with reference spectrum of gypsum

In order to produce a rich palette of colors, painters have the possibility to use a large number of materials (inorganic and organic colorants) as a mixture or as an overlay of several painting layers. According to this, the presence of the white layer, lead to the assumption that gypsum could have been used intentionally in the process of precipitating dyestuffs into the form of pigments [6].

Conclusion

Multispectral imaging and microscopy of the wall paintings from Cave 8 (Hoehle der sechzehn Schwerttraeger, Asian Art Museum) were used to support sampling, particularly in areas exhibiting the graying phenomenon. No correlation between areas, where the consolidation products have been applied in the 1960s (Calaton and Caparol-Binder) and the grayish appearance of the paintings could be established.

In fact, a white layer was found covering the upper strata of several cross-sections, especially on the top of red lead paint layers, containing minium and/or plattnerite. The presence of this white surface layer, in which gypsum and silicates were identified, could not be elucidated until now. Its origin could be explained in the preparation of paints by precipitating organic colorants from aqueous extracts on inorganic substrates [7]. For the detection of organic dyes, further investigations should be realized, for example by means of Surface Enhance Raman Spectroscopy (SERS) [8].

Acknowledgements

Wang Na from Xi'an Jiaotong University is gratefully acknowledged for the Chinese translation of the abstract.

References

[1] Werner A E. Scientific methods in the conservation of antiquities. Research, 1962, (15): 353-359.

[2] Sease C. The case against using soluble nylon in conservation work. Studies in Conservation, 1981, (26): 102-110.

[3] Conti S, et al. Textile materials: reference standards for the characterization using multispectral analyses. 9th International Conference on NDT of Art, Jerusalem, Israel, 2008.

[4] Bartoll J. Dichromatische Farbfilter, Ein Hilfsmittel bei der Pigmentanalyse und Restaurierung. Restauro, 2000, (3): 178-181.

[5] Gettens R J. The materials in the wall paintings from Kizil in Chinese Turkestan. Technical Studies in the Field of Fine Arts, 1937-1938, (6): 281-294.

[6] Schilling M, et al. Analytical research in Cave 85, Conservation of ancients sites on the Silk Road. Proceedings of the Second International Conference on the Conservation of Grotto Sites, Mogao Grottoes, Dunhuang, China, 2004, (3): 438-449. Edited by N. Agnew, Los Angeles 2010, The Getty Conservation Institute.

[7] Grzywacz C, et al. Development of identification strategies for Asian organic colorants on historic Chinese wall paintings. ICOM Committee for Conservation, 15th Triennial conference, New Dehli, Vol. I, 2008: 534-541.

[8] Casadio F, et al. Identification of organic colorants in fibers, paints, and glazes by surface enhanced Raman spectroscopy. Accounts of Chemical Research, 2010, (6): 782-791.

克孜尔石窟第8窟壁画的灰化现象研究

Ellen Egel[1] Stefan Simon[2]

（1. 德国柏林国家博物馆Rathgen研究实验室 2. 美国耶鲁大学文化遗产保护所）

20世纪初，德国汉学家Albert Grüenwedel（1856～1935年）和 Albert von Le Coq（1860～1930年）在丝绸之路北部克孜尔石窟发现了大量精美的佛教壁画。其中，克孜尔石窟第8窟（中方编号）内总面积约为35m^{2}的数块壁画被从墙体揭离，并运送到柏林保存至今。然而，原位揭离的方法并没有如预期那样完整地存留壁画及其所表达的地域精神文化。壁画损失严重，而且不宜根据现代的理念和标准对其进行保护。

历史上，保护工作者曾对壁画进行了重要的保护处理。首次主体保护是在1926年，保护工作者将壁画整体嵌入石膏载体以稳定其基体层黏土。20世纪60年代则用有机聚合物加固脆弱的画层，其中用到的一种加固材料是Calaton，Polyamid 6.6的一种派生物，由于其在短链醇类试剂中的溶解性，Calaton在文物保护领域也通常被称作可溶性尼龙；另一种材料名为Caparol-Binder的醋酸乙烯酯（PVAc）也被用作加固试剂。

壁画表面出现的色彩灰化及亮度普遍降低的现象，促使保护工作者对第8窟进行分析研究以确定一套合理可行的保护方法。取样过程，特别是针对壁画灰化区域的取样，是基于样本的多光谱成像及显微观测结果来进行的。研究结果表明，灰化区域与20世纪60年代用Calaton及Caparol-Binder加固保护过的区域之间不存在必然联系。事实上，若干样品的横截面上都发现有一层白色物质覆盖于表层，特别是对于含铅丹或黑铅矿的红色画层。此外，在克孜尔石窟第8窟原址的壁画上也出现了这种现象。这层白色物质经鉴定含有石膏和硅酸盐，但其出现的原因到目前为止还无法解释清楚。可能是因为壁画准备过程中利用了水相萃取无机基体的方法来沉降有机色素，而白色物质就是在这个过程中产生的。对于有机染料的检测，可通过表面增强拉曼光谱等进一步探究来实现。

Technological Studies of Copper Pigments and Degradation Products in Cave 40, Simsim

Ellen Egel[1] Stefan Simon[2]

(1. Research Laboratory, National Museum in Berlin

2. Institute for the Preservation of Cultural Heritage, Yale University)

Introduction

The mural paintings of Cave 40 from the Buddhist monastery site Simsim (Xinjiang, China) are severely affected by soot crusts, which cover the paint layers and are probably caused by the use of fire inside the cave (Figure 1, Plate 24).

a b

Figure 1 a) Buddhist site of Simsim (Xinjiang, China) in August 2012 – north side. Cave 40 is the second from the left. Cella of cave 40 with b) cutting edges from the looted fragments

Eight fragments originating from Cave 40, which carries the German name "Ritterhoehle", are today in the storage of the Asian Art Museum in Berlin (Plate 25). The detachment and removal of the mural paintings from their original place and site has been carried out without due respect for the integrity and spirit of the place. It came along with considerable losses and cannot be justified in the light of modern conservation ethics and standards. Figure 1c shows the empty and scarred areas left behind in the caves.

Details of the painting fragments, which are not visible to the bare eyes, were revealed by neutron autoradiography in the 1990s and helped the understanding and interpretation of the various painted scenes [1].

The cleaning and conservation of these fragments pose a significant challenge for the conservators, not only due to the uniqueness of the object itself and its art technology, but also due to the natural ageing of the materials used, its preservation conditions through the centuries and possible past conservation treatments. This task is even more delicate in cases where the substrate is quite fragile, as it is the case for a detached wall painting.

Various cleaning procedures can be chosen for the removal of soot: mechanical cleaning (by scalpel, micro abrasive blasting, laser) and physically or chemically active solvents. So Egyptian wall paintings from the tomb of Neferhotep were cleaned *in situ* by use of a mobile fiber laser (CL 20 Q, Clean-Lasersysteme, Germany). Soot crusts of as well undecorated as painted stone surfaces could be thinned, and the combination with other cleaning methods as chemical paper tissue poultices proved to be very successful [2].

Another innovative approach for the cleaning of cultural heritage is the surface treatment by means of plasma. Applied to different kinds of materials, plasma may activate polymers in order to increase their adhesive properties [3], reduce metals [4] or disinfect microbially infested paper [5]. Also the removal of soot from mural painting mock-ups was tested successfully by means of two different atmospheric plasma jets. The results are promising and further investigations shall be realized in this field [6、7、8].

Furthermore, the Asian Art Museum in Berlin has been studying in cooperation with the Federal Institute for Materials Research and Testing (BAM), the effects of laser cleaning on mural painting fragments of the Ritterhoehle. First tests were performed on mural painting mock-ups in the frame of a diploma thesis [9]. The Rathgen Research Laboratory was collaborating in the art technological research e.g. for the identification of pigments used, by means of micro-X-ray fluorescence (μ-XRF), Fourier transform infrared spectroscopy (FTIR) and environmental scanning electron microscopy coupled with energy dispersive X-ray spectroscopy (ESEM/EDX).

Micro-X-ray Fluorescence

A first screening of the pigments was performed using the non-invasive technique of μ-XRF. The characteristic interaction of each specific atom with X-rays allows to determine the elemental composition of the measured area. The tiny measurement spot of only 80-100 μm allows a precise focus and detailed measurement, for example on thin contour lines or fine decorations. The simultaneous existence of different elements within one color often leads to the identification, at least to a classification of the pigments.

Nevertheless, the specific and matrix-depending penetration depth of the X-rays, and the respective fluorescence radiation has an impact on the results. In the case of superposed thin paint layers, it is difficult to attribute measured elements to various layers. Complementary methods as FTIR and ESEM/EDX are necessary for a more complete characterization.

Twenty two points in different colors were measured (Plate 26) and the following conclusions could be drawn:

(1) Calcium sulfate constitutes the preparation layer of the painting (presence of the elements calcium and sulfur).

(2) Red and brown areas, as well as the red contour lines, contain ochre (iron as the main element).

(3) The elements copper and chlorine in the green paint layers, originate from a copper chloride (e.g. atacamite or paratacamite).

(4) The presence of lead could be found in a numerous colors: white, flesh color, blue and purple.

Green Copper Pigments

The green color consists of at least two different pigments (Plate 27). FTIR measurements of two particles of different green tones identifed atacamite (particle labeled as A in Plate 27) and malachite in the case of the deeper green particle, marked as B. Atacamite, a copper (II) chloride hydroxide [$Cu_2Cl(OH)_3$] can be recognized in the FTIR spectrum by the hydroxyl stretching vibrations between 3,450-3,360 cm^{-1} and the weak absorption bands between 990-820 cm^{-1} in a characteristic pattern. The hydrous copper carbonate Malachite [$CuCO_3(OH)_2$] could be identified through its confirmative absorption bands, particularly the stretching vibrations from the carbonate ion (CO_3^{2-}) between 1,530-1,350 cm^{-1} and the O-C-O bending between 900-700 cm^{-1}. FTIR spectra are given in Figure 2.

Further analysis of cross-sections using ESEM/EDX and ATR-FTIR imaging demonstrated that the green color was obtained by mixing the green copper pigments with gypsum [$CaSO_4 \cdot 2H_2O$] as a filler. The VIS-photograph and the elemental distribution for calcium, sulfur and copper through the cross-section are shown in Plate 28. Calcium and sulfur are respectively presented in blue and red, so that according to the additive color mixing, areas containing calcium sulfate appear in magenta.

Moreover, also copper oxalate could be characterized by means of ATR-FTIR imaging. The result of such a measurement is an image, in which each pixel contains spectroscopic information (FTIR spectrum). The identification of copper oxalate is based on the two carbonyl stretching vibrations at 1,360 cm^{-1} and 1,320 cm^{-1} respectively. Its distribution through the stratigraphy of the paint sample is located in the upper 40-50 μm of the paint layer as described from the green band area with red spots between 50 and 100 μm on the y axis shown in Plate 29. The color scale from the ATR-FTIR image ranges from violet to pink, color in which regions with the most intensive absorption at the chosen wavelength (here 1,360 cm^{-1}) are depicted. However, the stratigraphic distribution of a compound can be distorted, when another substance absorbs in the same wavelength range. Figure 3 shows the extracted ATR-FTIR spectra of points, labeled as 1-4 in Plate 29. The copper oxalate is enriched on the surface of the painting and can clearly be recognized in points 1 and 2 with the defined bands at 1,360 cm^{-1} and 1,317 cm^{-1}, while the red spot at point 4 is mostly coming from a strong and broad absorption with a maximum at 1,391 cm^{-1}, in combination with absorptions

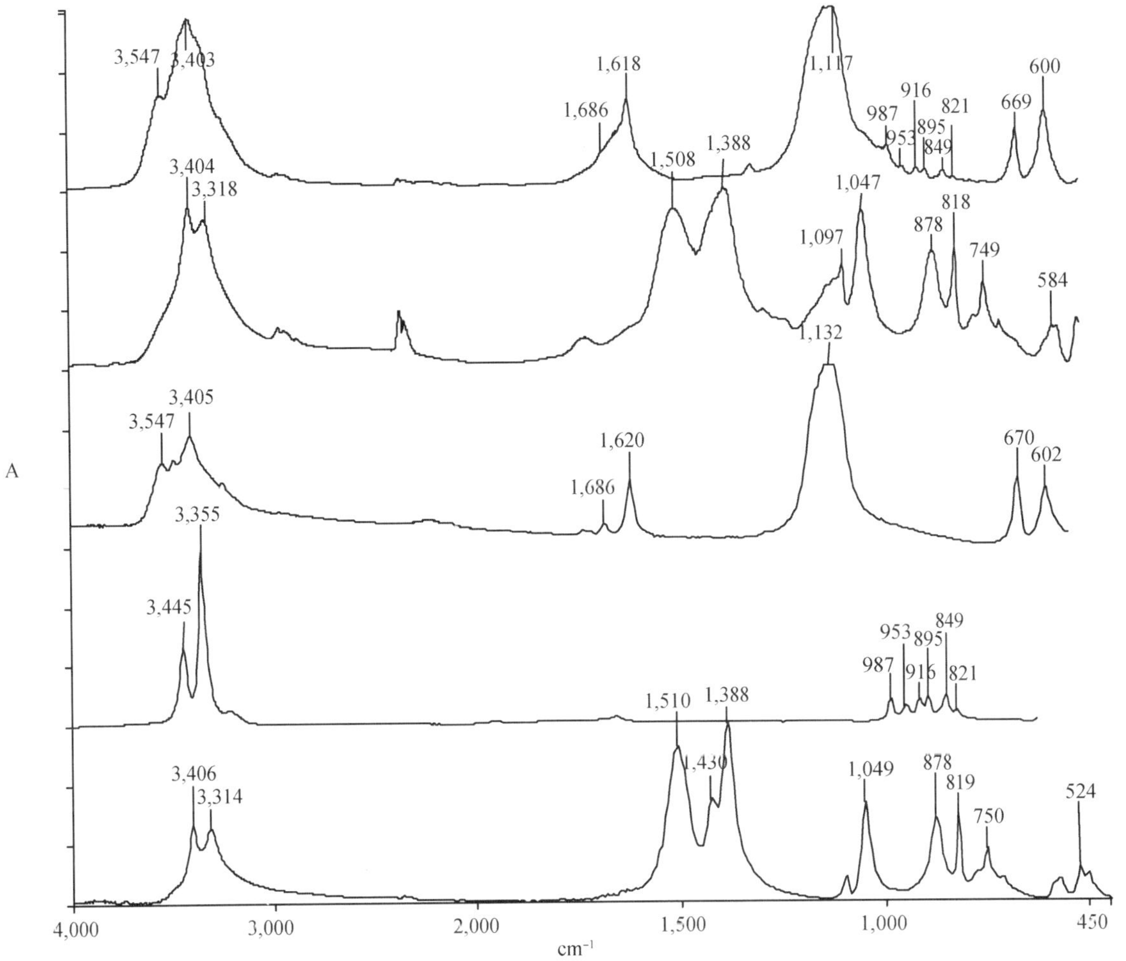

Figure 2 FTIR spectra from the green pigment with references spectra from the database. From the top to the bottom: particle labeled as A in Figure 4 (mixture of atacamite and gypsum), particle labeled as B in Figure 4 (malachite), gypsum, atacamite and malachite as references

at 869 cm^{-1} and 710 cm^{-1} probably originating from a carbonate. As demonstrated with this example, the study of paint layers requires the use of several complementary analytical techniques for a thorough investigation of the art technology and materials.

The Formation of Oxalates

The origin of copper oxalate, as shown for the green paint layer, is yet unclear. Nevertheless, its presence is probably the result of alteration and degradation processes of the green copper pigments. The identification of metal oxalates has been often reported in literature over the past decades [10, 11]. They have been characterized among others on monumental stone [12], on interior [13, 14] or exterior mural paintings [15]. However, copper oxalate has been never analytically documented as an artist's pigment. The formation of oxalates is explained in literature as a result of the attack by oxalic acid, which can be produced in

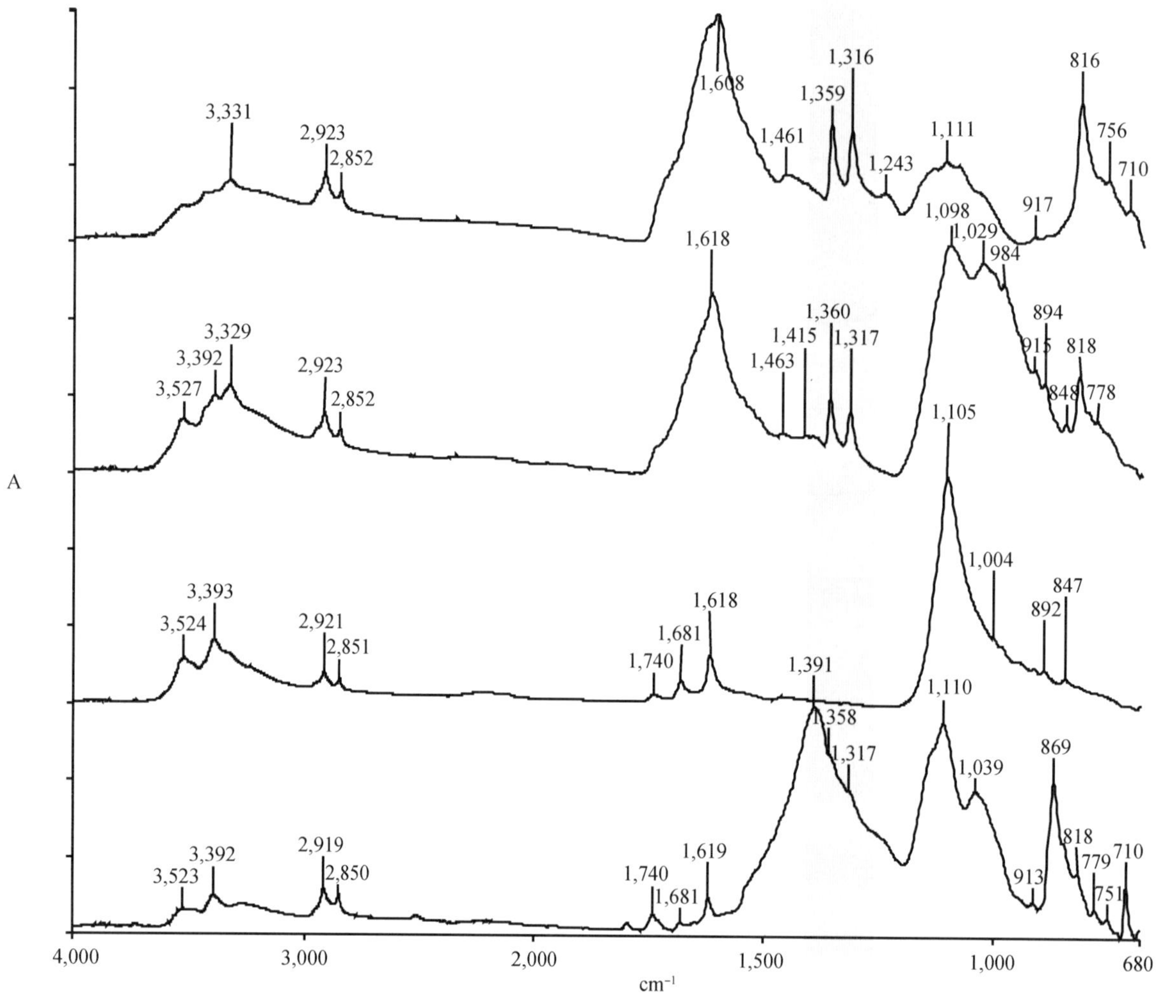

Figure 3　From the top to the bottom: FTIR spectra of labeled points 1, 2, 3 and 4 in Plate 29. FTIR bands at 1,360 and 1,317 cm^{-1} are typical for the absorption of copper oxalates

different ways. At first, oxalic acid is a metabolism product of lichens and fungi. Pigments sensitive to acidic solutions, such as calcium and copper carbonates can deteriorate and form oxalates [16]. Laboratory experiments show the reaction between malachite, atacamite and oxalic acid, given in excess. The FTIR spectra of the components after the chemical reactions are presented in Figure 4. Atacamite transformed completely into copper oxalate, while the reaction with malachite was only partial.

At the Federal Institute for Materials Research and Testing, Berlin, the action of microorganisms according to EN ISO 846, method B [17] was evaluated on several pigments. For this purpose, mural painting mock-ups were prepared, consisting of a first clay layer, followed by a gypsum preparation layer, on which the paint layer was applied: ochre, ultramarine, minium, malachite and chrysocolla with animal glue as a binder.

According to the fungi development, the colonization on the mock-ups was rated on a scale from 0 to 5. Rate zero corresponds to severe fungistatic effect, an incomplete fungistatic effect is described by rate 1.

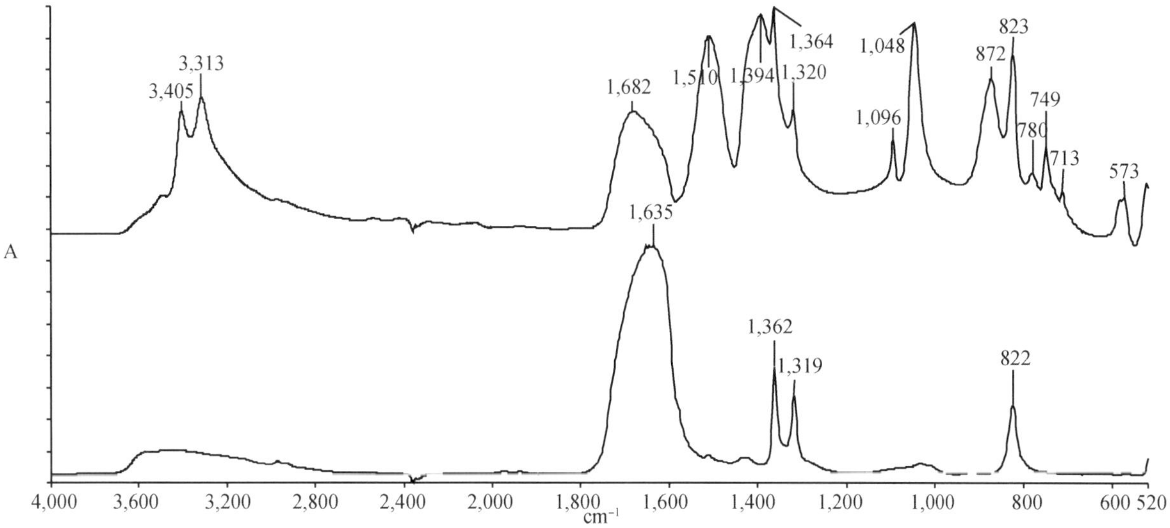

Figure 4 FTIR spectra of malachite (top) and atacamite (bottom) after the reaction with oxalic acid

Rates between 2 and 5 characterize samples with decreasing up to no fungistatic effect. All pigments tested showed a mould growth with rates between 2 and 5 (Plate 30).

Ochre, gypsum, ultramarine and minium were severely colonized (rates 5-4) while the development of fungi was less important for the copper pigments malachite and chrysocolla (rates 2-3).

On the mural paintings from the "Ritterhöhle" no apparent traces of fungal infestation can be observed today. However, degradation processes associated with microorganisms can not be excluded, due to the environmental conditions *in situ* and during storage in Germany.

Another source, which has been discussed in literature as a potential source of oxalic acid, is the photo-oxidation of organic binding media [15, 16]. The degradation of lipids under UV irradiation, at high levels of humidity under exposure to atmospheric pollutants leads to the formation of low molecular-weight dicarboxylic acids, which can again convert in the lowest unit of oxalate acid [16].

Conclusion

μ-XRF is a non-invasive analytical method revealing plenty of information about the inorganic materials of a painting. However, the complexity of the paint layers requires the use of other complementary techniques for a deeper characterization of the constituents. ESEM/EDX, FTIR, ATR-FTIR imaging and Raman spectroscopy are the most common techniques used for the identification of pigments and binders. The green pigment found in the "Ritterhöhle" was particularly interesting. It consists of a mixture of the copper pigment atacamite and malachite in a gypsum matrix. Moreover, copper oxalate could be identified, of which formation can probably be attributed to a degradation process in presence of oxalic acid. The source of oxalic acid could not be identified.

Acknowledgements

Professor Steffen Laue and Christine Fuchs are gratefully acknowledged for granting access to the ATR-FTIR imaging equipment at the University of Applied Sciences, Potsdam.

The authors would also like to thank Dr. Ina Stephan and Thomas Dimke (BAM—Federal Institute for Materials Research and Testing, Berlin) for their cooperation in this work.

Wang Na from Xi'an Jiaotong University is gratefully acknowledged for the Chinese translation of the abstract.

References

[1] Fischer C-O, et al. Neutron autoradiography of Central Asian wall paintings. Deutsche Gesellschaft fuer Zerstoerungsfreie Pruefung. 4th International Conference on Non-Destructive Testing of Works of Art, 1994, Berichtsband 45, Teil, 2: 753-765.

[2] Graue B, et al. PROCON TT 49: Laser cleaning of ancient Egyptian wall paintings and painted stone surfaces. Lasers in the Conservation of Artworks LACONA VIII, 2011: 53-58.

[3] Comiotto A. Fine-tuning atmospheric plasma to improve the bondability and coatability of plastics in modern and contemporary art and design. Future Talks 009, The Conservation of Modern Materials in Applied Arts and Design, The International Design Museum Munich, 2009: 33-39.

[4] Schmidt-Ott K. Plasma-reduction: its potential for use in the conservation of metals. Proceedings of Metal, National Museum of Australia Canberra ACT, 2004: 235-246.

[5] Laguardia L, et al. Conservation of biodeteriorated ancient documents and paper consolidation by plasma treatments. ICOM-CC, 14th Triennial Meeting, The Hague, 2005, (I): 193-198.

[6] Pflugfelder C, et al. Cleaning of wall paintings and architectural surfaces by plasma. Plasma Processes and Polymers, 2007, 4: 516-521.

[7] Aibéo C, et al, Eu-PANNA project: Development of a portable plasma torch for cleaning multi-surfaces and coating deposition. Proceedings of the 2nd European workshop on Cultural Heritage Preservation. Edited by E. Dahlin, Kjeller, Norway, 24-26 September 2012: 55-64.

[8] Aibéo C, et al. Cleaning graffiti and soot with atmospheric plasma. Berliner Beiträge zur Archaeometric, Kunsttechnologie und Konservierungswissenschaft, 2014, 22: 69-76.

[9] Schmidt B. Der Einsatz von Lasertechnik an Modellsystemen zentralasiatischer Wandmalereifragmente. Diploma Thesis. University of Applied Sciences, Potsdam, 2012: 1-150.

[10] Torraca G. The scientist in conservation. GCI Newsletter, 1999: 14(3): 8-11.

[11] Polesello S, Toniolo L. Calcium oxalate in mural paintings, recoveries on northern Italian frescoes. The oxalate films in the conservation of works of art. Proceedings of the II International Symposium. Edited by M. Realini and L. Tonolio, Milan, 25-27 March, 1996: 1-539.

[12] Pavía S, Caro S. Origin of films on monumental stone. Studies in Conservation, 2006, (51): 177-188.

[13] Chiari G, et al. Calcium oxalates on mural paintings in internal exposure: Sistine Chapel and others. Proceedings of

the II International Symposium: The Oxalate Films in the Conservation of Works of Art. Edited by M. Realini and L. Tonolio, Milan, 25-27 March, 1996: 177-188.

[14] Herm C. Archäometrie an mittelalterlichen Kupferpigmenten in Mitteldeutschland. Archäometrie und Denkmalpflege, Bochum, Deutschland, 15-18 September, 2010: 161.

[15] Nevin A, et al. The identification of copper oxalates in a 16th century Cypriot exterior wall painting using micro-FTIR, micro-Raman spectroscopy and Gas Chromatography-Mass Spectrometry. Journal of Cultural Heritage, 2008, (9): 154-161.

[16] Bordignon F, et al. The formation of metal oxalates in the painted layers of a medieval polychrome on stone, as revealed by micro-Raman spectroscopy. Studies in Conservation, 2008, (53): 158-169.

[17] Plastics – Evaluation of the action of microorganisms, method B, (ISO 846: 1997).

森木塞姆石窟第40窟壁画中含铜颜料及其老化产物的研究

Ellen Egel[1] Stefan Simon[2]

（1. 德国柏林国家博物馆Rathgen研究实验室 2. 美国耶鲁大学文化遗产保护所）

新疆森木塞姆石窟第40窟内壁画受烟灰影响，壁画表层结壳。烟灰层可能是由于在洞窟中生火而形成的，且已经覆盖了画层。

德国柏林亚洲艺术博物馆保存有8块来自森木塞姆第40窟的壁画残块。我们通过微区X射线荧光光谱（μ-XRF）法研究了壁画所用颜料。实验结果表明，彩绘底层是由石膏制成的。此外，石膏还作为白色部分用以调配肤色颜料。壁画的红色及棕色区域是以红赭石为颜料绘制的。μ-XRF测试还发现了一个很有趣的现象，即在绿色、蓝色、紫色及白色等各种画层中都出现了铅元素。傅里叶变换红外光谱（FTIR）结果表明，壁画所用绿色颜料是氯铜矿。但通过进一步的FTIR及环境扫描电镜-能谱（ESEM/EDX）实验，在石膏基体上观测到了由氯铜矿、石绿和草酸铜构成的非均相绿色画层。

Conserving Painted Decoration in External Structures in England

—The Experience of the National Trust for England, Wales and Northern Ireland

Katy Lithgow Tina Sitwell

(The National Trust, UK)

Introduction

The survival of external polychrome decoration in the United Kingdom is rare due to high relative humidities and freeze-thaw cycles. The National Trust for England, Wales and Northern Ireland, owns and manages several sites where polychromy survives but which do not lend themselves to conventional conservation management. This paper discusses the National Trust's approach to conserving these paint layers at several sites, within the framework of the *National Trust's Conservation Principles* published in 2008.

The National Trust

The National Trust is a privately funded British charity founded in 1895 to look after cultural and natural heritage for public benefit. Since then it has acquired c.350 properties, or heritage sites, containing, amongst other things, 322 mansions, over 5,000 houses and cottages and 1,000 other built structures in gardens and parks, over 250 of which are open to the public. These are set in 709 miles of coastline and 630,000 acres and contain around 1 million objects, still associated with the buildings for which they were originally bought or designed. Preserving these associations is one of the National Trust's distinguishing features. The National Trust's purpose, as described in the *1907 Act of Parliament* by which it was established, is "to promote the permanent preservation of places of historic interest and national beauty for the benefit of the nation" and is still true today[1]. Conservation is the way in which preservation is carried out.

---

① Section 4.1 National Trust Act 1907, 4, see 'The National Trust Acts 1907-1971', downloaded from http://www.nationaltrust.org.uk/cs/Satellite? blobcol=urldata&blobheader=application%2Fpdf&blobheadername1=Content-Disposition&blobheadername2=MDT-Type&blobheadername3=Content-Type&blobheadervalue1=inline%3B+filename%3D272%252F77%252FNational%2BTrust%2BActs%2B1907-1971%2Bpost%2BOrder%2B2005%252C2. pdf&blobheadervalue2=abinary%3B+charset%3DUTF-8&blobheadervalue3=application%2Fpdf&blobkey=id&blobtable=MungoBlobs&blobwhere=1349125903814&ssbinary=true, accessed 17 December 2014

Definition of Conservation

The National Trust recognises, in common with other heritage organisations, recognised that some forces of change are unstoppable, such as the weather and natural disasters. Consequently, its concept of conservation moved on from the sense of stopping clocks (literally and metaphorically) and preserving things in aspic to a definition of conservation as a process that embraces change, as set out by the Conservation Directorate in its definition of 2003.

> "Conservation is the careful management of change. It is about revealing and sharing the significance of places and ensuring that their special qualities are protected, enhanced, enjoyed and understood by present and future generations."①

As the National Trust practices conservation across such a broad range of conservation assets, it was felt necessary to establish what was common to the conservation of each type of asset, whether building or painting, garden, park or coast, to enable consistency and clarity over what conservation is trying to achieve, especially for managers who are not specialists in conservation. This led to the development of six conservation principles between 2006 and 2008 as a framework for good conservation decision making. These are discussed in the following pages.

Principle 1: Significance

> We will ensure that all decisions are informed by an appropriate level of understanding of the significance and "Spirit of Place" of each of our properties, and why we and others value them.

Although there is no hierarchy among the *Principles*, they all flow from this one, as without understanding significance it is not possible to know what it is conservation is trying to preserve. Significance lies at the heart of conservation management plans, as articulated by the *China Principles of 2004*②.

The Marlborough Pavilion is a small open-sided summerhouse built in the mid 1920s of clunch (chalk) and sandstone. The interior is rendered and decorated with slate and terracotta wall plaques, concrete busts and a low relief slate frieze all painted. The scheme commemorates John Churchill, the first Duke of Marlborough, and victor of the Battle of Blenheim. The building is located in the garden of Chartwell,

① National Trust, Conservation Directorate Strategy Group 2003. http://www.nationaltrust.org.uk/article-1356394365704, accessed 17 December 2014.

② Agnew N, Demas M, et al. Principles for the Conservation of Heritage Sites in China: English language translation, with Chinese text, of the document issued by China ICOMOS. 2nd Printing with revision. Los Angeles: The Getty Conservation Institute, 2004, downloadable from http://www.getty.edu/conservation/our_projects/field_projects/china/china_publications.html, retrieved 17 November 2014

Figure 1 The open-sided Marlborough Pavilion at Chartwell in Kent © National Trust/Katy Lithgow

Sir Winston Churchill's country house in Kent. And originally decorated in 1934 by John Spencer Churchill (1909-1992), Sir Winston's nephew, and again in 1949 as a 75th birthday gift for his uncle. Deterioration led to a major repaint in 1981 under the 72-year-old artist's direct supervision, which gives the current scheme historic significance. Sir Winston is a major figure in British history, and this building has its own aesthetic value (Figure 1) ①.

Built in 1738, the Chinese House at Stowe is the earliest recorded Chinese Pavilion in England, inspired by the translation of books on China. Designed by William Kent, and decorated by Francesco Sleter. It originally stood on stilts in a pond joined to the land by a bridge adorned by pots of flowers and dolphins on the roof and contained a statue of "a Chinese lady as if asleep, her hands covered by her gown". The Pavilion has been moved about by different owners since 1751, first to Wootton where it was redecorated, in 1779, 1825 and 1937, after which it was photographed in 1949 by *Country Life* and then moved in 1951 to Ireland where the connection with Stowe was forgotten until 1979 and it returned after a campaign led by the National Trust's late Architectural Historian, Gervase Jackson-Stops, in 1993(Figure 2)②.

Figure 2 The Chinese House at Stowe, 1738, after conservation in 1993. © NTPL/Andrew Butler

The cold plunge bath at Chedworth Roman Villa in Gloucestershire was constructed as part of the rebuilding of the villa in the late second century after a fire. True fresco decoration in red and yellow ochres, imitates marble but was heavily obscured by salts, algaleand moss caused by high relative humidity

---

① National Trust, (Stefan Buczakci), Chartwell: Kent, London: National Trust 2010, 32-33.

② Gervase J-S. "Sharawadgi rediscovered: the Chinese House at Stowe." Apollo 137.374 (1993): 217-222.

(RH) and seasonally fluctuating levels of capillary rise of moisture because the bath is below ground level. Nevertheless this painting is one of a handful, if not the only, site in Britain where Roman painting survives in any quantity, most significant remains having been removed to museums (Figure 3) ①.

Figure 3 Chedworth Roman Villa before the recent project to build a new shelter building, with the Victorian shelter buildings erected over the mosaics in 1865 still *in situ*. © National Trust/Katy Lithgow

Principle 2: Integration

We will take an integrated approach to the conservation of the natural and cultural heritage, reconciling the full spectrum of interests involved.

Each of these sites has many different and evolving values that form their significance. The best conservation allows a way to be found for each of these values to be preserved and enhanced. This requires collaboration between the different experts who understand and champion each area especially if those values come into conflict. The treatment of the Marlborough Pavilion and the Chinese House at Stowe needed to respect their location in gardens, whose experience could be spoiled by permanent structures-but temporary protection built at the harshest time of year when visitors don't tend to visit can be managed without affecting visitors' enjoyment. Buildings also shelter natural species which may be protected legally, such as bats at Chedworth. The treatment materials, equipment, noise and disruption can disturb roosts, but an expert understanding of their behaviour allows work to be scheduled when they are not about. Visitors themselves cause wear and tear whether through day-to-day visiting or special events, so an expert understanding of visitor management can help mitigate their impact whilst still ensuring they enjoy themselves and derive maximum benefit from their experience of the site. It is essential to identify all these interests before doing anything as these views could change how the work is carried out, by finding another way which, through the collaboration of the various interests involved, aligns interests which may at first sight seem to be in conflict. This is the purpose of the consultation stage in the Conservation Management

① Roger G. Chedworth Roman Villa, London: National Trust, 2003: 17; and Bethell P. Chedworth Roman Villa, London: National Trust, 2006: 11-33.

Plan. Allowing any one of these interests to dominate at the expense of the others leads to an unbalanced and ultimately unsustainable decision.

Principle 3: Change

We will anticipate and work with change that affects our conservation interests, embracing, accommodating or adapting where appropriate, and mitigating, preventing or opposing where there is a potential adverse impact.

The technical principles followed by conservators of reversibility, stability, compatibility, retreatability etc. are all embraced in this principle as they are the means by which conservators adapt, mitigate, prevent or oppose damage or enhance significance.

(1) Algae growing on the surface of the painted slates at Chartwell's Marlborough Pavilion was an undesirable change, reducing the decoration's significance by obscuring and disfiguring the colours and design. Environmental monitoring investigated the type and rate of change in environmental conditions and demonstrated that condensation was a recurring problem particularly in autumn[①] (Figure 4). The algae was caused by high RH and liquid water from condensation which also caused the protective wax coating to bloom and washed off the polychromy as it ran over the surface (Figure 5).

By enclosing the open sides of the Marlborough Pavilion with an insulated screen in the months when condensation occurred (October to March) absolute humidity (AH) could be reduced with a dehumidifier so that dew point temperatures (DPT) were lowered below the wall temperature, thus avoiding condensation. Enclosure without dehumidification caused the walls to release the moisture absorbed during unenclosed periods driving up AH and RH and increasing condensation (Figure 6) .

(2) Remedial conservation is needed where change has caused damage that has gone beyond what preventive conservation can control. Thus the microbiological growths at Chedworth Roman Villa obscured the surface of the wall painting and needed to be removed to enable flaking caused by salt crystallisation to be fixed. This was done by irradiation with ultraviolet light (UV-C for 100 hrs), that did not threaten the inorganic pigments and media, but caused the algal growth to shrivel and die allowing salts and other deposits to be cleaned off with ethanol, steam, ammonium carbonate in cotton wool poultices, and

① Lithgow K, Curteis T, Bullock L. "Managing external environments through preventive conservation: the investigation and control of environmentally-caused deterioration of decorative surfaces in the Marlborough Pavilion, Chartwell, Kent", in Museum Microclimates, Padfield T, Borchersen K. Contributions to the Copenhagen Conference 19-23 November 2007, National Museum of Denmark, Copenhagen: 175-184. Downloadable from http://www. conservationphysics. org/mm/lithgow/lithgow a. html, retrieved 17 December 2014.

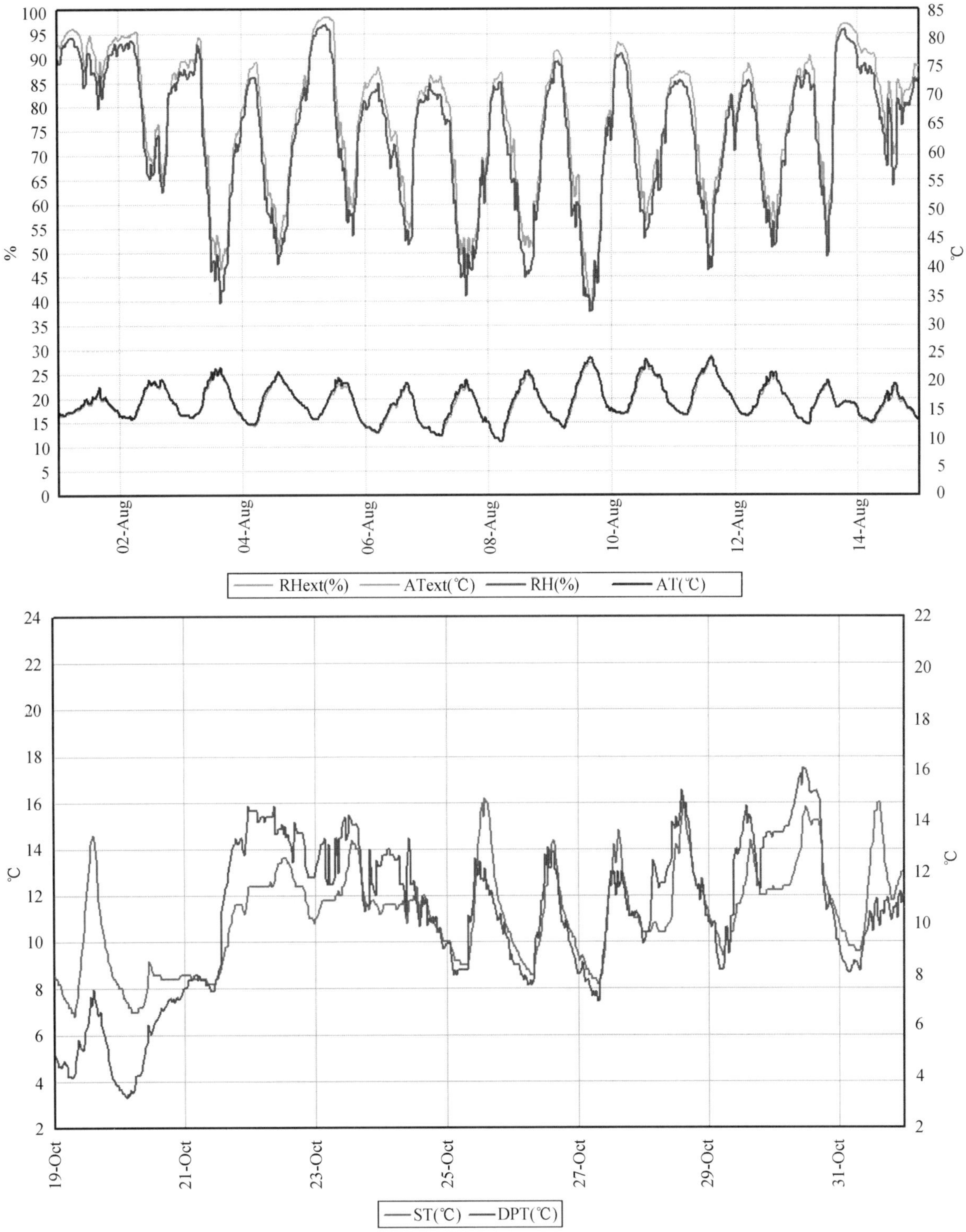

Figure 4 Chartwell Marlborough Pavilion: The upper chart shows the high levels and daily fluctuations inside and outside typical of autumn, and the lower chart the coincidence of the surface temperature with the dew point temperature of the internal air in October which is where condensation is likely to occur. © National Trust/Tobit Curteis

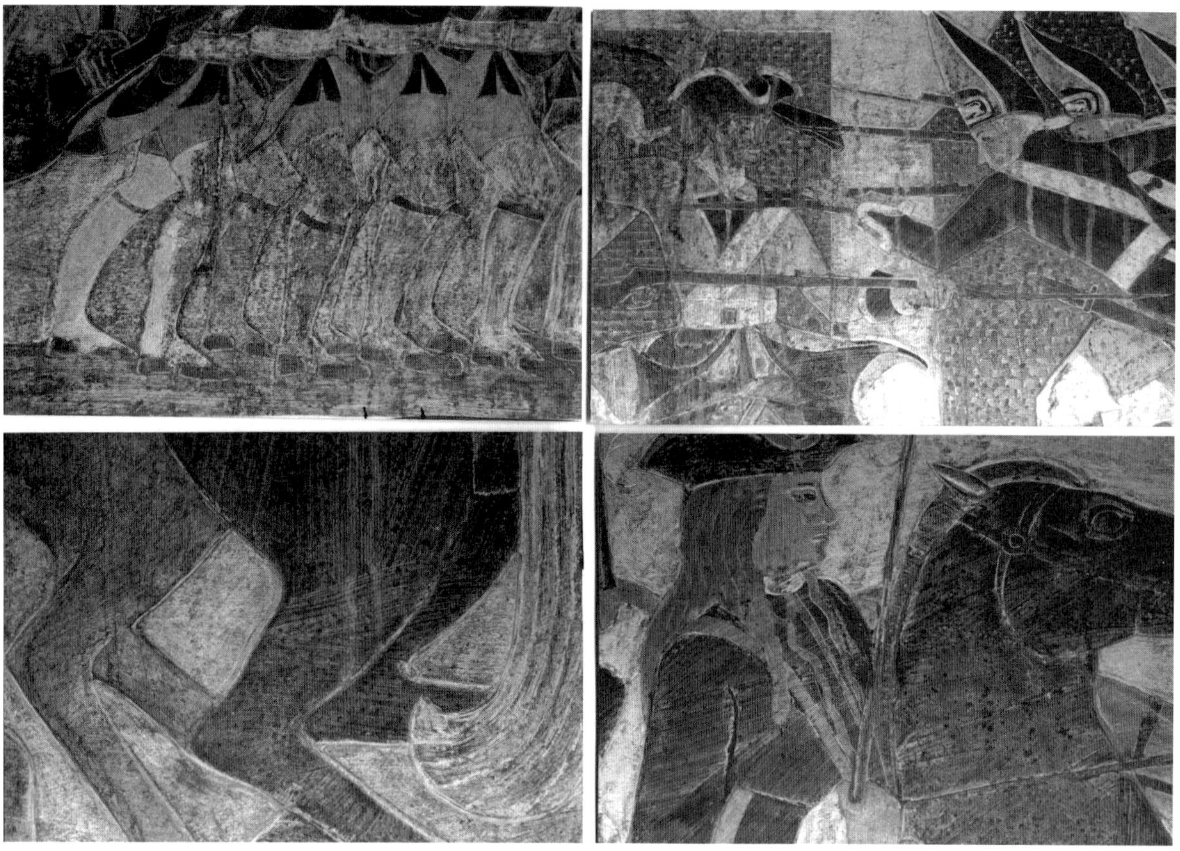

Figure 5 Chartwell Marlborfough Pavilion—details of decoration showing the blooming of the wax varnish, algal growth and drip marks from condensation caused by high humidity. © National Trust/Tom Organ

Figure 6 The nature of the architecture and location of the Pavilion means that the sides could be fully blocked in the winter with interlocking steel panels braced and wedged in place, insulated with plastazote (polyethylene foam) and painted to blend in with the colour of the stone. These seasonal changes reflect the seasonally changes in the garden. © National Trust/Katy Lithgow

fibreglass brushes[①] (Figure 7).

Change is taking place at the whole site at Chedworth where the Victorian shelter buildings are being replaced in stages by new buildings which recreate more of the footprint of the original villa by extending over the revealed mosaic pavements which connected the rooms. The intention is to make the site less confusing to visitors and improve access and conservation (Figure 8).

Figure 7 Cleaning off microbiological growths on the North Plunge Bath at Chedworth Roman Villa, with ethanol and steam. ©NTPL/John Hammond

(3) Enclosure has not been an option with the Chinese House at Stowe because the decoration is also on the outside. The practice of preventing deterioration by fitting protection was well understood in the past. Thus many eighteenth century Chinese Pavilions were designed to be dismantled and stored during the winter as at Boughton House in Northamptonshire. Such practices are at the heart of preventive conservation which marries the best of traditional practice with current scientific conservation research as at Chartwell. However,

Figure 8 A visualisation of the new structures at Chedworth Roman Villa which use similar materials (timber cladding) to the Victorian buildings illustrated in Figure 1. This forms a visual transition with the past, as well as using the vocabulary of contemporary sustainable architecture. © Furneaux Stewart

---

① Treatment described in Oldenbourg, Christoph, "Chedworth Roman Villa, Gloucestershire, Cheltenham/Yarnworth. Report on the Conservation of the historic plasters in Room 15 and Room 23", unpublished report, 2009.

For the approach to the integrated conservation strategy for documentation and environmental recording, see Stewart J. "Conservation of archaeological mosaic pavements by means of reburial", Conservation and Management of Archaeological Sites (Special issue on site reburial), 6 (3-4) 2004, 237-246; Stewart J, Julien S, Staniforth S. "An integrated monitoring strategy at Chedworth villa (Gloucestershire)", Preserving Archaeological Remains *in Situ*. Proceedings of the 2nd Conference 12-14 September 2001, ed. Nixon T J P, London: Museum of London Archaeology Service, 2004: 179-187; and Stewart J, Berry J, Staniforth S. "Chedworth Roman villa: A methodology for monitoring of *in situ* mosaics", in Les mosaïques: Conserver pour présenter? actes, VIIème Conférence du Comité international pour la conservation des mosaïques, 22-28 Novembre 1999. Musée de l'Arles antique, Arles, Musée archéologique de Saint-Romain-en-Gal, France/Mosaics, Conserve to Display? VIIth Conference of the International Committee for the Conservation of Mosaics: Proceedings, ed. P. Bland. Arles: Musee de l'Arles et de la Provence antiques, 2003 135-143.

Figure 9 Continued deterioration of the paint on the exterior of the Chinese House, Stowe—blooming of the Paraloid B72 varnish © National Trust/ Christine Sitwell

the structure of the Chinese House at Stowe was not designed to be dismantled for winter protection, thus its external paint layers are far more exposed. By the time the National Trust acquired the structure the 1937 decoration had changed so that the paint was cupping and flaking badly with extensive loss on two sides. The major losses were on the southern side except where the panels had been sheltered by the overhanging eaves. Structural conservation of the wooden framework preceded the treatment of the paint. The badly weathered panels were removed and put into store, and replaced by panels reconstructed on the evidence of the 1949 photographs in lead paint as used originally. The overlying paint was removed and the underlying paint consolidated with losses retouched[①]. Both new and original paint revarnished in Paraloid B72 as this had outperformed other varnishes tested on newly painted panels outside for a year (Figure 9).

Remedial conservation changed the condition of the paint for the better and returned it to the Stowe landscape with temporary protection provided in the winter through waterproof canvas screens attached to the underside of the eaves and the ground. This technique is based on historic practice, as a complete cover was not felt practicable. In addition, a gravel filled trench was constructed around the base to improve water drainage (Figure 10).

However, regular monitoring has found that damage is still recurring in the form of paint flaking over joins in the wood, and the varnish over the conserved paint has bloomed patchily. This is probably caused not only by high humidity but also because the varnish is sinking into the conserved paint as its medium is more denatured than the modern lead paint reconstruction. Although air circulation is

① The painting was retouched in Paraloid B72 [ethyl methacrylate (70%) and methyl acrylate (30%) copolymer] and dry pigments. Both new and original paint were varnished in Paraloid B72 with 2% Tinvin 292 as a stabiliser and 3% Tinvin 328 as a UV absorber. For further information on this project see: Cullen R, Hooper N, Sitwell. C. "Two Follies of the National Trust. The Chinese House at Stowe and the Modern Maori House at Clandon Park" , Building Conservation Directory 2004, Cathedral Communications Ltd, retrieved 2nd August 2011, from http://www.buildingconservation.com/articles/chinesehouse/chinesehouse.htm; Sitwell, Christine. "The conservation of the Chinese House at Stowe." The conservation of heritage interiors, preprints of a conference symposium, Ottawa, Canada. 17-20 May 2000. Ottawa: Canadian Conservation Institute, 2000: 71-76; Sitwell C. "The vulnerability of the Chinese House at Stowe", in Polychrome Wood. Post-prints of a conference in two parts organised by The Institute of Conservation Stone & Wall Paintings Group, Hampton Court Palace, October 2007 & March 2008, Odgers D, Humphries L. (Eds), 109-118. For a history of the gardens see National Trust, Stowe Landscape Gardens, A Comprehensive Guide, London: National Trust, 2006: the Chinese House is described (incorrectly as painted on canvas) on page 45.

being improved and an alternative and more breathable cover is sought, this deterioration requires £800 maintenance compared to the £40 a year required to maintain the more sheltered Chartwell scheme (Figuer 9).

Principle 4: Access and Engagement

We will conserve natural and cultural heritage to enable sustainable access for the benefit of society, gaining the support of the widest range of people by promoting understanding, enjoyment and participation in our work and our cause.

The National Trust's core purpose makes it clear that conservation has to benefit people. It is no longer acceptable to start from the position of limiting access, but to aim at maximising access within "safe" levels, or at least a level at which the rate of damage is acceptable. The act of conservation has itself become part of the visitor experience, whether passively through interpretation panels or actively where conservation is done in front of or by the public, for example by volunteers and students trained and supervised by professional conservators. This encourages visitors to make repeated visits to see what has happened, building a relationship with a more local community than the people who visit once in a lifetime. Our approach to access has changed a lot over the past three years, from focusing on houses and their immediate gardens, to developing attractions on other parts of the estate. This has a conservation benefit as more sensitive areas can be relieved from over visiting (Figure 10 and Figure 11).

Figure 10 Passive interpretation through panels at Chartwell's Marlborough Pavilion explaining the purpose of the temporary screens and decorative scheme visible through the screens' windows © National Trust/Katy Lithgow

Figure 11 Conservation in action at Chedworth Roman Villa with conservators uncovering and treating mosaics in front of visitors ©NTPL/Paul

Principle 5: Skills and Partnership

We will develop our skills and experience in partnership with others to promote and improve the conservation of natural and cultural heritage now and for the future.

The great range of expertise and knowledge needed to run sites is beyond the capacity of a single organisation to provide. Thus the National Trust works with other bodies whose interests are aligned with its own in both the public and the private sectors to ensure there is a market which will cultivate the skills it needs without being the sole source of work for the practitioners on which it relies. Partners not only include related heritage bodies such as English Heritage and the Historic Royal Palaces, but also academic institutions (the Institute of Archaeology and the Centre for Sustainable Heritage at University College London, the Courtauld Institute of Art, the University of East Anglia, the University of Southampton, the University of Sussex, the University of Lincoln and Northumbria University) and government agencies (Sector Skills Councils, the Heritage Lottery Fund). Skills are assessed according to how they meet professional standards. In the UK conservators have to demonstrate that they can meet these by peer review in a workplace based assessment in order to become accredited under the Professional Accredited Conservator Restorer (PACR) scheme operated by the Institute of Conservation (ICON) ①.

Principle 6: Accountability

We will be transparent and accountable by recording our decisions and sharing knowledge to enable the best conservation decisions to be undertaken both today and by future generations.

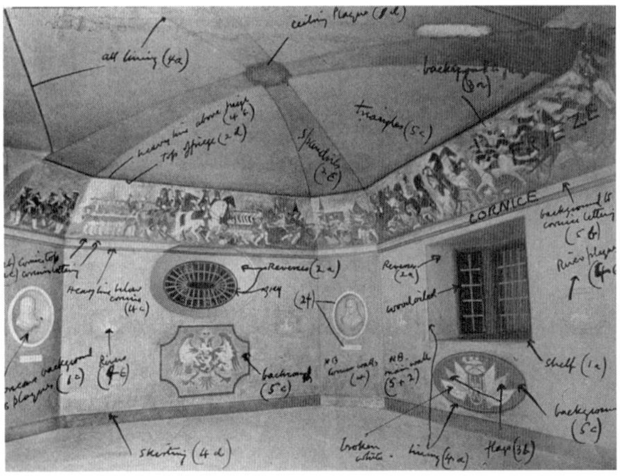

Figure 12　These annotated designs and colour swatches were deposited with the National Trust by John Spencer Churchill and his collaborator Owen Turville in 1949 and 1981. Their washed out tone setting the present level for the 1981 and subsequent conservation campaigns. © National Trust/Katy Lithgow

The records are made of treatment, both materials, techniques and rationale. What we did are as important in many ways as the properties they document, as they equip future conservators and managers to take better decisions. They can range from early records such as the annotated designs and colour swatches for Chartwell's Marlborough Pavilion's decoration (Figure 12) to modern digital condition drawings. These depend on the accessibility of digital media which is as yet unproved over the 100-year life cycle considered as the standard for conservation treatment, so hard copy are still required to accompany the digital record (Figure 13). At Chartwell's Marlborough Pavilion, environmental data records ongoing maintenance

① For details of the ICON operated PACR scheme see http://www.icon.org.uk/index.php?option=com_content&task=view&id=5&Itemid=6, accessed 17 November 2014

Figure 13 A condition drawing of the wall paintings by Giuseppe Borgnis executed in the 1730s in the East Portico at West Wycombe in Bucks. This highlights the areas where additional materials have been introduced to deal with flaking paint, open cracks, detached plaster and plaster loss. © National Trust/Perry Lithgow Partnership

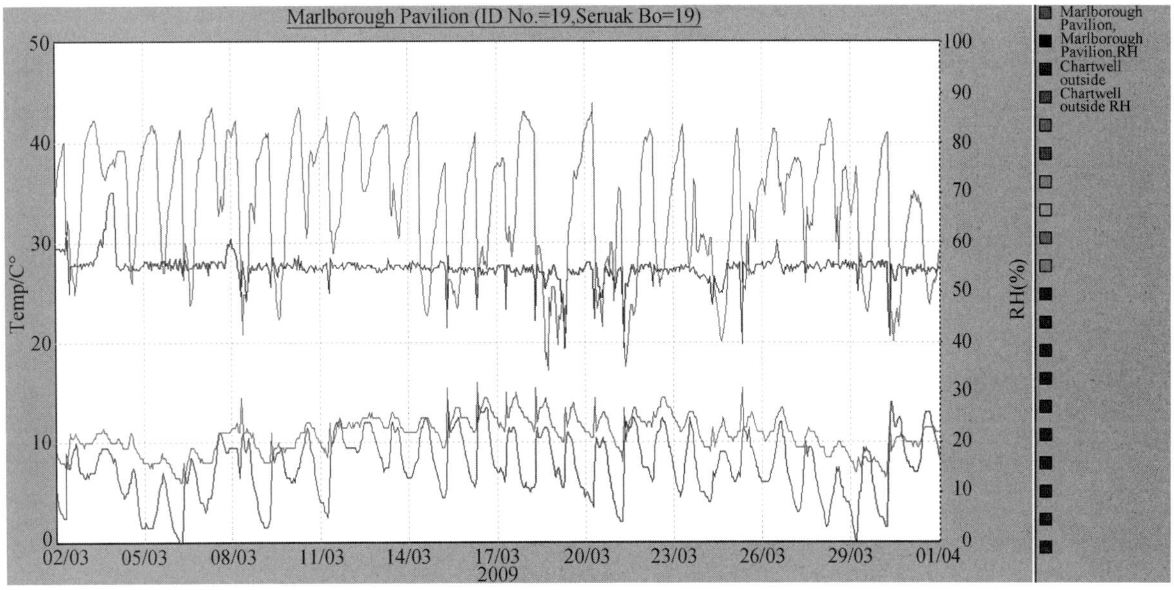

Figure 14 Comparison of Marlborough Pavilion T & RH (red and blue lines) with external conditions (grey and pink lines during winter 2007-2009 with screen in place and dehumidifier operating © National Trust/Tobit Curteis Associates

and the effectiveness of the dehumidifier during the enclosure periods[①] (Figure 14).

Hinemihi Maori Meeting House, Clandon Park, Surrey

This final example discusses the preservation of intangible values through tangible heritage, despite its many physical changes. Hinemihi is the Maori name of a meeting house built in the village of Te Wairoa in 1881. On 10 June 1886 Mount Tarawera in the central North Island of New Zealand erupted, destroying the village of Te Wairoa and killing 153 of its inhabitants. Hinemihi was one of the few surviving buildings, and provided shelter to numerous people during the eruption giving her enormous emotional significance to the survivors and their descendants (Figure 15). Te Wairoa was abandoned and Hinemihi stood empty for six years. After the eruption she was purchased as a souvenir by the 4th Earl of Onslow, who was Governor of New Zealand from 1889 to 1892, and dismantled and shipped to England in 1892 to be re-erected at his country seat, Clandon Park in Surrey. Thus she became the oldest Maori meeting house out of four in existence outside New Zealand, and the only one not in a museum[②] .

Whilst at Clandon Hinemihi has been repaired and moved twice. Although the first intervention involved Maori soldiers convalescing at the house during the First World War, she was shortened and assembled incorrectly without a front well and misplaced carvings. In 1978 English craftsmen/builders misinterpreted the thick layer of ash covering her after the 1886 eruption as thatch and her original wooden shingle tiles were replaced with traditional reed roof, demonstrating how a faulty understanding of evidence can lead to mistakes in treatment (Figure 16).

Over the past 40 years Hinemihi's living qualities as the ancestral home of the village where she once presided have become more important partly through her use as a focus by the local Maori community. This has meant that National Trust staff educated in western conservation values have had to reconcile their traditional focus on "original" fabric—which leads to survey, analysis, monitoring and minimal intervention—with the need to respect the Maori's values and desire for Hinemihi to be kept in as good a state as possible, to be consistent with her status as an ancestress of the Maori community. This may mean carrying out more than minimal repairs to fabric, replacing losses or correcting misplaced elements which may diverge from the description of physical features recorded in the building's formal designation

① Lithgow K, Curteis T, Bullock L. "Managing external environments through preventive conservation: the investigation and control of environmentally-caused deterioration of decorative surfaces in the Marlborough Pavilion, Chartwell, Kent", in Museum Microclimates, Padfield T, Borchersen K. Contributions to the Copenhagen Conference 19-23 November 2007, National Museum of Denmark, Copenhagen: 175-184. Downloadable from http://www. conservationphysics. org/mm/lithgow/: Lithyow _a. html, retrieved 17 December 2014.

② For the history of Hinemihi see Sully D (Ed). Decolonising Conservation. Caring for Maori Meeting Houses Outside New Zealand, London, Institute of Archaeology/Left Coast Press, Walnut Creek, California, 2007. Part IV is on Hinemihi and National Trust, Clandon Park, London: National Trust, 2002: 51-53.

Figure 15 Hinemihi covered with ash after the eruption of Mount Tarawera, North Island, New Zealand in 1886 ©NTPL/John Hammond

Figure 16 Hinemihi at Clandon Park, United Kingdom, in the late twentieth century ©NTPL/Nick Meers

as a listed building. However, this is consistent with the National Trust's conservation principles which recognises that there are beneficial changes that can enhance the building's significance (Principle 3).

These two traditions—western conservation and ritual maintenance and improvement—have come together at the annual maintenance of Hinemihi led by conservators and Maori community leaders. Work is carried out by the Maori community, Trust staff and students from the Institute of Archaeology of University College London who have been involved in detailed condition survey and materials analysis to record condition and treatment. The days incorporate Maori ritual and ceremonial welcomes and offerings as well as dusting and repair, integrating all the interests involved, and providing physical access to the structure.

Caring for Hinemihi preserves a thought and a principle as much as a tangible reality and demonstrates how the conservator needs to think beyond the physicality of the object and the conservation laboratory and adopt a more anthropological approach to their conservation decisions, viewing objects within their cultural context. This means a different ethical approach to conservation, rather than new techniques and treatments, which approaches the heritage site through the wider story it tells as much as the deeper understanding of its physical fabric. Reviving the spiritual significance of a place with modern conservation techniques can engage the visitors and the community in a more profound relationship with the site that could deliver greater respect for the site, relieving pressure at physically sensitive locations, deliver more public benefit, and, by gaining greater support, gain greater resources for the site's continued preservation.

Conclusion

These case studies show that in the mild, wet, temperate UK climate, historic paint on outside structures requires regular maintenance and protection to survive. The better the protection and preventive conservation, the less the need for major interventions in the form of remedial conservation, which risks the greatest loss of historic material between the cycles of treatment. This is consistent with the recommendations made by the *China Principles*. Whilst some permanent installation helps ongoing damage, removeable protection during severe weather is also an option, with public access managed around this. Kuche is drier, with more extreme conditions than the UK (for example, web statistics quoting annual temperature ranges from −12.7℃ to 31.5℃) and more extreme and uncontrollable agents of change, such as land slips, earthquakes, flash flooding and erosion. Climate change threatens the UK coastline with these phenomena, and in these circumstances, in addition to appropriate physical and environmental protection, thorough site analysis and recording (Principle 6) is the other crucial strategy required to pass on to the future what we value today.

In addition to the issues surrounding the preservation of physical fabric, however, the preservation of the spiritual significance of a place (Principle 1) in collaboration with the communities who value it, is of great benefit in maximising the resources, human as well as financial, that can support the place. It is for people's benefit, after all, that conservation is being carried out.

英国国立信托在保护室外彩绘中所取得的经验

Katy Lithgow　Tina Sitwell

（英国国立信托）

由于特殊的气候环境，在英国保存下来的室外彩绘很少见，高湿度和冻融循环都会导致结露、微生物的生长和颜料层的剥落和损失。英格兰、威尔士和北爱尔兰的国立信托是以促进文化和自然遗产的永久保存而创立于1895年的。国立信托拥有和管理着许多文物古迹，其中250多个是向公众开放的，其中几处有室外和半室外的壁画和彩绘装饰。本文将讨论在国立信托2008年保护准则指导下，对这几处颜料层和地仗采取的保护措施。这几处文物古迹的管理展示了国立信托的“保护是对变化的精心管理”的原则。展示和共享古迹的重要性，并且确保它的特点得到保存并被子孙后代所了解和享有是非常重要的。本文将论述如何通过科学方法进行环境监控。通过长期监测室外气候，找出病害的原因，并考虑彩绘持续暴露在室外气候影响下的后果，从而针对相关问题做出务实的解决方案。这些保护措施包括临时保护和除湿、设计长期遮掩方案，同时采取补救保护来加固彩绘以便承受这些保护措施带来的变化。本文将谈到以下几个案例。

在Chedworth罗马别墅的半地下冷水澡堂里发现的2世纪末期的彩绘，最近经过紫外线照射去除了微生物的生长。微生物的生长是与地下水位波动相关的。这一措施是为重修保护建筑所做的准备。

在威尔特郡的Lacock修道院的寺院建筑内的14世纪的壁画和丘吉尔家花园内的半开放型的Marlborough亭子内的20世纪壁画，都有微生物生长和由于结露造成的冻融破坏。首先应从监测相对和绝对湿度着手，然后针对这两个问题设计环境管理和保护措施。

在Stowe的18世纪的中式房子，是典型的因为定期保护和重修造成的多颜料层结构。这种结构比较脆弱，因为不同的颜料层对地仗湿度的变化和外界环境的变化有不同的反应。

由伦敦大学考古研究所和毛里人社区合作研究的有关萨瑞郡Clandon Park的19世纪和20世纪毛利人的聚会场所Hinemihi，以及对这一场所装饰的保护，展示了应如何将非物质文化遗产与文物古迹保护相融合的方法。

The Application of Digital Technologies for the Documentation and Preservation of Mural Paintings in Cave Temples

Sonya Lee Bruce Zuckerman Marilyn Lundberg Ken Zuckerman Leta Hunt

(University of Southern California)

The intent of this study is to introduce two digital technologies that have the potential to advance significantly the documentation, analysis and preservation of the mural paintings and other relevant artifacts in the cave temples in China and in particular, in the cave complexes at Kucha. The first technological advance, known as "Reflectance Transformation Imaging" (RTI) can be employed to work in close coordination with the second technological innovation, entitled "Panoscan". This study will first explain how RTI and Panoscan imaging systems work, independently of one another, and then will further consider how the two may be effectively combined. We will also refer the readers to websites where both technologies are illustrated. There is also a short video demo showing how the two can be combined together to reference and document the pictorial contents of a given cave-environment.

RTI is an imaging technique that was first developed by the researchers at Hewlett Packard in 1999①. In 2005 Bruce Zuckerman, Director of the West Semitic Research Project (WSRP) and Professor of Religion at the University of Southern California (USC), and his associates were the first to apply RTI to the study of ancient manuscripts and artifacts. Since then, he and his team have deployed the technology to document a wide range of materials, including papyrus and parchment scrolls, stone inscriptions, cylinder seals, metal objects, and oil paintings, among others. A wide selection of RTI images are accessible from WSRP (see http://www.usc.edu/dept/LAS/wsrp/) through the InscriptiFact Image Database Library (see www.inscriptifact.com).

The capture of RTI images in a laboratory environment typically involves utilizing a set of fixed lights spaced around a hemispherical dome (Figure 1), or in a field setting, a single light moved around the target to capture multiple images, each lit from a different angle but roughly at the same distance from the object (Figure 2). The latter is the approach most applicable to the murals of the cave temples. The aggregate data from all the images is then employed by a software program to build a master image — a "texture map"— that allows a scholar at a computer terminal to control dynamically the apparent distance, angle

---

① Malzbender T, Gelb D, Wolters H. Polynomial texture maps. Hewlett-Packard Technical Report HPL-33 (R.1), May, 2001.

and intensity of the light source, as well as the apparent reflectivity of the object's surface①. This technique is especially well-suited to capturing information in low surface relief, including the thicknesses and order of ink strokes inscribed on animal skin (such as many *Dead Sea Scrolls*; Figure 3) or papyrus, incised inscriptions, impressed cuneiform inscriptions, the impressions of seals and — of particular interest to our concerns — the brush work and other painting techniques employed for ancient cave temple paintings. The resulting image can be examined and analyzed in a computer-viewer that allows the user to use a computer mouse, to move a virtual light source (or a combination of two lights) around the targeted image in real time in order to illuminate it from any light angle. As the mouse moves, so moves the light②. There are many different settings to choose from that each yield a different type of texture information.

One way of understanding the unique features of a RTI image is to compare it to a conventional photograph. In conventional photography, an image is usually printed on some physical, stable medium such as a piece of photographic paper or a plastic-based negative. If the image is digital, then it is displayed as a fixed image of a given pixel-resolution on an electronic device, typically, the monitor of a computer. Because the image is static — that is, the image is a single view made at a given moment in time with a given, set illumination — the photographer arbitrates what the user is able to see. The user is therefore necessarily passive in that he or she cannot see any aspect of the image that was not vetted in advance by the photographer. It is this kind of conventional photographic methods that has

Figure 1

Figure 2

① The resulting master image is recorded in a special file format known as "Polynomial Texture Map" (.ptm). For a technical description, see Malzbender T, Wolters H, Gelb D. Polynomial texture map (.ptm) File Format. Hewlett-Packard Technical Report HPL-2001-104, April 2001.

② For examples see the website http://www.youtube.com/watch?v=on4bUXRDnYY and http://www.youtube.com/watch?v=ZBvwludm5yw.

been used to document material artifacts such as the *Dead Sea Scrolls* (Figure 3).

In contrast, an RTI image is dynamic: more specifically, the user can choose a particular view or series of views to observe from out of a wide range of possibilities. In this respect, the user takes an active rather than a passive role in image choice and depiction, since he or she can create an image or set of images that was never envisioned by the original photographer. Moreover, the user can dynamically move from image-to-image in real time, and thus can come closer to viewing a given object in much the same way this would be done as if the physical object were present. In many respects the RTI image is superior to a conventional photograph, because it can be controlled and documented with a precision that would be impossible to achieve by viewing the actual object with one's own eyes. Because the management of the image data is under the control of the user, this seems a characteristically twenty-first-century type of viewing. Not only is the presentation interactive, it relies on a combination of images to create an overall impression that is greater than the individual images themselves.

The greatest advantage of a RTI image is its dynamism. If something is not clear from one angle, one can simply move the cursor around in real time to examine it from another light angle. With a couple of command clicks one may switch from examination with one virtual light source to an examination with two virtual lights. In addition, there are other viewing settings that showcase the dynamism of RTI. The first is a mode called "specular enhancement" — what might be called the "super-shiny" effect. As illustrated in Figure 4, which shows the same *Dead Sea Scroll* fragment as in Figure 3, it looks as though the object has been dusted with a virtual layer of silver. Then, as one moves the light, the object flashes a mirror-like finish that brings even the tiniest variation of texture into startling clarity. Yet in another mode called "diffuse gain", the setting can be adjusted, so that the contrast is enhanced to a point that even subtle brush strokes on a painting or ink thicknesses on the same *Dead Sea Scroll* can be easily discerned (Figure 5). This mode is ideal for viewing RTIs of mural paintings from cave complexes.

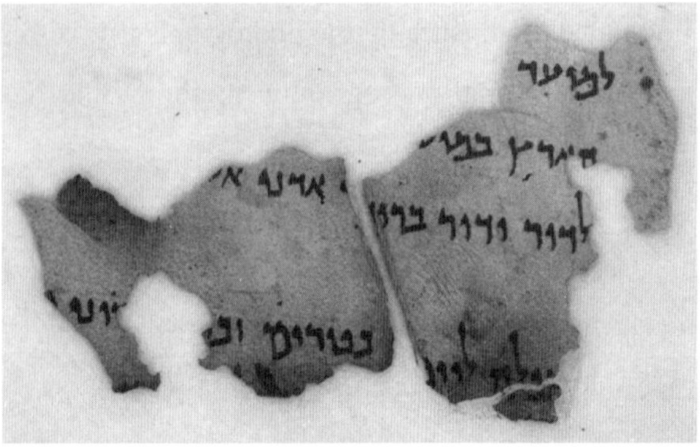

Figure 3

Figure 4

Figure 5

A particularly important aspect of RTI imaging is the considerable ease and speed in the acquisition process. In a field environment the equipment needed is relatively low-cost and easy to acquire: a digital SLR-camera like a Nikon D750 or Canon 5D Mark III; a remote shutter control, a tripod; a strobe light, a wireless remote trigger for the strobe and a reference "shiny ball" (Figure 2). Although it is possible for one person to do RTI imaging alone, a more typical and efficient approach involves a two-person team. The camera is first mounted on a tripod and the target is framed in the camera-viewer in an optimal fashion along with any appropriate referencing controls, for example, a measure. Near the object, the shiny ball is also placed so it is within the image-frame. One team member handles the single-strobe light, which is placed at a distance roughly three times the target-object's longest dimension. Then a series of pictures (typically 32) is taken as the strobe is moved around the target object, thereby building a virtual hemisphere of differing light angles[①]. Fortunately, precision in the placement of the light is not important; hence, the simplest way to do this is for the team-member in charge of the light to hand-hold it and move it around as each successive picture is recorded. Meanwhile the second team member, working with a software interface connected from the camera to a computer, takes each picture and view and keeps track of each successive image as it is created. A typical cycle of pictures can be completed in just a few minutes.

Of essential importance to the processing of the master texture image from the 32 or so sub-images is the reference shiny ball placed nearby the target-object in each picture. As the strobe is moved around the target-object and each image is made, a corresponding highlight (essentially a small point of light) is also registered on the shiny ball. As the strobe moves, so likewise does the highlight shift on the shiny ball. A program is then employed that looks at the series of 32 or so highlights on the shiny ball and automatically extrapolates the corresponding position of the light in each of the 32 pictures in reference to the target-object. This then allows for accurate building of the master texture-map from the data of the aggregate of the component images.

In the summer of 2010, we conducted a pilot project at the Metropolitan Museum of Art in New York, where we applied RTI imaging to a dozen of mural fragments from Kucha in the museum's collection. The resulting images exceeded our highest expectations. In particular, RTI images of these fragments proved to be remarkably effective in revealing not only the dimensionality of the paint layers, but also brush technique, thickness of paint and order of paint strokes. The images are also highly effective for delineating the condition of the surfaces and substrata — information that should prove invaluable for conservation evaluation necessary for the long-term preservation of the murals. Hence, we have high confidence that the use of RTI imaging on mural paintings *in situ* at Kucha and elsewhere will yield similar results and thus enable art historians and conservators to gain an invaluable type and kind of image and texture data that

① One needs at least 16 shots to cover an object well. Any number above that works too, but taking 32 shots would give good coverage without creating great difficulty in storing the raw images. For larger objects, 60 or more shots are advisable.

Figure 6

was previously unavailable to them.

The second technology that we will consider in this study is called Panoscan. It is not only intrinsically useful as a mode of imaging in and of itself — especially as applied to cave-temple environments — but is also ideally suited to work in close coordination with RTI images. Panoscan technology involves the use of a digital panoramic camera that can capture a 360-degree high-resolution image in a single pass, with no stitching of multiple images required in subsequent image-processing (Figure 6)[①]. As is the case with RTI imaging, it takes a matter of minutes to generate a full-resolution spherical scan (400 megapixels per image). This camera is different from some of the other digital panoramic cameras on the market today, because it generates a fully spherical image, meaning that one can view it as if looking from the center of a virtual globe. The camera is designed for field work and can record images in low light environments and is easy and quick to set up in remote locations such as the cave-units of Kucha. And, as is the case with RTI imaging, it is intuitive to operate, does not entail any cumbersome equipment beyond the camera on a tripod, and is easy to train the non-specialist to use. In addition, the camera comes with optional photogrammetry software, which allows one to measure from any point to another point in the image with high accuracy. The resulting images can be viewed either as standard flat panorama or as virtual-reality movies using various players such as QuickTime VR.

Panoscan, thus, is a good means by which to quickly and accurately register the image data in an enclosed space, especially in remote field locations. Beyond this, RTI and Panoscan technologies can be used together, making it possible to create a complete, high-resolution scan of the interior of select cave units with embedded RTI images in a short period of time at relatively low cost. We have been working to develop a model for digitally documenting the cave temples in Kucha in this fashion. The preliminary template we have in mind is to use a Panoscan image as the basic reference image. We will then program RTI images within a Panoscan image as "hot spots". The ability to create "hot spots" is a capability already inherent in the existing Panocan software. The West Semitic Research Project plans to extend this capability to include RTI images. Moreover, by linking the various cave units together (again, a software option available in Panoscan software), one can proceed on a virtual tour of an entire cave complex in a manner not previously possible.

The ultimate application of this technological model is to make available these images to scholars and students around the globe through a web-based database. What we have in mind is similar to InscriptiFact, a web-based digital archive created by WSRP at USC, which is currently employed by scholars and

① Further technical details can be found on the website of panoscan.com, the maker of this camera. The model in discussion here is MK-3.

researchers in 41 countries. InscriptiFact is a password protected application that requires user-registration before use. This is a step that can satisfy those who are worried about information security. Once registered, one can view the contents at will 24/7 at no charge.

The ability to integrate detailed images into a Panoscan image as hotspots has further implications for the study of cave complexes such as those in Kucha. As is well-known, a large number of murals from important sites such as Kizil, Kumtura, and Simsim have over time been removed and are now housed in various art collections worldwide. The small collection of murals originally from Kucha now at the Metropolitan Museum in New York is a case-in-point. There are also far more substantial collections of such murals in other collections, most notably in the Museum of Asian Art in Berlin, Germany①. Panoscan imaging offers a significant opportunity to reunite images of these murals with their original environments in the cave-units in a virtual reconstruction. Not only can standard, conventional high-resolution images be replaced and embedded in such a fashion, but RTI images can also be made of these murals, so that the artistic techniques can be tracked in the caves or in any place where the murals currently reside, to the benefit of researchers world-wide. We have made a video-demonstration that well illustrates how Panoscan and RTI images can be fully integrated into a virtual environment. This can be viewed at http://www.youtube.com/watch?v=1-9DTdymHik&feature=related.

Advanced technologies such as the two focused upon here — RTI and Panoscan — thus offer significant opportunities to reclaim for scholarly analysis images of a kind that has the potential to open up the field of study of mural paintings in Kucha and elsewhere in an unprecedented fashion. Moreover, because the financial investment in equipment is not prohibitive, the equipment itself is ideally suited for sophisticated image-documentation in remote locations both quickly and efficiently. Most importantly, because it is not difficult to train the non-specialist in imaging technology in how to employ these powerful tools, these imaging techniques offer opportunities for scholars, conservators and administrators on site who are responsible for the original artifacts to take control of the imaging themselves and to direct how the images are recorded and distributed to colleagues for purposes of study worldwide.

Our short-term aim, therefore, is to launch a series of pilot-projects in Kucha and elsewhere that will involve both our technological experts but will also seek at the same time to train personnel and interested scholars on site in both image-capture and image processing. Hence, the long-term aim will be not only to reclaim the cultural heritage of Kucha and similar cave complexes elsewhere, but also to empower those who have primary responsibility for the ongoing preservation and analysis of these fragile remains from China's past to direct their documentation and study into the foreseeable future.

---

① The collection is comprised of numerous artifacts from the four German Turfan expeditions (1902–1914) that were led by Albert Grünwedel and Albert von Le Coq. For a concise history of these expeditions, see Herbert Härtel, Along the ancient silk routes: Central Asian Art from the West Berlin State Museums: An exhibition Lent by the Museum für Indische Kunst, Staatliche Museen Preussischer Kulturbesitz, Berlin, Federal Republic of Germany, New York: Metropolitan Museum of Art, 1982.

Illustrations

[1] A hemispherical dome built to capture RTI images (Photograph by Marilyn Lundberg).

[2] Camera setup for the capture of RTI images (Photograph by Sonya Lee).

[3] A Dead Sea Scroll fragment. Archdiocese of the Syrian Orthodox Church in Teaneck, New Jersey, 1Q34bis Liturgical Prayers, Fragment D (RTI by Kenneth Zuckerman and Steven Fine).

[4] Viewing part of a Dead Sea scroll fragment under the specular enhancement mode. Archdiocese of the Syrian Orthodox Church in Teaneck, New Jersey, 1Q34bis Liturgical Prayers, Fragment D (RTI by Kenneth Zuckerman and Steven Fine).

[5] Viewing part of a Dead Sea Scroll under the diffuse gain mode. Archdiocese of the Syrian Orthodox Church in Teaneck, New Jersey, 1Q34bis Liturgical Prayers, Fragment D (RTI by Kenneth Zuckerman and Steven Fine).

[6] Panoscan camera, MK-3 (photograph courtesy of Panoscan, Inc.).

数字化技术在石窟壁画记录及保护中的应用

李琛妍　布鲁斯·朱克曼　玛莉林·伦德伯格　肯·朱克曼　莉塔·亨特

（美国南加利福尼亚大学）

数字化技术为21世纪的石窟保护及研究开启了先河。其中有两种技术是特别有利于推广石窟保护及开拓创新的研究方法及课题。一为光面变形图像数字摄影技术（RTI），二为高像素三维扫描（panoscan）。两者都是在过去5年内才面世的尖端数码技术。光面变形图，每张都是在电脑上融合了由不同角度放射出光线所拍的照片。由于壁画表面构造凹凸不平，图像利用光线的来源能露出画匠们绘画的笔法层次与过程，而且有效像素极高，能方便使用者放大查看壁画表面的微小细节。至于高效像素三维扫描，是由一台能360°自转的相机所拍成的图像，每个扫描图像平均达400百万有效像素，可以在电脑上用固定平面版或移动影像版来浏览。最理想的应用方法是结合这两种技术创造一个三维复原的电脑模样，从而永久地记载每一个洞窟内的建筑空间及图像。此外，若将资料存放在一个公开或半公开的电子网站上，可以广泛地推动石窟研究，让世界各地的学者们受惠。

Mural Paintings in the Kizil Caves

—Summary of the Research Project on the Bamiyan and Kizil Cave Paintings by the Tokyo University of the Arts

Ichiro Sato
(Tokyo University of the Arts)

Introduction

The subject of our research was the mural paintings in the Kizil Caves, one of the many ruins on the Silk Road near Kucha in the Xinjiang Uygur Autonomous Region of China, as well as additional painting fragments stored at the Museum of Asian Art in Berlin. We will obtain high-resolution images of these mural paintings and fragments with a digital camera and achieve the following three goals based on the obtained data: ① natural scientific research and analysis of the materials of the paintings; ② research on painting techniques, including undercoating and coloring techniques, and their art history reinterpretation; ③ the restoration of the paintings, including support, undercoating, and paint layers. Through the research of these painting techniques, we will shed light on how the technical, cultural, and historical exchanges in the Silk Road region were reflected in these paintings.

Background to the Kizil Cave Research Project by Tokyo University of the Arts

The Silk Road was a major trade route connecting the east and the west on the Eurasian continent, which led to the exchange or fusion of the variety of cultures, religions, and technologies in the regions along and surrounding the Road. Important decorative mural paintings have survived along the Silk Road in East Asia, the western China, Central Asia, and the western Asia. The colored mural paintings illustrate the different styles, materials, and techniques of the West, the East, or the combination of both.

The author (Ichiro Sato) visited the Kabul National Museum as chairman of the second Afghanistan Culture Support Commission in Tokyo University of the Arts from July 9 to 16 in 2003 under the supervision of Ikuo Hirayama, president of the university. At that time, the author inspected the damage to the cultural heritages, provided training sessions for local conservation and restoration specialists, taught digital photography, and gave instruction in data recording. In February 2003, the author visited the related

Buddhist ruins of Sirkap in Taxila, Pakistan, which deepened the knowledge of the stucco images with Buddhist motifs and their techniques in Central Asia. From October 5 to 26 in 2003, a training session entitled "Tokyo University of the Arts: human resource development training for the preservation and study of Afghanistan cultural heritages" was presented as a program under the UNESCO/Japan Funds-in-Trust for the Promotion of International Cooperation and Mutual Understanding.

From 2004 to 2005, the University conducted an optical study of 41 fragments from the Buddhist mural paintings of Bamiyan, which were brought to Japan after having gone missing during the war in Afghanistan, as part of a University activity to conserve and study cultural heritages. The findings from that study included the identification of later changes to the mural fragments using the techniques of photo recording with digital high-resolution cameras, photographing in infrared and ultraviolet, and a special image-combining method with side light photography, all of which were developed by the Oil Painting Technique and Material Studio at Tokyo University of the Arts. These high-resolution digital images were published as the *Displaced Cultural Properties: the Buddhist Mural Paintings of Bamiyan* (by Oil Painting Technique and Material Studio in Tokyo University of the Arts, 2006). This publication was presented to Afghanistan and opened to the public as reference material.

Along with the National Research Institute for Cultural Properties, Tokyo, the Tokyo University of the Arts cooperated in the analysis of the coloring materials in those fragments using a non-contact method. The resulting high-resolution digital photographs and chemical analyses were published as the *Recent Cultural Heritage Issues in Afghanistan Volume 3: Study of the Afghanistan's Displaced Cultural Properties: Material and Techniques of the Bamiyan Mural Paintings.* There are Japanese and English versions, which have both been made widely available (edited by the National Research Institute for Cultural Properties, Tokyo, and the Tokyo University of the Arts. Tokyo: Akashi Shoten, 2006).

Furthermore, personnel from the Tokyo University of the Arts worked to conserve and restore the 41 fragments for the purpose of safely exhibiting the fragments in the future and to return the fragments to Afghanistan, which was supported by a Grant-in-Aid for Scientific Research from the Japan Ministry of Education, Culture, Sports, Science and Technology (head of research: Takayasu Kijima, 2007-2009) and by the Foundation for Cultural Heritage and Art Research. In this project, the Tokyo University of the Arts considered that even the fragile parts of an earthen wall contained valuable information; from this perspective, unlike the previous methodology, personnel from the Tokyo University of the Arts introduced a novel restoration method to reinforce those parts without removing them. For that purpose, researchers in the Tokyo University of the Arts used triax woven material made from specially processed rayon, which is well known in the field of space development. As for the colors of the paintings, attempts were made to identify and reproduce the original coloring techniques in corroboration with the Conservation Course Oil Painting Laboratory and Mural Painting Laboratory in the Tokyo University of the Arts.

Murals in Central Asia are created with paints made from pigment and water mordant, and the supporting layer is made of clay consisting of earth and plant fibers, which is then applied to solid rock as the support base. This style is similar to the secco technique used in the West by which water paints are applied to a dry plaster wall. After more research, the exchange of cultures and painting techniques between the East and the West on the Silk Road should be clarified with regard to the different issues of the composition of the clay layer containing plant fibers, the first coating, initial sketches, the presence or absence of transcriptions, the coloring process, composition, and the materials. This research on the 41 fragments will mark an important starting point for the study of murals in Bamiyan and in Central Asia as a whole.

Meanwhile, Yoko Taniguchi and others performed the scientific analyses of the techniques and materials of mural painting in Central Asia by measuring the organic and inorganic substances in the fine parts of the paintings using a simultaneous measurement technique with synchrotron radiation (Taniguchi and Cotte, 2008; Taniguchi and Mazurek, 2008; Taniguchi, et al., 2008). They found that part of the Bamiyan Buddhist paintings were painted with the oldest technique of oil painting, dating back to at least the middle of the seventh century.

In this context, the hope was that a study of the paintings in the thousand-Buddha caves at Kizil alongside the results and methods of the past research and analysis from the displaced cultural properties of Afghanistan would shed light on the study of the Kizil cave paintings with regard to the history of painting techniques and on the study of painting materials. With this sincere hope, a Grant-in-Aid for Scientific Research was obtained from the Japan Society for the Promotion of Science (head of research: Ichiro Sato, 2009-2011).

History and Circumstances of the Kizil Cave Research Project by Tokyo University of the Arts

While studies of the materials and techniques used on mural paintings in Central Asia and in eastern and western India have progressed, as well as conservation and protection projects based on such studies, full-fledged scientific research on the Kizil Cave paintings have not been made, save for some partial studies by the Dunhuang Academy or by Li Zuixiong in the book *The Protection of the Murals and Sculptures in the Silk Roods* (Beijing: Science Press, 2005). The Xinjiang Qiuci Research Institute manages the Kizil Caves. It has been raised from Kucha Academy of Xinjiang ("Academy" for short in this article) in April 2009, and is now working to establish a new conservation and management system under the leadership of Zhang Guoling, the first vice-president. This author obtained a Grant-in-Aid for Scientific Research (head of research: Ichiro Sato; co-researchers: Takayasu Kijima, Haruya Kudo, and Ikuko Nakagawara, Yoko Taniguchi, 2009-2011), and started the research of the Kizil mural paintings. During the first year, the researchers visually observed the caves as often as possible in order to select the best caves for the study based on knowledge of the entire site. The researchers also tested the digital photo recording of some of the paintings under normal light. While performing those tasks, the researchers signed an agreement on joint research with the Qiuci Research Institute. Ratification was obtained from the Xinjiang Uygur Autonomous

Region Bureau of Cultural Heritage, and the agreement was then submitted to the State Administration of Cultural Heritage of China. However, due to the frequent riots and terrorist activities in the Xinjiang region, all joint research projects were placed on hold until new laws were drafted specially for the region.

Because on-site research for the second year became impossible, the researchers instead decided to conduct research on the Kizil Cave paintings at the Museum of Asian Art in Berlin, which contains the largest collection of Kizil paintings outside of the Kizil Caves. An agreement on joint research was drafted with the Rathgen Research Laboratory and the Museum of Asian Art, after which the researchers photographed the paintings under the normal light, infrared, and ultraviolet fluorescence. Material (straw bits) was also gathered for dating by X-ray fluorescence analysis and ^{14}C measurement. This research was done in a cooperative and productive manner. The researchers have been asked to participate in a publication project commemorating A. Grünwedel, who conducted research on the Kizil Caves and published a detailed report at the beginning of the twentieth century. Accordingly, Ikuko Nakagawara, Yoko Taniguchi, and Ichiro Sato each wrote an article for publication in the *Museum für Asiatische Kunst. Auf Grünwedels Spur: Restaurierung und Forschung an Zentralasiatischen Wandmalereien* (Koehler & Amelang, 2012).

In March 2010, the Tokyo University of the Arts organized a symposium introducing the content of the research project funded by the Grant-in-Aid for Scientific Research at the same time as the exhibition "Transcriptions of the Kizil Cave paintings by Zhang Aihong (associate professor, Xinjiang Arts College)" was being held at Chinretsukan Gallery of the Tokyo University of the Arts. In 2011, the agreement with the Xinjiang Qiuci Research Institute was revised according to the new laws, ratification from the relevant sections of the authorities was obtained, and the agreement was resubmitted to the State Administration of Cultural Heritage. Meanwhile, aiming to enhance interactions and deepen mutual trust with the institute, the researchers in the Tokyo University of the Arts carried out the following project: participation in the conference "International Conference on the Conservation and Research of the Kucha Caves" held by the International Kizil Association at Kizil Caves in August 2011, where Ikuko Nakagawara, Michiko Sato, Mai Murofushi, and Ichiro Sato presented papers. At the same time, the researchers made additional visual observations of the caves, many of which were not included in the 2009 research. In October 2011, Zhang Guoling and Zhao Li (first and second vice-presidents, respectively, of the Xinjiang Qiuci Research Institute) were invited to Japan (supported by the Foundation for Cultural Heritage and Art Research) for a symposium on the conservation and restoration of the Kizil mural paintings and the scientific methods of the research project. Also, based on the research agreement, joint research was made on other mural paintings from Kizil stored in public institutions in Japan.

Research at the Museum of Asian Art in Berlin (February 2010 and March 2011)

In February 2010, the researchers visited the Museum of Asian Art in Berlin. Digital images were obtained using a 35 mm digital camera in normal light of the fragments of the mural paintings collected by the researchers Albert Grünwedel and Albert von Le Coq at all of their exhibition sites, their repository, and the restoration studio. The researchers from the Tokyo University of the Arts visited the museum again in March 2011 and recorded images of six caves at the thousand-Buddha caves for which they had desired to carry out research (Cave 7, Cave 13, Cave 38, Cave 171, Cave 207, Cave 224). The obtained high-resolution images were taken under normal light, side light, infrared, and ultraviolet fluorescence. Also, the picture images extracted the unevenness of the surface of the fragments by superimposing side-light data and reversed normal-light data. All of the recorded data were shared with the German researchers. In addition, ultraviolet fluorescence photos were obtained of the pieces being restored.

Future studies of the Kizil Caves by the Tokyo University of the Arts

Based on the current developments, the researchers in the Tokyo University of the Arts are planning to continue studies of the painting materials and techniques used in the Kizil Cave paintings by maintaining and developing a friendly relationship with the Xinjiang Qiuci Research Institute in China and the Museum of Asian Art and the Rathgen Research Laboratory in Germany. The research project "Painting Materials and Technical Studies of Kizil Murals" has obtained, once again, a Grant-in-Aid for Scientific Research (2012-2014) from the Japan Society for the Promotion of Science. During this three-year research project, materials (image data) will be produced from the paintings in the thousand-Buddha caves at Kizil and the fragments at the Museum of Asian Art that were collected by German Turpan expeditions (that include the fragment materials removed byvon Le Coq, Grünwedel and others from the thousand-Buddha caves). The information will serve as the foundation for future research on the materials and techniques of the Kizil murals. Researchers will focus on the paintings that are thought to belong to the early period. This time, the hope is to launch joint research with the Xinjiang Institute of Qiuci Grottoes Studies under an agreement for that research, which has been submitted for approval.

The fragments and paintings as the subject of the research at the Museum of Asian Art and at the Kizil Caves are from caves 7, 13, 38, 171, 207, and 224. The research goals are the production of images and the analysis of chemical elements. The researchers may not be able to examine all the paintings at the two places because the time required for the research is limited to seven to ten days.

First, the researchers will obtain visual data using recording techniques accumulated over the years through different projects, including Japanese oil paintings from the Meiji period and murals in the

Bamiyan Caves. Images will be recorded with a high-resolution digital camera under normal light, side light, infrared, and ultraviolet fluorescence. The amount of information obtained will be substantially greater than conventional photo recordings because images taken under normal light will be in a resolution as high as 10,000 × 14,000 pixels (maximum). Combining the images taken under different lighting conditions will enable the researchers to discern even more accurately the characteristics of the painting materials and techniques, which include the methods of painting and over-painting, and the details of contours, brush strokes, and color tone of the support, undercoating and coloring (pigments + mordants). Furthermore, high-resolution digital images will make it possible in the near future to compare and collate the fine details of the paintings in the Kizil Caves with those of fragments from the Kizil Cave paintings at the Museum of Asian Art, which cannot actually be moved to the caves.

Second, the researchers will in the Tokyo University of the Arts conduct scientific research on the painting materials and techniques used on the murals. It has been agreed that any research must be done in the manner of non-contact analysis, so the surface of the examined murals will be made via observation with a microscope, image recording, and XRF (X-ray fluorescence analysis). Although it will be a non-destructive examination, the results will be a valuable resource for identifying the pigments, support, undercoating, and paint layers and to studying the painting techniques. The German researchers will be contacted for the details of the multi-layered structure of the paintings, the identification of mordants (GC/MS, ELISA analysis), and the kinds of plant fibers contained in the clay, all of which are indispensable pieces of information on the materials and techniques of the paintings. The materials and techniques will be researched by both German and Japanese researchers. Carbon dating requires sampling that uses plant fibers in the clay. Due to this fact, discussions have been held with the German researchers on how it should be done, including the details of payment for the analysis. Also, this task will be done by both groups of researchers.

In addition, matters shall be addressed concerning the art history, such as the identification and history of the original locations of the thirty fragments at the Museum of Asian Art in Germany, which are the subject of this research. These findings will be extremely useful for later field research at the Kizil Caves because after an examination of the traces left behind by the removal of the fragments and by identifying specific image locations on the paintings, researchers will be able to cross-reference them with the historical evidence and inferred original locations of the fragments at the Museum of Asian Arts.

The research that the project team is conducting at this time at the Museum of Asian Art in Berlin and the Kizil Caves is preliminary to the full-fledged research in the near future. The hope is that this project will contribute to the entire field of study surrounding the Kizil Caves by developing an international research project based on positive cooperation with the Museum of Asian Art in Berlin, the Xinjiang Institute of Qiuci Grottoes Studies, and Xinjiang Arts Institute. The researchers in the Tokyo University of the Arts would like to maintain the cooperative relationship with the Museum of Asian Art in Berlin and continue the research on the fragments of the Kizil Cave paintings in their possession. All of the data that will be collected through this project will be co-owned by the Museum of Asian Art in Berlin, the Xinjiang Institute of Qiuci Grottoes Studies, and the university's project team. After the accumulation of sufficient relevant information and knowledge, which mainly involves the picture data concerning painting materials and techniques, researchers of the university will move on to the production of restoration copies, which include the support, undercoat, and paint layers. By performing this task using the same pigments and mordants as the originals, researchers will be able to learn more about the composition of the clay support containing plant fibers and the undercoating, about the sketches, the possible existence of transcriptions, the coloring process, and the use of perspective. This knowledge will be a significant contribution to the research on the Kizil Cave paintings, shedding light on the exchange of cultures between the East and the West, as well as the kinds of painting techniques on the Silk Road.

Combining the images taken under different lighting conditions will enable the researchers to discern even more accurately the characteristics of the painting materials and techniques, which include the methods of painting and over-painting, and the details of contours, brush strokes, and color tone of the support, undercoating and coloring (pigment + mordants). Furthermore, high-resolution digital images will make it possible in the near future to compare and collate the fine details of the paintings in the Kizil Caves with those of fragments the Kizil Caves paintings at the Museum of Asian Art, which cannot actually be moved to the caves.

克孜尔石窟的壁画

——日本东京艺术大学对巴米扬及克孜尔石窟壁画的研究概要

佐藤一郎
（日本东京艺术大学）

在有关丝路的研究中，我们以新疆克孜尔石窟壁画和德国柏林亚洲艺术博物馆所藏的克孜尔石窟壁画为对象，运用高精细数码摄影，考察拍摄下来的资料进行基础性研究：①以自然科学的方式调查、分析在壁画中使用的绘画材料。②底色、色彩技法等绘画技术的调查，以及用美术史的角度来进行的重新解释。③包含壁画的支持体、底色和绘画层等彩色壁画的复原工作。通过这些调查研究，本文从丝路绘画技术的方面出发，以具体阐明技术、文化、历史交流等诸多面貌为主要目的。

本文从以下的四个方面出发，叙述了关于克孜尔石窟壁画的学术意义和调查研究的方向性。

（1）东京艺术大学项目中，致力于克孜尔石窟研究之前的相关学术背景。

（2）东京艺术大学项目中，与克孜尔石窟研究相关，到目前为止的种种研究经过。

（3）在德国柏林亚洲艺术博物馆的调查研究（2010年2月、2011年3月）。

（4）东京艺术大学项目中，准备从现在开始进行的克孜尔石窟研究。

Figure 1　The valley of Bamiyan in Afghanistan, overlooking the niche of the Western Giant Buddha

Figure 2　Paintings by Ikuo Hirayama. Left: remembering the Great Stone Buddha at Bamiyan; right: ruins of the Great Stone Buddha at Bamiyan (2001). Hirayama Ikuo Museum of Art, Hiroshima

Figure 3　Ikuo Hirayama, the president of the Tokyo University of the Arts, holding a fragment of the painting of sitting Buddha from the west wall of Cave K3 in Bamiyan. The university team collected pieces of displaced cultural properties of Afghanistan in cooperation with UNESCO

Figure 4　In June 2003, Tokyo University of the Arts' Second Afghanistan Culture Support Commission held a training seminar at the Kabul National Museum

Figure 5　The second floor of the Kabul National Museum. The roof was destroyed and blown off

Figure 6　Teaching image-processing techniques by computer to the curators of Kabul National Museum

Figure 7 The invited specialists from Afghanistan paid a courtesy visit to Ikuo Hirayama, the president of the Tokyo University of the Arts, during their stay in Japan as part of the project "Human Resource Development Training for the Preservation and Study of Afghanistan Cultural Heritages" under the UNESCO/Japan Funds-in-Trust for the Promotion of International Cooperation and Mutual Understanding

Figure 8 Afghanistan students learning the undercoating technique at the Oil Painting Technique and Material Studio

Figure 9 At the Institute of Silk Road Studies in Kamakura. Hirayama's collection of the Buddha statues were shown to visitors from Afghanistan

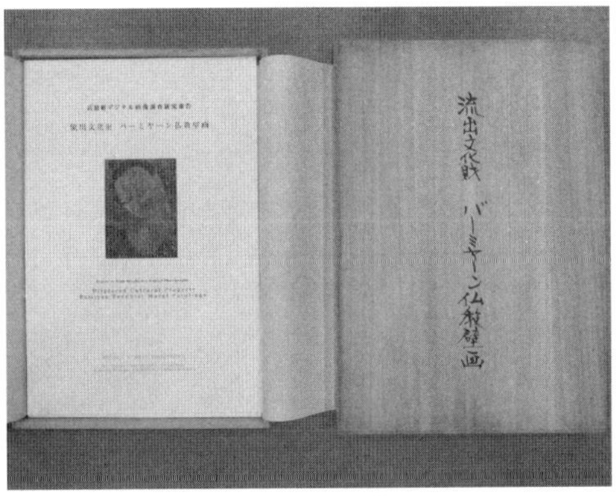

Figure 10 The inside cover and the case of *Displaced Cultural Properties. the Buddhist mural paintings of Bamiyan* (the calligraphic title on the case by Ikuo Hirayama). It introduces the high-resolution digital images obtained through the project

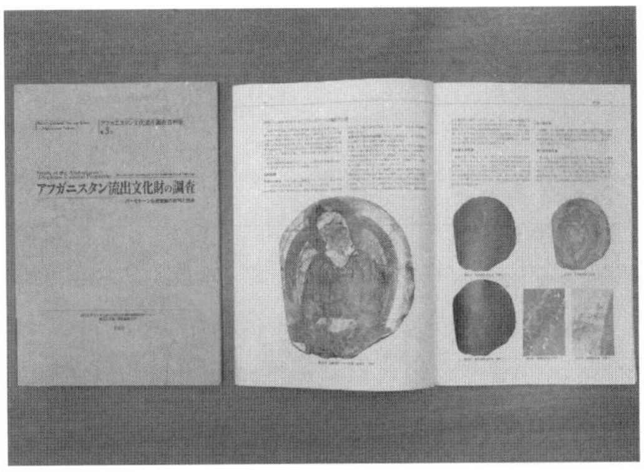

Figure 11 Study of the Afghanistan's displaced cultural properties: material and techniques of the Bamiyan mural paintings (Recent cultural heritage issues in Afghanistan, 3)

Figure 12 Fragments of the sitting Buddha on the west wall of Cave K3. When they arrived in Japan, the fragments were put together and set in the frame

Figure 13　The painting on the west wall of Cave K3 before the piece of sitting Buddha was removed by the Taliban regime

Figure 14　A removed mural

Figure 15　The support consisting of a layer of clay mixed with plant fibers and a second layer made mostly with clay

Figure 16　Fragments of the mural painting on the lower part of the niche for a Buddha image in the west side of Cave K3. Figures 17, 18, and 19 are magnified images of parts of this piece using the same data. The ink lines are drawn elegantly on the coating of plaster with visible brush marks. The brush marks of the drawing resemble the brush marks made with fine menso-fude brushes. There are two types of ink line, each differing in either width or thickness. The red color is made with red lead and cinnabar mercury, the dark grey inner side of the body halo is low-quality lapislazzuli. The light grey on the outer side of body halo is probably coated with orpiment as it contains arsenic.

Figure 17　The dark grey area on the left inside the body halo (left), as magnified, appears to be low-quality lapislazzuli applied on the white undercoating.

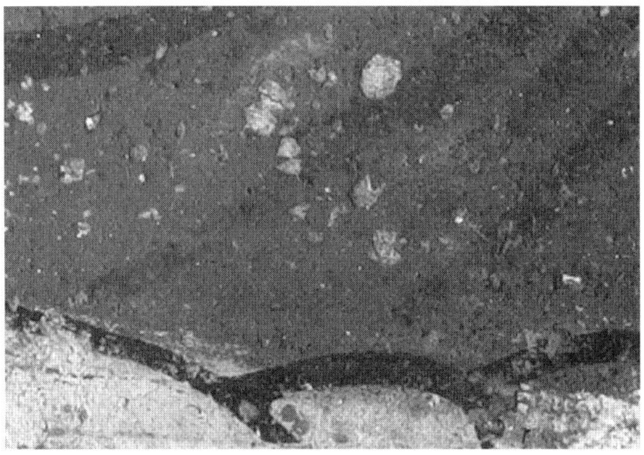

Figure 18 The lines of the hands are thin and dark, those of the drapery are thick and light

Figure 19 The dark brown area in the middle-right of the body halo appears to be a pigment containing a lot of resin painted on the cinnabar mercury undercoating

Figure 20 An infrared image of the sitting Buddha in Cave K3. The ink lines are seen clearly

Figure 21 An ultraviolet fluorescence image of the same piece. The body halo that appears dark brown in normal light is generating fluorescence with orange. It might have originally been a red pigment made with animal or plant ingredients

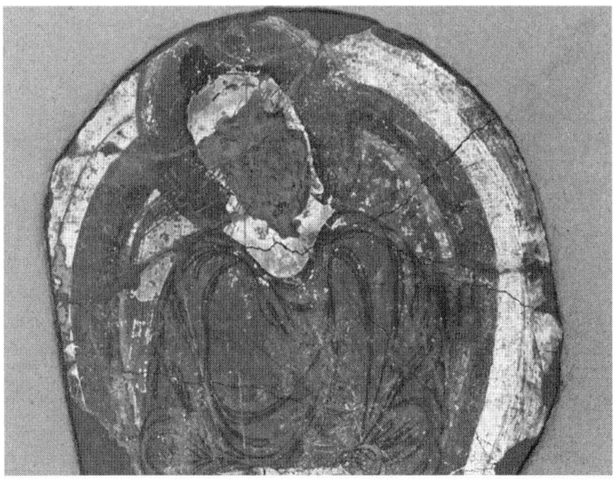

Figure 22 After the conservation treatment of filling, no colors are adcled (at the Conservation Course Oil Painting Laboratory)

Figure 23 Setting the painting in the container after reinforcing the back with the triax fibers

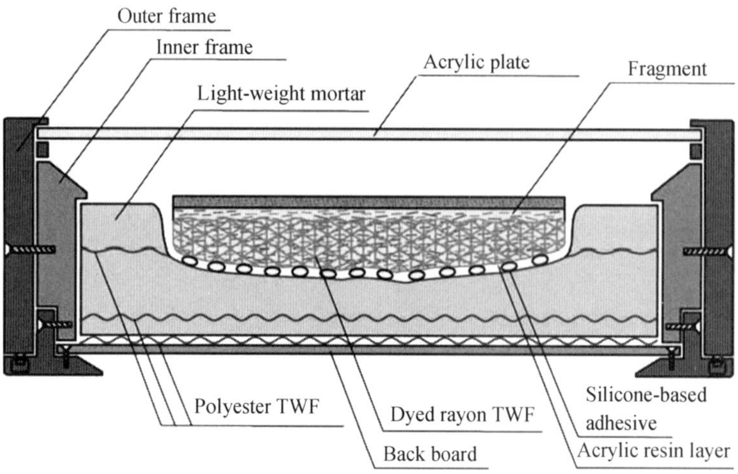

Figure 24　The specially made container can be used for exhibiting as well, since its non-reflecting glass allows the painting to be seen clearly

Figure 25　The fragments are put together again and set in the container. They will be returned to Afghanistan in this condition

Figure 27　An infrared image of part of the fragment from Cave 38 (038-8707)

Figure 26　Fragment of painting from the Kizil Caves, Cave 38 (038-8707). This depicts the tales of the Buddha's previous lives (Jātaka Tales)

Figure 28　The side light image of part of the fragment from Cave 38 (038-8707, composite of a side-light image and a normal light one), showing only the unevenness. The flower part on the top right of the background is painted with white pigment built up in a way similar to the dripping technique in Japanese painting. Drawing lines are seen in the face portion, which were made when they were transcribed

Figure 29 Digital photography at the repository of the Museum of Asian Art in Berlin

Figure 30 Our project team being briefed about the restoration work at the restoration studio of the Museum of Asian Art in Berlin

Figure 31 Group photo of the Japanese and German staff

中国古代彩绘中大漆黏合剂的Py-GC/MS识别及颜料对检测的影响

王　娜[1]　和　玲[1]　赵　翔[1]　周　铁[2]　容　波[2]　王　亮[2]

（1.西安交通大学理学院化学系　2.国家陶质彩绘保护基地）

一、引　　言

古代彩绘类艺术品（ancient polychrome objects）是历史、文化、艺术和科学史研究中极为重要的实物资料，强烈地表现了时代特征和地域特点。彩绘制作时，通常在基质材料上用黏合剂和颜料的调和物绘制彩色图案。大漆是我国古代彩绘艺术品中最常用的天然黏合剂。然而大漆属于有机物，随着时间的推移及暴露于光、氧气、污染物中极易老化，老化后的产物比原始黏合剂在组成上显得更复杂多样，而且从古代壁画彩绘艺术真品中可采取的样品量极少，造成对大漆的检测十分困难，因此，建立针对性的识别分析方法具有重要意义。

气相色谱-质谱联用法（Gas Chromatography-Mass spectrometry，GC-MS）是一种有效的分析方法[1]，但一般需要对黏合剂进行水解[2, 3]、衍生化[4]等处理。热裂解-气相色谱/质谱（Pyrolysis-GC/MS，Py-GC/MS）联用技术，依靠快速加热并在惰性气体存在下使大分子裂解成碎片后，用气相色谱将它们分离形成色谱图，再用质谱进行分子结构和组分的鉴定。

Py-GC/MS对样品的量和富集状态无过高要求，分析时无需对样品进行前处理，操作简单[5]。对于极性样品的分析，有时也需要在热裂解的同时对样品进行衍生化处理，从而提高分析的灵敏度[6, 7]。Py-GC/MS较常用的有两种衍生化方法是甲基化和硅烷化：甲基化所用的试剂是氢氧化四甲铵（tetramethyl ammonium hydroxide, TMAH），硅烷化所用试剂则多为六甲基二硅胺（hexamethyldisilazane, HMDS）。Py-GC/MS可以热裂解与衍生化同时进行，如Noriyasu Niimura等[8]通过Py-GC/MS在400℃裂解温度下研究了三种漆膜，裂解产物为三种漆酚：urushiol、laccol、thitsiol，然后在500℃再次裂解，此时的产物为烷烃、烯烃、烷基苯、烯烃基苯、烷基苯酚、烯烃基苯酚等，每种漆酚的裂解谱图不同。根据Py-GC/MS分析结果，实验人员推测了三种漆膜的裂解机理。Rong Lu[9]等在实验室合成出了laccol和thitsiol中的主要组分，用Py-GC/MS分析膜裂解后的组分，并将实验结果与天然大漆对比，以推断天然漆膜具体的聚合机理、降解过程。通过真品检测，Rong Lu[3]发现，3-十五烷基儿茶酚、3-十七烷基儿茶酚、4-十七烷基儿茶酚分别是Rhus verniciflua, Rhus succedanea和Melanorrhoea的主要裂解产物。由此，Rong Lu[10~12]通过Py-GC/MS所提供的分子碎片峰确定了六个大漆样品中漆的来源：其中四个样品中检测出了3-庚基儿茶酚和3-庚基苯酚，属于urushiol。另外两个样品中含有3-壬基儿茶酚和3-壬基苯酚，属于laccol。

目前已报道的研究主要是就具体样品对大漆进行检测分析，而且集中在大漆自身的性质、变化等方面的研究，但彩绘对黏合剂的影响、黏合剂老化跟踪分析等鲜有报道。本文以大漆黏合剂为分析研究对象，通过与四种常见的矿物颜料（朱砂、石绿、石青、赭石）构成模拟彩绘，通过样品的模拟制备、老化处理、Py-GC/MS特征指纹峰图谱分析等，建立分析和检测彩绘中大漆的分析方法，并通过彩绘真品样品分析评估建立指纹谱图。

二、实验部分

（一）实验材料

大漆（chinese lacque）是一种以漆酚为主要组分的混合物。漆酚占65%～78%，漆酚含量越高，漆的质量越好。漆酚不溶于水，是生漆的成膜物质。生漆中含水率为20%～40%，有少数生漆含水率低于10%，也有少数高达50%左右。水分越少，漆的质量越好。大漆的其他成分为水分、树胶质、含氮物质和杂质。漆酶存在于生漆的含氮物质内，不溶于有机溶剂和水，但溶于漆酚中。生漆中还含有10%以下（3%～7%）合氮物质、约3.5%多糖，以及甘露醇、氨基酸、有机酸、油分、二黄烷酮、烃类化合物等。

研究使用的大漆由西安生漆研究所提供，产自中国，其漆酚是urushiol，具体组成参考表一。其结构特点：漆酚的主要组分是长链邻苯二酚，也有少量的长链间苯二酚和长链单酚。侧链与酚羟基的相对位置有邻位和间位。侧链主要是十五碳烷（烯）基，也有少量的十七碳烷（烯）基和极少数末端带苯环的十二碳烷基和十碳烷基。侧链有饱和烃基和单烯、双烯、叁烯基，单烯和二烯均有不同异构体，中国生漆漆酚中的三烯漆酚含量高，生漆中还含有少量的漆酚二聚体。

表一　漆酚urushiol的主要组分

分子式	-R	Mr	%
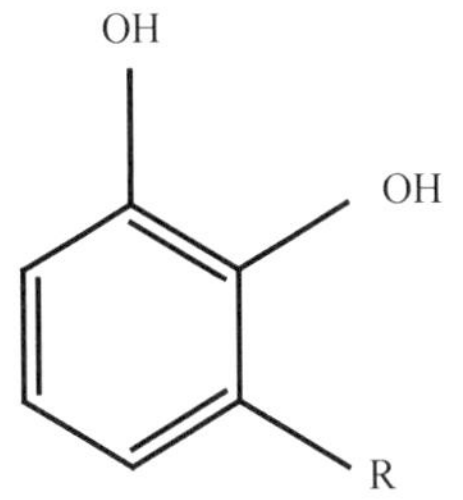	8（Z），11（E），13（Z）$-C_7H_{14}CH{=}CHCH_2CH{=}CHCH{=}CHCH_3$	314	55.4
	8（Z），11（E），14-$C_7H_{14}CH{=}CHCH_2CH{=}CH\ CH_2CH{=}CH_2$	314	7.4
	8（Z），11（E），13（E）$-C_7H_{14}CH{=}CHCH_2CH{=}CHCH{=}CHCH_3$	314	1.7
	8（Z），11（Z）$-C_7H_{14}CH{=}CHCH_2CH{=}CHC_3H_7$	316	6.5
	8（Z），11（E）$-C_7H_{14}CH{=}CHCH_2CH{=}CHC_3H_7$	316	4.4
	8（Z）$-C_7H_{14}CH{=}CHC_6H_{13}$	318	15.0
	10（Z）$-C_9H_{18}CH{=}CHC_4H_9$	318	1.5
	$C_{15}H_{31}$	320	4.5
	8（Z），11（Z）$-C_7H_{14}CH{=}CHCH_2CH{=}CHC_5H_{11}$	344	1.8
	10（Z）$-C_9H_{18}CH{=}CHC_6H_{13}$	346	1.5

本文选取了彩绘中最为常用的孔雀石、蓝铜矿、赭石及朱砂四种矿物颜料，均为天然矿物质。孔雀石、蓝铜矿、赭石由北京天雅矿物颜料厂提供，朱砂由药店购得。颜料的分子式及相关信息如表二所示。用日本岛津公司的XRD-6000型X射线衍射仪测其XRD图，结果表明四种颜料与化学式完全对应。

表二　四种矿物颜料的组分及规格

颜料名称	颜色	分子式	规格
石绿（malachite，孔雀石）	绿	$Cu_2(OH)_2CO_3$	A22 1#
石青（azurite，蓝铜矿）	蓝	$Cu_2[CO_3]_2(OH)_2$	A29 3#
赭石（ocher，赤铁矿）	橙红	Fe_2O_3	A89
朱砂（cinnabar，辰砂）	朱红	HgS	药用

（二）样品制备

用研钵将矿物颜料研磨成精细均匀的粉末，如图版31所示。然后按照一定的比例与大漆、桐油黏合剂混合制成模拟彩绘画料。分别将单一黏合剂及石绿、石青、赭石、朱砂与黏合剂混合制成的画料涂在预先清洗干净的玻璃板上，放置于避光阴凉处干燥。膜厚小于100μm。在2～3周的时间内可获得平整均匀的膜。纯桐油、桐油分别与石绿、石青、赭石、朱砂混合物制成的模拟彩绘样品膜外观见图版31。选择紫外辐照作为模拟彩绘样品的人工老化方法，将干燥后的样品在波长为280～340 nm（主波长315nm）的紫外线下加速老化（宏展UV1老化试验箱，光的辐照强度为0.68 W/m^2）。样品老化时间为30d。取样分析时，采用单一黏合剂样品与混合模拟彩绘样品在相同时间采样的对比分析方法。

（三）Py-GC/MS分析

采用美国Agilent公司6890/5973气相色谱/质谱联用仪，热裂解是在含有积分系统的热解装置（CDS，Pyroprobe 100）的加热灯丝裂解器（Chemical Data System, Oxford, PA, USA）中进行的。Hp-5毛细管色谱柱，尺寸为30 m×0.25 mm×0.25μm，壁厚0.25μm。柱温以5℃/min的速度从50℃升高到300℃，并在最初的温度下保持2min。

将少于1mg的样品直接在石英管载样器上保持750℃的温度10秒钟进行裂解。裂解前，加入5μl的25%四甲基羟氢氧化氨，使待分析样品在甲基化的条件下裂解。这一技术被称为水解和甲基化同时进行的热裂解技术。选择四甲基羟氢氧化氨是因为它是比较简单的裂解甲基化物质，可借此获得长链含碳酸及含羟基组分的甲基化产物。PY-GC的界面温度为250℃，进样点的温度也是250℃。采用分流进样法，分流比为1∶50。以氦气为载气，流速为1.5 mL/min。质谱记录（1scan/s）是在电子冲击为70eV下从40到450 m/z。

三、结果与讨论

（一）大漆膜的Py-GC/MS分析

漆酚是大漆成膜的主要组分，漆酚中碳链组成复杂，在不同的裂解温度下产物有明显差异。通过反复对比，以750℃裂解温度高为宜。Py-GC/MS图谱如图一、表三所示。可发现12种组分是主要

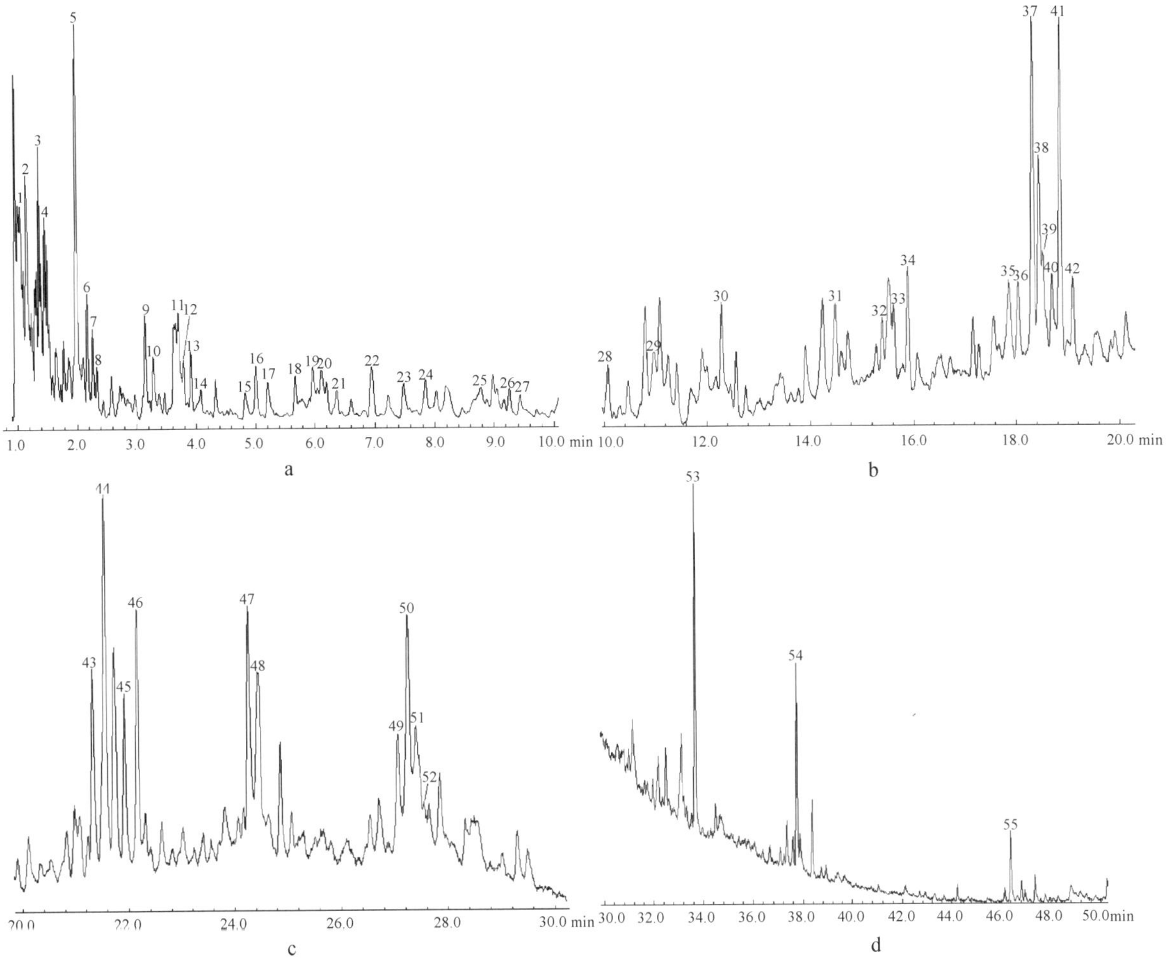

图一　大漆层的Py-GC/MS谱图

表三　大漆膜的Py-GC/MS分析结果

保留时间/min	物质名称		MS值	峰面积 / %
	英文	中文		
1.1	1,4-Pentadiene	1，4-戊二烯	68	3.67
1.4	Benzene	苯	78	5.29
1.5	1-Heptene	1-庚烯	98	4.41
2.0	Toluene	甲苯	92	4.89
2.2	1-Octene	1-辛烯	112	1.21
2.3	3-Octene,（Z）-	（Z）-3-辛烯		0.56
3.1	Ethylbenzene	乙苯	106	1.48
3.3	Benzene, 1,3-dimethyl-	1，3-二甲基苯	106	0.82
3.7	Benzene, 1,3-dimethyl-	1，3-二甲基苯		3.43
3.8	Nonane	壬烷	128	0.83
3.9	2-Nonene	2-壬烯	126	0.73
4.1	2-Nonene	2-壬烯	126	0.72

续表

保留时间/min	物质名称		MS值	峰面积 / %
	英文	中文		
4.8	Benzene, 2-propenyl-	2-丙烯基苯	118	0.49
5.0	Benzene, propyl-	丙基苯	120	0.82
5.2	Benzene, 1,2,3-trimethyl-	1，2，3-三甲基苯	120	0.81
5.7	Benzene, 1-ethyl-2-methyl-	1-乙基-2-甲基苯	120	0.75
6.0	1-Decene	1-癸烯	140	1.08
6.1	Benzene, 1,3,5-trimethyl-	1，3，5-三甲基苯	140	0.42
6.2	Benzene, 1-ethenyl-2-methyl-	1-乙烯基-2-甲基苯	118	0.89
7.5	Benzene, 1-propynyl-	1-丙炔苯	116	0.79
7.9	Benzene, butyl-	丁基苯	134	0.78
8.8	Phenol, 4-methyl-	4-甲基苯酚	108	1.34
9.3	Undecane	十一烷	156	0.44
9.4	5-Undecene	5-十一碳烯	154	0.52
11.1	Benzene, pentyl-	戊基苯	148	0.48
12.3	2-Dodecene,（Z）-	（Z）-2-十二碳烯	168	0.45
14.2	Benzene, hexyl-	己基苯	162	0.85
15.4	6-Tridecene,（Z）-	（Z）-6-十三碳烯	182	0.41
15.6	1-Tridecene	1-十三碳烯	182	0.42
15.9	Tridecane	十三碳烷	184	0.55
17.9	Benzene, heptyl-	庚基苯	176	0.87
18.5	6-Tetradecene,（E）-	（E）-6-十四碳烯	196	0.75
18.7	7-Tetradecene,（E）-	（E）-7-十四碳烯	196	0.65
18.9	2-Tetradecene,（E）-	（E）-2-十四碳烯	196	1.73
19.1	Tetradecane	十四碳烷	198	0.51
21.0	Valeric acid, 4-phenyl-	4-苯基-戊酸	178	0.37
21.9	1-Pentadecene	1-十五碳烯	210	0.86
22.2	Pentadecane	十五烷	212	1.20
24.3	1,13-Tetradecadiene	1，13-十四碳二烯	194	1.46
27.1	1,9-Tetradecadiene	1，9-十四碳二烯		0.75
27.3	8-Heptadecene	8-十七碳烯	238	1.66
27.4	8-Heptadecene	8-十七碳烯	238	1.38
27.6	Tetradecane	十七烷	240	0.47
33.7	Hexadecanoic acid, methyl ester	棕榈酸甲基酯	270	1.04
37.7	9-Octadecenoic acid（Z）-, methyl ester	（Z）-9-十八碳烯酸甲酯	296	0.51

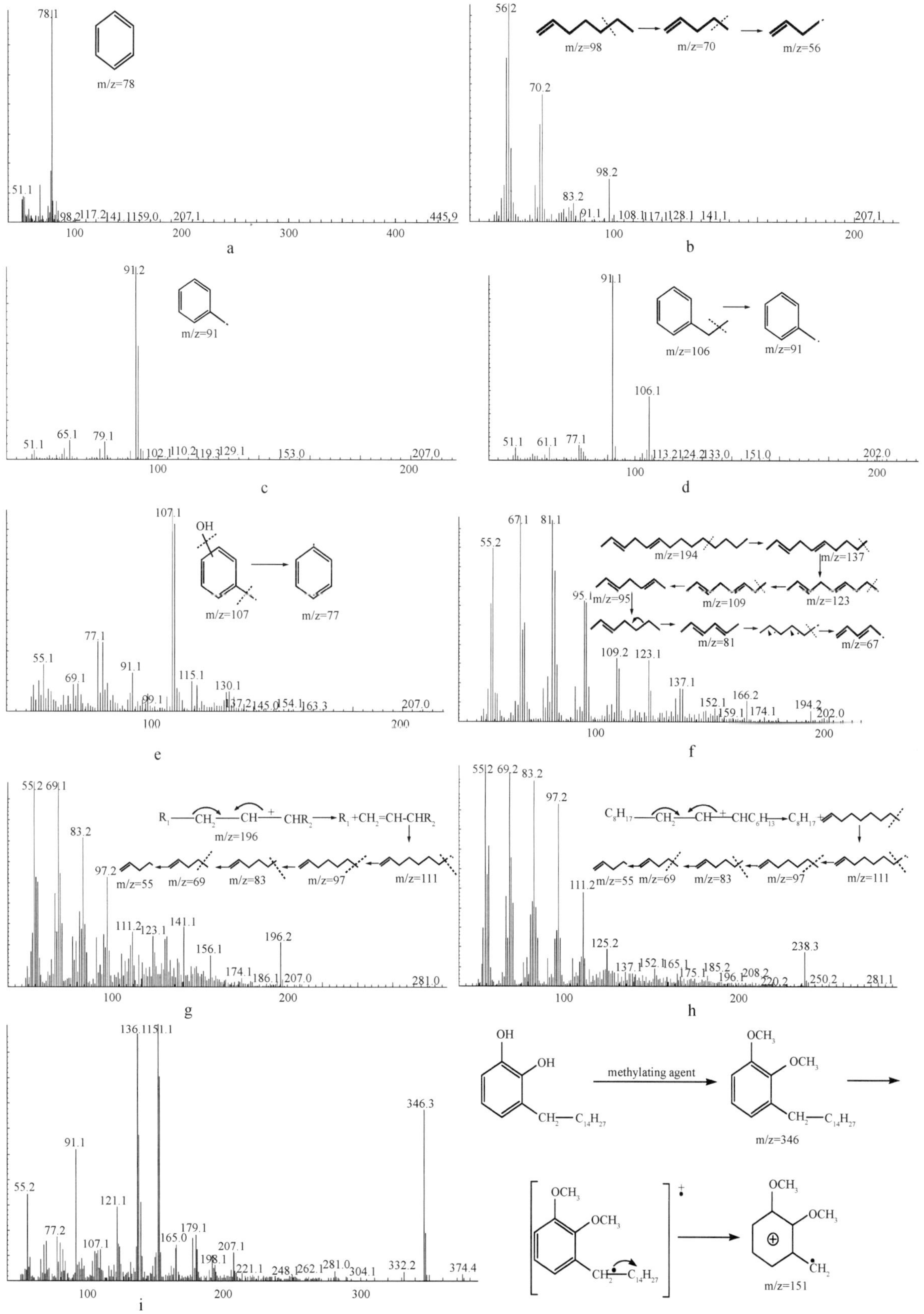

图二　特征离子峰的质谱检测及其对应的可能的化学结构

的碎片：1.4-戊二烯（m/z=68）、1-己烯（m/z=84）、苯benzene（m/z=78）、1-庚烯（m/z=98）、甲苯（m/z=92）、乙苯（m/z=106）、o-邻二甲苯（m/z=106）、甲基苯酚（m/z=108）、环十二烯（C12）（m/z=166）、十四碳烯（C14）（m/z=194，m/z=196）、十七碳烯（C17）（m/z=238,m/z=240）、1.2-二甲氧基-3-十五苯（m/z=346），以及少量的棕榈酸甲酯、十八碳烯酸甲酯，因此初步判断这些物质可作为辨别大漆的特征指纹峰。其对应的质谱检测图如图二所示，并由此推测大漆的裂解过程中化学键断裂方式如图三所示。

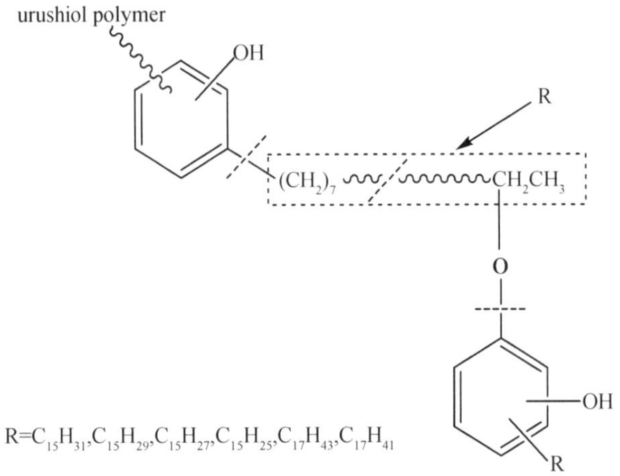

图三　漆膜裂解过程中化学键断裂方式示意图

（二）颜料对大漆老化影响的Py-GC/MS分析

图版32是大漆与颜料形成的模拟彩绘层的Py-GC/MS分析后，主要组分的含量变化图示。大漆与石绿、大漆与石青混合样品老化后谱图变化较大，而赭石、朱砂两种颜料的存在对大漆的老化无明显影响。对于不同的组分来说，1-己烯（1.2min）、苯（1.4min）、1-庚烯（1.5min）、甲苯（2.0min）、辛烯（2.2~2.4min）、乙苯（3.1min）、o-邻二甲苯（3.3min）、1-丙基苯（6.1min）、3-甲基酚（8.8min）、环十二烯（18.3min）、十四碳烯（C14，18.5~18.9min）、8-十七碳烯（27.3~27.4min），以及1.2-二甲氧基-3-十五苯等都是较强的峰，可以作为有颜料存在下大漆的识别峰，如表四所示。

表四　大漆膜Py-GC/MS特征信息峰

特征峰检索物质		保留时间/min	分子量	MS检测信息
英文名称	中文名称			
Benzene	苯	1.4	78	78
1-Heptene	1-庚烯	1.5	98	56，70，98
Toluene	甲苯	2.0	92	91
Ethylbenzene	乙苯	3.2	106	91，106
Phenol, methyl-	甲基苯酚	8.7	108	77，107
Tetradecene	十四碳烯	18.7	196	55，69，83，97，123，196
Heptadecene	十七碳烯	27.4	238	55，69，83 97，111，238

续表

特征峰检索物质		保留时间/min	分子量	MS检测信息
英文名称	中文名称			
Hexadecanoic acid, methyl ester	棕榈酸甲酯	33.7	270	74，87，143，227，270
Octadecenoic acid , methyl ester	十八碳烯酸甲酯	37.7	296	55，69，83，97，264，296
Unknow	大漆特征峰	46.4	374	136，151，346

（三）Py-GC/MS检测彩绘真品中大漆的分析

我们分别采取了重庆大足石刻、秦兵马俑和汉阳陵三处的彩绘样品进行分析，并对分析结果利用建立的分析数据进行识别。根据样品与实验室模拟样品分析结果相吻合的程度，判断样品中黏合剂的种类，并对建立的指纹谱图的可行性给予客观评估。

在大足石刻绿色彩绘样品中检测到了 m/z =68，84，78，98，92，114，106，106，120，120，140，118，116，134，154，148，168，194，196，212，270，296，346 的碎片，红外光谱也证实了绿色颜料为石青［$Cu_2(CO_3)_2(OH)_2$］。同时，与另外2个样品相比，碎片 m/z = 346 的峰要弱一些，与前述分析结果一致。

样品2是秦兵马俑的红色样品。尽管色谱图形非常复杂，但从主要的碎片及 m/z=346 碎片仍然可以推测黏合剂为大漆。此外，红色的HgS也在 Py-GC/MS分析中有显示。类似的结果也在样品3汉阳陵中的红色彩绘样品分析中发现，不同的是红色颜料为朱砂。

四、结　　论

本文建立了一种快速有效的大漆Py-GC/MS识别方法，该方法不需要任何复杂的样品前处理，所需样品量极少。确定了大漆监测分析是特征指纹峰，分别为：1-己烯（1.2min）、苯（1.4min）、1-庚烯（1.5min）、甲苯（2.0min）、辛烯（2.2-2.4min）、乙苯（3.1min）、o-邻二甲苯（3.3min）、1-丙基苯（6.1min）、3-甲基酚（8.8min）、环十二烯（18.3min）、十四碳烯（C14，18.5～18.9min）、8-十七碳烯（27.3～27.4min），以及1.2-二甲氧基-3-十五苯等。石青、孔雀石、赭石和朱砂对大多数的离子风检测无影响，但石青对1-乙基2-甲级-苯和3-甲级酚的检测有影响，朱砂对1-己烯和1-癸烯有影响。但颜料对最典型的特征离子峰1.2-二甲氧基-3-十五苯的检测无影响。利用建立的分析方法进行彩绘真品分析表明，分析方法实用可靠、简单易行，为彩绘中大漆的识别提供了有效的分析方法。

致谢：笔者要特别感谢陶质彩绘文物保护国家文物局重点科研基地研究课题（No.appcbmy-003）、国家文物局文物保护项目（20110128）、陕西省国际合作项目（No.2014KW11）及国家自然科学基金委（NSFC Grants No. 51373133，51073126，21171138）的支持。

参考文献

[1] Niimura N. International Journal of Mass Spectrometry. 2009, 284, 93-97.

[2] Lu R, Ma X M , Kamiya Y, et al. Journal of Analytical and Applied Pyrolysis. 2007, 80, 101-110.

[3] Lu R, Yoshida T. Carbohydrate Polymers. 2003, 54, 419-424.

[4] Honda T, Lu R, Sakai R, et al. Progress in Organic Coatings. 2008, 61, 68-75.

[5] Osete-Cortina L, Domenech-Carbo M T, Mateo-Castro R. Journal of Chromatography A. 2004, 1024,187-194.

[6] Domenech-Carbo M T. Analytica Chimica. Acta. 2008, 621, 109-139.

[7] Bonaduce I, Dietemann P, Blaensdorf C, et al. Journal of Cultural Heritage. 2008. 9, 103-108.

[8] Niimura N, Miyakoshi T, Onodera J, et al. Journal of Analytical and Applied Pyrolysis. 1996, 37, 199-209.

[9] Lu R, Kamiya Y, Miyakoshi T. Journal of Analytical and Applied Pyrolysis. 2007, 78, 172-179.

[10] Lu R, Kamiya Y, Miyakoshi T. Talanta. 2006,70, 370-376.

[11] Lu R, Ma X M, Kamiya Y, et al. Miyakoshi. Journal of Analytical and Applied Pyrolysis. 2007, 80, 101-110.

[12] Lu R, Kamiya Y, Wan Y Y, et al. Journal of Analytical and Applied Pyrolysis. 2007, 78, 117-124.

Py-GC/MS Identification of Chinese Lacquer as Binding Medium in Ancient Polychromy

Wang Na[1]　He Ling[1]　Zhao Xiang[1]　Zhou Tie[2]　Rong Bo[2]　Wang Liang[2]

(1. Department of Chemistry, School of Science, Xi'an Jiaotong University

2. Key Scientific Research Base of Ancient Polychrome Pottery Conservation)

Ancient Chinese polychromy are generally made up of the pigment and a fluid binder. The binder enables the pigment, a fine powder of inorganic or organic colored material, to be dispersed and applied with a brush. The binder may be drying oil, proteinaceous material, animal glue, vegetable gum, natural wax, or a mixture of two or more of these materials. Chinese lacquer is one of the most used binder in many famous art objects. The analysis of Chinese lacquer is necessary in order to assess the best conservation and display conditions, to prevent and slow the decay processes, to differentiate between the various painting techniques and to plan the best restoration strategy or the long-term preservation.

This paper presents the identification method of Chinese lacquer by pyrolysis-gas chromatography/mass spectrometry (Py-GC/MS). The proposed analytical method is an easy one step analytical procedure. It needs only a small sample quantity in the microgram range and does not require any previous treatment to the samples. The artificially aged painting layers without and with pigments of azurite, malachite, ocher and cinnabar, are used as the reference analytical samples. The pyrolysis temperatures and chromatographic conditions are optimized to adequately discriminate the main fragments by thermal degradation and derivatives. The pyrolysis characteristic ions and the marked peaks for the identification of Chinese lacquer in Py-GC/MS procedure are established for the first time. The procedure has been successfully used to the cases studies for the real painted samples from famous paintings.

从环境监测结果分析克孜尔石窟的主要病害成因

刘　成[1]　严　妍[1]　邓　宏[2]　赵　莉[3]

（1.西北大学文化遗产学院　2.西安元智系统技术有限责任公司　3.新疆龟兹研究院）

一、概　　述

克孜尔石窟是古代龟兹国境内的主要石窟群之一，具有重要的历史、艺术和文化价值。1961年已被公布为全国重点文物保护单位，2014年被列为世界文化遗产名录。加强石窟群环境的监测工作，对及时掌握石窟本体和环境变化情况，科学制定石窟保护方案，确保文物安全等具有重要意义。

（一）克孜尔石窟

克孜尔石窟大约建于3世纪末，止于8～9世纪，是我国开凿最早的大型石窟群。它与甘肃莫高窟、山西大同云冈石窟、河南洛阳龙门石窟并称为我国四大石窟。克孜尔石窟是龟兹石窟中规模最大、保存壁画面积最多的一处石窟群，是龟兹石窟的典型代表。克孜尔石窟从不同侧面展示了3～9世纪龟兹石窟产生、发展、繁盛和衰落的过程，也为特定的历史进程、文化传统、宗教艺术、民族民俗、音乐舞蹈的发展与演变提供了丰富的证据，具有历史和审美价值，是丝绸之路上不可多得的一颗璀璨明珠（图一）。

在历史沧桑中，克孜尔石窟遭到自然和人为的破坏，残存的雕塑已是凤毛麟角，而数量最多、保存较好的壁画则成为克孜尔石窟最珍贵的遗存。自20世纪80年代以来，国家文物局投资近两千万元，对克孜尔石窟的岩体进行加固保护，部分洞窟的危岩体及窟内壁画得到了抢救性保护。但是由于克孜尔石窟洞窟众多，分布面广，对洞窟的保护工作很难全面、高效的开展，工作人员对石窟病害的严重程度及其赋存环境的具体情况也无法及时掌握。而在复杂的保存环境和极端的气候影响下，克孜尔石窟的壁画和窟体的安全稳定性随时可能受到威胁。因此，加强石窟群环境监测工作，对及时掌握石窟本体及环境变化情况有重要意义[1]。

图一　克孜尔石窟

（二）环境监测系统

目前，环境因素是造成文物遭受损坏的主要原因，开展预防性保护研究，监测、控制文物保存与陈列的环境，控制或减缓文物因自然蜕变引起的损坏，将是今后文物保护发展的主要方向。

环境监测系统的主要功能是实现实时监测文物保存环境的变化，并通过无线通信技术将监测参数传输到监测中心，以达到及时预警的目的，同时能保存所监测环境的全部监测数据。为文物保护机构提供网络化、智能化的无线环境实时监测系统，特别是提供对文物影响较大的一些环境参数，如大气温度、大气相对湿度、光照度、紫外线辐射强度、二氧化碳浓度、总挥发性有机化合物含量、风速、风向、降雨量等参数的实时监测。通过实时监测，实现对异常保存环境的及时预警，以及第一时间提醒相关人员采取必要的保护和调节措施，有效地提高了文物保护的效率。同时能及时地保存所采集的数据信息，并建立大容量的“环境历史数据库”，为文物保护工作者进行环境变化规律和文物保护方法的研究提供了重要依据，并为保护措施的制定提供了科学依据。该项目彻底解决了目前人工监测带来的不便，使科学化、智能化的文物保护成为可能（图二）。

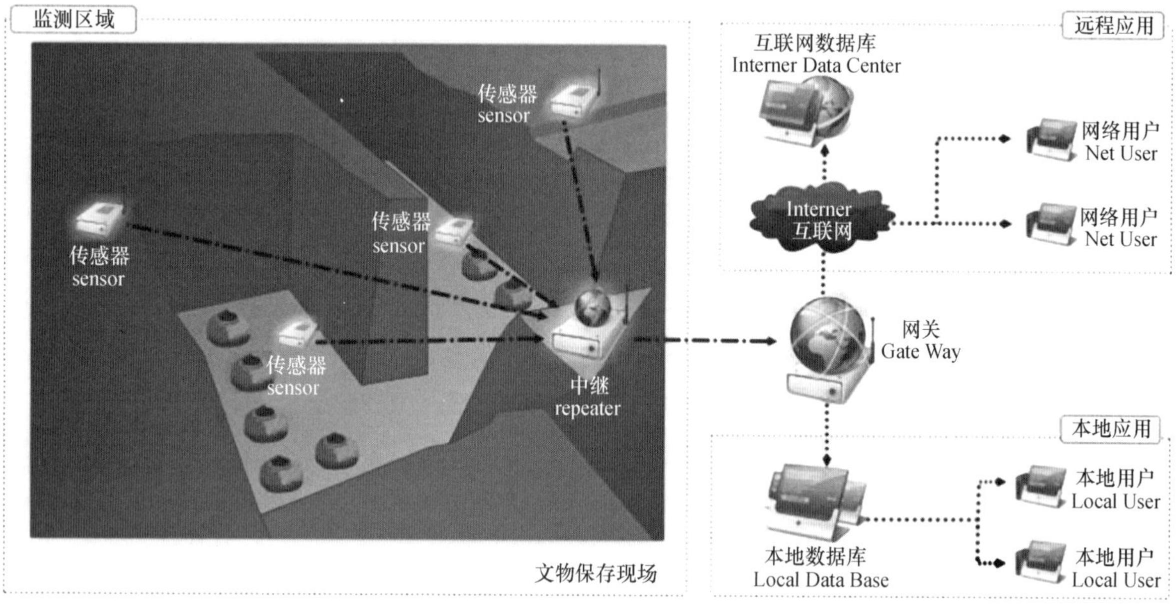

图二　无线传感网络技术示意图

二、克孜尔石窟主要病害

（一）裂隙

图三　克孜尔第67窟的裂隙

裂隙是由于长期的地质作用，导致岩体和壁画开裂或地仗层自身收缩而形成缝隙。克孜尔石窟的裂隙分布较多，主要为构造裂隙和卸荷裂隙，如图三和图四所示。这些裂隙主要是因外力扰动、受力不均、地基沉降或石材自身构造等引起的石质文物开裂现象，一般这类裂隙多深入石材内部，严重时会威胁到石窟的整体稳定，裂隙交切、贯穿会导致石窟整体断裂与局部脱落。

（二）空鼓和大面积脱落

壁画空鼓和大面积脱落病害在克孜尔石窟壁画中大量存在，严重影响了壁画的长期保存，如图五所示。克孜尔石窟壁画的地仗层和洞窟支撑体结构组成差异比较大，在温湿度变化引起的热胀冷缩效应的影响破坏下，壁画地仗层与洞窟支撑体之间局部脱离鼓起，并逐渐向四周蔓延，形成空鼓病害，严重者在外界环境扰动下便会形成大面积脱落。

（三）酥碱

酥碱是指在水分参与下，洞窟围岩及地仗层中的矿物盐分在洞窟产生表聚作用，是石窟文物的主要病害之一。酥碱的产生会改变壁画及地仗层的结构，引起地仗层膨胀、酥粉化，甚至逐渐散落。克孜尔石窟的岩体岩质较为疏松，风化现象严重。随着环境温湿度的变化，壁画层、地仗层和支撑岩体中的盐分在表聚作用下逐渐从岩体内部迁移至壁画表面并聚集结晶，在水分的渗入作用下，反复溶解、迁移、结晶，从而使壁画地仗层疏松，植物纤维糟朽，颜料胶结物老化，并逐渐脱落（图六）。

图四　克孜尔第47窟的裂隙

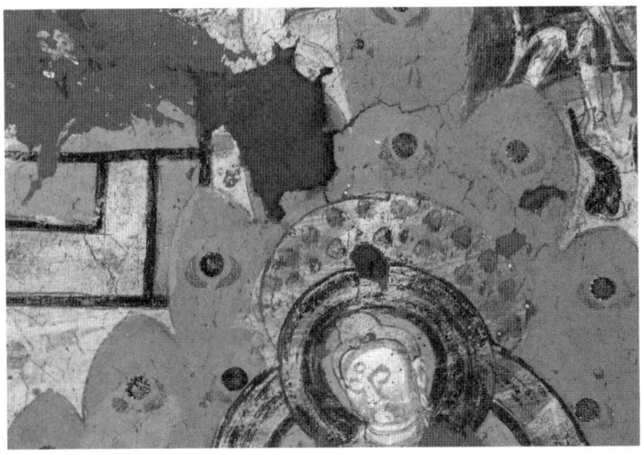

图五　克孜尔第8窟的壁画空鼓、起翘、脱落

图六　克孜尔第47窟的墙基酥碱

（四）起甲粉化

克孜尔石窟的起甲粉化病害面积较为广泛。起甲病害是壁画白粉层及其上的颜料层发生龟裂，进而呈片状卷起，甚至脱落，尤其是颜料中的胶含量过高时，颜料粒子间黏着力过强，颜料层易与

地仗层分离起翘，最终脱离画面，形成壁画起甲病害（图七）。壁画的粉化病害是壁画颜料层中含胶量较低，颜料颗粒因失去黏结，逐渐粉化脱落。这两种病害主要受绘画颜料所使用的胶料种类、含量和保存状况的影响。

（五）颜料变色、褪色

克孜尔石窟壁画颜料的变色、褪色病害是在环境温湿度波动和强光辐射影响下，石窟壁画颜料逐渐变色褪色的现象。壁画所使用的部分颜料化学成分不稳定，使其在长期的氧化过程中造成颜料的色相发生改变。壁画胶料老化，使粗颗粒颜料逐渐脱落，露出白色底层，便造成壁画颜色变淡，如图八所示。

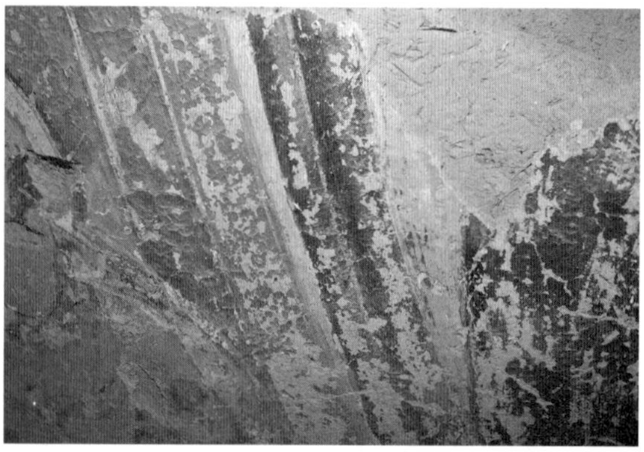

图七　克孜尔第47窟的壁画起甲

图八　克孜尔第32窟的颜料变色

（六）生物病害

石窟群的生物病害主要有微生物霉变病害和鸟虫蛾粪便污染两种，克孜尔石窟以鸟虫蛾粪便为主。洞窟中许多壁画被燕子粪便严重污染，还有大量的仿爱夜蛾活动。这些飞蛾会在壁画墙角处结茧生卵，污染壁画表面，其排泄物污染画面，引起颜料变色、褪色，如图九所示。此外，在该地区壁画上还经常可见巨型蜘蛛，其在爬移过程中会对脆弱的壁画造成严重的破坏，如图一〇所示。

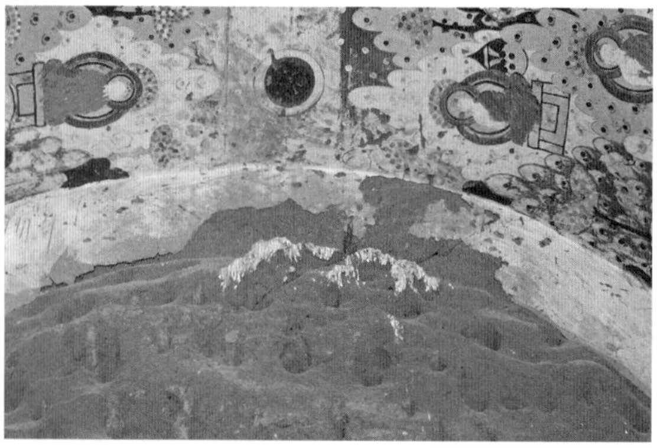

图九　克孜尔第8窟的鸟粪污染

图一〇　克孜尔第80窟的生物病害

（七）人为破坏

洞窟废弃后，长期无人看管，石窟壁画遭到了极大的人为破坏，壁画曾经贴有金箔的地方均被整片刮走（图一一），画面上游客的刻画破坏也随处可见，如图一二所示。

图一一　克孜尔第8窟的人为破坏

图一二　克孜尔第80窟的人为破坏

（八）不正当修复

由于早期修复方法的局限性，许多壁画修复处因修复材料与壁画本体不相容，致使所修复之处再次产生裂隙，盐析现象也较为严重，如图一三所示。

图一三　克孜尔第32窟的不正当修复

三、环境监测及监测结论

根据对克孜尔石窟的现场考察，选择第8窟和第80窟作为代表性洞窟布置监测点实施窟内微环境的对比监测，并在谷口架设气象站检测窟区气象环境。

（一）试点监测

1. 第8窟

第8窟位于克孜尔石窟谷西区的西端上层位置（图一四、图一五），属于中型洞窟且对外开

图一四　第8窟位置标记

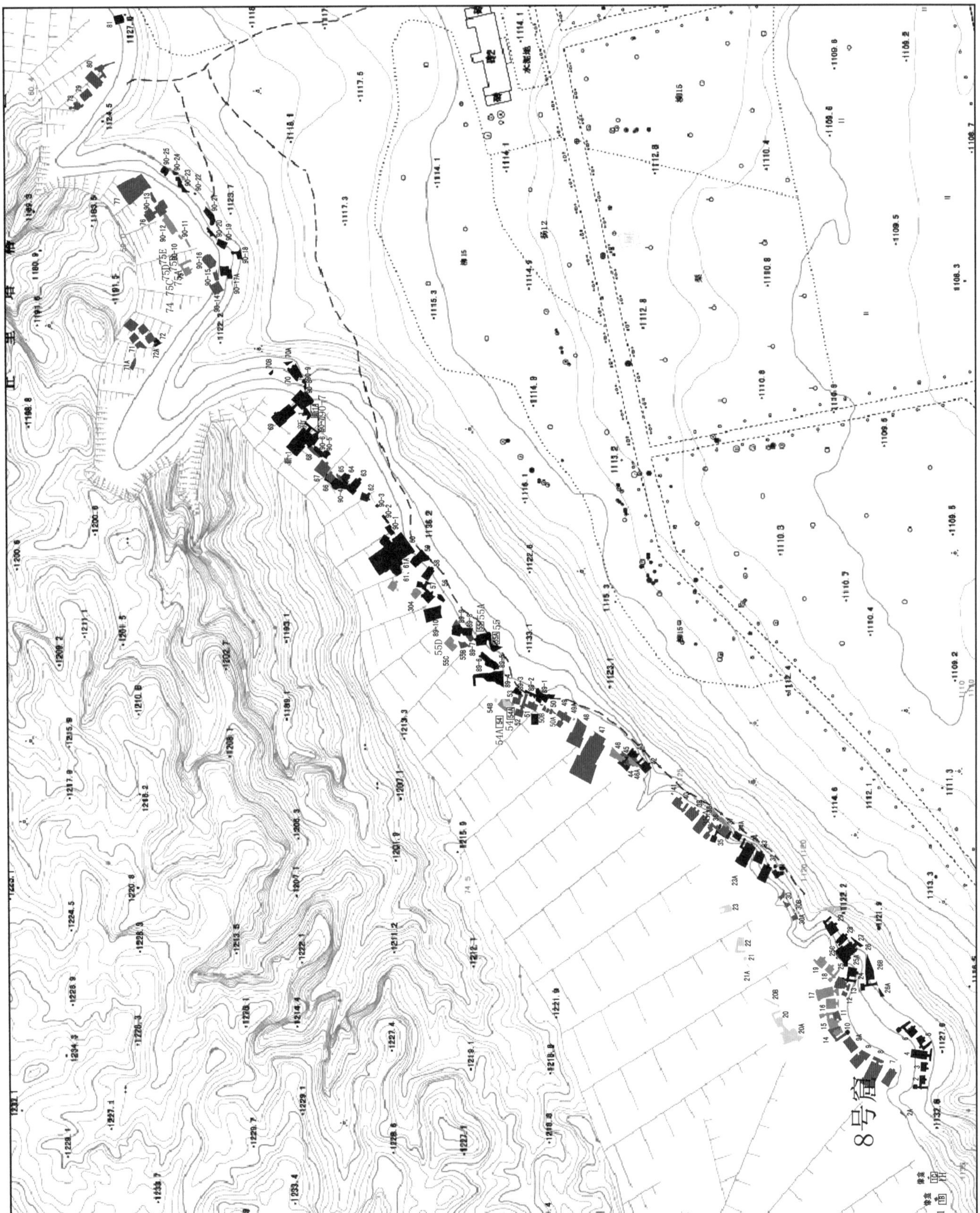

图一五　第8窟在克孜尔石窟谷西区平面图中的位置

放。由于处于顶层位置，窟顶直接遭受雨水冲蚀，窟顶岩体有明显的冲刷沟，雨蚀现象严重。窟前虽然设有遮雨檐，可以抵挡雨水对洞窟的直接冲刷，但由于并无有效的导水渠道，因此不能从根本上解决降水对石窟的冲蚀和湿度影响。

2. 第80窟

第80窟位于克孜尔石窟谷西区的东端下层位置（图一六、图一七），属于中型洞窟，不对外开放。虽然处于下层位置，但窟顶上面就是山体，并无其他洞窟，与岩土层接触，直接遭受雨水冲蚀。窟顶岩体有明显的冲刷沟，雨蚀现象严重。窟前虽然设有遮雨檐，可以抵挡雨水对洞窟的直接冲刷，但由于并无有效的导水渠道，因此不能从根本上解决降水对石窟的冲蚀和湿度影响。

将所选取的第8窟和第80窟进行对比监测，监测两窟的温湿度、二氧化碳浓度、壁画表面温度等量，将会直观地看出游客对洞窟环境的影响，如表一所示。

表一　第8窟与第80窟对比监测

洞窟编号	建造规模	所处位置	开放程度
第8窟	中型窟	谷西区西端上层	开放
第80窟	中型窟	谷西区东端下层	不开放

（二）周数据分析

1. 克孜尔石窟第8窟

第8窟监测类型（表二）及监测点布置分布（图一八）。

表二　第8窟监测类型

监测点	监测类型	安装位置
23_81号监测点	壁画表面温度	图一八
101号监测点	石窟内温湿度	图一八

（1）温湿度（采样频率＝1次/10分钟）（图一九、图二〇）。

数据分析：由第8窟温湿度监测数据可看出，窟内大气温度随窟外大气温度的升高而升高，昼夜间有明显的变化，并且昼夜温差小于大气温差。将第8窟温湿度传感节点历史数据图形与气象站数据做一对比可以发现，第8窟的温湿度并不像大气温湿度一样呈反向相关的关系，这种异常应是因为第8窟为开放性洞窟，游客的频繁出入对窟内温湿度造成较大的影响。

（2）壁画表面温度（采样频率＝1次/10分钟）（图二一、图二二）。

数据分析：从第8窟壁画表面温度监测数据可以看出，窟内壁画表面温度随窟内大气温度的升高而升高，昼夜间有明显的变化，并且昼夜温差小于大气温差。

2. 克孜尔石窟第80窟

第80窟监测类型（表三）及监测点布置分布（图二三）。

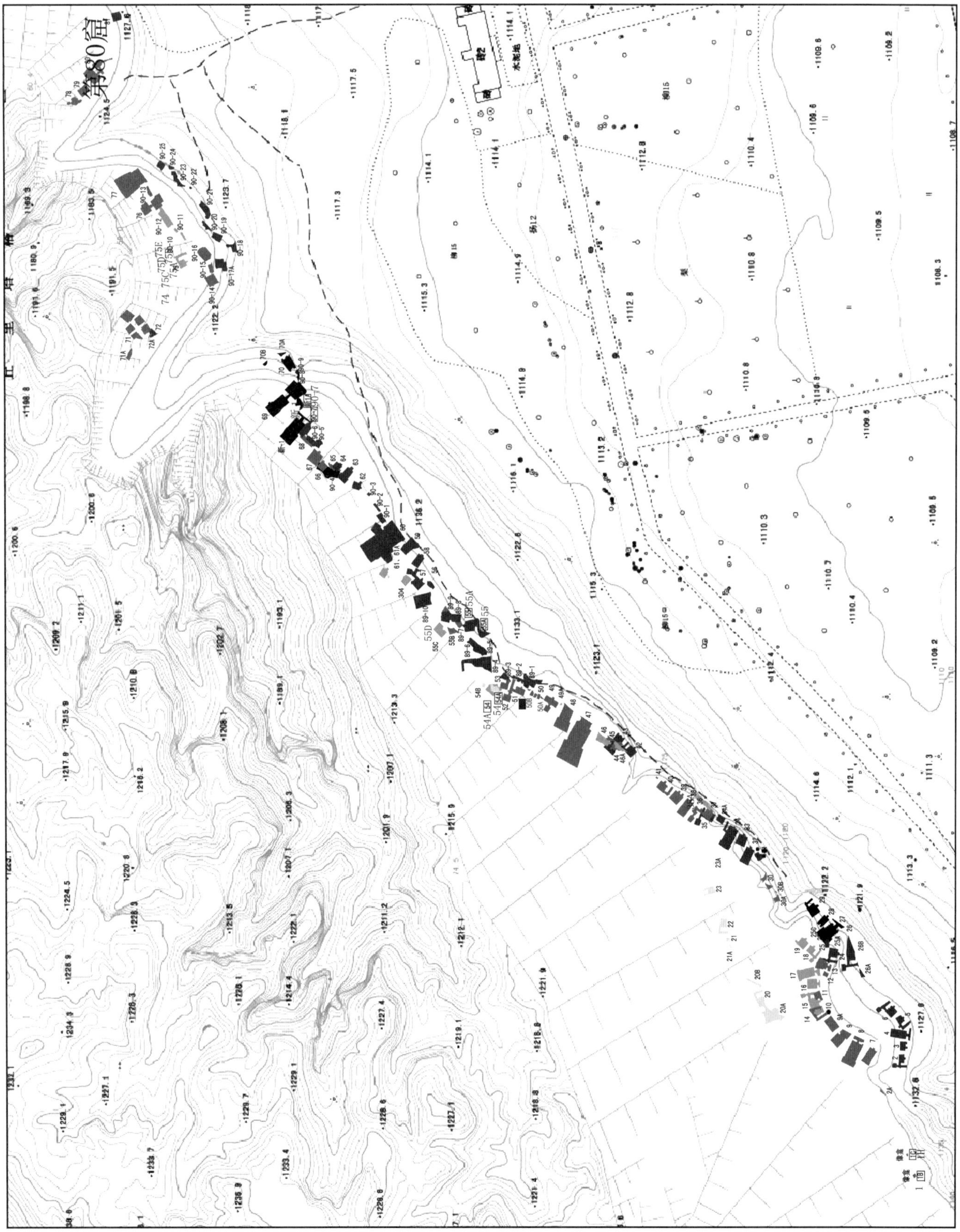

图一六　第80窟在克孜尔石窟谷西区平面图中的位置

图一七 第80窟位置标记

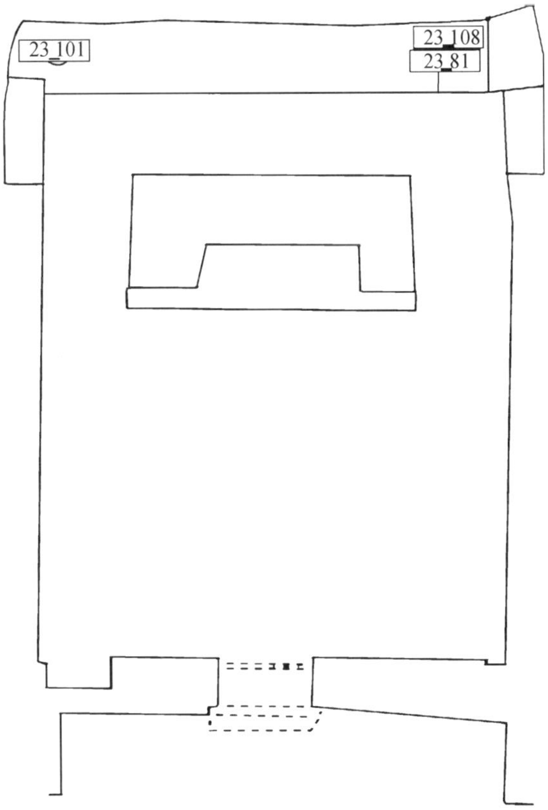

图一八 第8窟监测点布置分布图

表三 第80窟监测类型

监测点	监测类型	安装位置
23_82监测点	壁画表面温度	图二三
102监测点	石窟内温湿度	图二三

（1）温湿度（采样频率＝1次/10分钟）（图二四、图二五）。

数据分析：由第80窟温湿度监测数据可看出，窟内大气温度随窟外大气温度的升高而升高，昼夜间有明显的变化，并且昼夜温差小于大气温差。将第80窟温湿度传感节点数据图形与气象站数据

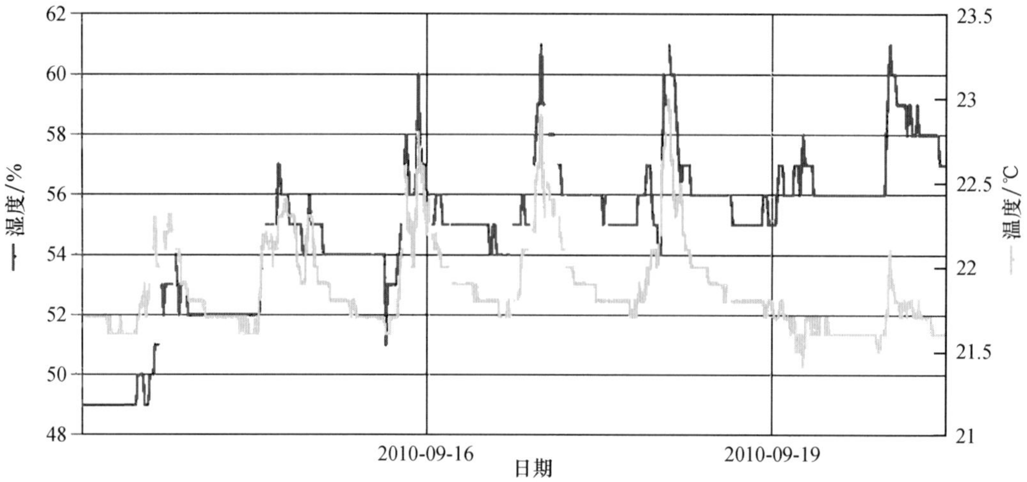

图一九　克孜尔第8窟温湿度传感节点数据图形（2010.9.14～2010.9.20）

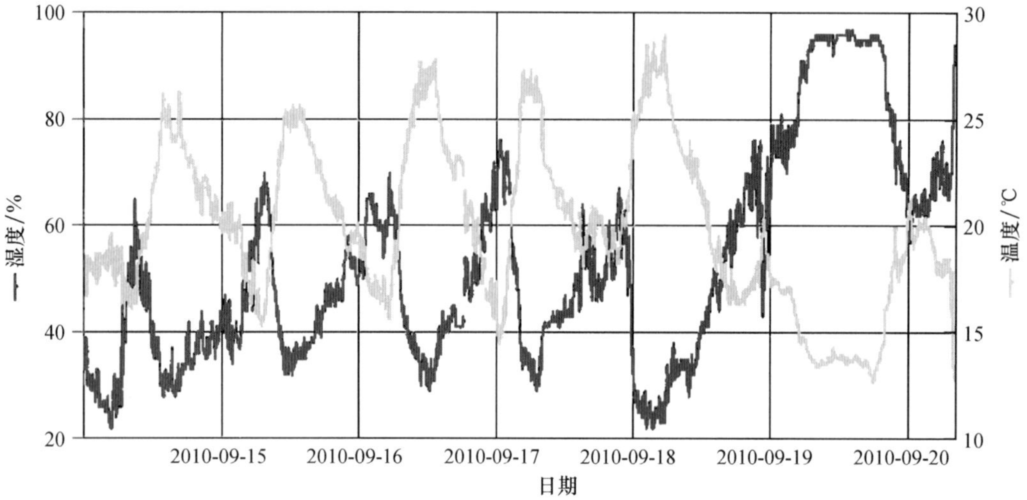

图二〇　气象站温湿度传感节点数据图形（2010.9.14～2010.9.20）

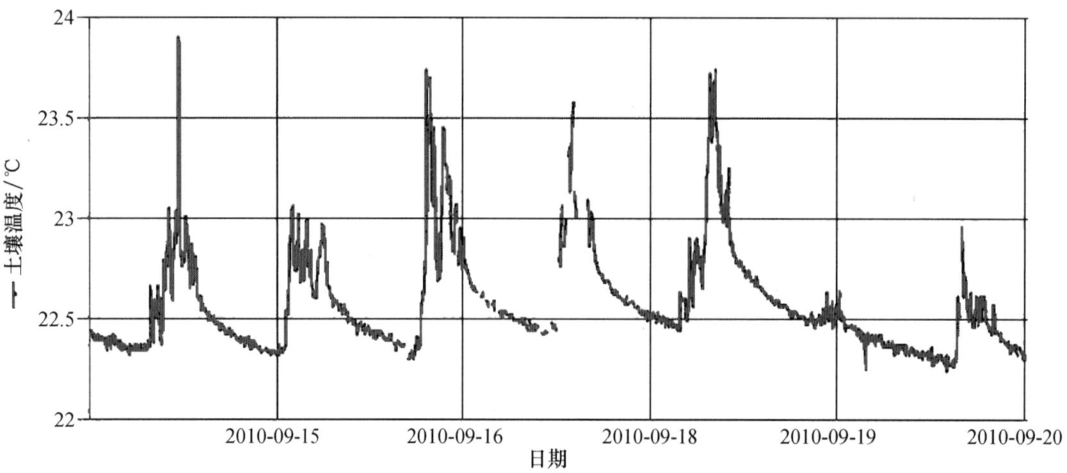

图二一　第8窟壁画表面温度传感节点数据图形（2010.9.1～2010.9.20）

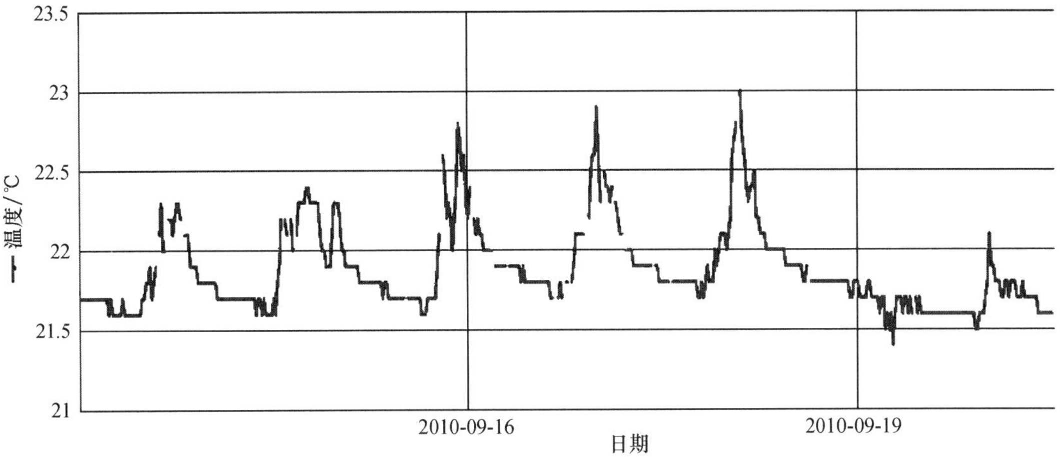

图二二　第8窟窟内温度传感节点数据图形（2010.9.14～2010.9.20）

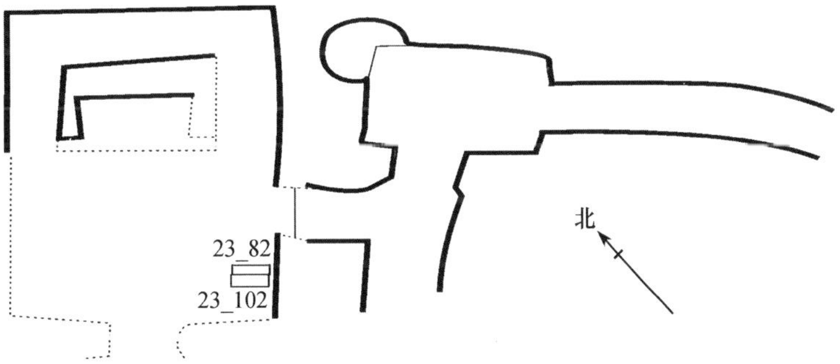

图二三　第80窟监测点布置分布图

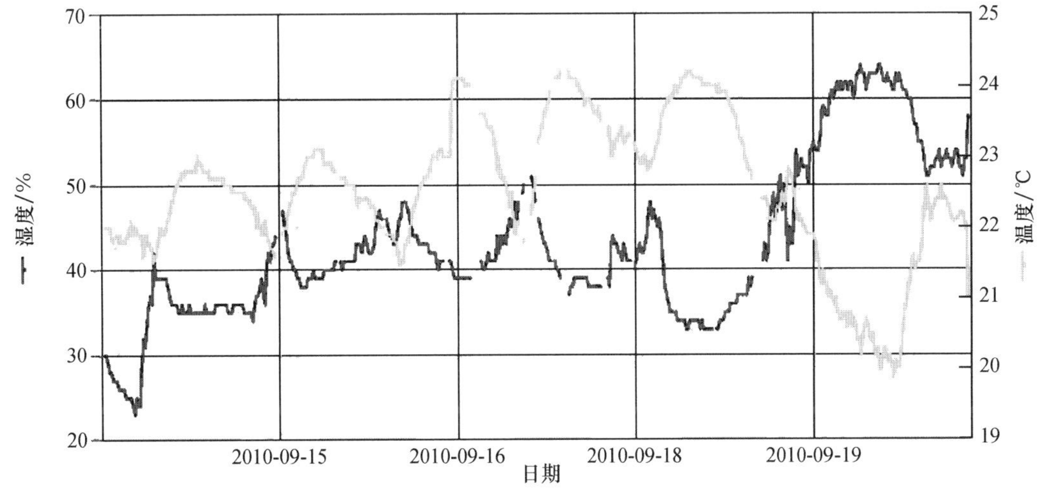

图二四　第80窟温湿度传感节点数据图形（2010.9.14～2010.9.20）

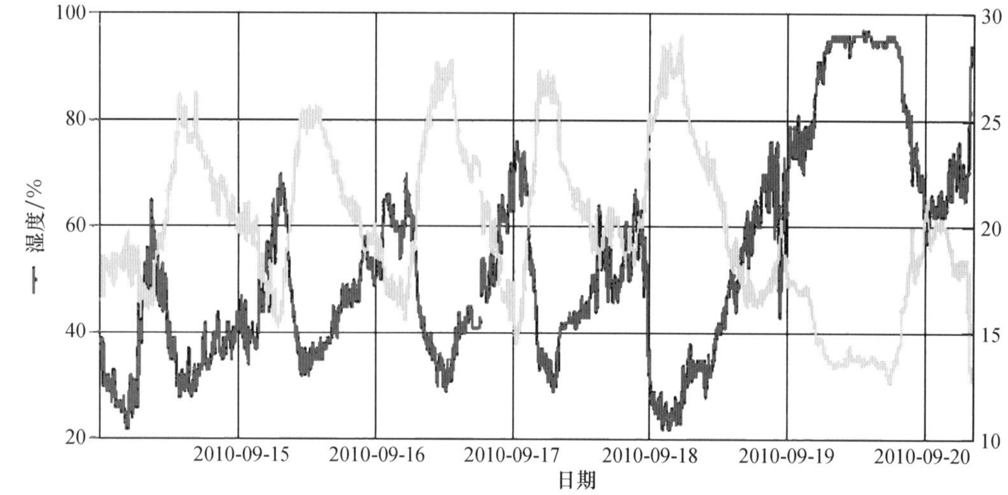

图二五　气象站温湿度传感节点数据图形（2010.9.14 ~ 2010.9.20）

做对比可以发现，因为第80窟为未开放性洞窟，外界扰动因素比较小，所以第80窟的温湿度像大气温湿度一样呈反向相关的关系。

（2）壁画表面温度（采样频率 = 1次/10分钟）（图二六、图二七）。

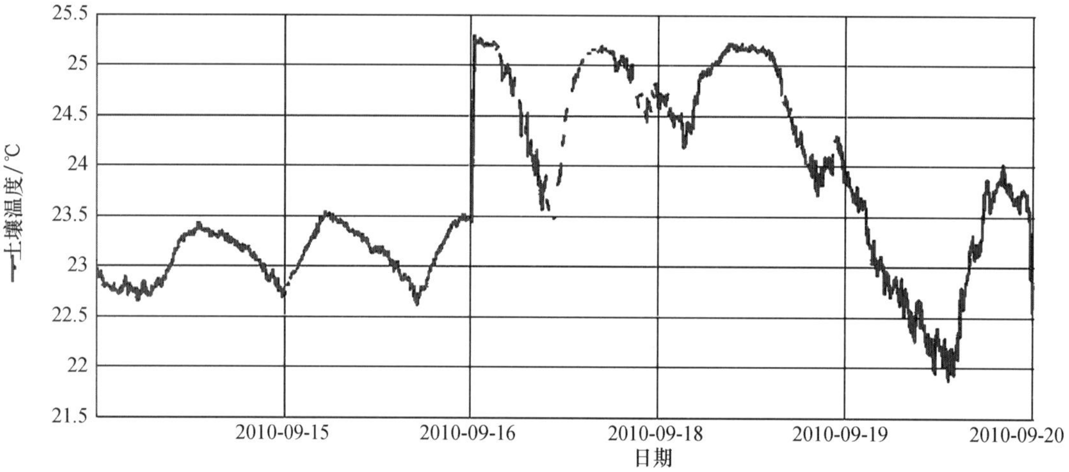

图二六　第80窟壁画表面温度传感节点数据图形（2010.9.14 ~ 2010.9.20）

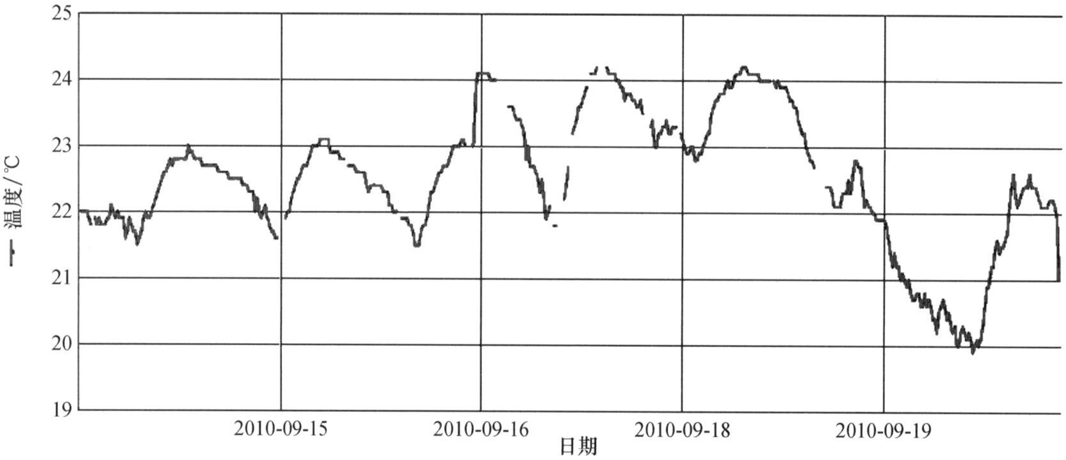

图二七　第80窟窟内温度传感节点数据图形（2010.9.14 ~ 2010.9.20）

数据分析：由第80窟壁画表面温度监测数据可以看出，窟内壁画表面温度随窟内大气温度的升高而升高，昼夜间有明显的变化，并且昼夜温差小于大气温差。

3. 气象站

气象站监测类型（表四）及安装位置（图二八）。

图二八　气象站安装位置图

表四　气象站监测类型

监测点	监测类型	安装位置
23_250监测点	大气温湿度、风向风速、光照度、紫外线辐射强度	第80窟附窟
253监测点	降水强度	办公区

（1）大气温湿度（采样频率＝1次/10分钟）（图二九）。

数据分析：从气象站的监测数据可以看出，大气温湿度呈昼夜周期变化，并且昼夜间温湿度的差值均比较大。

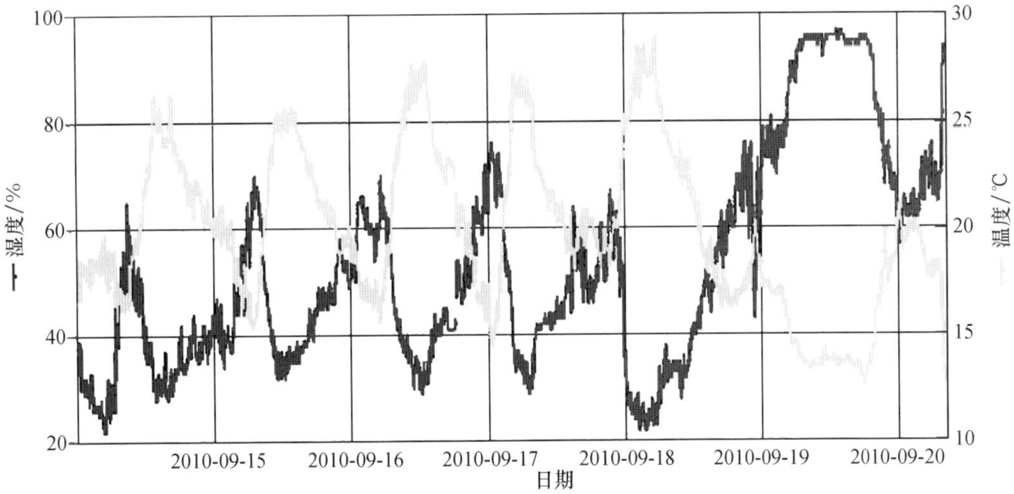

图二九　气象站温湿度传感节点数据图形（2010.9.14～2010.9.20）

（2）降水强度（图三〇）。

数据分析：从气象站降水强度监测结果可以看出，克孜尔石窟窟区平时几乎无降雨，但偶有突发性暴雨到大暴雨，这对石窟的危害非常严重。比如，2010年9月11日的降雨量达到126.9mm，已属于大暴雨级别，15日的降雨量达到59.4mm，也已属于暴雨级别。

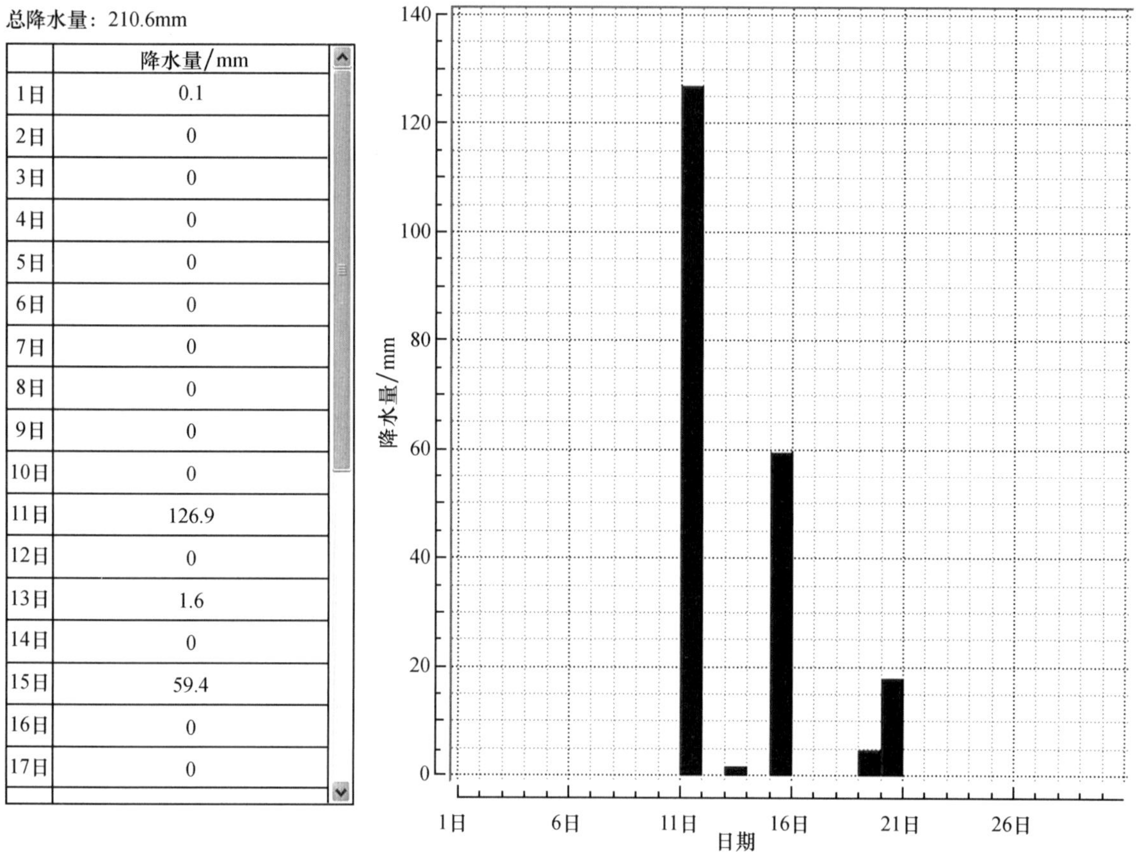

	降水量/mm
1日	0.1
2日	0
3日	0
4日	0
5日	0
6日	0
7日	0
8日	0
9日	0
10日	0
11日	126.9
12日	0
13日	1.6
14日	0
15日	59.4
16日	0
17日	0

图三〇　气象站降水强度传感节点数据图形（2010.9.14 ~ 2010.9.20）

（3）风向风速。

数据分析：从图三一的风向风速玫瑰图可知，克孜尔石窟9月份最常刮的是西南风，但平均风速大小与南风和东风风速大小差不多。

（三）日数据分析

1. 克孜尔石窟第8窟

第8窟监测类型（表五）及检测点布置分布（图三二）。

表五　第8窟监测类型

监测点	监测类型	安装位置
23_81监测点	壁画表面温度	图三二
23_101监测点	石窟内温湿度	图三二

（1）温湿度（采样频率 = 1次/10分钟）（图三三、图三四）。

数据分析：从第8窟温湿度监测数据可以看出，窟内大气温度随窟外大气温度的升高而升高，昼夜间有明显的变化，并且昼夜温差小于大气温差。将第8窟湿度传感节点历史数据图形与气象站数据做一对比可以发现，第8窟湿度和大气湿度的变化趋势并不相同，大气的湿度变化与大气温度

监测点23_250 2010年9月玫瑰图
静风率为：63.326%

	风向频率/%	平均风速/（m/s）
东	1.89	3.9
东北偏东	0.487	1
东北	1.43	0.8
东北偏北	1.677	0.9
北	4.086	0.7
西北偏北	2.844	0.7
西北	1.203	0.9
西北偏西	1.231	0.9
西	3.076	0.9
西南偏西	5.93	3.8
西南	1.962	1
西南偏南	1.255	0.9
南	4.93	3.9
东南偏南	2.451	0.9
东南	1.339	1
东南偏东	0.884	0.8

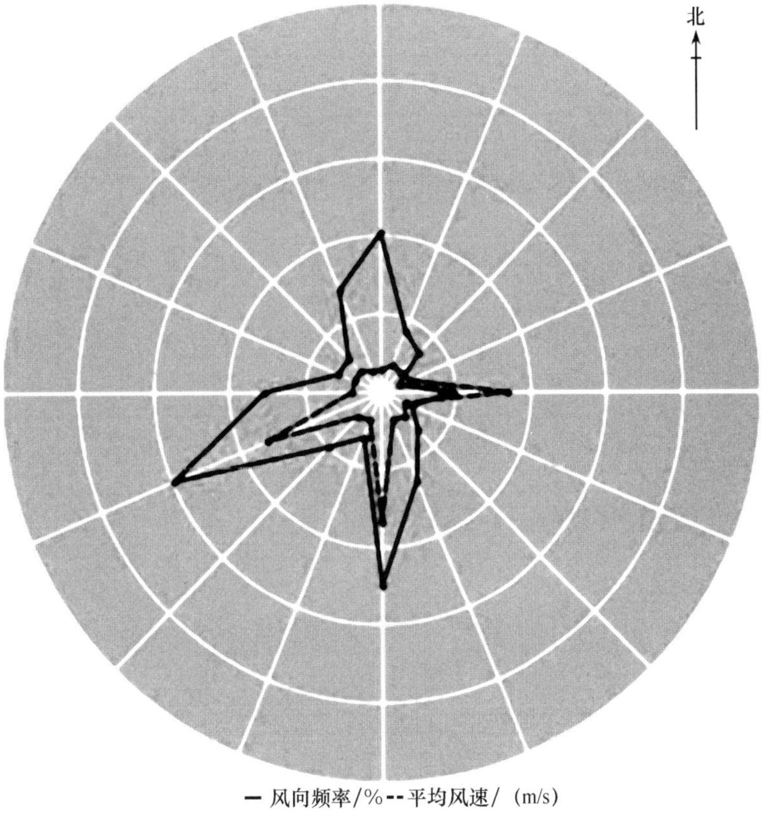

图三一　气象站风速风向数据图形（2010.9.14～2010.9.20）

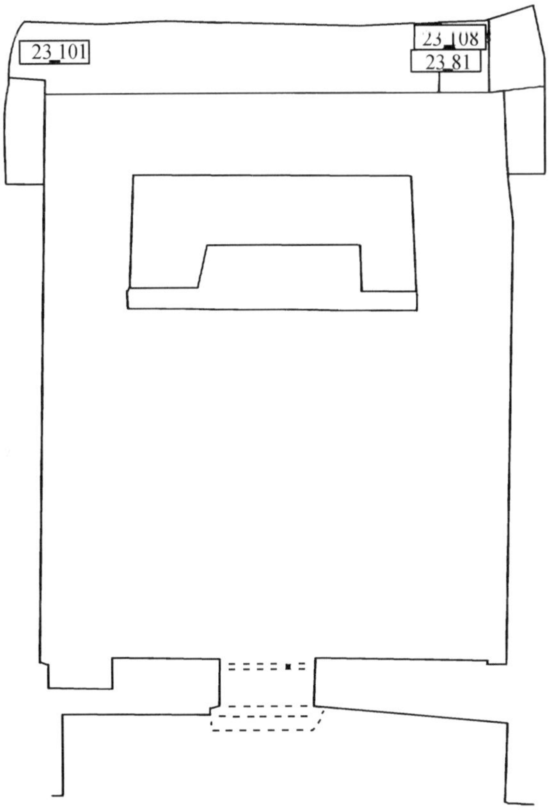

图三二　第8窟内监测点布置分布图

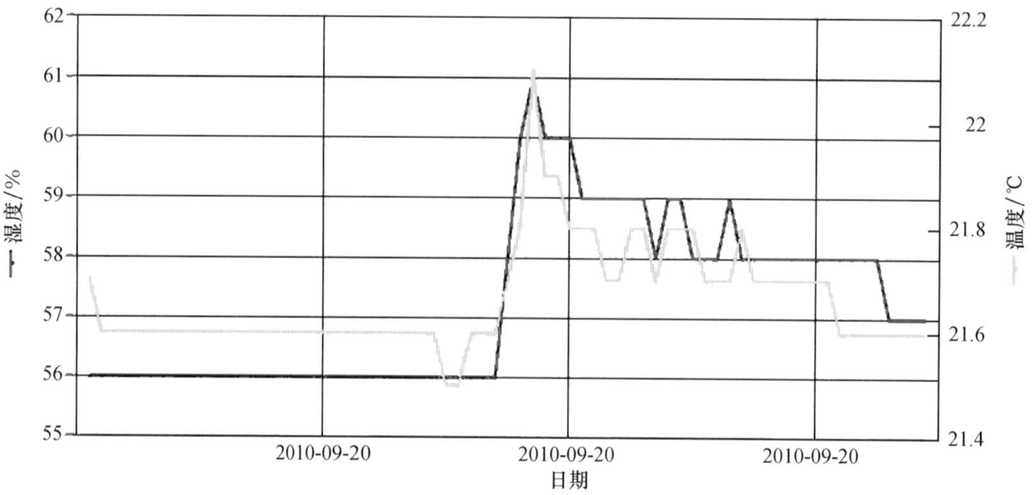

图三三　第8窟温湿度传感节点数据图形（2010.9.20）

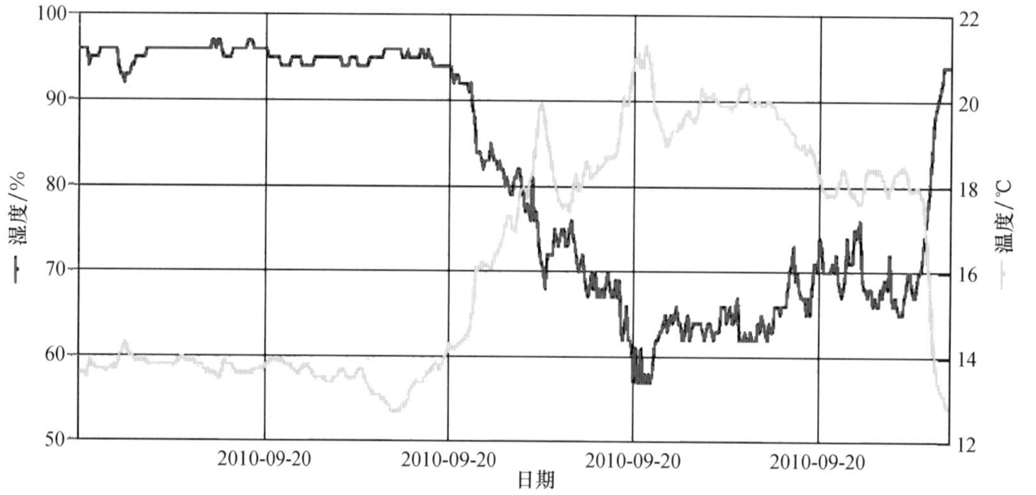

图三四　气象站温湿度传感节点数据图形（2010.9.20）

呈反向相关关系，而第8窟是开放洞窟，游客的频繁出入对窟内湿度造成了很大的影响。此外，由图三三、图三四的数据还可以看出窟内湿度明显低于大气湿度，故窟内游客对窟内大气温湿度的影响远大于窟外大气对其的影响。

（2）壁画表面温度（采样频率＝1次/10分钟）（图三五、图三六）。

数据分析：从图三五、图三六数据可以看出，壁画表面温度随窟内空气温度的变化而变化，并且略高于窟内空气温度，这主要是由于壁画材质具有较强的蓄热能力。

（3）二氧化碳浓度（采样频率＝1次/10分钟）（图三七）。

数据分析：从图三七可以发现在石窟早晨开放前，窟内的二氧化碳浓度维持在和外界大气二氧化碳浓度基本相一致的水平，随着游客的陆续参观，窟内二氧化碳浓度不断上升，大约在下午3点游客高峰期时达到最高值，然后逐渐下降。可见游客的参观对石窟内二氧化碳浓度的影响是显著的。

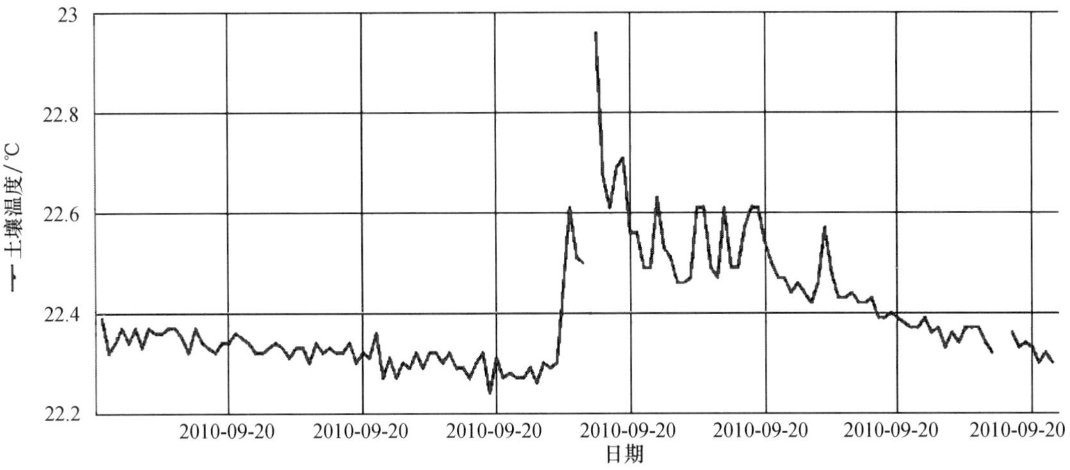

图三五　第8窟壁画表面温度传感节点数据图形（2010.9.20）

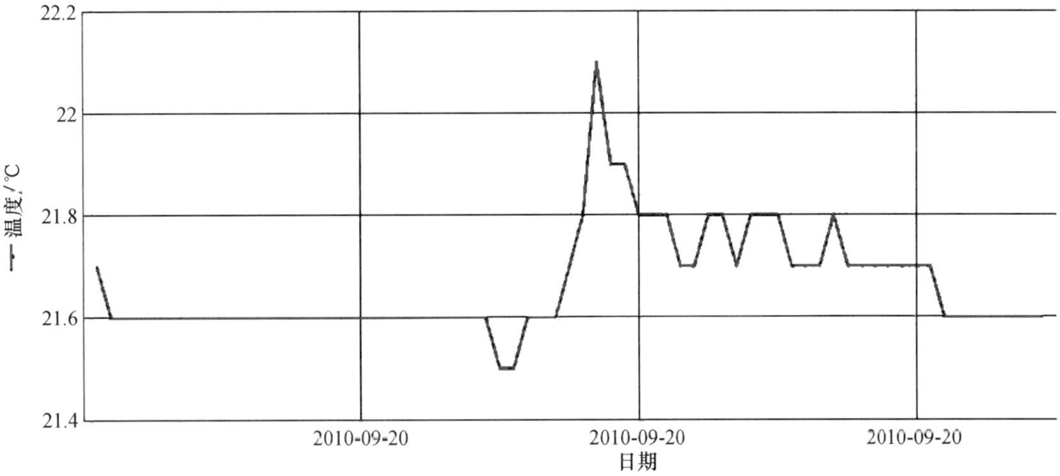

图三六　第8窟温度传感节点数据图形（2010.9.20）

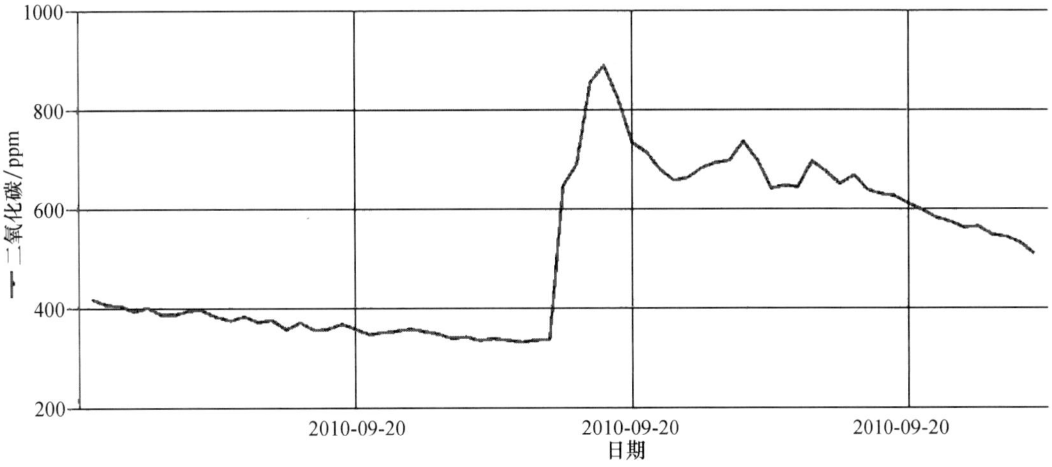

图三七　第8窟二氧化碳浓度传感节点历史数据图形（2010.9.20）

2. 克孜尔石窟第80窟

第80窟监测类型（表六）及监测点布置分布（图三八）。

表六　第80窟监测类型

监测点	监测类型	安装位置
23_82监测点	壁画表面温度	图三八
23_102监测点	石窟内温湿度	图三八

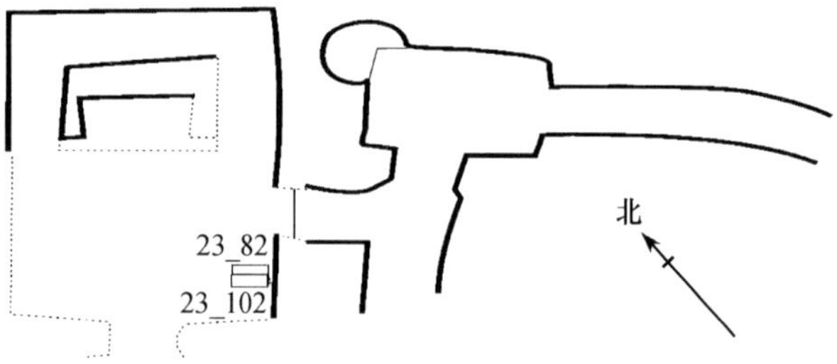

图三八　第80窟内监测点布置分布图

（1）温湿度（采样频率 = 1次/10分钟）（图三九、图四〇）。

数据分析：从第80窟温湿度监测数据可以看出，窟内大气温度随窟外大气温度的升高而升高，昼夜间有明显的变化，并且昼夜温差小于大气温差。窟内湿度与窟外大气湿度的变化趋势也大致相同，但窟外大气的湿度明显高于窟内，这是由于第80窟属于非开放性洞窟，受大气环境的影响比较小。

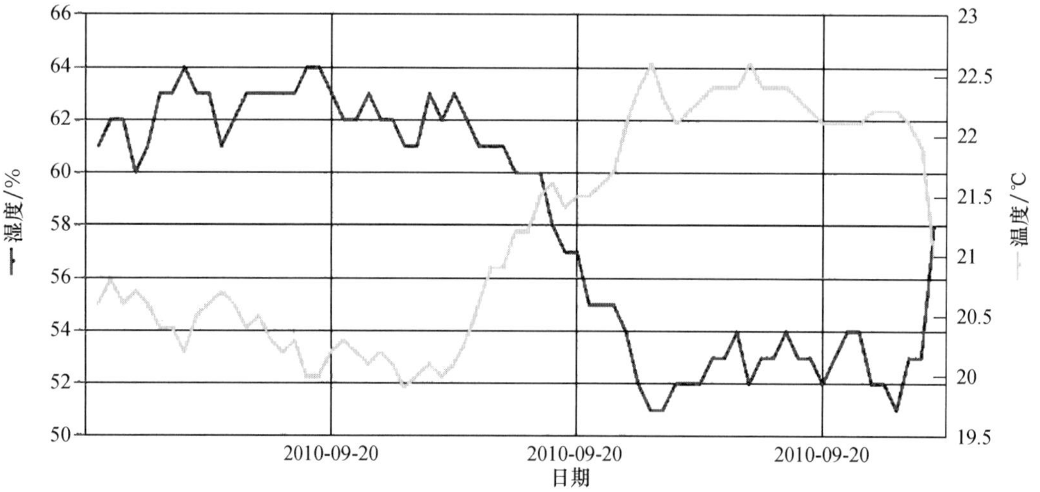

图三九　第80窟温湿度传感节点数据图形（2010.9.20）

（2）壁画表面温度（采样频率 = 1次/10分钟）（图四一、图四二）。

数据分析：从图四一、图四二可以看出，壁画表面温度随窟内空气温度的变化而变化，并略高于窟内空气温度，这主要是由于壁画材质具有较强的蓄热能力。

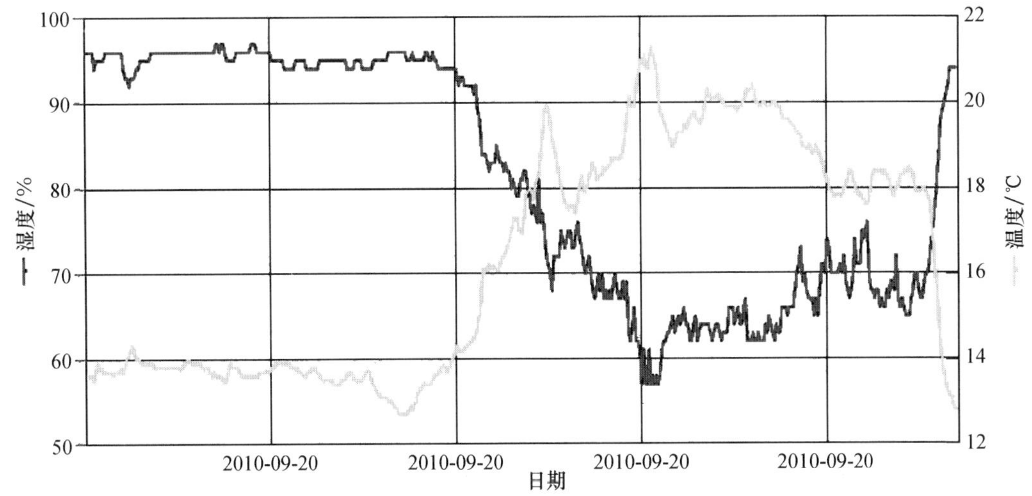

图四〇　气象站温湿度传感节点数据图形（2010.9.20）

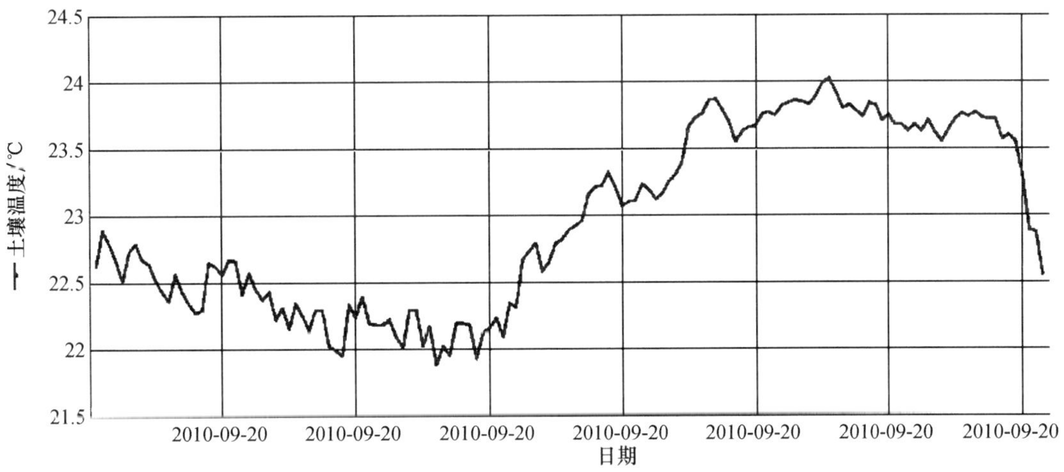

图四一　第80窟壁画表面温度传感节点数据图形（2010.9.20）

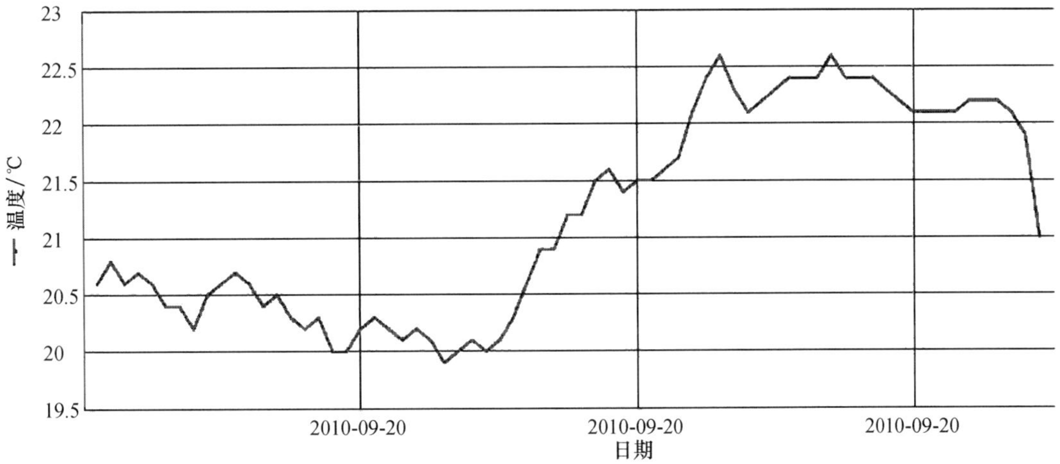

图四二　第80窟内大气温度传感节点数据图形（2010.9.20）

3. 气象站

气象站监测类型（表七）。

表七　气象站监测类型

监测点	监测类型	安装位置
23_250监测点	大气温湿度、风速、风向、光照度、紫外线辐射强度	第80窟附窟
23_253监测点	降水强度	办公区

（1）大气温湿度（采样频率 = 1次/10分钟）（图四三）。

数据分析：由气象站的监测数据可以看出，大气温湿度呈昼夜周期变化，并且昼夜间温湿度的差值比较大。

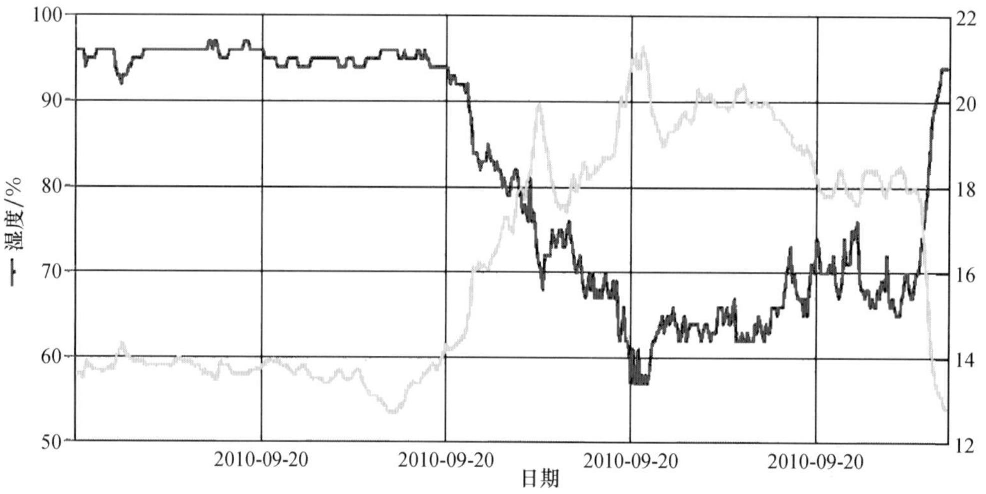

图四三　气象站温湿度传感节点数据图形（2010.9.20）

（2）降水强度（图四四）。

数据分析：由气象站降水强度监测结果可以看出，克孜尔石窟窟区平时几乎无降雨，但偶有突发性暴雨到大暴雨，持续时间较短，降雨量较大，多为骤雨，这对石窟的危害非常严重。

（3）风向风速。

数据分析：从图四五风向风速玫瑰图可知，克孜尔石窟2010年9月20号当天主要刮西南风，但是风速较低，而最高的风速则出现在风向频率最低的东北风上。

（4）温度。

数据分析：从图四六～图四八可以发现，在未对外开放的第80窟，窟内大气温度变化与窟外大气温度变化相一致，平均温度且略高于窟外大气温度，说明壁画材料的蓄热能力较空气略高。在对外开放的第8窟，窟内大气温度变化与窟外大气温度变化也相一致，但是平均温度略低于第80窟的大气温度且来回波动，说明游客参观对窟内大气温度变化影响频繁，且有利于窟内外的空气流通交换，导致窟内大气温度经常波动，但较第80窟稍低。

总降水量：17.9mm

	降水量/mm
8时	0
9时	0
10时	0
11时	0
12时	0
13时	0
14时	0
15时	0
16时	0
17时	0
18时	0
19时	0
20时	0
21时	0
22时	0
23时	12.4
0时	3.5

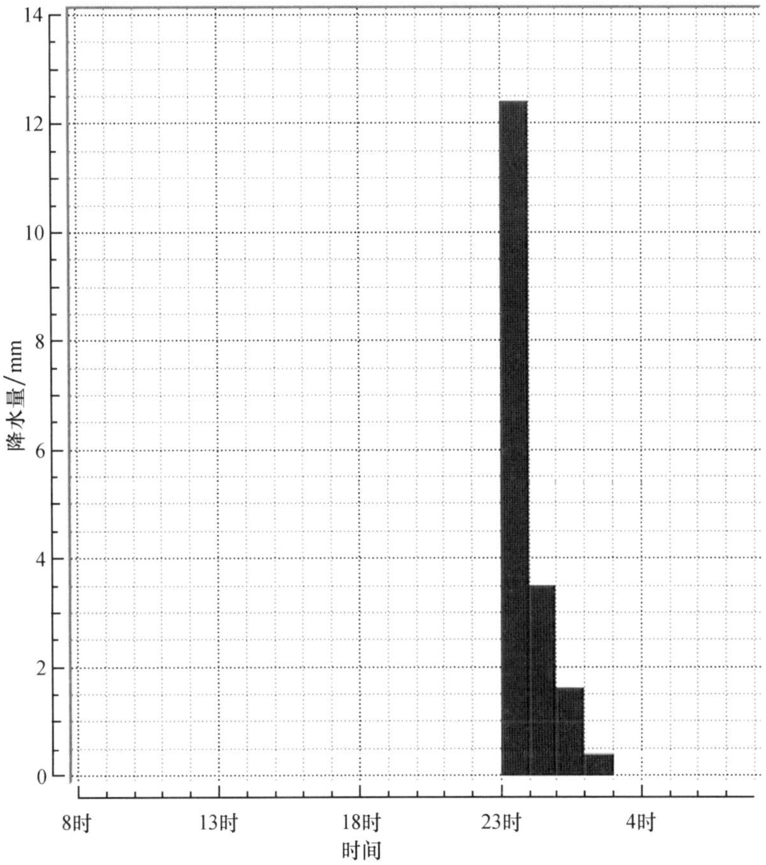

图四四　气象站降水强度传感节点数据图形（2010.9.20）

监测点23_250 2010年9月20日玫瑰图
静风率为：74.681%

	风向频率/%	平均风速/（m/s）
东	2.128	0.6
东北偏东	0	0
东北	0.638	0.8
东北偏北	0.213	3.4
北	0.638	.0.8
西北偏北	1.064	1
西北	0.851	0.8
西北偏西	0	0
西	4.043	0.9
西南偏西	9.149	0.9
西南	1.277	1
西南偏南	0.426	0.8
南	0.638	0.6
东南偏南	0.213	0.7
东南	1.915	1.1
东南偏东	2.128	0.7

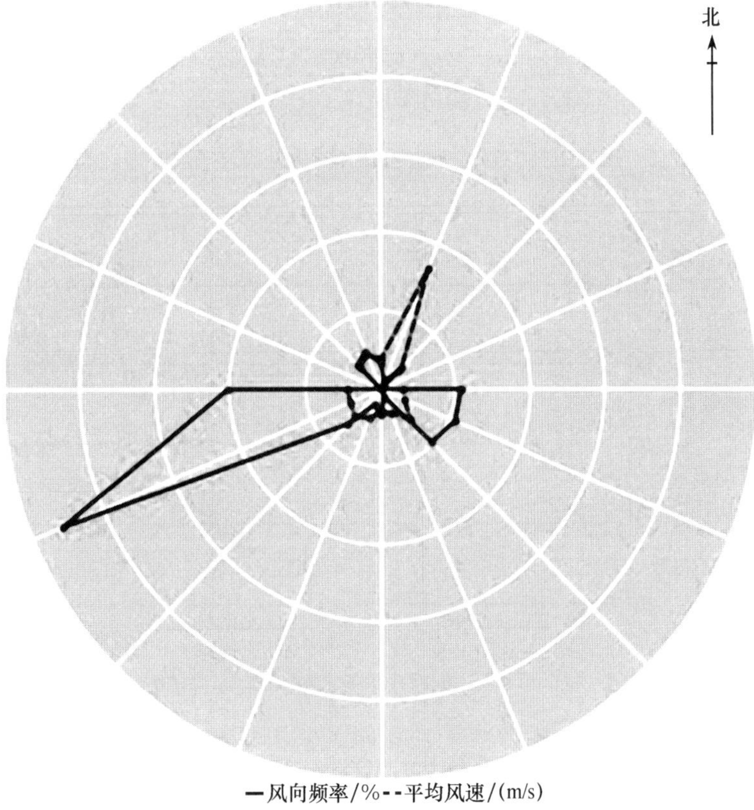

图四五　气象站风速风向数据图形（2010.9.20）

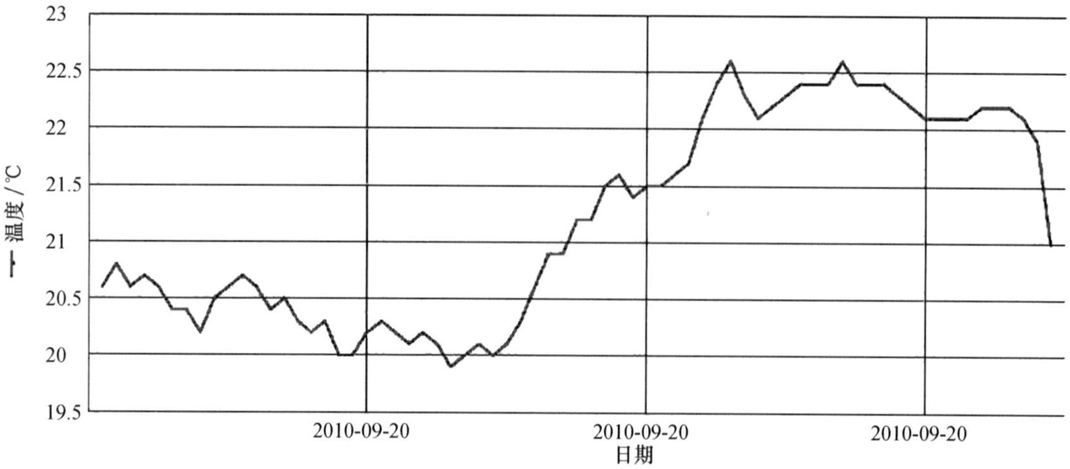

图四六　气象站温度传感节点数据图形（2010.9.20）

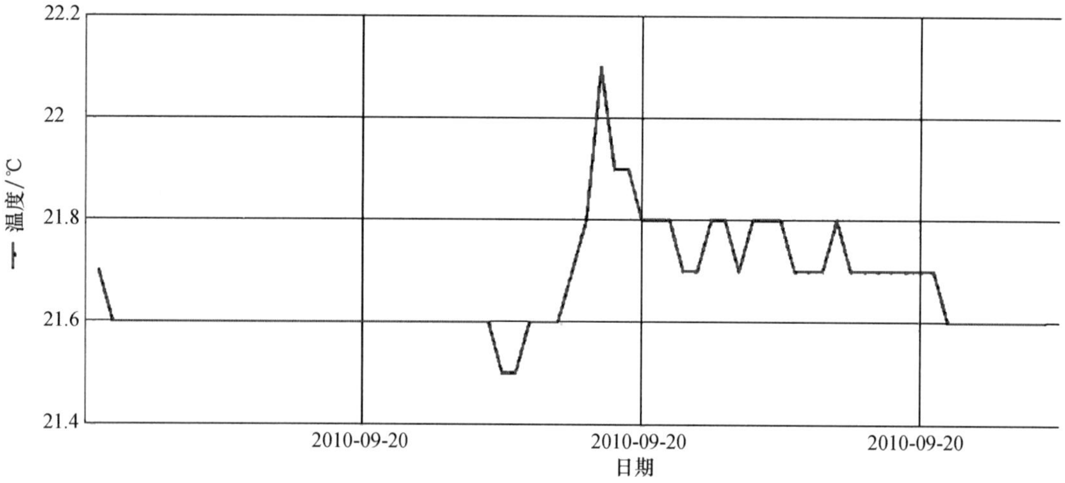

图四七　第80窟窟内温度传感节点数据图形（2010.9.20）

图四八　第8窟窟内温度传感节点数据图形（2010.9.20）

（5）大气湿度。

数据分析：从图四九~图五一可以发现，在未开放的第80窟内，大气湿度的变化趋势与窟外大气湿度的变化趋势相一致，但平均湿度较窟外大气湿度略低，这是因为窟内温度较高所致。在开放的第8窟内，大气湿度的变化趋势与窟外大气湿度的变化趋势相反、波动频繁，且夜间平均湿度较第80窟略高，这说明游客的参观对窟内湿度的增加和频繁变化有剧烈的影响，另外由于第8窟距地面的距离较第80窟略大，导致夜间第8窟的大气湿度较第80窟略低。

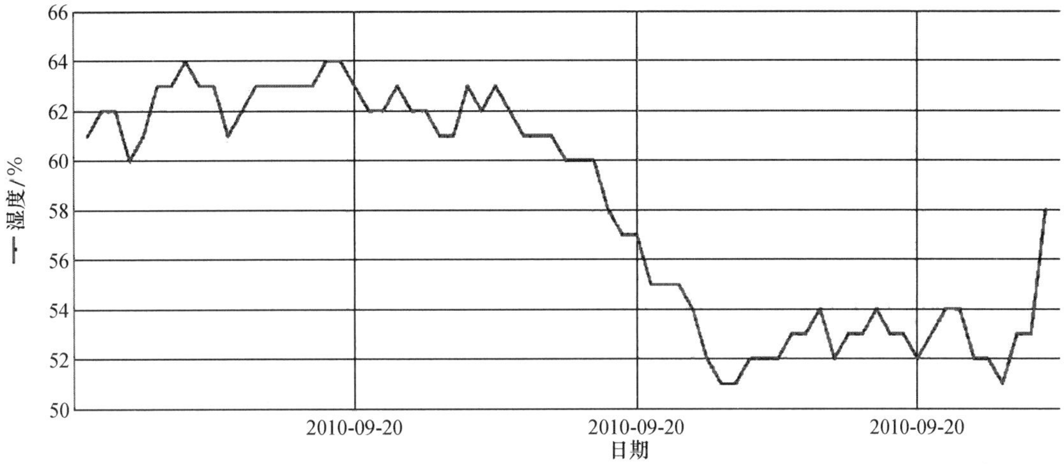

图四九　第80窟湿度传感节点数据图形（2010.9.20）

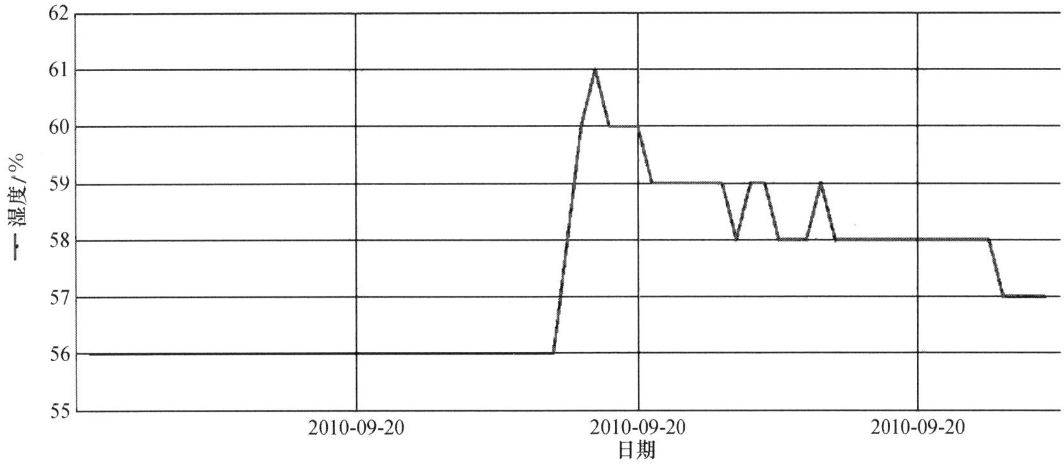

图五〇　第8窟湿度传感节点数据图形（2010.9.20）

（四）监测结论

总之，从克孜尔石窟群气象站和石窟内设监测点的监测数据可知：

克孜尔石窟窟区大气温湿度呈昼夜周期变化，并且昼夜间温湿度的差值均比较大。降水强度方面，克孜尔石窟窟区平时几乎无降雨，但偶有突发性暴雨到大暴雨，持续时间较短，降雨量较大，多为骤雨，这对石窟的危害非常大。克孜尔石窟9月份最常刮东南风，但平均风速大小与南风和东风风速大小差不多。

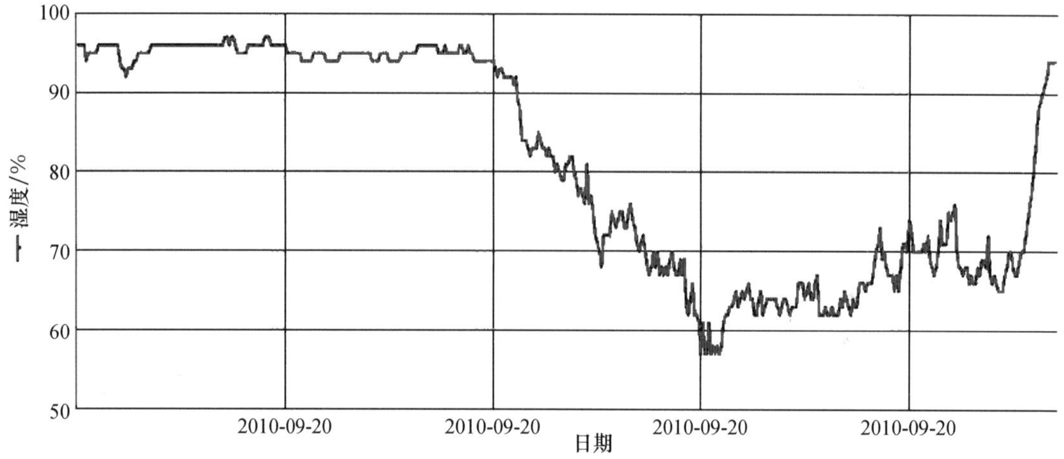

图五一　气象站湿度传感节点数据图形（2010.9.20）

从窟内温湿度监测数据可看出，窟内大气温度随窟外大气温度的升高而升高，昼夜间有明显的变化，并且昼夜温差小于大气温差。壁画表面温度随窟内空气温度的变化而变化，并且由于壁画材质具有较强的蓄热能力，壁画表面温度略高于窟内空气温度。

此外，游客对洞窟的影响十分显著。环境温度方面，未开放洞窟，窟内大气温度变化与洞窟外大气温度变化相一致，平均温度且略高于洞窟外大气温度；已开放洞窟，洞窟内大气温度变化与洞窟外大气温度变化也相一致，但是平均温度略低于未开放洞窟的大气温度且来回波动，说明游客参观对洞窟内大气温度变化影响频繁，且有利于洞窟内外的空气流通交换，导致洞窟内大气温度经常波动但温度较低。环境湿度方面，未开放洞窟大气湿度的变化趋势与洞窟外大气湿度的变化趋势相一致，但平均湿度较洞窟外大气湿度略低。已开放洞窟大气湿度的变化趋势与窟外大气湿度的变化趋势相反，波动频繁，且夜间平均湿度较未开放洞窟略高，这说明游客的参观对洞窟内湿度的增加和频繁变化有剧烈的影响。可见，游客对窟内大气温湿度的影响甚至大于洞窟外大气对其的影响，并且游客的参观对洞窟内二氧化碳浓度也带来了巨大的影响。

四、病害成因分析

根据现场调查与环境监测结果，可知病害成因主要有以下几项。

（一）岩体劣化

岩体本身物理力学性质的差异性是决定其病害机理不同的基本原因。由于岩体呈层状产出，故岩石各层内部及层面间存在明显的物理力学性质的差异，差异的大小及与裂隙、临空面间的相互关系就决定了岩体遭受变形破坏的方式及程度。

克孜尔石窟开凿于地质年代较晚的新生代古近-新近纪和第四纪地层上，岩性主要以砂岩、含砂砾岩及泥岩为主。岩石质地疏松、强度较低，遇水极易风化崩解。这种风化对窟内和窟外的危害都比较大，严重的在较大的缝隙中都夹杂着相当厚的风化松散层，故而岩石自身强度很低。在干燥环境下，岩石基本能保持结构的整体性，当被水浸泡后，发生迅速解体，产生流动性变形并呈散砂状。泥岩多为粉砂质泥岩，黏土矿物为蒙脱石、伊利石和少量高岭石，属弱膨胀性非水稳性泥质岩石，极易出现风化剥落现象。因此克孜尔石窟岩体大面积坍塌与其岩体的强度低、抗风化能力差、耐崩解性能低、对水的作用反应敏感有直接关系。岩石的这种劣质性使克孜尔石窟砂岩风化极为严重[2]。

据环境监测分析结果可知，克孜尔石窟窟区大气温湿度呈昼夜周期变化，并且昼夜间温湿度的差值均比较大。平时干旱少雨，蒸发强烈，降雨量小，但偶有突发性骤雨。而石窟岩体的岩性较松散，胶结状态比较差，空隙度较大，吸水性较强，抗风化能力比较弱。因此，克孜尔石窟极端的环境因素会加速岩体的劣化。

（二）裂隙发育

岩体的构造裂隙及卸荷裂隙是控制岩体破坏的主导因素，窟区岩体的变形破坏都是首先沿着这些结构面产生而发展的。克孜尔石窟开凿在崖壁陡峭的岩体上，受天山东西向复杂构造带影响，窟区岩体的构造以平行崖壁的卸荷裂隙为主，这是影响岩体和洞窟稳定的最主要的构造因素。除此之外，经过岩石长期的内部调整，岩体基本处于稳定状态，但洞窟的开挖破坏了原有山体的稳定性，洞窟周围的岩体发生应力重新分布，进而造成因应力集中而产生的卸荷裂隙。这些卸荷裂隙与岩体原有的构造裂隙互相穿插，将洞窟切割成块体。在地震、水害、外力等外界环境的作用下，破碎的岩体沿裂隙切割形成的断面剪裂或拉断，产生危岩体，最终坠落或崩塌[3]。

从石窟实时监测结果可知，克孜尔石窟窟区平日干燥少雨，但偶有突发性暴雨，持续时间较短，降雨量较大，这对石窟的危害非常大。雨水会沿着石窟裂隙灌入窟内，加速裂隙的发育，危害石窟稳定性，同时也对石窟壁画造成严重的破坏。克孜尔石窟还属于多风区域，窟区风沙大、风力强，大风对松散的岩体构成风蚀破坏，形成风蚀凹槽，风沙还会填充进裂隙当中，促进裂隙进一步发育，威胁洞窟岩体的保存。此外，克孜尔窟区日温差大，冬季极为寒冷，因此冻融病害和热胀冷缩对岩体的破坏也极大，加剧裂隙病害的严重程度[2]。

（三）水害

从环境监测结果可明显看出，水对克孜尔石窟安全稳定性的危害极大，水对龟兹石窟群的危害是仅次于裂隙的又一大隐患。

降雨是导致岩体遭受破坏的主要外动力之一。雨水侵入裂隙中，水压力增大了岩体的破坏力，流水不断侵蚀裂隙，使裂隙之间相互贯通，并使裂隙宽度不断加大，加剧了裂隙面的形成。降雨还使得洞窟顶部的冲沟增宽，洞窟附近形成冲沟，危害洞窟安全[4]。

龟兹石窟所依附的山体含盐量极高，遇水极易崩解，还有龟兹石窟所在的山体大多开凿在无植被岩壁上，地表涵养水能力差，尽管新疆地区干旱少雨，常年降雨量并不大，但是由于雨量比较集中，又无水土保持，加之裂隙发育贯通、雨季来临，一旦发生暴雨即会出现洪流冲刷，造成岩体被切割，从而形成沟底狭窄[5]。

大气降水汇集于地面形成地表径流，这种地表水对劣质的岩体本身有很强的侵蚀切割能力，使岩体表面形成许多大小不等的冲沟。有些冲沟直接通过窟顶造成洞窟顶部漏水或坍塌，有的掏蚀洞窟根基部位，造成窟壁坐落式塌毁。不仅如此，雨水还直接冲刷石窟崖体表面，加剧了石窟围岩的风化剥蚀。许多石窟都能看到雨水冲刷窟壁表面留下的挂泥与沟痕。

地下水也会对石窟整体和窟内环境造成很大的影响。谷底千泪泉的泉水对洞窟底部具有极强的冲蚀作用，长期侵蚀一方面造成石窟临空面增高，另一方面造成洞窟底部山体掏空，使岩体层状坍塌。地下水位的变化造成岩体及壁画的含水量变化，从而使可溶盐类不断活动，造成龟兹石窟壁画及岩体形成坚硬的外膜或酥碱。

克孜尔石窟洞窟内环境湿度在地下水、大气降水和游客带来的水汽综合作用下，对壁画表面产生影响。雨水和毛细水极易通过壁画表面的毛细孔渗入，造成壁画画面层、地仗层和支撑体的胶质流失和风化水解，降低壁画强度。壁画当中的可溶盐还会在水的带领下，进入壁画内部，又在温湿度、含水量的反复变化下，溶解—结晶—溶解—重结晶，这种循环结晶侵蚀现象使石窟壁画酥碱粉化，表面酥碱泛白，粉状、片状脱落，这种情况多见于壁画的根基部位，严重影响到壁画的整体稳定性。水在壁画内的富集还为微生物提供了生长环境，引起壁画的生物霉变[6]。

总之，正是在水的作用下克孜尔石窟产生了裂隙，空鼓，大面积脱落，酥碱，起甲，颜料变色、褪色，生物病害等一系列严重的病害。

（四）自然灾害

地震等内动力的地质作用也是造成岩体坍塌的因素之一。由于石窟地处相对稳定的塔里木地台和相对活动的天山褶皱带的过渡地带，地震活动强烈及频繁是该地区的一个特点，从库车的地震记载，本地区有感地震时有发生，弱震发生也较频繁，地震频度有逐年增加的趋势，而且地震延续的时间也较长。1999年克孜尔石窟周边地区发生地震时，第7窟钢筋混凝土护墙出现裂缝，第8窟壁面出现裂隙，第14窟原有裂隙补张裂[7]。

（五）石窟开放与保护

由于缺乏必要的建设资金，克孜尔石窟洞窟内目前没有任何有效的壁画隔离防护设施，游客在参观过程中对洞窟壁画所产生的危害也相当严重，新疆龟兹研究院只能从进入洞窟参观的游客人数上进行一定限制。尽管如此，在旺季期间，游客仍会对壁画的保存环境造成很大的影响。已开放洞窟的环境温度会受游客数量的影响来回波动，湿度的变化趋势与窟外大气湿度的变化趋势相反、波动频繁，且夜间平均湿度较未开放洞窟略高，这说明游客的参观对窟内温湿度的增加和频繁变化有剧烈的影响。此外，游客的参观对石窟内二氧化碳浓度也带来了巨大的影响。

（六）工业建设对石窟的破坏

近年来，当地经济开发建设和旅游业发展，对不可再生的克孜尔石窟壁画保护所造成的恶性影响非常严重，许多盲目的建设也日益严重地危及石窟的安全。1998年，在克孜尔石窟上游克孜尔水库附近修建的拜城县联营铁合金厂，自投产以来所排放的大量工业烟尘，对克孜尔石窟壁画造成了严重污染，使壁画变色、褪色情况日趋严重[5]。

五、结　论

龟兹石窟群的许多石窟开凿在地势险恶的悬崖峭壁上，分布面很广，随着岁月的流逝，很多通往洞窟的道路都比较艰险甚至不复存在。这就决定了对石窟艺术的研究和对石窟保存现状调查的难度极大，尤其是工作人员难以掌握窟区的环境因素和病害程度。因此有必要引入无线传感网络技术，针对壁画保存环境建立完善的实时动态环境监测系统。从监测数据可知，克孜尔石窟大气温湿度呈昼夜周期变化，昼夜间温湿度的差值均比较大，窟内大气温度随窟外大气温度的升高而升高，昼夜间有明显的变化，并且昼夜温差小于大气温差；窟区干旱少雨，但偶有突发性暴雨到大暴雨，持续时间较短，降雨量较大，多为骤雨；窟内游客的频繁出入会对窟内大气温湿度和二氧化碳浓度带来巨大的影响，这些都对石窟的危害非常大。石窟裂隙的不断发育，水害的持续侵蚀等因素的共同作用造成了克孜尔石窟窟体坍塌，壁画空鼓和大面积脱落，酥碱，起甲粉化，颜料变色、褪色，生物病害等一系列病害的产生。

在以后的工作中，我们应增加监测手段，通过多种监测方式最大限度地获取各类数据、资料，在保证环境监测工作的质量和水平的同时，应加强对石窟病害程度的监测，尤其是对裂隙开裂度的监测，以实现预警性保护，还应对石窟壁画的安全进行控制，防止游客对石窟壁画直接进行破坏。

参考文献

[1] 樊锦诗. 为了敦煌久远长存——敦煌石窟保护的探索. 敦煌保护，2008,（6）：16-21.

[2] 姜怀英，冯丽娟. 新疆石窟的主要病害及其治理方针. 文物保护与考古科学，1993,（2）：11-18.

[3] 石玉成. 石窟文物病害成因分析及其对策研究. 自然灾害学报，1997,（1）：104-110.

[4] 李瑞哲，兰立志，陆清友，等. 克孜尔石窟谷内区、后山区维修加固. 敦煌研究，2003,（5）. 98 112.

[5] 李瑞哲. 克孜尔石窟保护现状与面临的问题//2008古遗址保护国际学术讨论会暨国际岩石力学学会区域研讨会论文集，2008：190-195.

[6] 王征. 克孜尔石窟壁画的制作过程和表现形式. 敦煌研究，2001,（4）：35-39.

[7] 胡伟华，杨亚强，王海涛，等. 1999年3月15日库车5.6级地震烈度及地震构造. 内陆地震，2000,（1）：51-57.

Analyzing the Main Disease Causes of Kizil Grottoes Through the Environmental Monitoring Results

Liu Cheng[1]　Yan Yan[1]　Deng Hong[2]　Zhao Li[3]　Miao Lihui[3]　Ye Mei[3]

（1. School of Cultural Heritage of Northwest University　2. Microwise-system Company of Xi’an　3. Kucha Academy of Xinjiang）

Kizil Grottoes are the earliest large grottoes in China, which is built in about the third century to the eighth or ninth century Kizil Grottoes, as the typical representative of Qiuci Grottoes, is a grotto group which saves the largest mural area. Kizil Grottoes demonstrates the procedure of development, prosperity and decline of Qiuci Grottoes in the third century to the ninth century from different aspects, also provides abundant evidence for the development and evolution of the specific historical process, cultural tradition and religious art, ethnic folk, music and dance. So it has the history and aesthetic value, and it is the rare bright pearl in Silk Road.

But over time, Kizil Grottoes remain rare sculpture after suffering a lot of natural and man-made damages. As a result, the numerous and well preserved mural become the most precious remains. However, there exists and develops a vast area of typical Mural diseases in Kizil Grottoes which has become serious threats of the long-term preservation of the grottoes site and its mural. The mural diseases, widely distributed and of varying severity, mainly are fissure, detached and disrupted. The unique existing environment of Kizil grottoes is the main reason causing and developing these diseases.

There are a lot of harmful factors in the Kizil Grottoes environment which lead to mural damage and degradation. The interaction mechanisms of those environment factors are complicated. In this work, we put to use wireless sensor network technology, establish a perfect real-time dynamic environment monitoring system which aimed at mural conservation environment to monitor the environment temperature, ultraviolet irradiation degrees, rainfall and the direction and speed of the wind, and establish environmental parameters database.

龟兹石窟壁画的病害类型及成因初步分析

梁　涛
（新疆文物古迹保护中心）

龟兹石窟是汉唐时期由龟兹王国的佛教信徒建造的多处石窟的总称。作为龟兹王国留存至今的最重要的文化遗产，龟兹石窟包括拜城县的克孜尔石窟、台台尔石窟、温巴什石窟，库车县的库木吐喇石窟、克孜尔尕哈石窟、森木塞姆石窟、阿艾石窟、苏巴什石窟、玛扎巴哈石窟及新和县的托乎拉克艾肯石窟等10余处石窟。佛教洞窟是建筑、雕塑和壁画的有机统一体。历史沧桑，龟兹石窟历经劫难，损毁严重。在现存的600余个洞窟中，雕塑所剩无几，但壁画有幸保存至今的有上万平方米。这些壁画的色彩绚丽，风格独特，被中外艺术史学界誉为“古代中亚壁画艺术的一个高峰”[①]，对于目前方兴未艾的“龟兹学”的发展具有举足轻重的意义。

但是，由于自然和人为因素，千百年来，龟兹石窟壁画受到多种病害的威胁，损失惨重。自20世纪80年代以来，国家投入巨资首先对洞窟数量最大、保存壁画最多的克孜尔石窟开展的抢险加固工程正在实施中。目前，由新疆重点文物保护项目领导小组执行办公室主持，森木塞姆石窟抢险加固工程正在实施，库木吐喇、克孜尔尕哈石窟即将开展保护工程。上述这些保护工程，主要涉及洞窟的危岩体，没有涉及洞窟内的壁画保护。笔者在实地调查的基础上，吸收前人的研究成果，先对龟兹石窟壁画的病害进行分类，尔后再对各主要病害的成因做初步分析，以期可以对将来开展的壁画保护有所借鉴。

一、石窟壁画的构成

石窟壁画的病害发育，首先与壁画自身的结构有直接关系。因此，在讨论病害问题时，有必要先了解石窟壁画的具体构成。通常，石窟壁画的构成，由里向外主要包括支撑体、地仗层、底色层、封闭层、颜料层、表面涂层及附属物等（图一）。支撑体指壁画附着的基础，如岩石（体）、木（竹）板、砖、土壁等其他材质。地仗层指绘制壁画的泥壁层、灰壁层，也称为“地仗”（图二）。底色层指为了衬托壁画主体色彩而在地仗表面所涂的材料，常用的有熟石灰、石膏、高岭土、土红、石绿等，俗称“粉底层”。封闭层指为了防止颜料的下渗或颜料间相互影响所用的材料，常用的有明矾、树脂、油、胶等。颜料层指由各种颜料绘制而成的壁画画面层，如颜料、金箔和胶结物等（图版33）。表面涂层指为渲染、增强画面效果或起保护作用而在画层表面涂刷的透明胶料层，如树脂、油、胶、蛋清等。附属物指浮雕、金属、木构件、皮革制品、织物等。

---

① 田卫疆、伊第利斯·阿不都热苏勒：《新疆通史》（彩图版），新疆美术摄影出版社，2009年，第66页。

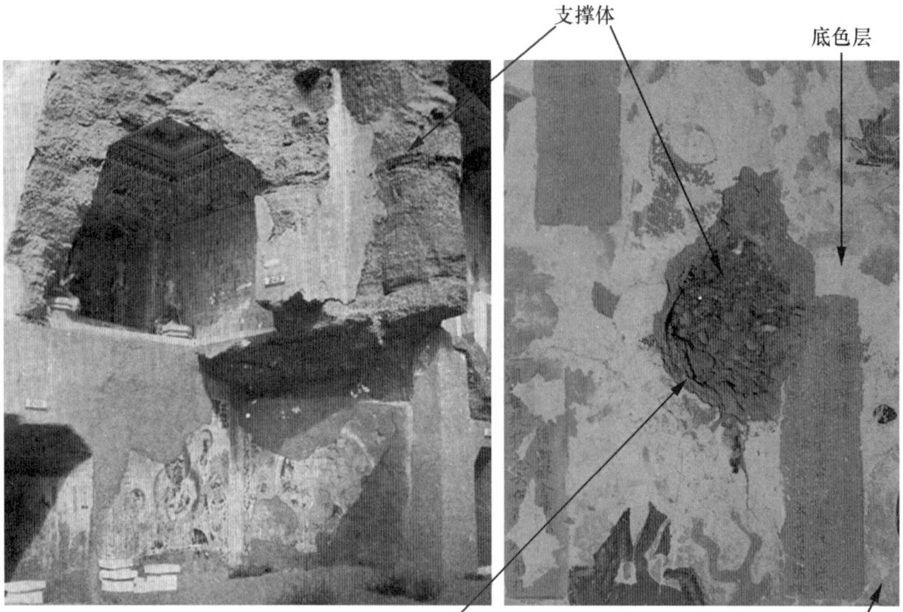

图一　石窟壁画的构成

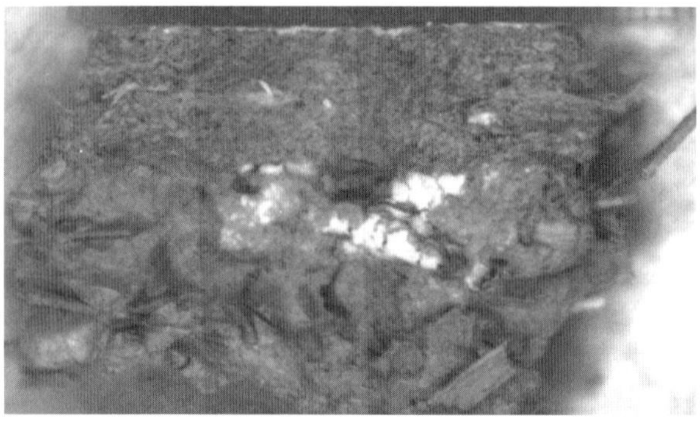

图二　壁画的地仗层

二、龟兹石窟壁画出现病害原因概述

（一）内部因素

1. 壁画原始材料的影响

如因天长日久，作为支撑体的岩体发生变形错位，胶结材料黏合力减弱等。此外，壁画中所含盐分、水分在外力作用下发生移动。个别颜料化学成分不稳定，如红色，较为活跃，容易氧化，造成褪色、变色[①]。

---

① 〔俄〕亚·伊·科索拉波夫、鲍·伊·马尔沙克撰，杨军涛译：《中亚壁画——艺术史与实验研究》，《新疆师范大学学报（哲学社会科学版）》2005年第2、3期；苏伯民、李最雄、马赞峰等：《克孜尔石窟壁画颜料研究》，《敦煌研究》2000年第1期。

2. 原始的壁画制作技法的影响

如龟兹壁画中多用牛皮胶作为黏结材料[①]，壁画中存在的动物蛋白容易为微生物的活动提供便利条件，又如克孜尔第69窟壁画没有地仗层，直接绘于裸露的脆弱岩体表面上。

（二）外部因素

1. 自然因素

在光热作用下，温度、湿度随之发生变化，加之风力、大气降水及地震等自然灾害的外力作用，都是龟兹石窟壁画重要的破坏因素[②]。

2. 人为因素

从古至今，不同时期人类的生产生活等具体活动对龟兹石窟壁画所产生的破坏。

三、龟兹石窟壁画的主要病害类型及成因初步分析

经调查分析，龟兹石窟壁画的主要病害类型包括地仗脱落、空鼓、酥碱、起甲、盐霜、颜料层脱落、裂隙、霉变、泥渍、刻划、烟熏、动物损害、植物损害、微生物损害等。从成因看，龟兹石窟存在的病害主要表现为环境地质病害、人类活动产生的病害两大类，其中又可分为若干具体的类型。

（一）环境地质病害

环境地质病害根据其成因又分为两大类：第一类环境地质病害，是由于自然地质环境引起的病害，如裂隙切割掉块、渗水、风化等。

1. 裂隙病害

因地震、卸荷、不均匀沉降等因素的影响，使支撑体失稳，致使壁画地仗开裂或错位、相互叠压；或因为壁画地仗层自身的变化而产生缝隙、错位、相互叠压的病害现象（图三）。

（1）裂隙切割破坏。为渗水提供通道，石窟岩体内发育的裂隙有层面裂隙、构造裂隙、卸荷裂隙和风化裂隙。在大风、沙尘、降水、温差、干湿、冻融、地下水静水压力和地震等共同作用下，裂隙深度加深，裂隙间距张开变宽。裂隙相互交切，形成了具有贯穿性的切割面、滑动面、稳定性差的危岩体。有些裂隙已发育到龛窟内，使洞窟岩体产生开裂、变形、错位，甚至崩塌垮落，对文物体构成严重破坏。裂隙交切还构成了石窟岩体中的渗水网络，产生渗水病害[③]。存在此类病

① 苏伯民、真贝哲夫、胡之德等：《克孜尔石窟壁画胶结材料的HPLC分析》，《敦煌研究》2005年第4期。

② 何林：《库木吐喇石窟病害调查报告》，《新疆文物保护工程》2010年第2期。

③ 叶梅：《克孜尔石窟壁画保存环境与病害防治对策》，《中国文物报》2009年9月11日。

害的石窟有森木塞姆石窟、克孜尔尕哈石窟、克孜尔石窟、库木吐喇石窟等。

（2）岩体失稳造成的地仗脱落。由于石窟赋存的崖壁陡峻，岩体在重力作用下朝临空面产生位移变形。造成上部岩体拉裂，从而有失稳滑塌的趋势（图四）。

图三　壁画的裂隙病害

图四　壁画地仗脱落病害

2. 水蚀病害

由于水的冲击，使岩石剥落、土壤被冲刷掉的病害现象。水的类型有裂隙水、雨水、雾水、凝结水、毛细水等，其侵蚀作用方式有浸湿软化作用、渗流溶蚀作用、沉积覆盖破坏、可溶盐积聚产生的破坏、诱发微生物作用等。

（1）裂隙渗水。石窟渗水病害一般为季节性、临时性渗水，水源是大气降水。雨水沿层面裂隙、卸荷裂隙及构造裂隙交切形成的渗水网络通道下渗，在窟壁出露形成渗水病害。渗水的侵蚀方式有溶蚀、软化岩石强度、沉积覆盖及诱发微生物破坏等。水的存在或作用加剧了造像载体岩体的风化破坏，如克孜尔第14窟曾发生此种病害。

（2）雨水冲刷。雨水冲刷病害类型主要有降水直接冲刷洞窟崖体和降水沿崖壁形成的面流倒灌入窟内两种。

（3）毛细水。洞窟下部接近地下水位，由于毛细上升作用使洞窟的中下部长期处于饱和潮湿状态，造成洞窟中下部酥碱和严重风化。新疆库木吐喇石窟前的渭干河因为下游修建水电站，河水水位升高，河床淤积高程抬升，造成石窟下层洞窟水位抬高，毛细水作用诱发盐类积聚、石窟载体强度减弱、壁画开裂、垮塌等破坏。

（4）窟底积水。石窟窟底高程低于地面，且没有开凿排水通道。雨季来源于山体内部的渗水在窟底造成积水，对洞窟墙体造成威胁。

（5）水渍、泥渍。因水侵蚀在壁画表面留下的沉积物或痕迹（图五、图六）。

3. 风化病害

是指地表或接近地表的坚硬岩石、矿物与大气、水及生物接触过程中产生物理、化学变化而在原地形成松散堆积物的病害现象。

风化包括物理风化和化学风化。物理风化是指岩体受温差作用、干湿变化、风的磨蚀作用等的

图五 壁画上的水渍

图六 壁画上的泥渍

影响，产生大量的微裂隙，使表层变得疏松，或颜料呈粉末状剥落、剥蚀破坏。化学风化主要是指水溶液在与壁画中的矿物进行化学反应的过程中，使壁画的结构构造遭到破坏，成分受到改造，并产生一些在地表条件下稳定的新矿物①。龟兹石窟风化破坏的类型有以下几种。

（1）酥碱。壁画地仗中的可溶盐，随环境湿度变化而溶解、结晶，所产生的膨胀、收缩反复作用使壁画地仗结构破坏而产生疏松状态。龟兹石窟岩体的成岩程度不高、胶结较差、强度低、抗风化能力差。风化病害造成了其表层岩石结构疏松，空隙度增大，矿物成分蜕变，使石窟表层呈粉末状。有的石窟产生大量白色盐碱附着在洞窟壁画表层，形成盐霜（图七）。

（2）龟裂。风化营力作用造成壁画表面产生不规则网状风化裂纹。通常由于壁画颜料层、底色层或地仗表面泥层内所含胶质材料过多，或因为地仪层的收缩变化等原因而引起（图八）。

图七 壁画酥碱病害

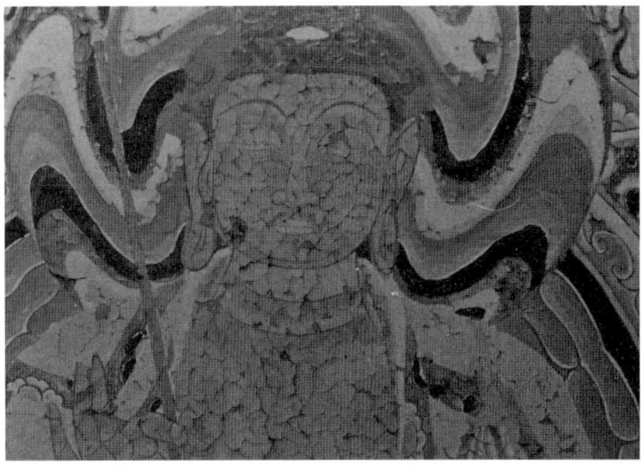
图八 壁画龟裂病害

（3）起甲。壁画表层，如颜料层、粉层呈气泡状鼓起、破裂和卷曲起翘，与内部岩体脱开（图九）。

（4）空鼓。壁画地仗层局部脱离支撑体，但脱离部分的周边仍与支撑体连接的现象，形成空腔区（图一〇）。

① 姜怀英、冯丽娟：《新疆石窟的主要病害及其治理方针》，《新疆文物》1989年第2期。

图九　壁画起甲病害

图一〇　壁画空鼓病害

（5）剥落。地仗层或壁画表层呈片状、板状剥落，颜料层脱落。颜料层脱离底色层或地仗层（图一一）。

4. 生物病害

龟兹石窟生物病害的类型：①动物损害。虫、鸟、鼠等动物活动，如抓挠、钻洞及排泄粪便堆积对壁画造成的各种破坏（图一二）。②植物损害。草木的根劈作用，其根系、枝条进入壁画结构体内而对壁画造成的破坏（图一三）。③微生物损害。微生物的滋生对壁画表面产生的伤害，包括霉害、霉变等（图一四）。

图一一　壁画颜料剥落病害

图一二　动物的损害

图一三　植物的损害

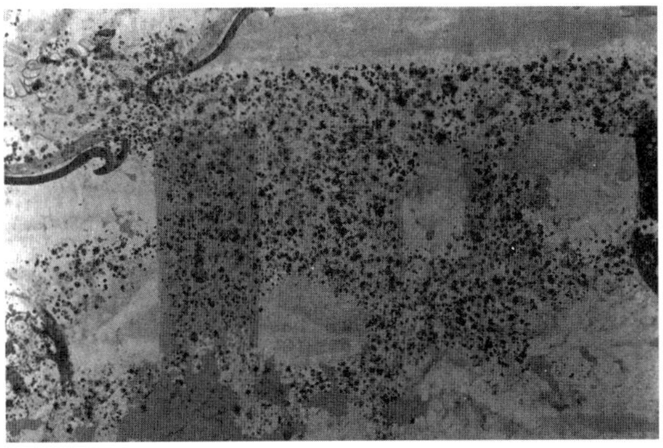

图一四　微生物的损害

5. 突发性灾害及其他病害

突发性灾害对石窟造成的损坏往往是灾难性的、无可挽回的，如洪水对库木吐喇石窟的破坏，地震导致克孜尔石窟、库木吐喇石窟等石窟岩体的垮塌破坏等。

环境地质病害，是由于人类工程活动引起自然环境改变从而导致地质病害加剧，如环境污染、人类水利工程建设的影响等。

1977年在库木吐喇石窟前渭干河下游修建的水电站，由于河水倒灌，河床及水位抬高造成底层石窟地下水倒灌，毛细水直接侵蚀石窟壁画，造成壁画开裂、酥碱、坍塌等破坏。

（二）人类活动产生的病害

1. 古代居民宗教信仰转变时的破坏活动

13～14世纪，新疆的历史文化发生了深刻的变化。佛教逐渐衰落，新兴的伊斯兰教开始占据优势地位。伊斯兰教反对偶像崇拜，随着龟兹古国居民宗教信仰的变化，开始了对当地原有佛教石窟的破坏，洞窟里的壁画自然劫数难逃[①]。

2. 近代历史上外国探险队的盗窃破坏

自1902年始，先后有日本、德国、俄国、法国等多国探险队在龟兹石窟进行掠夺式考察，盗割壁画。据不完全统计，其中，仅德国探险队就割取了达数百平方米[②]（图一五）。目前，德国柏林亚洲艺术博物馆（前身为印度艺术博物馆）就以克孜尔石窟的壁画作为镇馆之宝。上述外国探险队的野蛮行径给龟兹石窟壁画造成了严重破坏。

3. 前期管理不力的影响

在国家设立专门的管理保护机构以前，游人、牧民自由出入石窟，甚至在洞窟内居住栖身。他们在洞窟壁画上留下很多烟熏积垢、刻划及涂写的痕迹（图一六）。

① 新疆社会科学院宗教研究所：《新疆宗教史》，新疆人民出版社，1989年，第150～152页。

② 赵莉：《关于德国柏林印度艺术博物馆收藏部分克孜尔石窟壁画所出洞窟原位与内容》，《龟兹文化研究》（第三卷），新疆人民出版社，2006年，第130页。

图一五　德国探险队在克孜尔石窟的工作照片

图一六　壁画表面的烟炱

4. 环境污染产生的危害

近几十年工业化进程加快，由此产生的大气污染对石窟壁画的保存也逐渐构成威胁。一些大气环境污染严重的地区，环境污染的后果是极易造成区域酸雨、酸雾。酸雨、酸雾对石刻岩石破坏作用机理有两种：其一是酸雨、酸雾沉积在岩石孔隙中的成盐作用及其诱发的可溶盐盐蚀破坏作用；其二为酸雨、酸雾对表层岩体的淋蚀作用和酸性阴离子对岩石矿物颗粒的化学溶解、水解泥化作用。以上两种作用都会对壁画造成破坏。克孜尔石窟附近的铁矿厂，克孜尔尕哈石窟附近的砖厂，其生产活动是否对石窟壁画有破坏，程度如何，因尚未进行长时间的跟踪监测，目前虽然还没有明确的结论，但是应该引起我们的关注。

5. 保护干涉对壁画的影响

在保护管理机构成立初期，出于研究保护的目的，曾对一些洞窟的壁画实施了保护措施。由于保护材料尚在摸索阶段，导致保护材料与原始材料互相影响。此外，一些保护手段不科学、不成熟，实施后都对壁画造成不利影响，如克孜尔新1窟壁画的修复、第163窟烟熏壁画的清洗。

6. 无序、过度开发利用造成的危害

近些年来，随着民众物质文化生活的提高，欣赏悠久历史、多彩文化及其特点，体会、感受文化内涵等观光旅游事业的蓬勃发展，旅游业已成为世界经济发展的重要组成部分，为文化遗产区域带来巨大的经济效益，充分、合理利用人类文化遗产，弘扬优秀的民族文化，是社会发展的要求，但旅游业的发展同时也对文化遗产的保护带来压力，甚至造成损害。其中受短暂的经济效益驱动，过度开发、无序利用是最直接的破坏。例如，在单个狭小的洞窟内一次涌入大量游客，造成窟内二氧化碳浓度在短时间内急剧上升，并无法快速排出。所处环境的变化必然会对壁画造成危害。

四、结　　语

以上，是对龟兹石窟壁画病害的主要类型进行了简要介绍，初步分析了它们的成因。实际上，各种病害的发生都是一个复杂渐进的过程，都不是单一因素造成的。针对这种情形，我们需要对壁画的病害做全面综合的分析，区分主次，在制定修复保护方案时才能有的放矢，收到实效。目前，依托新疆文物古迹保护中心，国家古代壁画保护工程技术研究中心已经在新疆建立了工作站，并已经正式启动“新疆壁画分类及病害调查”项目。我们衷心希望，各有关方面可以携起手来，群策群力，保护好现存的新疆古代壁画。

The Deterioration Type of Murals in Qiuci Grottoes and Their Mechanism

Liang Tao

(Center of Conservation of Xinjiang Cultural Heritage)

As the most important cultural heritage of Qiuci Kingdom from the Han to the Tang Dynasties that kept today, Qiuci Grottoes have possessed important significance for the development of Qiuciology. However, the murals in Qiuci Grottoes have suffered various deteriorations and needed to be protected.

In general, the configuration layers of murals in grottoes mainly included support, rendering, grounding layer, paint layer, surface coat and so on. The development of deteriorations is usually related with the configuration layers of murals.

The reasons for the deteriorations that appeared on Qiuci murals mainly are: ageing of original material, influence of original painting technique, environmental influence, influence of conservation intervention, human element and natural disaster.

Among the deterioration types, those caused by human element included scratch, graffiti, sootiness, and extra-covering; those caused by natural element included flaking, bubblelike flaking, powdering, punctate loss, blister, blistering eruption, craquelure, cracks, salt efflorescence, disruption, detachment, deep loss, fading, color changing, water besmirch, and mud besmirch; those caused by living beings included damage by animals, plant, and microorganism.

The mechanism of every deterioration is different, and most of them are the result of comprehensive action of several elements. For example, bubblelike flaking was caused by violent variations of temperature and humidity on the glossy and compact surface of mural; powdering was caused by paint layer falling away in pellet because of cementing force losing; paint loss is related with the movement of salt; blister was caused by soluble salt, which enriched between paint layer and rendering, pushing paint layer; craquelure was caused by the extral gel material in paint layer, grounding layer and rendering, or by shrinked change of rendering; cracks was caused by the earthquake and irregular settlement, or by the change of rendering; salt efflorescence is the crystals that formed by salt enriching on the surface of mural; disruption was caused by soluble salt crystallizing and dissolving, which damaged the rendering. Damage by animals refers to the damage that caused by animal, such as insect, bird and mouse; damage by plant refers to the damage that caused by the root and branch; damage by microorganism refers to the damage on the surface of murals that caused by microorganism breeding, such as mildew.

新疆库木吐喇石窟第58窟空鼓壁画的抢救性保护修复

郭 宏[1] 叶 梅[2] 杨 杰[2] 葛琴雅[1] 孙延忠[1]

（1.中国文化遗产研究院 2.新疆龟兹研究院）

一、前 言

库木吐喇石窟位于新疆维吾尔自治区库车县的确尔塔格山南麓，库车县城西北25km处，地理坐标：东经82°41′，北纬41°41′。石窟开凿于5～11世纪，兴盛于唐代，延至回鹘时期，现有洞窟114个，其中有壁画的洞窟40余个，保存有丰富而独特的石窟建筑、壁画、塑像和题记等，是新疆境内规模仅次于克孜尔石窟的第二大佛教石窟寺，其开窟造像的延续时间较克孜尔石窟长了3个世纪，保存的龟兹晚期石窟较多，是研究新疆地区佛教石窟及壁画艺术发展、演变不可缺少的资料。

龟兹地区的佛教遗迹，在伊斯兰教取代佛教的过程中遭到历史性的破坏。加之20世纪初叶，一些外国探险家不择手段的切割盗取，壁画损毁状况十分严重，库木吐喇石窟壁画也未能幸免于难。同时，20世纪70年代，新疆维吾尔自治区水电部门在库木吐喇石窟保护区范围内修建水电站时，大坝截流导致窟区水位上涨，造成下层洞窟不同程度的进水，窟内湿度急剧增大，且多年来下层洞窟的湿度长期处于饱和状态，壁画受到严重损害。加之风沙、干湿交替等环境因素的长期影响，使壁画的基础支撑体风化、地仗层酥碱脱落、壁画空鼓和大面积脱落、壁画颜料层起甲、粉化等许多病害威胁着现存壁画的长期保存，其中尤以支撑体风化、壁画空鼓、地仗层酥碱脱落、颜料层起甲、粉化脱落病害最为严重。

受新疆龟兹研究院的委托，中国文化遗产研究院承担了库木吐喇石窟壁画抢救性保护修复方案的设计工作。经新疆维吾尔自治区文物局和新疆龟兹研究院的同意，将保存在龟兹研究院的脱落的壁画残片带回北京实验室进行分析，以及进行保护修复工艺研究。在所有这些工作的基础上，中国文化遗产研究院设计了库木吐喇石窟壁画抢救性保护修复方案。

2010年，国家文物局批复了《库木吐喇石窟壁画抢救性保护修复方案》（文物保函〔2010〕542号），原则同意实施方案，并要求先实验性修复2个洞窟，组织专家论证后，再修复其余洞窟壁画。为此，我们选择具有典型壁画病害特征的第46窟和第58窟壁画进行了抢救性修复。

二、第58窟形制及壁画保存概况

第58窟为中心柱纵券顶窟，由前室、主室和后室组成，前室已塌毁，现存主室，左、右、后三甬道。它位于第57窟的西侧，两窟隔墙厚度约2.4m。西面与第59窟相接，两窟相距约1.8m，坐北面南，方向201°。

窟外壁面均用水泥石块修补加固，无建筑遗迹。主室平面呈方形，宽496、深482、高514cm。正壁中部开拱形大龛，宽256、深90、高280～300cm，龛底距地坪高85cm，内宽外窄，龛顶前低后高。左右甬道结构相同，尺寸大致相等，宽95、深252、高193cm。后甬道横宽520、纵深103、高192cm，如图一所示。

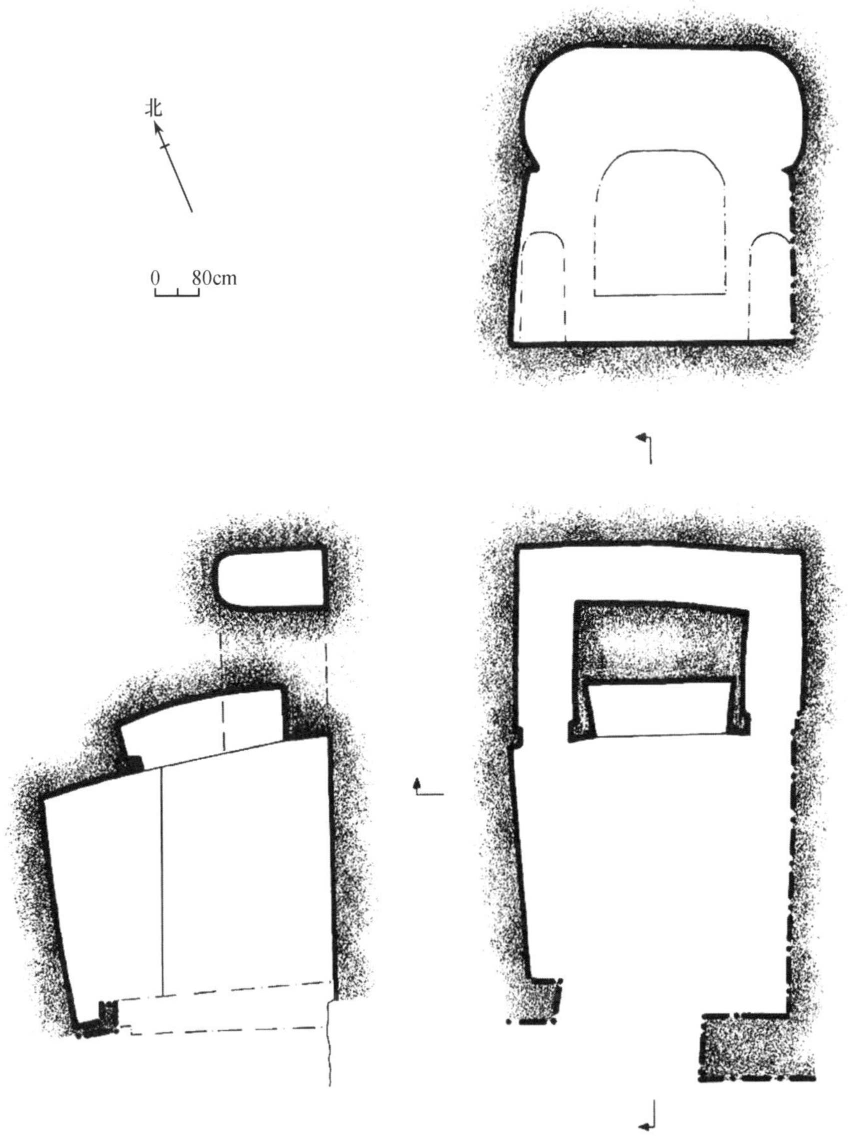

图一　第58窟平、剖面图

数百年来，库木吐喇石窟已有不少洞窟毁于岩体崩塌，现存的大部分洞窟，其前室已塌毁；水害也损害了许多壁画；风沙、干湿交替的环境时刻对壁画保存产生不利影响；同时，现存的壁画因洞窟岩体风化，地仗层空鼓、酥碱，颜料层起甲、粉化，虫害，霉变，烟熏等病害，这些因素的作用无疑不利于洞窟壁画的长期保存与研究。

第58窟主室正壁上部保存有大量精美而完整的壁画。主要病害有点状起甲脱落、疱疹状脱落、空鼓、划痕、酥碱等。点状脱落和疱疹状脱落主要分布在中部及上部；空鼓及划痕主要分布在龛两侧；龛左侧壁画边缘地仗层酥碱病害严重；壁画边缘部分采用三合土和水泥加固；下部为裸露岩体。

主室前壁门道左侧壁上部残存少量壁画，壁画点状起甲脱落及疱疹状脱落极为严重，中部门道安装铁栅栏，墙体和水泥面为后期修复。

主室左侧壁地仗层全部脱落，现为水泥抹面加固。

主室右侧壁上部残存少量壁画，壁画空鼓及裂隙病害极为严重，壁画边缘酥碱较为严重，左侧部分采用三合土加固，下部为裸露岩体。

券顶保存大量壁画，右券内端有一条较大裂隙贯通于左侧壁，券顶中部裂隙处有少量岩块连带壁画曾在20世纪60年代塌毁（此处裂隙内时常有沙子掉落），情况十分危险。另有一条裂隙在右券下端贯通于右侧壁，右券内端中部大裂隙处有泥浆析出，污染右券外端部分壁面。左右券下端采用三合土和水泥加固。此外，券顶中脊壁画存在疱疹状病害，左右券壁画存在点状脱落病害。

左、右甬道四壁下部地仗层已全部脱落，曾用水泥抹面加固，现水泥加固层也大部分脱落，残留的少量水泥层已与岩体分离，影响到壁画的保存，其余部分现为裸露岩体。顶部保存大量壁画，壁画边缘酥碱病害严重，画面存在较多昆虫粪便，污染壁画。

后甬道四壁下部地仗层已全部脱落，曾用水泥抹面加固，现水泥加固层也大部分脱落，残留的少量水泥层已与岩体分离，影响壁画的保存，其余部分为裸露岩体。顶部保存大量壁画，壁画边缘酥碱病害严重，画面存在较多昆虫粪便，污染壁画。

三、壁画制作工艺及材料

经现场调查以及对库木吐喇石窟第58窟壁画样品各种色彩的颜料及其白粉层、地仗层进行了偏光显微镜及扫描电子显微镜（SEM）分析、壁画残片的剖面显微分析，我们对壁画制作材料和工艺进行了研究。

第58窟壁画白色和红色颜料的偏光显微镜剖面分析结果如图二所示。壁画红色颜料层厚度0.01mm，白粉层中夹杂有蓝色颗粒、厚度0.05～0.12mm，而红色颜料层下方的白粉层厚度0.07～0.10mm。

第58窟壁画红色（上有黑色）颜料的显微镜剖面分析结果如图三和图四所示。壁画红色颜料层厚度0.02～0.10mm，白粉层厚度极不均匀、为0.15～0.28mm，而红色颜料层上的黑色颜料层极薄，厚度为0.01mm。

图二 壁画白色和红色剖面显微照片（单偏光，100×）

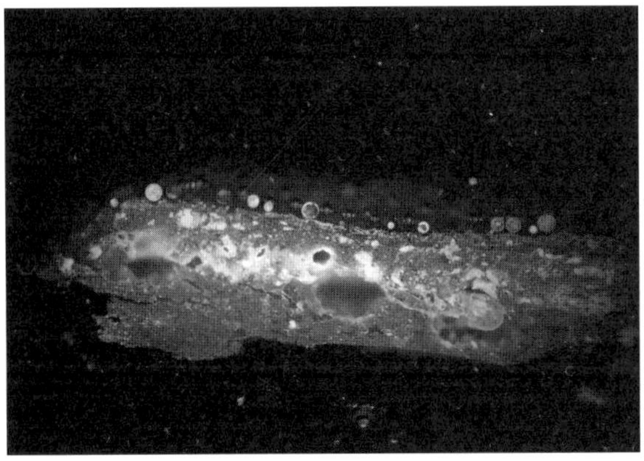

图三 壁画红色颜料剖面显微照片（单偏光，100×）

图四 壁画红色颜料剖面的扫描电子显微镜分析照片

从上述分析结果可以判断，库木吐喇石窟第58窟壁画制作工艺是先在陡峭的砂砾岩崖壁上开凿洞窟，之后用掺有麦秸的黏土泥抹平砂岩壁面，待这层泥质地仗层完全晾干后用白垩粉涂刷；最后进行线描添彩。因此，壁画的制作方法与我国其他地方的石窟壁画一致，也属于古代干壁画的形式，其基本组成为四部分，即基础支撑体（洞窟围岩岩体）、地仗层、白粉层、颜料层。

库木吐喇第58窟壁画所使用的颜料大部分为矿物颜料，其中使用的红色颜料是铅丹，且铅丹未变色，蓝色颜料使用的是青金石；绿色颜料是绿铜矿；白色颜料是白垩、石膏，均为常见壁画颜料。样品中的石英和钠长石，系壁画长期受风沙侵蚀而残留在壁画颜料中的杂质。

四、空鼓壁画的抢救性保护修复

第58窟四壁的下部壁画因受水的浸湿，多已损毁，其现存壁画大部分保存在四壁上部及券顶，壁画更易受自身重力的作用而坠落，是威胁壁画保存的主要病害，也是抢救性保护修复工作的重点。

由于第58窟壁画空鼓表现为发生大面积脱落形成的空鼓（在脱落处的边缘伴随着岩体风化）。因此，治理第58窟壁画空鼓病害，必须首先恢复支撑体的强度，然后进行灌浆回贴修复。

（一）空鼓壁画修复材料

1. 风化支撑体加固材料

由于第58窟开窟崖体属砂岩和砂砾岩。近年，国内在加固西北干旱地区风化砂岩类文物时，经常使用PS（高模数硅酸钾），该材料经在第58窟现场试验，加固砂岩岩体时效果较好，但加固砂砾岩岩体时，干燥后表面泛白。尽管如此，我们仍然可以看出，PS材料可以有效加固空鼓壁画内部严重风化的支撑体。

2. 酥碱地仗层脱盐材料

由于库木吐喇石窟酥碱地仗层中的可溶盐主要是NaCl和Na_2SO_4，我们选择了能够多次使用的X-60纸和蒸馏水脱去酥碱地仗层中的可溶盐。

3. 灌浆材料

灌浆材料应具备的基本条件是无毒无味、无腐蚀、密度小、透气透水性好、收缩率小、流动性好、强度适中。参考我们在西藏布达拉宫西印经院空鼓壁画的成功修复经验，以及第58窟壁画地仗土的分析数据，考虑到库木吐喇石窟壁画保存的自然环境，选用以PS材料为主剂，粉砂、渭干河河水沉积黏土为填料的灌浆加固材料。其特点是干燥固化后与岩体性质接近，透气透水性好，收缩率小，流动性和可灌性好，强度适中并且可调，其配方如下：

粉砂：黏土＝4：1

质量分数7%的PS：土＝0.7：1

为了使灌浆材料具有较好的流动性，粉砂和黏土的粒度控制在150～300μm，浆液必须用可调速搅拌器搅拌均匀。

（二）严重空鼓凸起的壁画修复工艺

1. 清理空鼓壁画内部沙粒

使用钢丝针沿壁画的裂隙或破损部位，将空鼓壁画内部的沙粒清理干净。

2. 埋注浆管

利用壁画的裂隙或破损部位，埋入20cm左右长的胶管，以作注浆用。

3. 支顶壁板

按照空鼓壁画面积，制作壁画壁板，同时在壁板上留有穿胶管的孔。壁板用脱脂棉和光滑柔性的纸衬面，然后牢固地支顶到壁画上，以防灌浆时滑动。

4. 加固风化支撑体

用特制注射器将7%PS材料经注浆管由下而上压入空鼓壁画内部，当注浆管中流出PS时，立即将胶管临时堵塞，再从之上的管中依次注浆。

重复上述操作2或3次（每次间隔2～3天），直到支撑体强度恢复为止。

5. 酥碱地仗层脱盐

用X-60纸、蒸馏水清除地仗层中的可溶盐，并使用电导率仪检查脱盐效果，直至可溶盐完全清除为止。

6. 加固地仗层

根据需要，用穿刺针头将固含量（下同）5%的AC-33乳液注入地仗层中，对脱盐后的地仗层进行加固。

7. 注浆加固

用注射器将浆液由下而上压入空鼓壁画内部，当注浆孔之上的孔中流出浆液时，立即将胶管临时堵塞，再从之上的孔中依次注浆。

8. 回贴壁画

回贴壁画时，将堵塞的胶管适当放开数根，以便多余的浆液从胶管溢出，然后用螺杆在壁板上加压，使壁画最大限度地归位回贴。

9. 更换吸水纸

每隔2～3天，更换一次X-60纸。

10. 拆除壁板

壁画干燥后，拆除壁板，切割注浆管。

（三）开裂空鼓壁画的修复

（1）将画面灰尘清理干净，再用10%桃胶将白纱布贴到壁画表面，确保壁画的整体性，并对颜料层进行保护。

（2）在画面次要部位或破损处，用手术刀切开大小适度的方孔，用特殊工具将空鼓处的沙土、地仗碎残块和碎石清理干净。

（3）通过裂缝和破损处，用兽医用注射器和专门研制的用于壁画修复的大号加长针头滴渗remens-300，对支撑体进行加固。

（4）用上述方法滴渗固含量和质量分数5%的硅丙乳液（下同），对地仗层进行软化和加固。

（5）待地仗层干燥到一定程度，并具有塑性时，用固定在工作架上的可调丝杆，将包有棉毯的壁板小心支顶空鼓壁画，并逐渐推压整形，使边缘凸出空鼓的壁画平整。

（6）待加固的部分完全干燥后，清除壁画表面的纱布和桃胶，对空鼓壁画按上述“第二节第7小点”的工艺方法进行灌浆加固。

第58窟空鼓壁画灌浆修复加固工作灌浆修复加固统计见表一。

表一　第58窟空鼓壁画灌浆加固修复统计

洞窟号	编号	位置	埋入注浆管数量/根	灌浆量/mL
58	1	主室正壁左侧（左甬道上方）	5	2500
	2	主室前壁左侧上方（龙王图）	6	3000
	3	主室右侧壁后部上方（靠近右甬道）	4	12 000
	4	主室左券水泥修补部位（靠近左甬道）	5	5000
	5	主室左券水泥修补部位（中间）	6	6000
	6	主室左券水泥修补部位（靠近前壁）	5	5000
58	7	主室左券顶部裂隙处	4	2500
	8	主室顶部壁画岩体脱落处	6	3000
	9	左甬道前端内侧壁上部	3	2000
	10	左甬道后端内侧壁上部	2	1500
	11	左甬道前端外侧壁上部	2	1500
	12	左甬道后端外侧壁上部	1	500
	13	左甬道顶部前端	2	1500
	14	右甬道前端内侧壁上部	1	1000
	15	右甬道顶部前端	3	2000
	16	后甬道顶部左侧	6	4000
	17	后甬道顶部右侧	2	1500
	18	后甬道前壁上部	1	1000

修复过程中的具体工作情景参见图五~图一五。

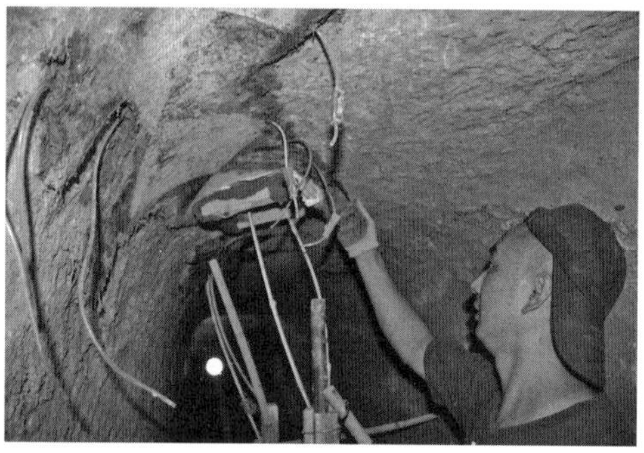

图五　植入注浆管

图六　埋设注浆管与支顶壁画

图七　支顶壁画

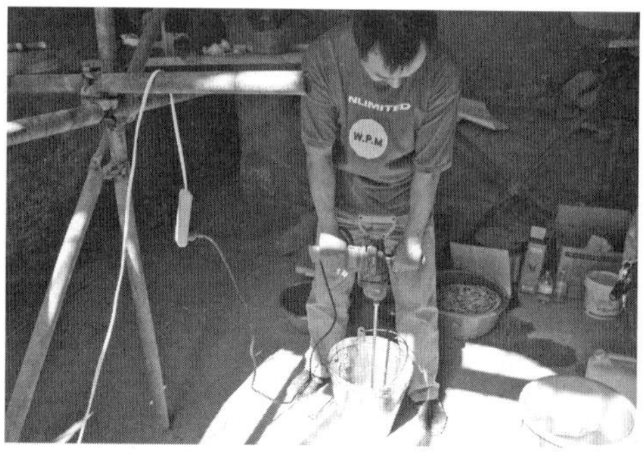

图八　搅拌浆液

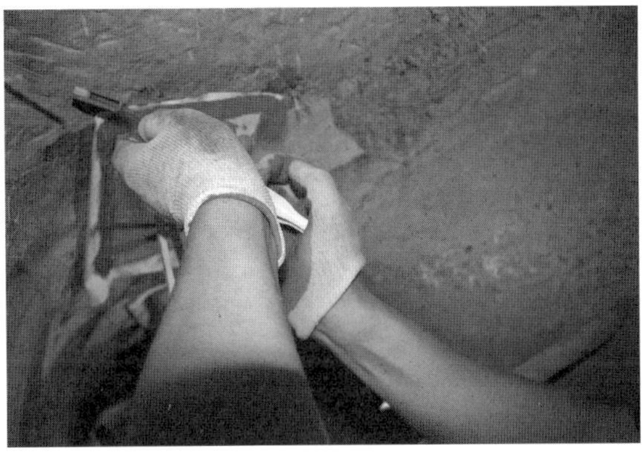

图九　注入PS加固风化砂岩支撑体

图一〇　注浆加固

图一一　灌浆后的壁画支顶

图一二　主室正壁左侧空鼓壁画修复前

图一三　主室正壁左侧空鼓壁画修复后

图一四　主室右侧壁空鼓壁画修复前

图一五　主室正壁右侧空鼓壁画修复后

五、存在的问题与建议

由于第58窟的壁画不是一种病害单独存在，而是空鼓、酥碱、起甲（或粉化）、岩体风化、裂隙、昆虫排泄物污染等病害同时存在。所涉及的工作内容具有较高的技术含量，并且人员和设备投入量大，必须在总体方案和计划的指导下，实施全过程、全方位的管理，贯彻"优化设计，科学组织；严格管理，有效监控"的十六字方针，保证工程实施技术的严格性和科学性。

第58窟空鼓壁画修复的工艺复杂、保护工程技术要求较高，故参加工程的人员要求有一定经验的技术工人，在专家带领与指导下进行施工，施工时间选择相对干燥季节，即8月中旬至10月中旬。我们通过对壁画的实地调查，对壁画存在的病害状况进行了分析，并根据室内分析和现场试验结果，对保护材料处理效果进行了综合评估，因而所选的保护材料都具有较好的效果。

第58窟由于岩体崩塌，加上前室已塌毁，水害损害了许多壁画；同时，现存的壁画还受到洞窟岩体风化，地仗层空鼓、酥碱，颜料层起甲、粉化，虫害，霉变，烟熏等病害的影响；因此，造成第58窟壁画各种病害的原因是多方面的，其中尤以岩体坍塌、裂隙对壁画的保存影响最大。这主要是由于渭干河水的入渗，洞窟岩体基础不均匀沉降，造成现在洞窟顶部出现裂隙，其前部已与基岩完全分离，成为危岩体，并有大块岩石脱落。为长久保存第58窟壁画，提出以下建议。

（1）结合库木吐喇石窟崖体加固工程，对包括第58窟在内的洞窟顶部崖体进行防雨水入渗设计。

（2）结合库木吐喇石窟防洪工程，对包括第58窟在内的洞窟底部进行防水设计。

（3）结合库木吐喇石窟崖体加固工程，对第58窟洞窟顶部已分离部分进行锚杆加固，使之与基岩连接成为整体。

（4）重新设计、安装窟门，使之既能阻止风沙的侵入，又能防止日光直射窟内壁画。

（5）第58窟烟熏病害最严重，因目前国内对于烟熏壁画的清洗尚无成熟技术，本次修复对烟熏壁画未做清洗。但龟兹石窟的烟熏壁画较多，龟兹研究院应申请课题，对烟熏壁画清洗技术进行专题研究。

致谢：库木吐喇石窟第58窟抢救性保护修复工程得到了新疆维吾尔自治区文物局原局长盛春寿、新疆龟兹研究院原院长王卫东、文物局文保处原处长吾布力的关心和大力支持，以及文保处的郭梦源也给予了极大帮助；这一项目还得益于联合国教科文组织资助的库木吐喇石窟修复保护加固项目所做的大量基础性调查工作成果，包括壁画病害现状调查和中国地质大学（武汉）方云教授所做的环境地质和工程地质调查。此外，新疆龟兹研究院原书记张国领，徐永明院长、赵莉副院长数次莅临现场检查指导工作，库木吐喇石窟工作站的文物护理员牙生和帕尔哈提在工作和生活中给予最大协助，值此工作完成阶段，向以上领导和同仁表示衷心感谢！

Rescue Conservation and Restoration of Detachment Wall-paintings in Cave 58 of Kumtura Grottoes

Guo Hong[1]　Ye Mei[2]　Yang Jie[2]　Ge Qinya[1]　Sun Yanzhong[1]

（1. Chinese Academy of Cultural Heritage　2. Kucha Academy of Xinjiang）

Kumtura grottoes reconstructed between the 5th and 11th century, is valuable materials for studying the developments and evolvements of Buddhistic grottoes and mural art in Xinjiang region. Due to the long-time impaction of many environmental factors such as wind, sands and alteration of humidity, the wall-painting is seriously damaged. The diseases include the mural support is deteriorated, the plaster is disrupted and lost, the mural is detached, and the paint layer is flaking and powdering, etc. Futhermore, since most murals of Cave 58 is preserved on the top and the walls of the cave, it is quite easy to pull off due to their own weight. Among the diseases, detachment is the main problem of the murals in Cave 58 and is the emphasis of the conservation and restoration work. Based on the scientific study of the materials, manufacture techniques and detachment disease and through *in-situ* experiments, this paper presents the materials and techniques used for conserving and restoring the detachment murals in Cave 58.

石窟保护理念变化探讨

——以石窟保护的价值评估为中心

姜宝莲

（陕西省文物保护研究院）

随着文化遗产保护理念的发展，对于文物的保护方式也发生着变化，我国文物保护经过多年发展，也逐步由抢救性保护过渡到预防性保护。任何形式的文物保护，都需要最为基础和详细的资料研究。在大自然面前，人类无法预测将可能面临的种种灾难，所以要有主动积极的保护意识和措施，做到未雨绸缪，也就是预防性保护。因此对于珍贵的历史文化遗产及其保存状态进行科学和准确的考古档案记录、价值评估和研究，从某种意义上讲是一种更加积极的文物保护方法。

石窟保护是文物保护中的重要内容之一，而石窟保护的理念随着时代的发展与研究的深入也发生着变化。本文将从石窟保护价值评估方法、石窟信息提取的意义及石窟宏观与微观环境的关系进行探讨。

一、石窟保护价值评估方法与意义

（一）石窟的预防性保护是一种积极的方法

作为具有时代特征的文物，石窟最早被关注的重点是宗教与艺术价值。随之人们又开始重视其造像与壁画所承载的其他意义，如建筑、经济、书法、民族、环境价值等多方面的内容。今日之保护理念最应当注意的是，石窟研究与石窟保护并重，科技保护与考古研究并行。在充分认识石窟价值的基础上，进行石窟的科学保护，这是石窟保护极为重要的一个方面，也是今后发展的方向。

对文物进行价值和现状评估，评估离不开研究，只有以研究为基础，充分采纳研究成果的评估，才能对制定文物保护方案的具体措施提供可靠的依据，才能真正有效地保护好文物。因此，应该开展和重视文物保护过程中文物保存现状的调查和研究工作。这项工作将为我国文物保护体系的建立起到积极的作用，应将文物承载的丰富历史文化信息忠实地留传给后人。

（二）适当性保护

要进行权衡利弊的保护论证，过度保护其实质是一种破坏。

近年来，随着人们对文物的重视，国家也加大了对文物保护的力度。对于石窟寺而言，许多地方也在进行维护加固和修复工作，从不被重视到被重视，这无疑是一种保护工作的进步。但我们也应当看到，一些错误的保护理念也渐渐出现，在这些错误理念下展开的保护，具有很大的破坏作用，应当引起我们的高度重视。

1. 不当保护修复会造成破坏

在谈石窟保护理念之前，首先要明白石窟的价值与意义。如同为人治病，首先要知道对方是否健康，如果有病，也要明白病人患的是什么病，才好对症下药一样。石窟寺从其价值上主要有三个方面，即历史与宗教价值、艺术价值和科学价值。当对于保护修复对象尚不了解的前提下，切勿下手。因为在此种状况下展开的保护修复，很有可能会对石窟造成破坏，对其价值造成破坏，使其失去许多历史信息。这样的保护修复，其结果会得不偿失，修复带来的好处，远远没有修复造成的破坏大。例如，对看不清楚的石窟壁画重新勾线描彩、修复的结果，壁画是清楚了，色彩是鲜艳了，外行看起来可能会喝彩叫好，但对壁画深有研究的专家则可能会甚为遗憾，如古人的落笔行笔方法、力度、顺序等用墨、用彩技法等，都被现代人的笔法所取代。与其如此，还不如让现代人重新选址模拟一幅为好。有些画工粗心，可能还会将一些细微的花卉器物题记等描得走形或者发生错误。这些，都将使古代壁画的历史艺术价值大打折扣，甚至把古代壁画基本改造成了现代壁画。

从辩证的角度来看，如同考古发掘对于地下文物会造成破坏一样，修复的同时，难免顾此失彼，修复往往也同时是一种破坏。因此，不能认为凡是修复，就是有利无害的。所以，在修复之前，必须对修复的对象进行深入细致的价值评估，不良作用也要同时进行论证，并对其利害关系进行衡量，才可能进行适当修复。

文物修复专家不一定就是文物专家，正如文物专家对于文物熟悉，对于文物修复不一定在行一样，文物修复专家可能对文物修复有很深的造诣，但对于文物的价值与内涵却可能知之不多。历史上，青铜器就有除锈的工艺，如青铜器的一些器物上铸造的古文字为锈蚀掩埋，为了了解这些古代的文字记录着什么历史，就需要将掩盖文字的锈痕除掉。但除锈时一不小心，就可能将文字的某一笔画破坏，或者另外刮出一道笔画，使该文字变形，这种受到破坏的文字，一是难以识别，另一是易于误判。所以，一点小小的修复错误，可能会使这些幸存下来的历史信息受到重创。在石窟修复中，类似的危险也同样存在。例如，石刻文字、题记榜书、装饰花纹等都有可能受到此类破坏。

石窟造像中，一些造像手型非常重要，这些手型是一种手的语言，也称为手印，它代表着丰富的宗教信息。但造像与塑像的手是最细弱的部分，最易受到破坏，如果遇到这些手部损害或者残缺，进行修复时，没有依据，便不能随意为之。法国展出的古代维纳斯石像，并没有将其断臂接上，因为没有依据，只能保持原状。修复时，不能将文物专家排斥在外，修复专家必须与文物专家共同研究修复方案，使修复产生的副作用降到最小。

2. 石窟保护切忌过度修复

在石窟寺保护过程中，有时会出现过度修复的现象，过度修复如同病人治病遭遇过度医疗一样，是文物保护中出现的新问题。

现在一些工程管理概念进入文物保护领域，突出了经济效益，而忽视了文物保护的效果，其影响不可小觑。作为施工方，往往会尽量加大工作量，以便获得更多的工程经费。比如，夸大文物的病害程度，盲目扩大修复面积等。而且，对于可修可不修的地方，一律进行修复，小病大治等。而作为管理方，特别是一些宗教部门代为管理文物的一方，为了增加游览人数，增加门票收入，也会为迎合一些观众的眼光，产生石窟要“整齐”、造像要“完整”、壁画要“鲜艳”等观念，对石窟进行大规模的整修改造，从而形成过度修复。

有些地方政府，迫于文物保护舆论的压力，或者为了政绩，也会加大对石窟保护的投入。为了争夺这种投入，许多文物部门竞相报告文物受损状况，其中也难免出现在没有经过严格论证的情况下进行修复的情况。石窟造像的修复，除了易发生损害之处外，应当尽量维护原状，这才是对历史的尊重。

石窟作为历史文化遗产，其大多已有了千百年的历史。在历史中有风化、有破坏、有改造、有重修，如果对石窟的历史进行研究，往往会发现其可以分出一个个的阶段，每一阶段都不完全一样，都有不同时代历史的信息。如一石窟，始开凿的时代可能是北朝，内中塑像也是北朝初塑，但历代有所修复，经过唐、宋、元等，最后一次为明清时期，有所重塑。在这种情况下，不同时期展示的历史信息是不同的，如果在保护修复中，按哪一阶段风格修复，就是首先要解决的问题。但这一问题，应当与考古专家的研究相结合，经过综合取舍，最后才能确定下来，而不是任意为之。

3. 展示性保护

利用现代科学技术进行的实景展示，不仅可以保存资料，更可以减少人类活动对石窟的影响。对于石窟价值而言，这种情况也很显著。人类对于石窟认识的阶段性，是今天的保护理念最应当注意的事，要避免在石窟遗产保护过程中，只保护目前认为重要的保护目标，却将另外可能包含的未来才能注意到的遗产信息破坏。

另外，文物保护理念中还要注意文物的展示功能，不能为了保护，使其长期密闭深宫，限制其展示价值与旅游价值。这些，都对文物保护理念提出了新的要求。任何石窟的保护修复，人类对此进行的种种努力，只能是延缓石窟的寿命，而不是一劳永逸，石窟不会永恒存在，在漫长的历史过程中石窟最终会消失殆尽。因此，石窟的保护首先应该是石窟本身信息的提取保存，给石窟留下一套副本，是一种更为积极的保护。提取信息的技术随着时代的发展也由旧时的测量照相方法，渐渐发展出三维测量、3D再现技术等，其保护手段不断地得到发展变化。因此，怎样充分利用多种科技手段，将石窟用全景的方式进行展示，保留一份珍贵的文化遗产，是我们今后需要深入研究的方向。这些技术的应用，可以达到保持其建筑造型、雕塑造型与壁画的再现。即便这些石窟再发生变化，这些资料也可以通过数字化手段长存，在必要时，甚至可以依据这些资料对原石窟进行他地复原。所以，保护的最高原则，应当是先行采集石窟的建筑造型、雕塑造型与壁画的数字化信息，这也是石窟保护研究和价值评估的一个重要手段和目的。数字模型是一种展示方式，也是一种比较全面地保存石窟信息的上乘方法，它可以减少开放参观对于石窟造成的一些破坏。故此，在石窟保护中，加大建立三维信息记录的力度，特别是在进行石窟修复之前，可以将其作为一道必需的工作，进行石窟信息的全面记录和价值评估。由此看来，进行展示性保护，也是今后保护理念中应该重视的一个方面。

二、石窟信息提取的意义

（一）科学记录是最重要的保护

长期以来，由于遭受到岩石风化破碎等自然力的侵害或人为因素，现存石窟都遭受了程度不同的破坏；然而，任何一处文物的损毁、文物信息的丢失都是不可弥补的损失，因此，对石窟进行保存现状的考古调查、内涵研究及保护方法的前期研究，都是十分必要的。从某种意义上说，对石窟进行科学记录，是最重要的保护手段，也是对文物的高层次保护。

具体就石窟本体来讲，其价值主要体现在窟形结构、塑像与壁画三个方面。其中，石窟建筑和雕塑都属于空间造型艺术，壁画则属于平面造型艺术。这三个方面也是石窟最能展现其价值的一面。对于这些艺术品的信息存留保护，就是最重要的保护。存留的方法，主要是原物原址保护，防止其再度发生变化。然而，防止其再度发生变化，这只是一厢情愿的想法。因为人为破坏与自然破坏，实际上都在缓慢进行，有时甚至会剧烈发生，如人为因素中的战争、自然因素中的地震等，都可能对石窟造成重大损毁。

从已经受到破坏的石窟看，认识这些历史上曾经存在的历史文化遗产与艺术品，只能从后人的追述、现有的文献记载、测量绘图与影视资料中感知其形态色彩与价值。

（二）基础信息资料的提取

1. 保存综合信息

石窟的调查有其特殊的方法和步骤，为了完整和科学的记录资料，首先应该确立工作内容，确定进行调查窟龛和造像的编号与名称。由于必须明确每一造像的具体位置，应该有大比例尺的测绘位置图，并进行每一造像的编号，提取石窟与造像分布、结构的资料。在文字记录过程中，不仅要有每一造像的具体位置、尺度、造型风格，还需要有保存状况、彩绘状况、绘图编号等，并一一进行记录。另外，利用照相、绘图、摄像、3D全息技术等手段对文物的现存情况进行考古信息的综合记录。记录内容包括造像、题记、题刻、碑石、窟檐建筑遗迹，等等。

石窟的开凿，其重点之一就是造像的塑造，其具有时代的特征，并具独特的艺术风格。佛教石窟开凿的目的是将佛教所要表达的内容和义理，表现于佛、菩萨、声闻弟子、天王力士等不同的具有独特个性的艺术造型上。例如，观音菩萨是石窟艺术中最为常见的雕塑，在历史的不同发展阶段，其艺术造型表现出了独特的时代特点，只有把握这些信息与价值，才能进行有效的评估和保护。观音菩萨造像以其典雅蕴藉、高贵清丽的精神气质，在特定时期的地位、作用、声望，都超越了其他菩萨，受到佛教信徒的欢迎和崇信。观音以其广泛的影响力在民间信仰中，不单单只是佛教意义上的神，更是一定时期审美情趣、道德观念的集中体现，代表了石窟艺术不同时期的成就（图一、图二）。

图一　陕西彬县大佛寺观音菩萨

图二　四川广元千佛崖石窟观音菩萨

对造像的文字记录内容有材质、空间分布与结构、尺度、平面布局、色彩、文字记录、技法与风格等方面，在调查经过维修的造像时，除记录现状外，还要注意其原刻时代的特点及维修历史，保存综合信息。

2. 石窟中题刻的内涵及重要性

石窟中的题刻是容易被忽略的内容，大部分窟龛与造像原来可能都有题刻，但在历史的修复整修过程中被覆盖、破坏的较多。其实题记记录了施造人名、籍贯居地、身份、造像缘由、造像内容、数量及时间等，这些题记是石窟的重要内容，与石窟造像具有同样重要的历史价值。它记录的石窟开凿、造像开雕的时代、施主的重要信息，对判定窟龛与造像的年代、窟龛和造像名称、石窟的发展历史具有重要作用。也反映了历史上的宗教信仰，信徒受众的经济状况、社会心理、流行风尚、文化艺术、社会阶层等的现象和内容，具有重要的历史价值。正因为题记在石窟中具有如此重要的地位，因此在石窟考古和文物保护过程中，进行科学的搜索发现和准确记录，应该引起足够的重视。

题记可分为造像题记、游观题记、参谒题记、修缮题记、粧彩题记及其他记事等，这些题刻或者题记往往不易被发现，所以，要对窟内进行细心耐心的搜寻。虽然有些文字残缺过甚，但仍有其价值，如通过字体风格、行文习惯等与同类对比，也具有断代或者寻找同时代同工匠风格等价值。

（三）基础信息资料提取的主要方法

举例来讲，考古调查中的测量，是基础信息资料提取的必不可少的重要一环。这项工作的主要内容就是采用科学的测绘手段，对石窟群窟龛的整体布局、重要石窟的结构及窟内造像题记的位置等进行测绘。测绘的目的，是对这些珍贵的历史文化遗产进行科学记录，存留一份比较全面准确的历史档案。对于这类文化遗产，在实施大型保护工程之前，进行的测量测绘则更具有特别的意义。

大型工程等人类生产活动，不可避免地要改变古代遗存的现状，使其发生环境与风貌的较大变化，同时也使其进入下一历史发展阶段。所以，这一工作是保存和记录石窟保护工程施工之前石窟现状的重要历史记录。这些测量成果通过数字化处理，也可转换为数据库形式进行长期存储。结合石窟的特殊性，有五项测量要求：①石窟群的整体结构测绘；②各个石窟的结构形制测绘；③各个窟、龛内造像的测绘；④其他内容的测绘；⑤石窟相关建筑遗迹的测绘。

考古测绘工作的另一实际意义，在于为文物的保护与研究建立完整、准确、永久的图纸或数字档案。通过数字化记录的方法为石窟提供保护修复依据，在特殊情况下，能够在已知数据的基础上重建或者重现已经不存在的和被毁坏的历史遗迹。

三、石窟宏观与微观环境的关系

对于石窟建筑来讲，不论是环境治理还是较大的保护和修复工程，都会使文物的环境和外貌产生改变，而某一特定时期形成的石窟保存状态，是该石窟建筑在一定环境中自身历史发展的一个阶段印记。从宏观角度来讲，文物在各个历史发展阶段有着各不相同的环境变迁、保存状态和历史价值，所以，对于各阶段文物资料的科学记录，不仅有微观环境的保存状态，而且也要有宏观地理环境的信息，尤其是在目前注重环境治理的保护工程中。

石窟由于其独特的宗教性质，在凿建过程中，十分注重环境的选择，因此，在文物保护的过程中，要重视石窟所处环境信息的保护，重视石窟宏观与微观的相互关系，注意物质性文物与非物质性文化遗产的协同保护，达到全面认识石窟的政治、经济、文化、科技与宗教艺术等丰富内涵。

在石窟的保护方面，我们还要考虑自然灾害对大环境的毁灭性破坏，现阶段我们的保护理念和方法，大部分局限于微环境的改观和变化。其实更重要的一点是自然环境的彻底改变。石窟的损坏有自然的和人为的原因。人为的环境改变，其目的是对环境的治理，改变的过程中往往其蕴含的历史信息和内涵也发生了变化。在自然力的破坏中，尽管自然风化是一种缓慢的、累积的过程，但也使得历史信息发生着损失；当我们遭遇强烈地震或山体垮塌这一类较强的人力无法完全避免的自然灾害时，在环境信息保存中更要有前瞻性和预防性，也许在这些自然灾害面前，仅仅瞬间，这些珍贵的文化遗产就会灰飞烟灭，不复存在。因此，不仅要对文物现阶段的保存状态进行科学的考古资料调查，而且同样要利用文字、绘图、照相、摄像、三维激光扫描等技术手段和方法，对石窟所处区域的大的地理环境进行全面的资料记录和影像保存。

四、结　　语

人类对事物的认识，是有阶段性的。此一时期，可能仅仅认识到某种文物的一种价值，而到了另一时期，则可能发现其还具有另外的价值。此一时，必须尽量考虑彼一时，这是今天石窟保护理念最应当注意的事，不能顾此失彼。石窟研究与保护并重，不单单是保护专家之事，更应该在保护工程之前进行石窟信息的全面提取和价值评估，才能将石窟保护工作做好。

人类的历史就像一座被岁月风化的石刻雕像，面目会逐渐变得模糊不清，离我们渐行渐远，直至完全消失。当下我们能够做的就是保护好它们，为未来留下一份珍贵的文化遗产。

Overview of Idea Changes for the Grotto Conversation

—Focusing on the Evaluation of Grotto Conversation

Jiang Baolian
(Shaanxi Institute for the Preservation of Cultural Heritage)

As an important part of the cultural relics protection, the ideas of the grotto protection changes with time and the deeper research. In this paper, the assessment method for grotto protection, the importance of extracting grotto information, and the relationship between macroscopic and microscopic environment of the grotto, are discussed.

At the earliest, more attention should be paid on the grotto's religious and artistic value. Then, the statues and murals in the grotto, the carrying meaning, and so on, are generally appreciated, such as construction, economy, calligraphy, ethnic, environmental values, etc. Today, as the development of ideas in the heritage preservation, we must take note that grotto research should be balanced with grotto protection and archaeological studies should progress in parallel. The grotto protection should be carried out based on the full understanding of their values.

Under the action of the environment, the grotto is damaged constantly until disappearance. The original information of the grotto and the copy of it at the beginning of the protection should been extracted. Furthermore, the information extracting techniques develop from photographic measurement method to three-dimensional (3D) measurements, 3D reconstruction technique, etc., and their protection methods are constantly evolved. Therefore, how to use different kinds of methods to protect grotto should be taken more attention in the future.

Because of their unique religious values, the environment condition of grottoes during the chiseling was greatly emphasized. For this reason, in the process of grotto preservation, much more attention should been paid to the secret information of the environment, the relationship between macroscopic and microscopic environment around the grotto, and the collaborative protection of material and non-material cultural heritage, in order to achieve a comprehensive understanding of the political, economic, cultural, scientific, religious and artistic values of the grotto.

森木塞姆石窟壁画主要病害及保护对策

叶　梅
（新疆龟兹研究院）

森木塞姆石窟位于库车县东北约40km处的牙哈乡克日希村的西北面。整个窟群按位置可划分为东、南、西、北、中五区，现存洞窟52个，保存壁画面积约为1500m^2。开凿时间约为5世纪左右，延续至11世纪。

森木塞姆石窟为丝绸之路北道上的重要遗迹，是龟兹四大石窟之一，其洞窟形制、雕塑和壁画艺术是古代龟兹人民智慧的结晶。它在继承本地区、本民族优秀文化传统的基础上，吸取了中原艺术、印度艺术和犍陀罗艺术等多种外来文化成分，形成了具有鲜明民族特色的佛教石窟艺术。此外，森木塞姆石窟还保存有婆罗谜文、汉文、突厥文、回鹘文、察合台文等多种文字题记，也是进行历史、文化研究的宝贵资料。

一、森木塞姆石窟壁画制作工艺及材料

森木塞姆石窟壁画主要由四部分组成，即基础支撑体（洞窟围岩岩体）、地仗层、白粉层、颜料层。壁画制作方法是先在砂岩崖壁上开凿洞窟，之后在洞窟围岩上用麦草泥抹平砂岩壁面，待这层泥质地仗层完全晾干后再用石膏浆涂刷，最后进行线描添彩。

通过对森木塞姆石窟壁画的样品进行X射线衍射、X射线荧光、剖面显微等分析，发现壁画所使用的颜料大部分为矿物颜料，其中红色颜料主要是铅丹和铁红；蓝色颜料使用的是青金石；绿色颜料是绿铜矿；白色颜料是白垩、石膏；黑色颜料中主要元素为Pb、Ca，结合XRD结果可知，其主要成分为二氧化铅，可以推测黑色颜料的原始成分为红色铅丹，经氧化后铅丹变为黑色PbO_2，使整个颜料显黑色，均为常见壁画颜料，如图一和图版34所示。此外，在大部分样品中检测出有石膏成分存在，可以推测在壁画的绘制过程中加入了石膏来进行调色。

二、壁画主要病害

石窟历经千年，受自然环境和人为因素的长期影响，以及壁画制作材料和制作工艺等内在因素的作用，森木塞姆石窟壁画产生了支撑体风化，地仗层酥碱，壁画空鼓和大面积脱落，颜料层起甲、粉化等诸多病害，严重威胁着壁画的长期保存。

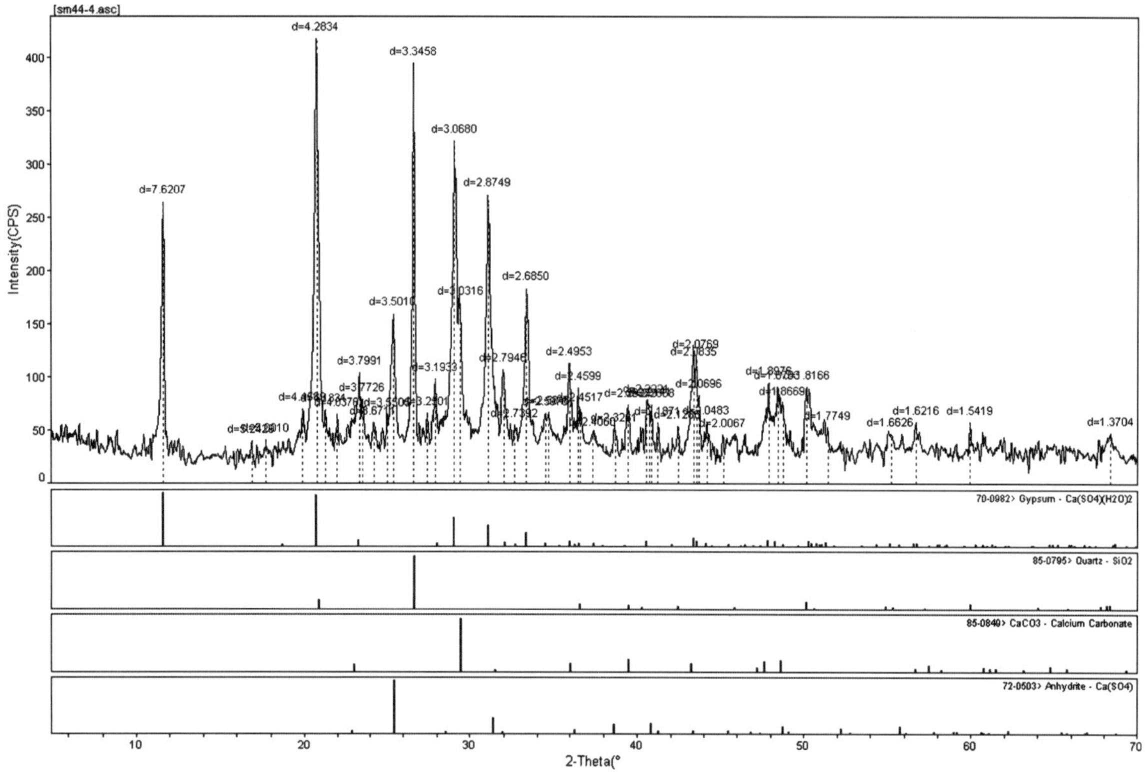

图一　森木塞姆第44窟崖体样品X射线衍射谱图

1. 崖体裂隙与坍塌

由于森木塞姆石窟的岩体为砂岩和砾岩，自身强度低，加上洞窟的开凿改变了原有岩体的结构，出现了大量卸荷裂隙，导致壁画基础支撑体开裂或变形，从而造成壁画开裂错位（图二）。

同时，受洪水侵蚀、风沙剥蚀等外界因素的影响，加之岩体自身的结构强度较低及卸荷作用等众多因素的长期影响，森木塞姆许多洞窟的前室已经垮塌。

森木塞姆石窟的地质构造位于天山地震带，地震活动频繁，三级以上地震经常发生，对石窟崖壁岩体稳定性构成极大的威胁，近年的弱震曾经诱发石窟岩体的垮塌。

2. 壁画空鼓与大面积脱落

壁画空鼓与大面积脱落是森木塞姆石窟各个洞窟普遍存在的病害。引起森木塞姆石窟壁画空鼓与大面积脱落病害的主要因素是壁画制作材料与所处环境的影响。由于壁画地仗层中加入了麦秸、毛、麻等植物纤维，较之洞窟岩体柔韧，再加上该地区温差变化极大，受热胀冷缩效应及洞窟崖体变形的影响，致使地仗层与洞窟围岩局部脱离鼓起，并逐渐向四周蔓延，造成壁画与地仗层分离，如图三所示。

森木塞姆石窟壁画空鼓病害可分为两类：一类是壁画支撑体严重风化导致的空鼓；另一类是壁画发生大面积脱落，在脱落处的边缘形成空鼓，并伴随着岩体风化。空鼓病害进一步发展，在重力等因素的作用下，将造成壁画地仗层并附带颜料层大面积分离脱落。因此，空鼓病害是影响森木塞姆石窟壁画长期保存的最严重病害，必须采取抢救性保护修复。

图二 森木塞姆第28窟壁画裂隙病害

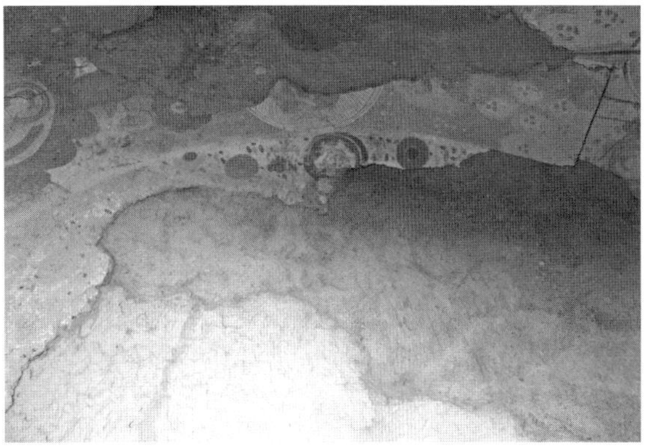

图三 森木塞姆第19窟空鼓与大面积脱落壁画

3. 壁画酥碱病害

根据对森木塞姆石窟现场的调查发现，壁画酥碱病害主要发生在中心柱窟后室和左右甬道侧壁下部。地仗层酥碱是造成森木塞姆石窟壁画地仗层空鼓和大面积脱落的原因之一，如图四所示。

图四 森木塞姆第44窟壁画地仗层酥碱病害

经对壁画酥碱地仗层及结晶盐进行取样分析，造成壁画酥碱病害的可溶盐主要为NaCl和Na_2SO_4，如图五、图六所示。

裂隙是大气降水入渗洞窟围岩的良好通道。当水分入渗洞窟后，不但带来了新的可溶性盐，同时还将原有盐溶解，水分蒸发后再次结晶。壁画地仗层中的可溶性盐越积越多，而且始终处于结晶—溶解—再结晶—再溶解的变化，每次溶解后重新结晶的地点不同，壁画基础支撑体和地仗层在可溶盐溶解—结晶的长期作用下，造成岩体风化，地仗层酥碱等病害。

4. 壁画起甲病害

壁画龟裂起甲病害也是影响森木塞姆石窟壁画保存的主要病害之一，且在森木塞姆石窟中分布很广，所占比例很大，约占现存壁画病害的70%以上，如图七所示。

由森木塞姆壁画颜料的分析结果可知，壁画颜料使用的是矿物颜料，作画时调入胶以使颜料颗粒黏接在一起并黏附于地仗层上。受当地温差变化、强阳光辐射等环境因素影响，如果颜料中的胶结材料含量较高，颜料层将发生龟裂，并与地仗层剥离起翘。

5. 壁画粉化病害

由于森木塞姆石窟所在区域的阳光辐射强度大、日照时间长，导致部分洞窟壁画的颜料胶结材料老化，颜料颗粒将因失去黏结而脱落，形成颜料层粉化病害。

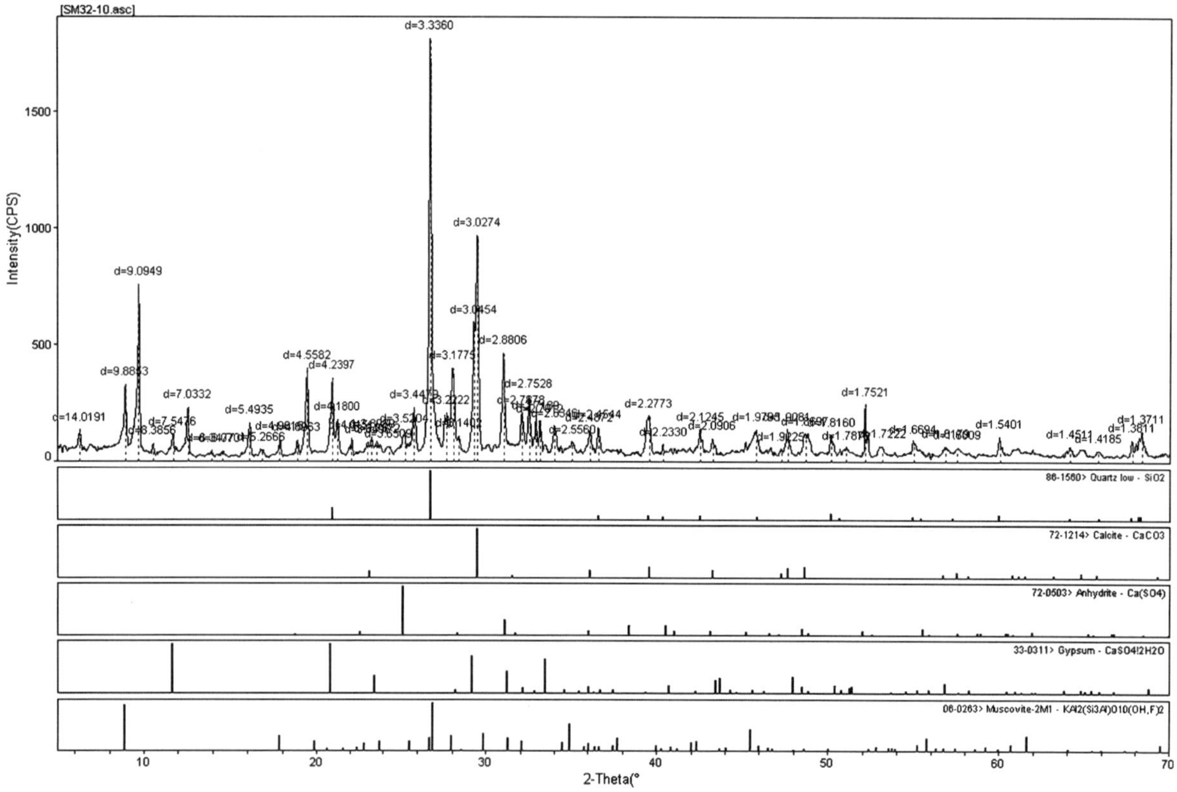

图五　森木塞姆第32窟析出盐X射线衍射分析结果

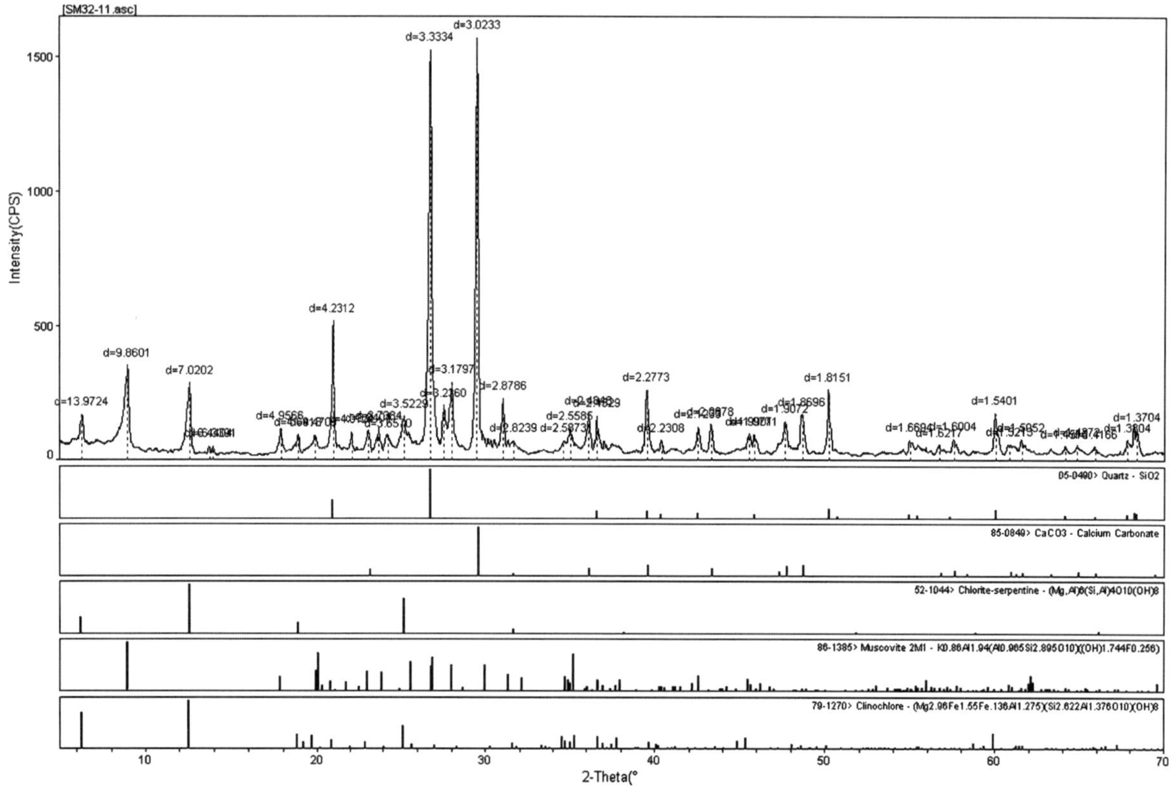

图六　森木塞姆石窟壁画酥碱地仗层X射线衍射分析结果

图七　森木塞姆第19窟壁画起甲、粉化病害

6. 壁画烟熏病害

烟熏壁画在森木塞姆石窟壁画中也是普遍存在的一种病害，烟尘在壁画表面形成一层油渍污垢，严重破坏了壁画的艺术价值和观赏性。壁画烟熏病害是由人为因素造成的，如在窟内做饭、燃灯、烧火取暖等日常活动，如图八所示。

7. 壁画颜料变色

除烟熏壁画呈现出的黑色以外，在森木塞姆石窟壁画色彩中普遍存在黑色或棕色画面。经分析，所有黑色及棕色颜料全是铅丹变色的产物（二氧化铅），如图九、图一〇所示。

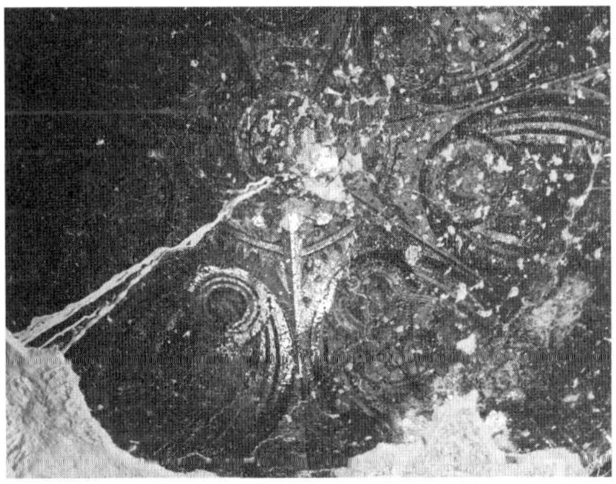

图八　森木塞姆第42窟券顶烟熏壁画

图九　森木塞姆第1窟左券顶壁画变色

从变色颜料的剖面显微分析结果可看出，颜料层较薄的铅丹几乎完全变为黑色的二氧化铅，而颜料层较厚的铅丹仅有表面的颜料变成了二氧化铅，由于底层未变色的红色铅丹可透过表层较薄的黑色层，所以肉眼观察颜料便呈现出棕黑色。

8. 壁画表面污染物

主要是昆虫排泄物、泥渍、粉笔涂写等，如图一一所示。

三、壁画保护措施

中华人民共和国成立后，政府加强了对龟兹石窟壁画的保护工作，森木塞姆石窟结束了长期无人管理的状态，文物部门采取了一系列的有效保护措施，组织相关人员对洞窟进行了调查编号、安装门窗、设置标志牌、临摹壁画，多次进行保护维修，同时也修筑了通往洞窟的道路。

1957年，森木塞姆石窟被自治区人民政府列为第一批自治区级重点文物保护单位。1977年，库

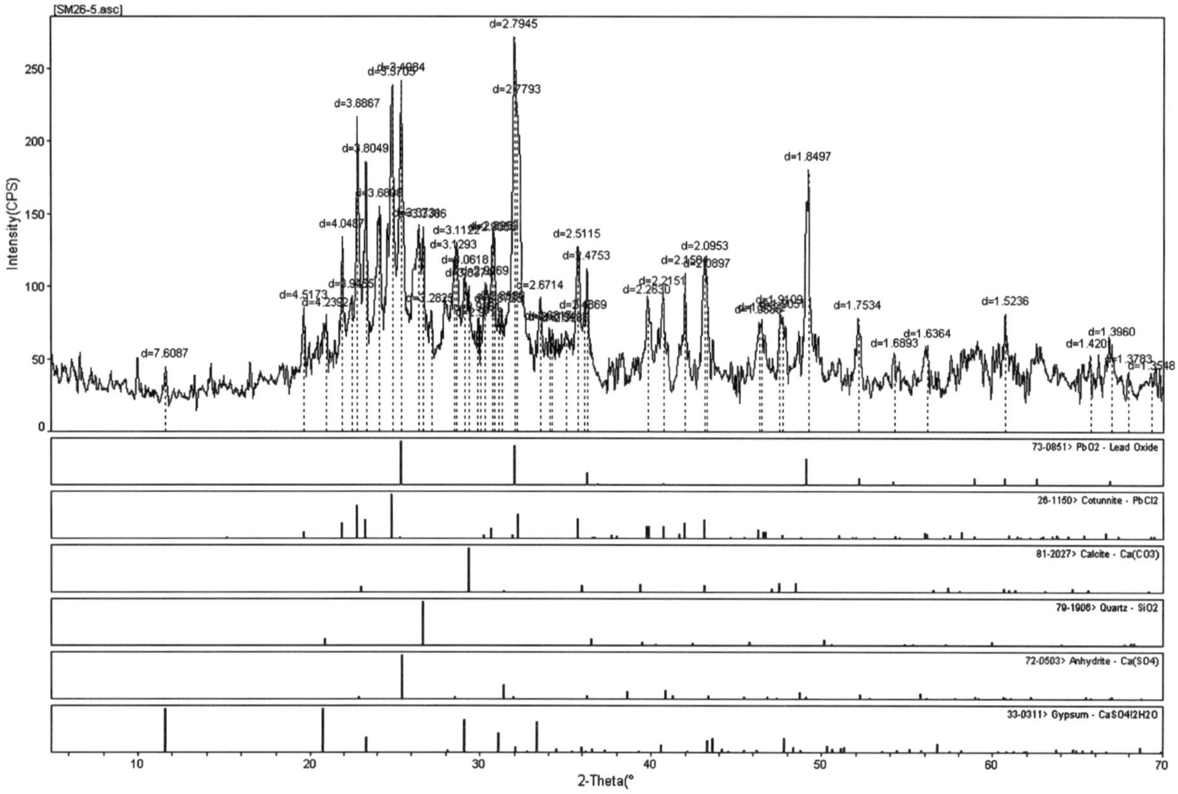

图一〇　森木塞姆石窟第26窟壁画变色颜料X射线衍射分析结果

图一一　森木塞姆第32窟后室壁画污染

车县文管所组织相关人员对森木塞姆石窟部分洞窟进行清理和岩体加固工作；1982年、1984年，文物保护工作者对森木塞姆石窟部分洞窟进行清理和壁画边缘加固，并安装木质窟门。

1985年，新疆龟兹石窟研究所成立，1989年和1992年，其对森木塞姆部分洞窟进行了脱落壁画边缘加固及窟外崖体顶部抹泥加固等工作。1996年，森木塞姆石窟被国务院公布为第四批全国重点文物保护单位。

2009年，新疆龟兹石窟研究所更名为新疆龟兹研究院，标志着龟兹石窟的保护与研究工作进入了一个新的历史阶段。新疆龟兹研究院组织工作人员对龟兹石窟壁画保存现状进行了全面、系统的调查。中国文化遗产研究院保护专家与新疆龟兹研究院工作人员一起对森木塞姆石窟壁画保存现状进行了全面的调查与记录，针对濒危壁画编制了《森木塞姆石窟壁画抢救性保护修复方案》，此方案于2010年得到国家文物局的批复，不久对壁画病害严重的部分洞窟进行了抢救性保护与修复工作。2010年4～10月，新疆龟兹研究院对森木塞姆石窟岩体实施了加固工程，并对部分濒危壁画进行了边缘加固。同时，《森木塞姆石窟保护规划》已获国家文物局的批准，具体的抢险加固工程方案正在审批中。

森木塞姆石窟的保护工作正在不断地发展，由于受当时条件所限，石窟的保护工作主要是一些基础性的工作，通过实践观察以前做过的边缘加固等一些保护措施，对壁画的保护起到了一定的加固与保护作用，避免了壁画掉到地面摔成碎块的险情。随着科技的进步，借鉴过去石窟壁画保护措施中的优点，改善壁画保护工作中的不足，采取传统技术与现代科技相结合的保护措施，将更有利于石窟壁画的保护。

四、今后保护工作的重点

展望文物保护工作的前景，龟兹石窟壁画的保护工作任重而道远，我们应抓住重点，有主次地进行保护工作，为今后森木塞姆石窟壁画的保护工作奠定坚实的基础。着眼龟兹石窟壁画的保护，着力抓住以下四点。

1. 加强预防性保护措施，对病害进行监测

历经千年，龟兹石窟壁画存在着众多的病害，但如何治理病害是一项常抓不懈的工作，我们应做好日常的维护并对病害进行监测。预防性保护措施的实施是石窟壁画保护工作的基础性工作，将会更有利于石窟壁画的保护。

2. 实施岩体加固工程

岩体是石窟壁画的支撑体和基础，岩体的稳定性直接影响着壁画的安全。洞窟的安全在很大程度上与其所依附岩体有着紧密的关系。森木塞姆石窟岩体多为砂岩和砾岩，其中砂岩约占60%，砾岩约占40%，属于钙质弱胶结，胶结性差，遇水极易崩解。由于受自然环境和岩体自身结构的影响，森木塞姆石窟岩体稳定性较差，岩体加固工程是石窟壁画保护的首要工作。

3. 实施壁画保护修复

颜料层是壁画的精华，是壁画保护修复的关键之所在。目前森木塞姆石窟壁画存在诸多病害，并呈加速恶化之势。必须尽快实施壁画修复工作，采用现代修复理念与技术，对于严重病害的壁画进行抢救性保护修复。

4. 加强环境整治

森木塞姆石窟地处戈壁荒山，距离最近的居民点约7km，没有水、电等最基本的工作、生活条件；通往外界的是戈壁冲沟，仅越野车辆可以通行。改善森木塞姆石窟的环境与生活条件，将更有利于石窟的保护与利用。

龟兹石窟的保护工作仍然处于起步阶段，许多保护工作必须在政府的大力支持下及有关兄弟单位的协助下才能完成，对其进行有效的保护是一项长期的系统工程。作为龟兹石窟的一名文物保护工作者，衷心希望龟兹石窟的保护工作得到更好的发展！

Major Diseases of Simsim Grotto Murals and the Protective Measures

Ye Mei
(Kucha Academy of Xinjiang)

Simsim Grottoes are very important grottoes in Qiuci Grottoes. They reflect the rise and fall of the entire process of Qiuci Buddhism in the 4th-10th century, and are the representatives of the western regions Buddhism art outstanding creation and high achievement. In ancient Chinese and Western cultures, they have a unique local, national, multiple features.

Simsim Grottoes' mural producting methods and our other local murals, consist essentially of four parts, including a basic support, base layer, white layer, pigment layer. After thousands of years, due to the natural environment and human destruction, and producting materials of murals and internal factors of producting process, Simsim Grottoes' murals produced many diseases, threatening the long-term preservation of existing murals.

Since the founding of the People's Republic of China, Qiuci Grottoes protection has attracted national attention. In different period there were some emergent protective measures, such as strengthening of rock mass, mural edge reinforcement. With the development of society, the progress of science and technology, cultural relics protection work has been strengthened and emphasized. In view of the murals' disease of Simsim Grottoes, combined with modern cultural relics protection concept and scientific technology, we are in the progressive implementation of some protective measures, in order to make the murals of the grottoes preserved longer.

克孜尔石窟岩刻画调查与保护

张慧玲　王建林
（新疆龟兹研究院）

克孜尔石窟岩刻画是一个新课题，还没有引起保护专家的重视。岩画刻在岩石上或砂岩壁上被称之为岩画，刻在石窟里面的砂岩壁上或壁画的墙壁上是否也算岩画？克孜尔石窟洞窟里的壁面上和外墙壁上有大量的岩刻画，这些岩刻画也应称之为岩画，给予其这样的定义较为准确。

我们在研究石窟壁画的同时，已发现了岩画的存在，它不是个体，而是大量存在，几乎每个洞窟里外都有很多题刻和岩画。经调查，克孜尔石窟题刻与岩画有84个洞窟（不包括亦狭克沟，克孜尔石窟群其中的一条峡谷），岩画图形上千个，均为阴刻制作，分布于克孜尔石窟四个区域的窟内墙壁的泥皮和砂岩上。刻画位置的高度大约距地面1.5m。岩刻画形象有羊、马、鹿、骆驼、禽鸟、狗、驴、骑士、战旗、旗徽、矛、剑、弓箭、人物、陶器、文字、太阳、符号、手模等图形，第93、95、131窟较集中，也突出，有故事情节（图一~图三）。

图一　克孜尔石窟第93~95窟位置图

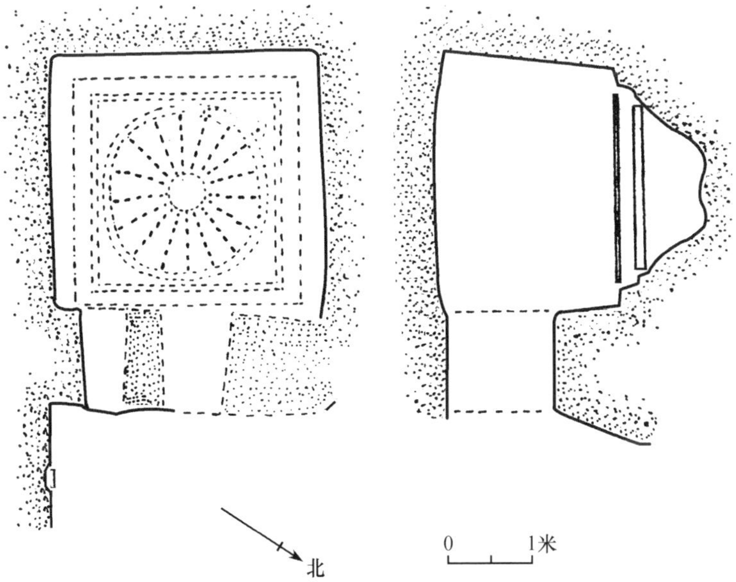

图二A　克孜尔石窟第93窟平面、剖面图

图二B　克孜尔石窟第93窟外景

图三A　克孜尔石窟第131窟外景

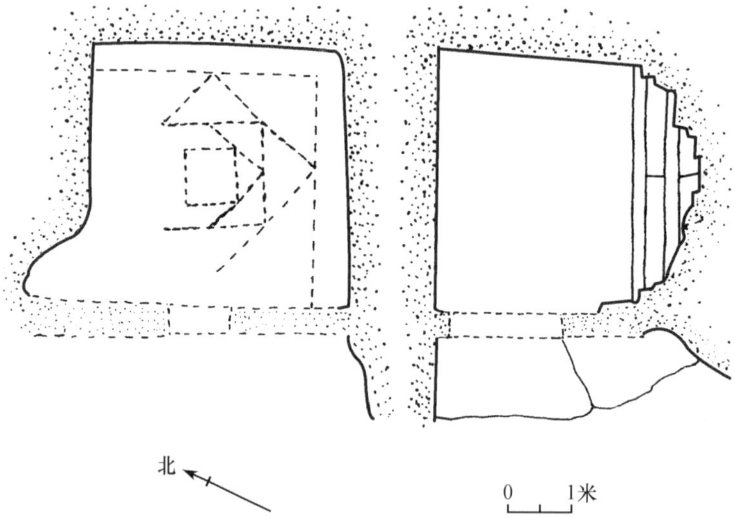

图三B　克孜尔石窟第131窟平、剖图

一、谷　内　区

1. 第93窟

第93窟位于谷内区中段的西侧崖壁，距离沟口约50m，洞窟坐西面东，平面方形穹隆顶窟，前室塌毁，残存少量右壁。主室的门道于1987年安装了门窗，修了进窟的台阶，室内四壁被烟熏黑，各壁边长约4.5m，壁高约2.8m。穹隆底直径约3m，窟顶向下分出17个条幅，高约1.5m。地面中央有一坑状，做何用途不清。四壁墙皮下部约1/3脱落，主室右侧壁面残存岩画图形、文字等百余个（图四）。

主室正壁：壁面右侧残存岩画及符号7 幅，有旗帜、大角羊、民族古文字，在绘有旗帜的下面残留两个汉字题记，旗帜上还刻有一圆形标志。

主室右侧壁：右侧壁现存泥草皮约6.3m^2，岩画面积约占下部的1/2，长度3.25、高度0.9m，为该窟现存岩画的主体部分，图形的数量达72幅，所有图像应该是围绕征战而刻画。刻画主要以骑士、战马、战旗、长矛、弓箭为主。整个画面的布局酷似一场激烈的战争情景，双方各自持矛跨

图四A　克孜尔石窟第93窟右侧壁征战图全景（王建林、史晓明绘）

图四B　克孜尔石窟第93窟右侧壁征战图

马，高举大旗，各方骑兵们冲锋陷阵（图五）。从双方的交战阵势看，左边的阵容大，右边则处于劣势。此外，双方的阵容中有一些特殊的图形符号应引起关注，如右方的一个侈口、圜底的罐形物、一只类似飞禽的图像引人注目，左边阵容的前上方有一图形像似骆驼，上骑一人。画面还有两匹马比较别致；在整个画面中，双方交界的分隔处有3个汉文字“来庭俊”（图六）。

左侧壁：整壁墙面泥草皮基本毁坏，右侧保存图形5幅，分别为旗帜、鹿、人射箭等，其中一

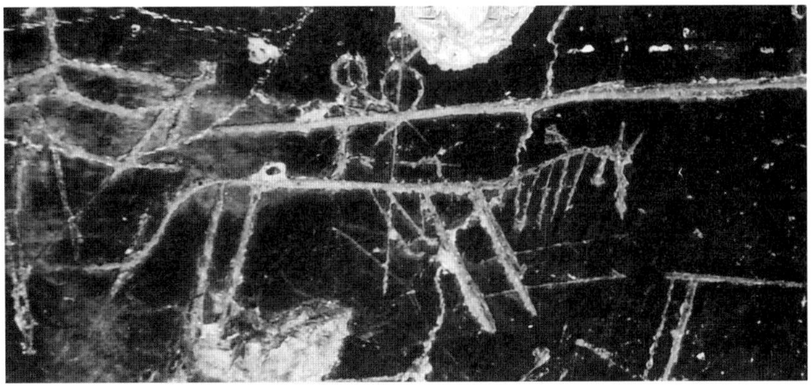

图五　克孜尔石窟第93窟右侧壁征战图局部

人半跪射箭的姿态异常生动（图七）。

前壁（入口上、左右侧壁）：左侧残留一旗帜，门道高1.8、宽1m；前壁的右侧是采光窗户，窗口外小内大，外边长1、内边长1.2、深度为1.1m。在窗口的右侧壁上保留有完整的岩画，面积约1.1m^2，上刻有图形15幅（图八）。画面自左而右，右前下方两名骑兵在挥舞刀剑，相互拼搏，之间夹一马，惊恐状；周围刻有残存物；画面中上部一人骑马，持大旗，旗帜上有一倒置羊的图形（图九），旗杆顶端刻一圆，圆内泥皮刻空，圆外刻放射线条，应是代表部族的图腾标志；在其后面有一人骑马，奔驰状态，骑士手中持一旗与前方的相同，无旗徽标志；其后仍有5位骑士，人物的刻画形式与右壁相同；在执旗者的前方，刻有一类似驴的图形，迎面而立。

图六　克孜尔石窟第93窟汉文字

图七　克孜尔石窟第93窟跪射图

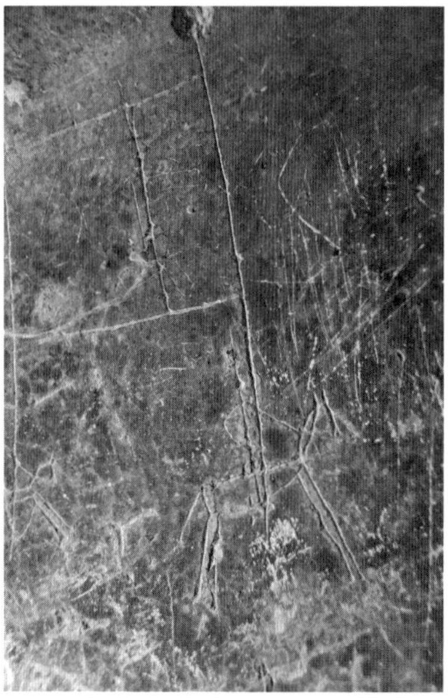

图八　克孜尔石窟第93窟窗口右侧壁

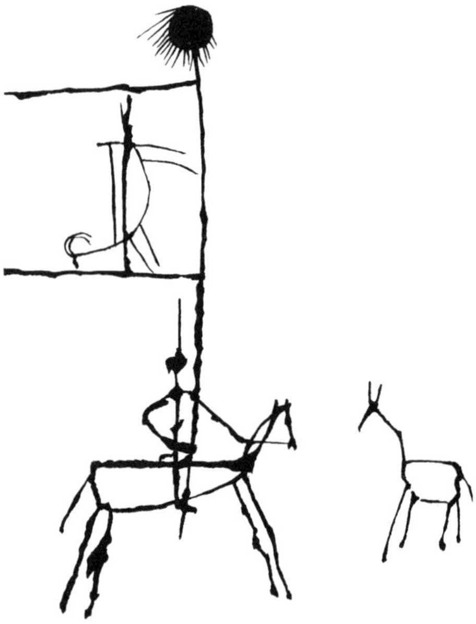

图九　克孜尔石窟第93窟窗口右侧壁旗手线描图（史晓明绘）

2. 第95窟

第95窟的高度等同第93窟，位于第93窟北侧12m，中间隔了一个僧房的第94窟；第95窟现存右、正、左壁，各边长3.4m，覆斗式顶，窟内正壁下方堆积风沙（图一〇）；左右两壁和顶部墙泥皮均脱落，正壁残存草泥墙皮上下两层，内层墙面涂白色石膏粉，外壁墙皮稍有烟熏痕迹，岩画集中于正面墙壁，面积约$5m^2$，由于长期受风吹日晒，图像多有模糊，但整体仍可辨认。目前能看清的图形约89个（图一〇、图一一）；画面刻图基本以马、鹿、骑者为主，间有羊、骑者射箭，

1

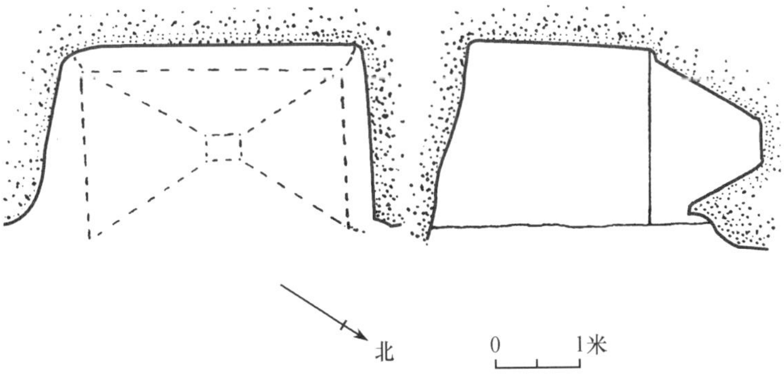

2

图一〇 克孜尔石窟正壁全景及95窟平、剖图

面向右。图中刻画较突出的是一鹿、一大角羊、几匹马和右上方的一只似大鸟的形象，大部分动物安然站立，仅有个别动物呈奔跑状。在刻画图形中，有趣的是生活中所见马、鹿交配场面也被刻入画面；正壁上方有四处木炭书写的古龟兹文字题记（图一二）。从95窟的画面来看，似为突出牧业生活。

3. 第131窟

第131窟位于谷内区峡谷的东侧崖壁，峡谷两崖壁之间相距50m。第131窟洞的位置略低于峡谷

1

2

图一一　克孜尔石窟第95窟岩画线描全图及岩刻画马（王建林、史晓明绘）

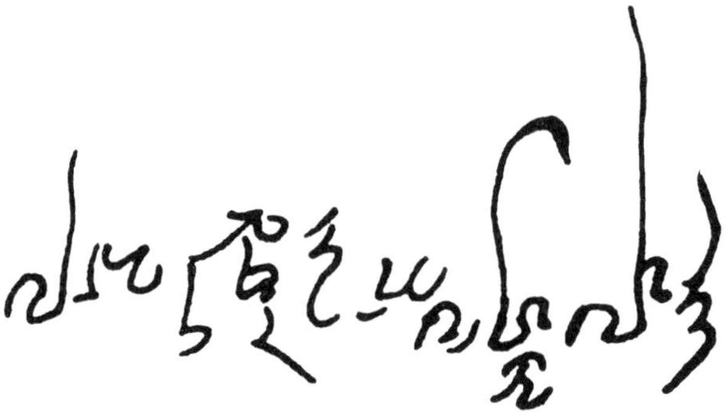

图一二　克孜尔石窟第95窟龟兹文题记

西壁第93、95窟30m的距离；该窟坐东面西，前壁和前室塌毁，主室边长各3.6、壁高3.2m，套斗式窟，窟顶高约1m；窟有烟熏痕迹。第131窟未上泥草皮，在砂岩壁面上直接刷石膏粉，岩画和古文字刻划其上；岩画位置高度在2.4、低处是1.5m。

正壁：正壁刻画形象有山羊、鹿、马、骆驼、人物、飞禽和一些图案符号，山羊最多，从此幅画面的布局内容分析看，类似一幅牧民迁徙图（图一三）；正壁右上方存两处刻古龟兹文字（图一四）。

图一三　克孜尔石窟第131窟正壁现状

图一四　克孜尔石窟第131窟正壁龟兹文

右壁：有2幅类似马的图形比较模糊，刻划的痕迹和技法与正壁有别。

左壁：现存岩画图形5幅，两只羊，一个十字交叉形符号，一个月牙状符号，还有一形状似鹿的造型（图一五、图一六）。

此外在第94窟主室左侧壁刻画一图形模糊，约有4个。第98窟：中心柱窟，左侧壁甬道口上方的壁画上用细线轻刻出一鹿。第99窟：中心柱窟，主室正壁主佛龛内左侧壁刻一旗帜。第100窟：中心柱窟四壁被烟火熏黑，主室正壁佛龛内刻不同符号、手模等共26个，其中手刻模11个；右壁还单独刻2个非常规整的圆圈，中心有点；下方刻一不规则的动物；左壁有两处阿拉伯文字题记，左壁下方还残留一禽鸟的躯体。第117窟：方形窟，刻划3幅。前室正壁门右侧高3m处有一线刻的家禽，形状不规则；后室左壁高1m处有一线刻山羊，另有一图形符号。第118窟：方形窟，有岩刻画

图一五　克孜尔石窟第131窟鹿

图一六　克孜尔石窟第131窟驼队

9幅刻画手模39个，另有多处刻写古文字，类似古回鹘文。第123窟：中心柱穹隆顶窟，主室右壁的壁画上刻划弓箭的图形3个，另一图似人形。第124窟：方形窟，左壁残存马、羊、鹿、鸟等。第126A窟：距第126窟左侧10m处，龛内刻有一山羊。第126B窟：龛内刻画山羊。第135窟：方形穹隆窟，正壁的壁画上刻画一巨大弓箭，还有山羊等多幅。

二、谷西区（33个窟）

第7窟：中心柱窟，右甬道入口高1.65m处，残存刻划物体不明；左甬道外壁刻画一似鸟的图形；后甬道正壁刻画一大角羊。

第8窟：中心柱窟，主室左壁中部壁画上有大角羊一个。

第20窟：僧房窟，甬道左壁面刻划骑马人物1幅、鹿1幅；右侧壁刻画孔雀2幅，其他图像8幅，居室右壁刻画比丘1幅。

第38窟：中心柱窟，左甬道外侧壁有一个用单线刻画的大角羊；刻画手模4个，主室右壁1个，左甬道外壁3个，左手，为便于刻画，手指叉开。

第39窟：方形穹隆顶窟，正壁高1.4米处刻有一山羊，下边另有一不完整的似羊的图形；右壁高1.9m处，刻有一未完成的羊的图形。

第49窟：方形窟，正壁和左壁有岩画4幅。正壁一山羊，轮廓之内的墙皮皆刻去，形象较写实；左壁也有一山羊形象，线刻，前肢残损，还有一形体似未刻完，也似山羊；主室右壁刻画手模4个。

三、谷东区（21个窟）

第154窟：大像窟，主室门壁右下侧岩刻山羊4个。

第155窟：中心柱窟，主室东壁有4个似羊的岩刻；窟外左下有4个线刻羊。

第156窟：现修门壁窟外砂岩刻划符号8个。

第163窟：中心柱窟，主室左壁的壁画上刻画一似鹿的岩画；右壁刻一大角羊；正壁砂岩有手模1个。

第192窟：中心柱窟，刻划符号一个。

第193窟：中心柱窟，佛龛内有1357年的题记。

四、后山区（6个窟）

第220窟：长方形窟，左壁刻写民族古文字若干。其中左壁一掌内有一大写的汉字“龙”；另有一蜘蛛刻画在砂岩上。

第229窟的一处岩画，应引起注意，洞窟的左侧壁一处壁画脱落露出凿窟者留下的刻画画面，以文字为主，另有两个图形，一个似太阳，一个似鸟，为开凿石窟的年代留下了研究参考依据。

经调查，克孜尔石窟岩刻画并不止上述这么多，还要多得多，大部分手模不在统计之中。另外，在洞窟墙壁上刻写的古文字没有收录在本文，如果把刻画的手模和古文字全部纳入，将是一个庞大的数字，本文的重点以“刻画”为中心，它是在壁画保护范畴之内。以往在进行壁画保护的过程中忽略了它的存在，无意识中就把有价值的历史痕迹抹掉了，失去了对凿窟年代的鉴别。克孜尔石窟的衰落期之所以定在8世纪是有根据可查的，一是借助现代^{14}C的测定数据，二是依据洞窟中壁画的榜题，三是以洞窟游人题记来判断它的年代。在克孜尔石窟第220窟出现的汉文题记“天宝十三载”“大历四月”，第222窟“贞元十年”，第193窟“1357年”这都是非常重要的参考证据，在石窟保护理念中一定要重视它的存在，为壁画保护提供更多有价值的佐证。

Research and Protection of the Rock Art of Kizil Grottoes

Zhang Huiling　Wang Jianlin
（Kucha Academy of Xinjiang）

Rock art is a universal and lasting cultural phenomenon in human society, which was popular at different time as a universal figurative language. Wherever it locates, in Xinjiang, Central China or foreign countries, rock art always gives us important evidences in restoring the history of ancient society.

At present, the rock art of Kizil Grottoes is facing serious problems: firstly, it is very evident that frescoes are peeling off naturally and damaged by humans; secondly, people don’t give enough focus on the protection of the rook art, and we must make actions to protect them.

龟兹石窟保护与研究现状及面临的问题

赵　莉

（新疆龟兹研究院）

龟兹古国是一个历史悠久的西域大国，其疆域以今新疆维吾尔自治区库车县为中心，包括拜城、沙雅、乌什和巴楚等县，东西千余里，南北600余里。龟兹地处塔里木盆地的北沿，自古以来就是沟通中西方交通的桥梁。随着丝绸之路的开辟和发展，龟兹地区经济繁荣、文化昌盛，与中原关系极为密切，几度成为西域政治、经济和文化的中心。

我国已故著名学者季羡林先生曾说："世界上历史悠久、地域广阔、自成体系、影响深远的文化体系只有四个：中国、印度、希腊、伊斯兰。而这四个文化体系汇流的地方只有一个，这就是中国的敦煌和新疆地区。"而龟兹地区正是这四种文化的交汇之地，龟兹文化正是东西文化融汇的结果。龟兹在本土传统文化的基础上，除了吸收中国内地、印度、希腊文化外，还曾受到古代两河流域文明的深刻影响。正是这多种文化的兼收并蓄，碰撞与交流，使得古代龟兹创造了风格独特、灿烂多彩的文化艺术。

佛教东渐，自中亚首及我国新疆地区。龟兹是佛教最兴盛的地区之一，它西承印度、犍陀罗佛教的絮脉，东启新疆以东内地佛教的发展，是北传佛教的主要纽带和阶梯。

龟兹石窟遍布龟兹境内各地，主要分布在龟兹境内东西走向的天山南麓支脉却尔塔格山两侧。现存规模较大的石窟有10处：拜城县的克孜尔、台台尔和温巴什石窟；库车县的库木吐喇、森木塞姆、克孜尔尕哈、玛扎伯哈、阿艾和苏巴什石窟；新和县的托乎拉克艾肯石窟。此外，历史上曾属于龟兹管辖的今乌什、巴楚、温宿、柯坪等县也有许多石窟遗存。

自新中国成立以来，各级政府和文物管理部门对龟兹石窟的保护与研究工作给予了高度重视。经过半个多世纪的努力，在龟兹石窟的保护和研究方面做了大量的工作，取得了一些成果，但面临的问题也相当严峻。我们从以下十个方面来分析龟兹石窟保护与研究面临的问题。

一、利用现代高科技手段采集石窟信息

在漫长的历史长河中，石窟会不断受到自然和人为的破坏，逐渐残损，直至最后消失。传统的记录、拍照等方法已不能客观、完整地对洞窟和壁画信息进行有效的保护和储存。石窟的保护，首先是应该采集和保存石窟本身信息，可以说，这是一种更为积极的保护，等于给石窟留下了一套副本，永久地记载每一个洞窟内的建筑空间及图像。随着社会的进步和科技的发展，文物保护领域也开始采用各种高科技手段进行数字化保护，采集信息的技术也由过去的测量、照相，逐渐发展到三维扫描、三D还原技术及壁画信息的高清数字扫描等，全窟数字壁画图像拼接尺寸上的误差控制在

2cm以内。

近些年来，新疆龟兹研究院积极与敦煌研究院合作完成了克孜尔第38窟的数字化拍摄，与武汉大学合作完成了克孜尔第69窟的数字化信息采集工作。

自2011年始，新疆龟兹研究院与上海商务数码图像技术有限公司合作，在三维扫描技术的配合下，用扫描仪和高清数字相机相结合，完成了克孜尔第17窟和新1窟洞窟结构和壁画信息的高精度采集与储存，获得的数字图像分辨率均不低于450PPI，色差（△）≤3。扫描和拍照的区别是：拍照虽然灵活性强、速度快，但很难将壁画中岁月更迭产生的色彩变化细节信息进行完整的采集，对焦距离无法做到统一，在最终图形尺寸上也会产生较大的误差；而扫描所得到的结果不会有畸变，获得的图像各个区域层次、色彩等都一致，对后期图像拼接和色彩管理提供了方便，也可以为数字化结果的评价提供稳定的参照系数。

现在新疆龟兹研究院正在积极与多家科研机构和企业进行合作，引入“无损多光谱成像技术”和“光面变形图像数字摄影技术”等，为石窟信息的采集与保存提供更多的技术手段，充分利用现代高科技手段采集和保存石窟信息。

二、石窟赋存环境与石窟本体监测

龟兹石窟群分布在拜城、库车和新和三县960km^{2}的范围内，洞窟开凿在砂岩、砂砾岩上，自然环境恶劣，地震频繁。

环境中引发文物及遗址损坏的有害因素较多，作用机制十分复杂，对石窟遗址文物所处环境的温度、湿度、光照、有害气体、气象环境等进行长期监测和控制，建立长期的环境及气象参数数据库，研究遗址与环境、气象影响因素之间的关系，创造最佳的保存环境，实现对壁画蜕变损坏的有效控制，是石窟遗址文物保护研究的一项长期性的基础工作。

现代无线通信、微传感器等信息技术的发展，使得海量的数据采集、数据处理得以轻松完成，同时还能够把处理后的数据直观地通过图表等形式显示出来。根据这些图表，我们能够及时判断出文物赋存环境的变化、发现各个参数之间的内在联系，进而有效地制定相应的保护措施。

无线传感网络技术集成了传感器技术、嵌入式计算技术、现代网络技术、无线通信技术、分布式智能信息处理技术等，可以在长期无人值守的状态下工作。

新疆龟兹研究院、西安元智公司和西北大学三家合作，根据石窟保护工作的需求，结合现代科技的最新发展成果，研制了一套网络化、智能化的无线环境实时监测系统。这套系统的主要功能是实现实时监测石窟保存环境因素的变化，并通过无线通信技术将监测参数传输到监测中心，并可在监测软件平台上实现大量实时数据的挖掘、整理及分析，以达到及时预警的目的，同时可长期保存所监测环境的全部监测数据，如大气温度、大气相对湿度、光照度、紫外线辐射强度、二氧化碳浓度、浮尘、降尘、风速、风向、降水量、酸雨、蒸发量等参数。目前，这套监测系统运行正常，已经有了4年的监测数据。

这套系统的建设将彻底解决目前人工监测带来的不便，使科学化、智能化的文物保护成为可能。同时，在使用方面有着无线传输、低功耗、易于安装和配置、一次性投入少、维护费用低、网络容量大等优点，使用方便，节省资源，降低了成本，提高了监测效率。

随着文物景点旅游业的兴起，龟兹石窟一方面为我们带来了可观的经济效益和社会效益，另一方面资源和环境被破坏的威胁也在加大。如何在遗产保护和旅游开发之间寻找一个平衡点，如何在保证文物资源不被破坏的条件下，充分发挥其旅游功能和价值，是龟兹石窟等类似文物景点发展中面临的重要问题。

这套系统的实施可实时、定量地反映游客对洞窟环境的影响，使游客的科学管理成为可能。管理方可根据监测到的实时环境数据（如二氧化碳浓度）控制开放洞窟的游客数量，并可根据对历史数据的分析，找出旅游环境容量与文物保护工作的平衡点，处理好文物保护与利用的关系。

石窟赋存环境和石窟本体监测是我们研究、制定和落实相应保护措施的重要科学依据，也是石窟加固工程所采取的技术、壁画和彩塑修复选用材料及工艺的科学依据。

三、科学编制石窟文物保护规划和建设项目方案

石窟文物保护规划与一般的保护规划不同，它涉及一套包括学术和管理的综合知识结构。其内容包括：考古学、历史学、建筑学、规划学、生态环境学、人类学、地质学、植物学、文物学、博物馆学、传播学、展示学、旅游学、材料科学、文物保护技术，以及国家有关法律、国际文物保护公约等，同时还要参考石窟具体管理单位的实际情况，这样才能保证规划的科学性和实用性。因此，多学科研究在石窟保护规划的编制中显得尤为突出和重要。

在国家发改委、国家文物局，以及自治区发改委、自治区文物局的大力支持下，目前已经立项并实施和正在实施的龟兹各石窟群保护规划、文物本体加固、防洪、安防、消防，以及环境综合整治与基础设施建设等规划和方案有：《新疆克孜尔石窟谷西和谷东岩体保护加固工程》《新疆克孜尔石窟谷内和后山区岩体保护加固工程》《新疆拜城县克孜尔石窟古文化旅游风景区基础设施建设项目》《克孜尔千佛洞保护总体规划》《克孜尔石窟遗产展示系统建设与展览提升项目》《新疆龟兹石窟研究所文物周转库房建设项目》《丝绸之路新疆段重点文物保护项目克孜尔千佛洞（渭干河段）防洪工程》《丝绸之路新疆段重点文物保护项目克孜尔千佛洞千泪泉防洪工程》《新疆克孜尔千佛洞山顶防洪工程》《克孜尔石窟壁画数字化保护项目》《新疆克孜尔千佛洞消防工程》《新疆克孜尔千佛洞安防工程》《全国重点文物保护单位克孜尔石窟壁画第一期抢救性保护修复工程》《新疆拜城县克孜尔石窟古文化旅游区建设规划》《库木吐喇千佛洞岩体加固保护工程》《新疆库木吐喇千佛洞（五连洞）防洪工程》《新疆库木吐喇千佛洞文物保护规划项目一期防洪工程》《新疆库木吐喇千佛洞文物保护规划项目防洪二期工程》《新疆库木吐喇千佛洞遗产地环境综合整治项目》《新疆维吾尔自治区库木吐喇石窟安全防范系统工程》《新疆库木吐喇千佛洞消防工程》《丝绸之路（新疆段）文化遗产地保护基础设施——克孜尔千佛洞建设项目》《新疆库木吐喇千佛洞文物保护规划项目防洪工程》《新疆库木吐喇千佛洞文物保护规划项目防洪二期工程》《新疆库木吐喇千佛洞环境综合整治项目》《新疆维吾尔自治区库木吐喇石窟安全防范系统工程》《新疆库木吐喇千佛洞消防工程》《库木吐喇千佛洞文物保护区气象站》《库木吐喇千佛洞修复保护工程详细设计》《新疆库木吐喇千佛洞新1窟、新2窟抢修加固方案》《新疆维吾尔自治区库木吐喇千佛洞58、

22窟壁画加固保护实验报告》《全国重点文物保护单位新疆库木吐喇千佛洞文物保护规划》《新疆龟兹石窟遗址环境监测系统——库木吐喇石窟环境监测项目方案》《新疆库木吐喇千佛洞近景摄影测量工程》《全国重点文物保护单位克孜尔尕哈石窟保护总体规划》《新疆克孜尔尕哈千佛洞26号窟抢险性保护加固工程》《新疆克孜尔尕哈千佛洞抢险性保护加固工程》《新疆维吾尔自治区克孜尔尕哈石窟安全防范系统工程》《全国重点文物保护单位森木塞姆石窟保护总体规划》《新疆森木塞姆千佛洞抢险性保护加固工程》《全国重点文物保护单位森木塞姆石窟壁画第一期抢救性保护修复工程》《森木塞姆石窟抢救性文物保护基础设施建设项目》《新疆维吾尔自治区森木塞姆石窟安全防范系统工程》《新疆维吾尔自治区台台尔石窟安全防范系统工程》《新疆维吾尔自治区玛扎伯哈石窟安全防范系统工程》《新疆维吾尔自治区托乎拉克艾肯石窟安全防范系统工程》《全国重点文物保护单位阿艾石窟壁画抢救性保护修复工程》等。这些保护工程及基础设施建设等项目，抢救性地保护了龟兹石窟，有效控制了石窟本体岩体坍塌和壁画病害的进一步恶化，改善了遗址周边环境。

但就目前现状而言，有一部分石窟文物保护规划、文物保护修复工程，以及安防、消防工程方案的制订，从方案设计到实施均与石窟具体管理机构脱节或缺乏沟通，这就严重影响了规划及方案设计的科学性与实用性。希望引起上级文物主管部门和有关石窟文物保护规划制定单位，以及负责审核评估规划方案的专家的高度重视。

四、总结以往保护工程的经验教训

20世纪70年代以来，龟兹石窟开始了大规模的石窟本体保护修复工程，其中有岩体加固、栈道修筑，还有壁画边缘加固、清洗烟熏壁画以及安防、消防工程等。此外，20世纪80年代末90年代初对库木吐喇石窟遭受水害的沿河洞窟进行了抢救性保护。

（一）石窟本体保护

从20世纪70年代初开始，克孜尔千佛洞文物保护管理所对克孜尔石窟进行了临时的抢救性加固保护和维修。当时实施的石窟加固保护维修工作，主要是以洞窟清理和抢险为主。由于缺乏资金、人力与设备，在条件十分简陋的情况下，克孜尔千佛洞文物保护管理所的工作人员靠人工背运土坯、泥土和水上山，进行土法施工，虽然采取的是土办法，但使一批洞窟岩体得到了加固，部分壁画免遭风吹日晒，为龟兹石窟的抢救保护事业奠定了基础，其功绩不可磨灭。

1986～2003年，国家先后投入近2000万元资金，对克孜尔千佛洞谷西区、谷内区、谷东区和后山区的外部岩体实施了全面的加固保护维修工程，延缓了克孜尔千佛洞外部危岩体的开裂、坍塌进程。但是，这些保护措施也不同程度地出现了问题，如谷西区和谷东区的部分岩体加固，由于使用混凝土的体量过大，造成锚杆弯曲外露，已经出现了岩体坍塌的现象；第171、172窟前地坪上修筑的保护性房屋不仅加重了窟前的体量和重量，而且与周围环境极不协调，被戏称为“咖啡屋”；此外，第17窟等窟内壁面被锚杆凿穿，造成壁画残损。

（二）栈道修筑

20世纪70年代至21世纪初，在对石窟本体进行加固保护的同时，修筑了大量的栈道。

20世纪70年代，库车县文物保护管理所负责完成克孜尔尕哈石窟群窟前栈道的修筑。栈道是以青石片岩垒砌修筑而成，没有过多地使用钢筋和混凝土，与石窟本体环境比较协调，古朴典雅，结实耐用。

20世纪90年代，在克孜尔石窟谷西区修筑的部分栈道目前已经出现问题，山体坍塌的岩石将栈道砸毁，出现断裂现象。谷内区有些区段的栈道修在半山腰，进入洞窟非常不便，如第123窟等。随着下部山体的滑坡与坍塌，若干年后，要想进入这些洞窟已不太可能，一些急需修筑栈道的洞窟却没有修筑，如森木塞姆第48窟等。

（三）烟熏壁画清洗

20世纪80年代初，库车县文物保护管理所和克孜尔千佛洞文物保护管理所在库木吐喇石窟窟群区第34窟和第69窟顶部局部，以及敦煌研究院保护所在克孜尔石窟第161窟内进行过烟熏壁画清洗，但是效果都不理想。当时没有采取局部试验，大面积甚至整个洞窟进行清洗，造成的后果不堪设想，这些都给我们留下了惨痛的教训。

（四）壁画边缘加固

20世纪70年代，克孜尔千佛洞文物保护管理所和库车县文物保护管理所对克孜尔石窟和库木吐喇石窟部分洞窟内的部分壁画进行了边缘加固，当时采用的材料是混凝土。后来，保护人员开始用龟兹地区当地的红胶泥配方进行壁画边缘加固，较之过去采用混凝土为边缘加固材料来说，虽然进步了，遵循了文物修复“可逆性”原则，但是由于泥土本身颜色较为醒目，没有达到修旧如旧的效果，并且红胶泥中没有添加介质，与原始壁画地仗成分区别较大，不能很好地粘接到一起。随着温差的变化，不断地收缩舒张，使用红胶泥修补的部位与原壁画分裂脱离，失去了其加固保护的作用。

目前，新疆龟兹研究院保护研究所的业务人员，根据龟兹石窟壁画地仗材料，并结合国内壁画保护修复方法和现场试验，使用当地澄板土及细砂和麦草，按一定比例混合，作为壁画边缘加固的修复材料，不仅组成成分接近原始地仗材料，加固材料外观也与原始材料接近。在起到更好的粘接加固效果的同时，也满足了“修旧如旧”和“可逆性”原则。这些方法都是龟兹研究院保护所的保护修复人员经过长期试验，在多年实践基础上，利用当地材料，反复摸索出来的成功经验。

对过去的这些保护修复工程应该进行验收和评估，认真分析石窟本体保护加固措施、壁画边缘加固材料、壁画清洗方法等是否适用于龟兹石窟和壁画，总结经验教训，才能使今后石窟保护修复工程能够科学、有序地进行，并在验收评估的基础上创新或改进。

五、石窟保护修复前的考古发掘、清理工作

考古发掘和清理是考古学和文物保护工作的主要组成部分，是一种科学的、保护性的和积极主动的揭示、解释与再创造的活动，它改变了古代遗存的保存状态，即由单纯的原址保存变为可以研究、利用、展示的遗迹、遗物和科学的档案资料，这使得需要保护的对象更加明确，保护工作更有针对性、更加科学、更加合理。

1989年和1990年，为配合谷西区的维修工程，在谷西区共发掘清理出32个残破洞窟，这些洞窟清理后一部分已经回填[①]。

2003年，为配合谷内区的维修工程，新疆龟兹研究院在谷内区清理发掘了10个洞窟[②]。

但是，目前在龟兹地区开展的一些石窟保护修复工程，事先没有进行考古发掘和清理，这将对今后的调查与研究工作埋下隐患，希望引起有关部门的高度重视。

六、石窟考古报告的整理与出版

考古工作是文物保护的基础，考古资料的整理和报告出版也是文物保护工作的一个极为重要的环节，它为完善“四有”档案、制定保护规划、实施文物保护工程提供了重要的基础资料。整理考古资料，编写考古报告是完成考古工作、开展后续学术研究的基础。

文物保护的重点是要保护其核心部分和完整性，这有赖于扎实的考古基础工作的支撑。考古调查和研究工作应为保护规划提供最基本的依据。因此，考古报告必须要走在保护规划和保护工程之前。因此，石窟考古报告的记录、编写和出版工作应排在石窟管理研究单位业务工作的首位，使之常规化、常态化。

1997年，在宿白先生的主持下，北京大学整理出版了《新疆克孜尔石窟考古报告》（第一卷）。在序言中宿白先生写道：“编写石窟寺考古报告，从搜集资料、组织各种记录，到对一个一个洞窟撰写全面的报告，进而对整个石窟群展开系统的综合研究，应以负责保管、研究各该石窟的保管所、研究所最具条件。特别是在目前各石窟原始档案不甚完备的情况下，要进行上述一系列工作随时都需要在现场观察比较，即使最后报告完成，有时也还需要去现场核对复查。多年的经验告诉我们：保管所、研究所以外的单位和人员如果负责一个重要石窟寺的较为正规的考古工作，即使有所在保管所、研究所的密切合作，也难以顺利完成。”[③]因此，当时北京大学和克孜尔千佛洞文物保护管理所协议商定：《新疆克孜尔石窟考古报告》（第一卷）由北京大学负责编写，以后诸卷由克孜尔千佛洞文物保护管理所独立组织编写，北京大学提供必要协助之后，逐步退出这项工作。

---

① 新疆维吾尔自治区文化厅文物保护维修办公室：《1989年克孜尔千佛洞窟前清理简报》，《新疆文物》1991年第3期。新疆维吾尔自治区考古所：《1990年克孜尔石窟窟前清理报告》，《新疆文物》1992年第3期。

② 新疆龟兹石窟研究所：《克孜尔千佛洞谷内区洞窟清理简报》，《新疆文物》2001年第1、2期。

③ 北京大学考古系、克孜尔千佛洞文物保管所：《新疆克孜尔石窟考古报告》（第一卷），文物出版社，1997年，第1页。

从北京大学开始在克孜尔石窟做考古报告到现在已过去30余年了，而自第一卷报告出版至今也有十几个年头了；1985年新疆龟兹石窟研究所成立，2009年研究所更名为新疆龟兹研究院。如今，研究院各方面的条件都有了极大的改善，业务人员的队伍也在逐渐壮大，理应责无旁贷地遵循宿白先生开创的中国石窟寺考古学的规范，以《新疆克孜尔石窟考古报告》（第一卷）为范本，克服重重困难，继续整理克孜尔石窟考古报告。

2015年7月，北京大学考古文博学院的李崇峰教授带领博士生前来克孜尔石窟，一同前来的还有北京联合大学的陈悦新教授和中国社会科学院的夏立栋博士，他们和新疆龟兹研究院的业务人员一起，用了近一个月的时间，考察了龟兹各石窟群，重点考察了克孜尔谷西区第7~13窟和第24窟。在洞窟现场对以往的洞窟调查报告进行了一次核对和整理，初步确定了第二卷报告文字编写的体例，并参考云冈石窟的考古报告，对测绘图的绘制规范、标准进行了详细的讨论。目前，新疆龟兹研究院与北京大学考古文博学院合作，正在申报克孜尔石窟考古研究项目。

七、流失海外的龟兹石窟文物资料的收集与整理

石窟是佛教艺术的综合体，洞窟建筑、壁画和塑像结合而成石窟艺术，它们中的任何部分都不是单体的艺术作品。每个洞窟中的一尊尊塑像、一幅幅壁画，将其精心组合布局，都有其特殊的宗教含义和功能。不同派属、不同时代的石窟壁画有着不同的题材内容和组合。由于龟兹石窟壁画和塑像等文物流散世界各地，使它们脱离了母体——石窟，给整体研究工作造成了巨大困难。因此，收集、整理、核对并落实流失海外的龟兹石窟壁画等文物的出处与原位考证问题至关重要。

20世纪初，随着西方掀起的西域探险热潮，德国、日本、俄罗斯等国探险队接踵而至，龟兹石窟遭到劫掠，壁画、雕塑等珍贵文物流散世界各地。

目前，海外的龟兹石窟壁画等文物的大宗在德国，其次是俄罗斯，还有一部分散见于英国、法国、匈牙利、美国、日本、韩国和印度等国的博物馆和美术馆以及私人手中。国内四川大学博物馆和台湾研究院历史语言研究所也有收藏。这项工作需要新疆龟兹研究院和世界各地所有收藏有龟兹石窟文物的博物馆、美术馆等收藏单位合作，共同整理公布这些文物的资料，为龟兹石窟的整体研究提供基础资料。

自1998年始，新疆龟兹研究院开始着手收集整理流失海外克孜尔石窟壁画图片资料，并在逐个洞窟测绘被揭取壁画尺寸面积，核对了部分海外壁画的原位，并通过电脑软件将揭取壁画的图片复原到被揭取壁面的原位。2002年9月，新疆龟兹研究院的霍旭初和笔者等前往德国柏林，调查了柏林亚洲艺术博物馆（原印度艺术博物馆）收藏的克孜尔石窟壁画。2004～2007年，新疆龟兹研究院承担并完成了国家文物局“流失海外克孜尔石窟壁画原位核对与考证”科研课题。2011年2月，笔者前往美国洛杉矶和纽约，调查了洛杉矶美术馆和大都会博物馆的新疆石窟壁画。2011年10月，笔者前往日本，调查了东京、京都、镰仓等地收藏的新疆石窟壁画。2012年3月至2013年2月，笔者受国家留学基金委的派遣，赴德国柏林亚洲艺术博物馆，做了为期一年的访问学者，调查整理了该馆收藏的新疆壁画的档案和图片资料。在留德期间，笔者等前往法国巴黎集美博物馆和俄罗斯圣彼得堡埃尔米塔什博物馆，调查了上述两馆收藏的龟兹石窟壁画和雕塑。2013年3～8月，笔者受新疆维

吾尔自治区文物局的派遣，继续在柏林亚洲艺术博物馆工作，调查整理了该馆收藏的新疆文物的档案和图片资料，基本掌握了该馆收藏的新疆文物的数量和保存状况。

截止到目前，对流失海外的龟兹石窟文物调查工作已有很大收获，基本理清了海外收藏品的来源及出处，获得了大部分文物的图片和档案资料。但是还有一少部分文物下落不明，我们正在加大力度同各国相关的博物馆和美术馆进行合作，期望尽快并尽可能多地获得海外龟兹石窟壁画等文物的资料。

八、古文字的解读与龟兹石窟年代分期问题研究

自汉代以来，龟兹地当西域冲要，并以其政治与经济实力闻名于世。沿着丝绸之路，东西方丰富多彩的文化形态，不断汇集到这里。古代各种不同的语言文字在这里流行使用，使龟兹成了世界上少有的多元语言区。龟兹地区大量的语言文字遗存，成了人们探索古文字如梵文、吐火罗文、吐蕃文、突厥文、回鹘文的丰富宝库。

19世纪末，国外学术界也注意到龟兹遗产的价值，缘起是一批库车出土的梵语抄本——即所谓的“鲍威尔写本”在欧洲公布。由于这是西方人首次目睹的古代婆罗谜字母写本，于是掀起了19世纪末至20世纪初的中亚探险热潮。其后，西方探险队到龟兹各地寻访，并大量揭取石窟壁画，搜罗写本遗存。在此历史背景下，德国人在1908年发现了吐火罗语（含A、B两种语言），这是印欧诸语支中位处极东的一支。此外，还有大量汉文、梵文残卷也被发现。

吐火罗语的发现使古代龟兹备受瞩目。1913年，法国硕儒烈维（S. Lévi）即尝试结合汉籍史料与出土胡语文书研究龟兹史，从而确立B语为龟兹国的日常语言，也称龟兹语。我国季羡林教授亦曾在德国学习吐火罗语，在文献对勘方面取得重要成就。但随着第二次世界大战的爆发，世界局势发生了巨大变化，吐火罗语研究渐趋停滞。事实上，散藏于各国的吐火罗语文献总计达7000余号，而大半以龟兹语写成。然而龟兹语史料之释读，自季羡林业师西格（E. Sieg）于1951年谢世以来，成果显得相当零星。

此外，吐火罗语文献大半是佛教典籍，世俗文书仅占1/10左右。这些世俗文书几乎全以龟兹语写成，而且集中出土于今库车县至巴楚县一带，是研究古代龟兹社会生活的核心史料。现存吐火罗语世俗文书以寺院中的账历与书信为主，它们不单单反映了当地的政治制度与社会环境，还翔实记录了当地佛寺的经营方式。

年代分期问题是石窟研究的基础课题。如果缺乏客观准确的断代，则关于石窟其他方面的研究及洞窟材料的运用势必受到限制，很难在广度和深度上有所拓展。20世纪，经过国内外专家的共同努力，对龟兹石窟的年代分期做了大量的工作，但由于龟兹石窟迄今没有发现同修建石窟有关的纪年铭记和文献记载，较系统的、可以直接对比的资料也极为罕见。因此，前人基本上是从洞窟的形制、壁画和洞窟组合等方面对石窟进行相对年代的阶段划分，而对洞窟绝对年代的判定几乎无从下手。目前，在龟兹石窟的研究中，年代学已经成为一个“瓶颈”问题。因此，龟兹石窟年代分期问题亟待解决。

龟兹石窟存有大量古代西域文字，是龟兹石窟内容的重要组成部分，也是探索龟兹佛教历史、

佛教思想及洞窟断代的不可或缺的辅助资料。其文字种类有：梵文、龟兹文、回鹘文、蒙古文、察合台文等。尤其是大量吐火罗语书写的文字资料对于丝绸之路和古代中外关系的研究，特别是龟兹历史，以及石窟的年代研究都具有重要的价值。

目前这些材料日渐风化、销蚀，亟待抢救性地保护和整理。2008年，新疆龟兹研究院承担了新疆通史辅助课题《龟兹石窟所见古文字资料的搜集与整理》，对龟兹石窟古文字题记及题刻进行了系统的调查和整理。2009年始，新疆龟兹研究院与北京大学中国古代史研究中心、中国人民大学国学院合作，对龟兹石窟内保存的吐火罗语文字资料进行了解读、考释和研究，研读这些资料需要语言学家和历史学、宗教学、考古和艺术史学等方方面面专家的共同努力。通过对这些吐火罗文字材料的解读，在佛教历史、思想、派别、佛及其弟子事迹、龟兹国王供养人，以及石窟年代、地理交通、经济文化等方面已经有所收获，我们期待在今后的研究中有重大突破。

九、龟兹佛教与佛学思想研究

对龟兹石窟的研究已有百年的历史，经过中外学者的不懈努力，在社会历史地理考察、石窟年代分期探索、洞窟形制类型分析、图像题材内容考释、造型艺术风格及人种语言文字等方面取得了巨大的研究成果。但是，长期以来，对龟兹石窟与佛教历史、佛教义理关系等方面的研究还比较薄弱。石窟建筑、雕塑、壁画的主要功能在于它是佛教思想的形象诠释，是佛教“表法”的手段。赵朴初先生说：“佛教美术是和佛教的教义紧密联系结合在一起的。佛像都是表法的，佛教教义的谛，就体现在佛教艺术。”[①]因此，研究龟兹石窟不能局限于壁画题材内容的考证与解读，还应从佛教思想入手，通过现象揭示本质，才能正确阐释图像所表达的深刻含义。龟兹石窟中的图像要从佛学的角度来加以阐释，才能解开无数壁画与造像所潜藏的深意。龟兹石窟的佛教思想基础、佛教派属和佛教历史诸问题不解决，龟兹石窟的真谛和价值就难以解释清楚。

新疆龟兹研究院的霍旭初研究员带领研究团队，在国内以往研究成果的基础上，以佛教理念和历史发展为立足点，以佛学的视角和观点，运用丰富的佛教文献资料，将龟兹石窟艺术形态放在佛教历史发展的框架内考察分析，从而对龟兹石窟的真实而深刻的内涵和历史地位、价值等问题，做了多方面、多层次的研究，目前已经完成了《龟兹石窟与佛教历史研究》（初稿）一书，对龟兹石窟研究进行了重新审视，对我们以往的研究做了修正与补充。但必须指出，我们用新的视角、新的解读、新的方法，不可能解决龟兹石窟所有的问题。还有许多重大的问题有待破解，如从佛学角度分析龟兹石窟年代问题，大乘佛教对龟兹石窟的影响问题，等等。

十、龟兹历史研究

西域都护是由汉朝中央政府派遣管理西域的最高官吏，相当于中原地区最高一级的地方官——郡太守。西域都护的治所称为西域都护府。西汉时，西域都护府设在乌垒城（今新疆轮台），东汉时西域都护府又迁至龟兹延城（今库车）。西域都护府是汉朝设置在西域的最高军事和行政机构，

① 赵朴初：《佛教画藏系列丛书总序》，人民文学出版社，1995年。

它代表汉朝中央政府行使主权，有效地管辖着西域广大地区。西域都护经常“加衔”为骑都尉，是汉朝中央政府派遣在西域的最高军事长官，他不仅掌管着汉朝政府驻守在西域的屯田戍兵，而且有权指挥和调遣西域地区的各族军队。

自从西汉设立都护府管理西域之后，西域地区和内地即已成为一个不可分割的整体。

至唐代，在龟兹设立“安西大都护府”，统领四镇，其管辖范围包括现今新疆天山以南和葱岭以西的广袤地域，是西域的政治、经济、军事和文化中心。

因此，对龟兹历史的解析，是古代中西交通、民族融合、佛教东渐等基础课题所不可忽略的关键所在。然而，龟兹地区很多重要文物大多流失国外，加之吐火罗语文献解读非常困难，所以至今从事西域研究的学者对龟兹之认识不但不如古代于阗、高昌、楼兰、敦煌等地区，还逊于古代突厥、回鹘、吐蕃等部族。

第二次世界大战前，西方学者对吐火罗语的研究，掀起了世界范围内对龟兹历史及龟兹石窟的研究。第二次世界大战后，德国印度艺术博物馆馆长瓦尔特施密特（E. Waldschmidt）等人积极投入到龟兹佛教艺术研究之中。国内亦因宿白、马世长、晁华山、霍旭初、贾应逸等老前辈的率领，对龟兹石窟的研究未曾间断。特别是21世纪龟兹各石窟群内容总录的陆续问世，令此地艺术成就再获世人瞩目。此外，2000年法国学者童丕（E.Trombert）出版伯希和所得库车出土汉文文书录文，也重新激发了历史学界对唐代龟兹研究之热情，中国与日本几位重要学者均因此而专门撰文讨论相关制度史、交通史、民族史等问题。2006年《龟兹学研究》期刊正式面世，可以说龟兹历史的研究正在迈向一个崭新的阶段。

近几年来，随着对流失海外的龟兹地区文物调查工作的有序开展，石窟资料与出土汉文文书陆续刊布，吐火罗语研究开始复苏。年轻学者相继学成，在语法、佛典与世俗文献方面开始发表成果。特别是许多龟兹语寺院文书，最近证实为唐代文书，能够印证唐安西都护府时期统治措施深入民间的情形，同时也反映了当地各族人民——包括土著、汉人、突厥、回鹘及粟特人——崇奉佛教的现象，价值极为独特。

所以，龟兹历史之研究，乃至于古代新疆的整体历史研究，现在到了重新统合的时刻了。

十一、结　　语

通过对以上龟兹石窟保护与研究面临的十个方面问题的分析，可以看出，龟兹石窟的保护和研究在很多方面处于一个方兴未艾的阶段，还有许多空白点亟须填补，任重而道远。我们必须下更大功夫，做更多努力，挖掘与保护龟兹文化优秀遗产，继承龟兹文化的优良传统，使龟兹文化在新的时代发扬光大，从而推进我们这个时代的物质与精神文明建设事业的发展。

龟兹文化属于中国，也属于世界。龟兹文化的保护与研究正空前广泛地引起国内外各方面的重视，正在形成一门世界性的显学。

回顾过去，展望未来，对于龟兹石窟的保护与研究工作不仅需要各级业务主管部门和相关业务单位的通力合作，而且还需要国内外专家学者的关注和积极参与，群策群力，共同工作，才能把龟兹石窟的保护和研究工作推向一个新的台阶。

The Problems Facing Conservation and Research of Kucha Caves

Zhao Li

(Kucha Academy of Xinjiang)

With the efforts of more than half a century, people have done a lot of work in the conservation and research of Kucha Caves. Looking to the future, there are ten important topics, including the use of modern high-tech means to collect information, monitoring of occurrence environment of the grottoes, establishment of the protection planning, summing up the experience of the past protection engineering, archaeological excavations before the restoration of the caves, publication of the archaeological report, collection of the materials of the relics which lost overseas, the interpretation of ancient inscriptions and study of the chronology of Kucha Caves, research of Buddhist thoughts of the murals, history study of ancient Kucha.

These works requires cooperation of the relevant departments and the participation of the scholars in various fields. People should work together to make a new step of the protection and research work of Kucha Caves.

研 究 篇

克孜尔第110窟再解读

——说一切有部“最后身菩萨”思想探索

霍旭初

（新疆龟兹研究院）

克孜尔第110窟（德国学者定名为阶梯窟Treppenhöhle），是龟兹地区唯一集中描述佛陀从兜率天下降人间到涅槃的一生事迹的洞窟，是佛传故事壁画的集大成者，为佛教艺术所罕见。该窟形制为方形窟，顶部为纵券式。除了券顶绘菱格坐禅佛、菩萨、比丘和四壁下部绘本生故事及供养人外，西、北、东壁划分出上、中、下3层连续方格，每方格内绘佛传故事一则。3壁共计60幅图，加上北壁上方半圆面上绘大型降魔图一幅，故有学者统计该窟佛传故事为61幅①。这是将释迦牟尼诞生到涅槃视为佛传的习惯划分法。实际上窟门上方的“释迦菩萨兜率天说法”是第110窟佛传壁画的发端（图一）。它与正壁上方“降魔成道”（图二、图三）相呼应，突显出说一切有部“菩萨观”的重要阶段——“最后身菩萨”。加上两壁下部残存的本生故事，表现了释迦牟尼修菩萨道的四个阶段。但克孜尔第110窟最核心的部分，是“最后身菩萨”思想的反映。现就此问题做如下探讨。

图一　第110窟主室前壁释迦菩萨说法图

图二　第110窟主室正壁降魔成道图

一、克孜尔第110窟研究回顾

对克孜尔第110窟佛传壁画，已有国内外学者进行过专门研究。首先是德国学者格伦威德尔根

---

① 由于第110窟四壁下部壁画残破较重，加上国外考察队的剥取，学者对该窟壁画实际数量统计不一。经新疆龟兹研究院专业人员多次调查测量，确定为此数字。详见《克孜尔110窟佛传故事画中龟兹文题记的解读》（〔德〕史密特撰，彭杰译）附：“克孜尔110窟佛传壁画展开分布示意图”，载《新疆文物》2004年第1期，第126页。

图三　第110窟主室正壁降魔成道（线图）

据在克孜尔石窟考察时获得的资料，对第110窟壁画做了初步的研究，对39幅故事壁画做了简要的解读[①]。格伦威德尔将窟门上方半圆壁面上的大型壁画，解释为“弥勒佛及其胁侍人物”[②]，后来勒柯克和瓦尔德施密特再次刊布了格伦威德尔的研究成果[③]。德国学者对第110窟的解读，对后来的研究产生了很大的影响。尤其是关于窟门上方认为是弥勒及其胁侍者的观点，对佛教美术界产生了深远的影响。

20世纪80年代初，丁明夷先生发表了《克孜尔第一一〇窟的佛传壁画——克孜尔千佛洞壁画札记之一》，是我国学者首次对克孜尔第110窟佛传壁画做系统的研究。该文将第110窟西、北、东三壁33幅佛传壁画与汉译佛经进行比照，解释了很多佛传壁画的内容，是对该窟佛传壁画最全面而深刻的研究。特别是丁明夷先生对第110窟正壁上方和窟门上方的壁画内容做了解读。他认为这两幅壁画“突出表现了释迦诞生前在兜率天宫说法和降生后降魔成道这两个大事件”[④]。但丁明夷先生后来改变了这个观点，改说该窟门上方的壁画是“弥勒菩萨于兜率天宫说法”[⑤]。

1998年，新疆龟兹石窟研究所在克孜尔石窟举行“唐代西域文明——安西大都护府国际学术讨论会”。德国著名吐火罗语专家、德国萨尔大学教授史密特（K. t. Schmidt）参加会议，宣读了《克孜尔110窟佛传故事画中龟兹文题记的解读》[⑥]。史密特教授根据德国收藏的克孜尔第110窟壁画上的题记文字，进行了多年研究。史密特教授对55条题记做了辨认解读。其中完全能辨认的有37条，有3条可辨认70%～80%，有8条可辨认40%～50%，有7条完全不能辨认。这些题记写在窟壁方格构图的上方。题记的内容就是对故事壁画内容的说明，如释迦太子树下降生的画面，其吐火罗文题记是“这里，菩萨诞生了”，又如太子比力气扔大象画面，题记是“菩萨确实如扔石头一样，将它（大象）向远处扔去”。史密特还纠正了当年格伦威德尔部分壁画解读的错误。这些题记的解读，与汉文佛经相对照，壁画故事内容就比较清楚了。史密特教授的研究成果，对龟兹石窟吐火罗文的进一步解读有重大的贡献。

① 格伦威德尔著，赵崇民、巫新华译：《新疆古佛寺》（原译《中国突厥斯坦的古代佛教遗迹——1906~1907年阿尔伯特·格伦威德尔在库车、焉耆和吐鲁番绿洲所进行考古工作的报告》），中国人民大学出版社，2007年，第202～204页。

② 格伦威德尔著，赵崇民、巫新华译：《新疆古佛寺》，中国人民大学出版社，2007年，第201页。

③ 勒柯克、瓦尔德施密特著，管平、巫新华译：《新疆佛教艺术》上（原译《中亚古代晚期的佛教文物》），新疆教育出版社，2006年，第213页。

④ 丁明夷：《克孜尔第一一〇窟的佛传壁画——克孜尔千佛洞壁画札记之一》，《敦煌研究》1983年创刊号，第92页。

⑤ 丁明夷、马世长、雄西：《克孜尔石窟的佛传壁画》，《中国石窟·克孜尔石窟》（一），文物出版社，1989年，第201页。

⑥ 史密特文章由新疆龟兹石窟研究所彭杰先生翻译成汉文，发表在《新疆文物》2004年第1期，第123～126页。

2007年，中央美术学院博士研究生任平山，在罗世平教授的指导下，完成了博士学位论文——《克孜尔中心柱窟的图像构成——以兜率天说法图为中心》。其中有一节“克孜尔第110窟释迦菩萨”是论述克孜尔第110窟的。任平山以丁明夷先生的研究成果，介绍了该窟28个佛传故事内容。任平山论文最有突破性的是对窟门上方壁画的全新考释。他引用了说一切有部重要经典，诠释出该壁画的真实内容，即释迦牟尼降生人间前，在兜率天做“补处菩萨”的情景。否定了“弥勒兜率天说法”的长期固有的见解①。

二、克孜尔第110窟的主题是“最后身菩萨”

由于克孜尔第110窟集中了佛陀一生诸多事迹的壁画，往往使人仅理解为它是单纯的“佛传”题材内容，这是不全面、不深刻的。第110窟的核心思想是表现小乘说一切有部的“菩萨观”。而且集中在“最后身菩萨”的理念上。

说一切有部的“菩萨观”不仅与大乘的“菩萨观”有根本的不同，也与部派佛教的其他派别有些差异，形成了特殊的“菩萨观”。部派佛教的“阿毗达磨”论师一般认为菩萨从发心修行到成佛，要经历四个阶段，又称“四阶成道”。四个阶段是三阿僧祇劫修行时代（南传为四阿僧祇劫）、百劫修行时代（南传为千劫）、从悉达多太子诞生到逾城出家、三十四心断结成道（降魔成道）。说一切有部赞同这四个阶段，但在具体内容上，有自己的解释。主张第一阶段的“三阿僧祇劫”中还有大、中、小之别。这些细节问题这里就不做讨论了。

百劫修行阶段，说一切有部有一个特别强调的说法，认为释迦菩萨不需经过百劫，只修九十一劫既可成“妙相业”，因为释迦菩萨自己超越了九劫。

> 唯除释迦菩萨，以释迦菩萨极精进故超九大劫，但经九十一劫修习圆满，便得无上正等菩提。其事云何，如契经说，过去有佛号曰底砂，或曰补砂。彼佛有二菩萨弟子勤修梵行，一名释迦牟尼，二名梅怛俪药。尔时彼佛观二弟子谁先根熟，即如实知慈氏先熟，能寂后熟。复观二士所化有情谁根先熟，又如实知释迦所化应先根熟，知已即念。我今云何令彼机感相会遇耶，然令一人速熟则易，非令多人，作是念已，便告释迦，吾欲游山汝可随去。尔时彼佛取尼师檀，随路先往既至山上。入吠琉璃龛敷尼师檀，结跏趺坐入火界定。经七昼夜受妙喜乐，威光炽然。释迦须臾亦往山上处处寻佛，如犊求母。展转遇至彼龛室前，欻然见佛威仪端肃光明照曜，专诚恳发喜叹不堪，于行无间忘下一足。瞻仰尊颜目不暂舍。经七昼夜，以一伽他赞彼佛曰：天地此界多闻室　逝宫天处十方无　丈夫牛王大沙门　寻地山林遍无等。如是赞已便超九劫，于慈氏前得无上觉。②

百劫修行主要就是修“妙相业”，亦称修“相异熟业”。实际上就是修“三十二相，八十种好”的百福庄严之相。修成此业，方成为真菩萨。说一切有部说真菩萨可以得到“五胜事”。

---

① 任平山2008年发表的《说一切有部弥勒观》，是其《克孜尔中心柱窟的图像构成》中心思想的一部分，集中阐发了他对克孜尔石窟壁画中的兜率天释迦菩萨观点。该文发表在《西域研究》2008年第2期，第104~115页。

② 《阿毗达磨大毗婆沙论》卷一百七十七,《大正藏》第27册，第890页。

舍五劣事得五胜事。一舍诸恶趣恒生善趣、二舍下劣家恒生贵家、三舍非男身恒得男身、四舍不具根恒具诸根、五舍有忘失念恒得自性生念，由此得名真实菩萨。①

释迦菩萨修“相异熟业”后，受生于兜率天当作“一生所系菩萨”，准备降生人界成佛。“一生所系菩萨”亦称“一生补处菩萨”，梵语原意是“最后的轮回者”，为菩萨的最高位。经过此位，来生必定于世间成佛。关于菩萨为何要在兜率天做“一生所系菩萨”而不在天界成佛，说一切有部也有与众不同的理由，下面将做讨论。

从悉达多太子诞生到逾城出家是部派佛教主张的第三阶段。释迦菩萨从兜率天下降人间，成为释迦族的太子。释迦菩萨如何降生，在部派佛教中是有争论的。悉达多太子经过宫中生活，见世间诸相，发心出家，于是决然离走，标志着释迦菩萨开始修“三解脱门”，向“金刚喻定”迈进。

三十四心断结成道即降魔成道，是释迦菩萨断惑证理，达到无上正等菩提，成佛的实现，同时是菩萨修行的终结。三十四心断结成道即用“八忍”“八智”“九无碍”“九解脱”刹那之心，断尽烦恼而成就佛道。

部派佛教认同菩萨道修行的四阶段，其中过去生占二分，现在生占二分。过去生的二分是三阿僧祇劫修行时代和百劫修行时代。现在生二分是自兜率天降诞到逾城出家和三十四心断结成道。佛教学术界将过去生二分称为“轮回时代的菩萨”，因为在此时期菩萨一直在生死轮回中不断轮转。将现在生二分称为“最后身菩萨”，因为从兜率天下降人间，行将成佛之身前，是菩萨的“最后身菩萨”时期，菩萨不再堕入轮回中，而成为三界的导师②。

三、兜率天上的“护明菩萨”

第110窟窟门上方壁画，应该是“释迦菩萨说法图”。内容是释迦菩萨在兜率天为“一生所系菩萨”准备下生前，向“乐法的菩萨众”“昼夜恒时说法”的场面。释迦菩萨讲的是一百八法明门，这些“法明门”是使“众生破除昏暗，通达一切智慧”的重要法门。据《佛本行集经》载：

告于一切诸天众言：汝等诸天，今此一百八法明门，一生补处菩萨大士，在兜率宫，欲下托生于人间者，于天众前，要须宣畅说此一百八法明门，留与诸天，以作忆念，然后下生。汝等诸天，今可至心谛听谛受，我今说之。③

释迦菩萨讲完此法门后，即下生人间。这是释迦“最后身菩萨”的初始阶段。唐慧琳《一切经音义》曰：

珊覩史多……梵语也，上方欲界中天名也，古名兜率陀或云兜术，皆讹略也，唐云知足，以下天多放逸，上天多闇钝，受乐不进，故云知足。一生补处最后身菩萨多作此天王，当来弥勒见今在彼天为王。④

---

① 《阿毗达磨大毗婆沙论》卷一百七十六，《大正藏》第27册，第887页。

② 〔日〕木村泰贤著，演培法师译：《小乘佛教思想论》，（台）天华出版事业股份有限公司，1980年，第61页。

③ 《佛本行集经》卷六《上托兜率品下》，《大正藏》第3册，第680页

④ 《一切经音义》卷十一，《大正藏》第54册下，第342页。

这段文字明确指出，释迦菩萨在兜率天时，也就是最后身菩萨的身份。

大小乘对“最后身菩萨”和“一生所系菩萨”的认识有所不同，说一切有部主张菩萨有四种“入胎”，由兜率天降生人间即是“最后身菩萨”的开始，《阿毗达磨大毗婆沙论》记：

> 有说，第四入胎是最后身菩萨，谓从睹史多天殁下生净饭王宫时。[①]

但有部也认为释迦菩萨在百劫阶段时，已超越九劫修习圆满，已是不堕“恶趣”之身，下降兜率天成“一生所系菩萨”，受此一次菩萨身相，也就是“最后身菩萨”实际的开端。这与《一切经音义》所记是一致的。

释迦菩萨在兜率天是有具体名字的，称为护明菩萨（有的佛经称为能仁菩萨、善慧菩萨）。护明菩萨是过去佛迦叶授记给释迦牟尼成佛前的菩萨称号。《佛本行集经》载：

> 尔时，护明菩萨大士，从于迦叶佛世尊所护持禁戒，梵行清净，命终之后，正念往生兜率陀天。……然此菩萨，亦生兜率，其兜率陀所居诸天，即唤菩萨，名为护明，以是因缘，号为护明。诸天展转，称唤护明，其声上彻至净居天，及到阿迦腻咤天顶。[②]

《大唐西域记》卷七载：

> 慈氏菩萨受记西有窣堵波，是释迦菩萨受记之处。贤劫中人寿二万岁，迦叶波佛出现于世，转妙法轮，开化含识，授护明菩萨记曰：是菩萨于当来世众生寿命百岁之时，当得成佛，号释迦牟尼。[③]

关于释迦菩萨受生兜率天的理由，说一切有部有很多说法。《阿毗达磨大毗婆沙论》卷一百七十八曰：

> 问何故菩萨唯于睹史多天（兜率天）受天趣最后异熟，不于余天耶？胁尊者言，此不应问，若上若下俱亦生疑，然生彼天不违法相。有说，睹史多天是千世界天趣之中犹如齐法，是故菩萨唯生彼天。有说，下天放逸上天根钝，唯睹史多天离二过失。菩萨怖畏放逸厌患钝根，故唯生彼。有说，下天烦恼利上天烦恼数，睹史多天离此二种。菩萨厌此二类烦恼，故生彼天。有说，菩萨唯造作增长彼天处业，故唯生彼。有说，唯睹史多天寿量与菩萨成佛及赡部洲人见佛业熟时分相称，谓人间经五十七俱胝六十千岁，能化所化善根应熟，彼即是睹史多天寿量，是故菩萨唯生彼天。若生上天寿量未尽善根已熟，若生下天寿量已尽善根未熟，故不生彼。有说，为化睹史多天无量乐法菩萨众故，谓彼天中有九廊院，廊各十二踰缮那量，乐法菩萨常满其中。补处菩萨昼夜六时恒为说法，上下天处无如是事。有说，菩萨恒时乐处中行，故于最后生处中睹史多天。从彼殁已生中印度劫比罗筏窣睹城，于夜中分踰城出家，依处中行成等正觉，为诸有情说处中法，于夜中分入般涅槃。由此唯生睹史多天，非余天处。问何缘菩萨于最后有唯从天殁不从人来。答有说，于诸趣中天趣胜故。有说，从天上来人所重故。有说，从天来时有神变事，从人趣来无如是事。有说，人中无有如是寿量如睹史多与善根熟时相称可故。有说，睹史多天乐法菩萨业

① 《阿毗达磨大毗婆沙论》卷一百七十一，《大正藏》第27册，第863页。

② 《佛本行集经》卷五《上托兜率品上》，《大正藏》第3册，第676页。

③ 《大唐西域记》卷七，《大正藏》第51册，第905页。

增上力，令此菩萨必生彼天为说法故。有说，菩萨彼有生天业定应受故。有说，若菩萨频生人中而成佛者，则生厌贱不受化故。问何不即于覩史多天成正等觉，而必来人间耶，答随诸佛法故。谓过殑伽沙数诸佛世尊，皆于人中而取正觉故。复次天趣身非阿耨多罗三藐三菩提所依止故。复次唯人智见猛利能得阿耨多罗三藐三菩提故。复次诸天耽着妙欲，于入正性离生得果离染等事非增上故。复次人趣根性猛利多分能受如来正法，天趣不尔。复次最后有菩萨必受胎生，天趣唯化生故。复次有二事处佛出世间，一有厌心，二有猛利智，当知此二唯人趣有。复次人天并是法器，为欲俱摄故来人间，若在天上则人无由往，又不可令天上成佛，来人间化人当疑佛，是幻所作不受法故，是以菩萨人间成佛。然菩萨住覩史多宫。彼寿量尽将下生时。先观四事。一观时分。二观处所。三观种姓。四观依器。观时分者。观诸世间于何时中佛应出世，即知从人寿八万岁，乃至百岁时佛应出世，今正是时。观处所者，谓观世间于何方处佛应出世，即知于赡部洲中印度佛应出世。非边地达絜蔑戾车中，观种姓者，谓观世间何种姓中佛应出世，即知或刹帝力或婆罗门种姓中佛应出世。随彼时强胜者即生其中，观依器者，谓观世间何等女人，父母种姓并皆清净，胎藏宽博无诸过失。能持菩萨那罗延力所合成身经十月日，即知赡部洲中有是女人名字某甲堪为依器，菩萨如是观四事已。即告行道天子言，汝可巡告覩史多天众，却后七日，补处菩萨当从此殁生赡部洲中印度劫比罗筏窣覩城。[1]

《阿毗达磨大毗婆沙》罗列了许多释迦菩萨要在兜率天做“补处菩萨”的理由，看来说一切有部不是强调某一个理由，而是所有这些理由都是认同的。这些理由综合起来，不难看出说一切有部对菩萨兜率天预备投生阶段特别重视。其中“菩萨恒时乐处中行，故于最后生处中覩史多天。从彼殁已生中印度劫比罗筏窣覩城，于夜中分逾城出家，依处中行成等正觉，为诸有情说处中法，于夜中分入般涅槃”。道出了释迦菩萨选择诸天界中间的兜率天做“最后身”之处，而后就降生在中印度劫比罗筏窣覩城、于夜中时分逾城出家，又按中道思想成佛，为诸众生讲“处中法”（非空、非有），最后于中夜涅槃。表达了释迦牟尼追求“中道”的整体思想。这个理由也正是释迦牟尼一生六个重大事迹表述的思想基础。这与后来的“佛传”形成与完善是一脉相承的。第110窟的“释迦菩萨说法图”的深刻含义就在这里。

四、三十四心断结成道

三十四心断结成道，就是通常所说的“降魔成道”。所谓三十四心是指八忍、八智与九无间道、九解脱道。也就是释迦菩萨达到大彻大悟，求得正果，觉行圆满，成为真理觉悟者。释迦牟尼成佛经无数劫的轮回修炼打下量的积累，但还需要用最后的智慧来完成质的飞跃。这个飞跃就是三十四心的断结。释迦菩萨最后进入“金刚喻定”坐在“金刚座”上，做如下思维：

---

① 《阿毗达磨大毗婆沙论》卷一百七十八，《大正藏》第27册，第892、893页。

立如是誓我今要当不起此座，降魔军众永断诸漏证取无上正等菩提。立此誓已寻时摧破三十六俱胝（俱胝相当一亿）恶魔军众。以三十四心得阿耨多罗三藐三菩提。[①]

魔是魔罗的简称。梵文Mara，是由梵语动词Mr（死）派生出来的。魔罗是佛教独创的魔，魔罗是集一切有碍涅槃的物质和精神的人格化。魔代表邪恶和异端，也代表人们头脑中的贪欲和无明。

魔罗通常分为心内的“烦恼魔”和心外的“天魔”。但它们又往往是合二为一的。上面引述的一段《阿毗达磨大毗婆沙论》告诉我们，佛陀先粉碎魔罗军众的破坏，随之就三十四心断结。显然，这是降伏外心魔与降伏内心魔两个内容，但属于一个因缘。首先是释迦菩萨发心誓愿成佛，而冲击了魔罗，魔罗自然要发难阻碍，这是一种必然的逻辑。《佛本行集经》卷二十七曰：

尔时，菩萨坐彼菩提树下之时，发是要誓：我不成道，不起此座。是时魔王波旬，内心生大恐怖，即作是言：应此刹利释种之子，欲得除灭我之境界，欲得令我出此境界。若彼胜我在于我前，必教诸人令得涅槃，为诸人说涅槃方便，使我境界当成虚空。而彼即今未得净眼，在我境界，我今须作勤劬方便，令其所行退失起走。[②]

在巴利文《经集》第二章《精进经》里，佛陀与魔罗的斗争，就是一场平和的说理对话。但佛陀揭露出了魔罗邪恶的本质：

爱欲是你的第一支军队，第二支叫忧脑，第三支是饥渴，第四支叫贪欲，第五支是昏沉，第六支叫怯懦，第七支是疑惑，第八支是虚伪自私，第九支是靠不正当手段获得利益、荣誉、崇敬和名声，第十支是吹嘘自己，贬低别人。[③]

这十支贪欲军队，实际上就是三十四心要断的“结”。部派佛教发展了这个思想，通过“阿毗达磨”演化出复杂的三十四心内容。佛教的本质是注重自身的修炼，强调克服自身的爱欲和贪欲。三十四心断结，归根结底是释迦菩萨自我觉悟的成果。佛陀降伏魔罗、三十四心断结后的心情，佛经有如下描述：

尔时，菩萨既已降伏一切魔怨，拔诸毒刺建立胜幢，坐金刚座已，灭一切诸世间内诤斗之心。灭诤斗已，内外调伏，心清净行，为令一切世间众生作利益故，为令一切世间众生得安乐故，为令一切诸恶众生发慈心故，为断一切诸恶众生结垢行故。自己灭除睡眠缠盖，心得清净，光明现前，正念圆满，亦教众生，令断一切睡眠覆障。自己断除一切调戏，得清净心，无有浊乱，亦教众生，令灭一切调戏之心，使得清净。自断一切疑悔之心，离暗弊行，于诸善恶一切法中，无有疑滞，得清净心。[④]

以上这些，在佛教绘画艺术中是难以表示的。只有用夸张、渲染、刺激的降魔场面来烘托取得修炼成就的佛陀。

“降魔成道”即是释迦牟尼成佛的标志，也是修“菩萨道”结束的标志。这在克孜尔第110窟“佛传”壁画的吐火罗文题记中有清楚的表述。德国吐火罗语专家史密特教授在其《克孜尔110窟

① 《阿毗达磨大毗婆沙论》卷一百八十二，《大正藏》第27册，第913页。

② 《佛本行集经》卷二十七，《大正藏》第3册，第779页。

③ 郭良鋆译：《经集》，中国社会科学出版社，1990年，第47页。

④ 《佛本行集经》卷三十《成无上道品》，《大正藏》第3册，第792页。

佛传故事画中龟兹文题记的解读》中称：

> 在悉达多·乔达摩太子成道前，用菩萨这一称呼，龟兹语作bohisatve（有时写作podhisatve），在他成道后也即第34幅画之后，改称为“全知的人，导师”。[①]

史密特教授所说的第34幅画，就是该窟东壁上的“降魔成道”图。这是为了将佛传故事连续起来的一幅小型“降魔成道”图。在德国勒柯克、瓦尔德施密特的《新疆佛教艺术》第110窟的图版说明里，对吐火罗文题记的翻译、释迦菩萨成道前后名称，也是区分得十分清楚的。例如，成道前称“菩萨离开了他沉睡的妻子”“菩萨离开了河道”“由妇女们奉献的钵是空着放在菩萨的脚跟前的”等。当进入成道时，就均改称佛陀了，如“佛陀遭到前后魔鬼对他的攻击”“佛陀登上宝座”“他们给佛陀供应饭食”等[②]。以上第110窟的吐火罗文的题记，准确表明了释迦牟尼成佛前的菩萨身份。

五、释迦菩萨入胎

克孜尔第110窟“佛传图”的第一幅图，现已不存。根据德国考察队当年拍摄的照片，是“白象入胎”（图四），其构图形式与犍陀罗石雕是相同的（图五）。画面为：释迦牟尼之母摩耶夫人躺在床上入睡，正上方一白象从天而降，摩耶夫人左右为侍女。这张照片也是目前所能看到的唯一一幅龟兹石窟“白象入胎”图。第110窟“佛传图”就是从“白象入胎”开始的，完全符合说一切有部的理念。

图四　第110窟主室右壁化象入胎

图五　犍陀罗石雕中的化象入胎

释迦菩萨从兜率天如何下生人间和投胎方式，是部派佛教不同派别“菩萨观”的重要组成部分。据说一切有部尊者世友著《异部宗轮论》所说，部派佛教中的大众部、一说部、说出世部、鸡胤部对菩萨入胎的观点是一致的，它们认为：

---

① 史密特著，彭杰译：《克孜尔110窟佛传故事画中龟兹文题记的解读》，《新疆文物》2004年第1期，第124页。

② 勒柯克、瓦尔德施密特：《新疆佛教艺术》，新疆教育出版社，2006年，第214、215页。

一切菩萨入母胎时，作白象形。一切菩萨出母胎时，皆从右胁。一切菩萨不起欲想、恚想、害想。[1]

释迦菩萨为何作白象入胎？佛教论师举出两个理由：①百兽中唯象性情最为调顺柔和，虽有无比的威力，但不横暴践踏生命。用白象形象表示菩萨性善慈悲，和蔼可亲，虽具威力，而利生为主，从不伤害有情。②世间百兽，以渡河能力说，兔、马、象三兽中唯象不仅能测水的深浅，且能大量负载有情渡至彼岸，象征能穷达三界、十二因缘的真理，济救众生。作白象形有两种主张，一是“化作六牙白象”，一是“乘六牙白象”。说一切有部认为，化为白象只是一种象征性，不能视为必然，因为释迦菩萨早在九十一劫时就不堕“恶趣”，而象为“傍生类”（畜生），当然不会以傍生入胎，而应该是乘象入胎。但有部并不完全反对化为白象入胎。化作白象是显示菩萨的慈悲与善性，但不承认化作白象入胎是真实的形态。故认同菩萨“白象入胎”不等于认同菩萨以“傍生”入胎。《阿毗达磨大毗婆沙论》说：

问菩萨中有若如是者法善现（大德）颂当云何通。如说：白象相端严具六牙四足 正知入母腹寝如仙隐林。答此不须通非三藏故。文颂所说或然不然，诸文颂者言多过实。若必须通应求彼意随现梦相故作是说。谓彼国中梦见此相以为吉瑞，故菩萨母梦见此事欲令占相。诸婆罗门闻已咸言，此相甚吉。故法善现作如是说，亦不违理。菩萨已于九十一劫不堕恶趣，况最后身受此中有而入母胎，是故智者不应依彼所说文颂，而言菩萨所受中有如白象形。[2]

第110窟采用“白象入胎”形象，表明了龟兹佛教认同菩萨“白象入胎”的象征性的表现形式。

六、释迦菩萨右胁降生

释迦菩萨如何降生，也是部派佛教有争议的话题。前面已经介绍了部派佛教中的大众部、一说部、说出世部、鸡胤部对菩萨入胎的观点，他们认为：“一切菩萨出母胎时，皆从右胁。”说一切有部有不同看法，认为释迦菩萨既然受生于人间，应该与人的诞生是一样的。但又认为如从产道出生是不洁净的。一般有情降生要经过滑位、疱位、血肉位、坚肉位、支节位而始出胎。有部说最后身菩萨是“异生”，自然要经过此五个阶段。但由于释迦菩萨广修善因故在母胎中不染秽垢。《施设论》卷二曰：

何因菩萨，住母胎中，而能不染胎藏诸垢，无血肉垢无杂秽垢，乃至余诸不净垢等而悉不染。答菩萨往昔修因，其事广大，谓于父母知识及师尊所，并余沙门婆罗门众，不生恼害。而复爱乐不恼害者，即以清净事用所摄。谓持清净卧具，衣服饮食，涂香秣香，及妙花鬘床座舍宇，灯明等物，广行布施。以清净法，普照众生。由斯善业同分因故，住母胎中，不染诸垢。[3]

① 《异部宗轮论》，《大正藏》第49册，第15页。
② 《阿毗达磨大毗婆沙论》卷七十，《大正藏》第27册，第361页。
③ 《施设论》卷二，《大正藏》第26册，第517页。

虽然说一切有部论典中，没有菩萨右胁出生的文字，但上述在母胎中不染秽垢的论说，暗示着菩萨不从产道出生的观念。实际上对右胁降生没有反对。其主要是认同从右胁出生的洁净性，与上述入胎一样，右胁降生在说一切有部看来，只是一种象征的意义（图六、图七）。

图六　第110窟主室右壁树下诞生

图七　犍陀罗石雕中的树下诞生

七、释迦菩萨受记成佛

关于释迦牟尼的传记，汉译有关佛经，多以“燃灯佛授记”作为开始。这种观点成为佛教的主流观点。主流之说主要是根据《佛种姓经》等记载而来。但说一切有部有自己的主张。首先，说一切有部认为释迦菩萨在“三阿僧祇劫”时，供养奉事过许多佛。《阿毗达磨大毗婆沙论》说：

> 于一一劫阿僧企耶逢事几佛，答初劫阿僧企耶逢事七万五千佛，最初名释迦牟尼最后名宝髻。第二劫阿僧企耶逢事七万六千佛，最初即宝髻最后名燃灯。第三劫阿僧企耶逢事七万七千佛，最初即燃灯最后名胜观。于修相异熟业九十一劫中逢事六佛，最初即胜观最后名迦叶波。①

这段记载，没有说释迦菩萨是受燃灯佛的记别而成佛。但在其他佛典里，却强调释迦菩萨是在修“相异熟业”的九十一劫期间，奉事六佛而得相好圆满之身。六佛是毗婆尸佛（亦称胜观佛）、尸弃佛、毗舍浮佛、拘留孙佛、拘那含牟尼佛和迦叶佛，加上释迦牟尼称为“过去七佛”。六佛最后一身是迦叶佛，也就是释迦牟尼前一身佛。故释迦菩萨是受迦叶佛记别下生兜率天的。《根本说一切有部毗奈耶破僧事》曰：

> 尔时迦叶波如来应供正遍知明行足善逝世间解无上士调御丈夫天人师佛薄伽梵，出兴于世。时彼释迦牟尼菩萨，于迦叶佛所，发阿耨多罗三藐三菩提心，净修梵行生睹史多天。②

《四分律行事钞简正记》简明扼要曰：

---

① 《阿毗达磨大毗婆沙论》卷一百七十八，《大正藏》第27册，第892页。

② 《根本说一切有部毗奈耶破僧事》卷一，《大正藏》第24册，第100页。

……皆名菩萨，若小乘三祇劫满，百劫修妙相，名住定菩萨。得前佛授记，生覩史陀天，名补处菩萨。从天下降于人间，未成佛前，名最后身菩萨也。①

前面所引的《佛本行集经》也明确说：“护明菩萨大士，从于迦叶佛世尊所护持禁戒，梵行清净，命终之后，正念往生兜率陀天。”《大唐西域记》也记“迦叶波佛出现于世，转妙法轮，开化含识，授护明菩萨记曰：是菩萨于当来世众生寿命百岁之时，当得成佛，号释迦牟尼”。由于上述原因，在说一切有部里，授记成佛的观念与众不同，强调的是“得前佛授记”即迦叶佛授记。故在说一切有部的“佛传”典籍中，“燃灯佛授记”不是释迦牟尼成佛唯一的授记佛。这种情况在龟兹石窟中也有反应。现存壁画中“燃灯佛授记”事迹属于“过去佛”之一。第110窟是“佛传”的全集式壁画，佛陀传记是从“白象入胎”开始的，而没有任何“授记”的内容，这是说一切有部的理念。说一切有部所以如此看待燃灯佛，与《阿毗达磨大毗婆沙论》一段论述有关：

然灯佛本事，当云何通？答：此不必须通。所以者何？非素怛缆、毗奈耶、阿毗达磨所说，但是传说，诸传所说，或然不然。②

说一切有部认为燃灯佛本生，不是经、律、论中所说，只是一种传说，可信，也不可信。这样的认识，当然不会将燃灯佛授记看成最重要的事件。龟兹佛教非常重视“过去七佛”的崇拜，故燃灯佛授记只是“过去七佛”之前诸佛授记事迹之一。这就是龟兹石窟壁画中，燃灯佛没有像中国内地那样突出的重要原因。第110窟近邻的第114窟主室前壁门上方的七身坐佛；第80窟主室正壁上方“佛降伏六师外道”上方的七身坐佛等。这些都是说一切有部注重释迦菩萨“于修相异熟业九十一劫中逢事六佛”事迹的表现。看来，说一切有部认为迦叶佛是释迦菩萨成佛的直接授记者，但在“佛传”中又不出现形象。龟兹石窟壁画与犍陀罗石雕一样，佛传事迹大多起于“白象入胎”或“树下降生”。

八、四波罗蜜多

克孜尔第110窟西、北、东壁下部壁画的内容是“本生故事”。可惜的是绝大部分已经毁坏。仅在东壁下部尚可识别出“须陀素弥王（亦称普明王）诚而有信”本生故事。根据此本生故事的部位看，该窟三壁下部应该都是本生故事，其数量不会很少。“须陀素弥王诚而有信”本生故事，是释迦菩萨修“菩萨道”中最重要的内容之一。在部派佛教部分派别和大乘佛教主张的六波罗蜜（六度）中，“须陀素弥王”本生故事均列为“持戒”的圆满之相。③

说一切有部对修菩萨道非常重视，认为释迦菩萨在“金刚喻定”前，所有阶段都是在修波罗蜜多。而且坚持释迦菩萨修的是四波罗蜜多，即布施、持戒、精进、智慧。关于有部四波罗蜜多思想，《阿毗达磨大毗婆沙论》卷一百七十八有详细论述：

---

① 《四分律行事钞简正记》，《卍续藏》第43册，第11页。

② 《阿毗达磨大毗婆沙论》卷一八三,《大正藏》第27册，第916页。

③ 《止观辅行传弘决》卷三，《大正藏》第46册，第233页；《天台四教仪》，《大正藏》第46册，第774页。

问如说菩萨经三劫阿僧企耶，修四波罗蜜多而得圆满。谓施波罗蜜多、戒波罗蜜多、精进波罗蜜多、般若波罗蜜多。当言于何时分修何波罗蜜多而得圆满，答有说，若菩萨行布施时，不为悭恪之所屈伏，当言施波罗蜜多圆满。持净戒时不为恶戒之所陵杂，当言戒波罗蜜多圆满。起精进时不为懈怠之所退败，当言精进波罗蜜多圆满。修般若时不为恶慧之所娆浊，当言般若波罗蜜多圆满。有说，若时菩萨但以悲心能施一切一切种物，乃至身命头目髓脑都无少许恋着之心，齐此名为施波罗蜜多圆满。若时菩萨横被有情斩截手足，割劓耳鼻，或斫身分，乃至无完如芥子许，尔时无有一念瞋心，况欲加报，齐此名为戒波罗蜜多圆满。若时菩萨心勇猛故。经七昼夜一足而立不瞚而视，以一伽他赞叹于佛，而无一念懈倦之心，齐此名为精进波罗蜜多圆满。若时菩萨名瞿频陀精求菩提，聪慧第一论难无敌，世共称仰，齐此名为般若波罗蜜多圆满。或说，乃至坐金刚座入金刚喻定，将证无上正等菩提，齐此方名般若波罗蜜多圆满。如是说者，此等所说皆依一时，一行增上说为圆满。如实义者，得尽智时此四波罗蜜多方得圆满。外国师[①]说，有六波罗蜜多，谓于前四加忍静虑，迦湿弥罗国诸论师言，后二波罗蜜多即前四所摄。谓忍摄在戒中，静虑摄在般若，戒慧满时即名彼满故。复有别说，六波罗蜜多，谓于前四加闻及忍，若时菩萨能遍受持如来所说十二分教，齐此闻波罗蜜多名为圆满。若时菩萨自称忍辱被羯利王割截支体，曾无一念忿恨之心，反以慈言誓饶益彼，齐此忍波罗蜜多名为圆满。此二亦在前四中摄，忍如前说闻摄在慧，虽诸功德皆可名为波罗蜜多，而依显了增上义说，故唯有四。[②]

说一切有部认为忍辱包括在持戒之内，禅定包括在智慧之内。我们在观察龟兹石窟壁画内容时，就应该按说一切有部的观念分析研究。将龟兹石窟本生壁画套在“六度”分类上，与说一切有部思想是不合的。

第110窟将释迦菩萨“修菩萨道”的本生故事，置于洞窟三壁的下部，这在龟兹石窟晚期洞窟中，是比较多见的。根据部派佛教的发展趋势，这个现象可能与《俱舍论》的传入有关系。4～5世纪，出生在印度犍陀罗的世亲法师以“理长为宗”的精神，将繁杂的有部教理，整理成“体系严整、论旨明彻” 的《阿毗达磨俱舍论》（简称《俱舍论》）。《俱舍论》引入了经量部批判说一切有部“三世”的观点。经量部所主张的观点：现在有是“实有”，而过去、未来是“假有”，说“现在是现有，过去是曾有，未来是当有”。也就是说，只有现在的“法”才是实在的有，过去、未来并无实体可言。这就从根本上动摇了原来“三世实有”的理论基础。现在我们还没有直接的文献证明《俱舍论》对龟兹石窟有哪些具体的影响，但从龟兹石窟壁画中，有比较强烈的感觉，即龟兹石窟发展期的后期和繁盛期（6～7世纪），佛陀行“菩萨道”的“本生”故事明显减少，其背景当与“现在实有，过未假有”观念有很大的关系。另外，经部是重“经”不重“论”的，在讲经时，又善于用“譬喻”手段说解经典，故“经部”又称“譬喻部”。“经部”在论经中，诞生了以鸠摩罗多为先导的一批“譬喻师”。鸠摩罗多著有《喻鬘论》，以故事的方式解释佛的道理，即“以事喻经”。克孜尔石窟的大量因缘和佛传故事，应该是与《俱舍论》带来的“经部”理念有关

① 指说一切有部以外的诸部论师，含轻贬之意。

② 《阿毗达磨大毗婆沙论》卷一百七十八，《大正藏》第27册，第892页。

联的，也是与“譬喻师”在龟兹广传“譬喻”分不开的。重要的是，20世纪30年代，德国考察队在克孜尔石窟发现了明确写有鸠摩罗多所著的《喻鬘论》的梵文残本①。这就为经部思想在龟兹的传播提供了重要佐证。

克孜尔第110窟还有许多值得研究的课题，如券顶菱格图中的众多坐佛，应该是象征释迦菩萨在三阿僧祇劫、百劫修行时代“逢事”的诸佛。还有禅定菩萨、禅定僧、禅定猴等，以及前壁门道左右开两个龛，其中塑的是什么尊像？佛传图中出现“裸形外道”是什么故事？这些将在后续研究中进一步解读。

Reinterpretation of Cave 110 of Kizil Grottoes

—Research of Antima-dehab Bodhisattva of Sarvastivada Schools

Huo Xuchu

(Kucha Academy of Xinjiang)

Germany and Chinese scholars have studied roundly Cave 110 of Kizil Grottoes, a typical cave of Biography of Buddha, which describing Buddha's life from descent into earth from Tusita to nirvana, yet we still know nothing about Buddhism philosophy. The article will discuss about this problem based on mural painting layout, content and features.

I. According to Sectarian Buddhism, Bodhisattva Path, before Enlightenment, was divided into four stages: practice in three incalculable eons, practice in one hundred kalpas, practice from birth of Prince Siddhartha to becoming a monk after jumping over the wall, and victory over devils. The first two stages are called the past two periods, which Buddhism circle named Bodhisattva in transmigration, and the last two stages present two periods, named antima-dehab Bodhisattva.

II. Prabhapala Bodhisattva Teaching picture above the front wall presents Sarvastivada school's idea about antima-dehab Bodhisattva, together with maratarjana picture on the main wall.

III. On the basis of Sarvastivada school's idea, Sakyamuni became Buddha after Vyakarana by Kasyapa Buddha, and the story of Buddha Dipamkara in Vyakarana is only a tale.

IV. The representation method of a white elephant entering Maya's body reflects Sarvastivada schools' special conception.

V. Meditation Buddha of ceiling reveals practice in one hundred kalpas.

VI. Srutasoma jataka story preserved on the ceiling is sampad laksana of morality of Sarvastivada

① 关于鸠摩罗多《喻鬘论》，有学者认为鸠摩罗什所译马鸣的《大庄严经论》即是《喻鬘论》。详见陈寅恪：《童受喻鬘论梵文残本跋》，《金明馆丛稿二编》，上海古籍出版社，1980年，第207～211页；《印顺法师佛学著作全集》第十五卷《说一切有部的论书与论师之研究》第七章，第二节，第三项，中华书局，2009年，第284页；杨富学：《德藏西域梵文写本：整理与研究回顾》，《敦煌研究》1994年第2期，第127～138页。

schools' four paramitas, so jataka story of Cave 110 should be painted with the four paramitas, including charity, morality, effort and wisdom.

The sixty Buddha's legend stories of Cave 110, which are a parable form of visualization, literature and popularization of Sakyamuni's biography, embody Bodhisattva ideas of Sarvastivada schools. The schools, influenced by Sautrantika schools and darstantika, developed traditional abhidharma, combining speculation with literature and art.

龟兹石窟壁画精进力比丘本生与六种众生譬喻图像内涵分析

李静杰
（清华大学美术学院）

在龟兹地区的中心柱窟中，主室券顶两侧壁多以菱形格山峦为背景，表现本生、因缘、譬喻图像，用作修行者的禅观对象。本稿选择其中的精进力比丘本生图像、六种众生譬喻图像分析，认为这两种图像反映了小乘佛教的原始教义和止观法门，相对于五停心观，对小乘佛教修行者提出了更直接的和升级的要求。

一、精进力比丘本生图像

精进力比丘本生（Viryabala），据西晋法炬、法立译《法句譬喻经》卷三记述，往昔此比丘在山中树下修行求道，时有四禽兽共议世间何者最苦。乌鸦云饥渴最苦，饥渴之时六神不安，乃至投身罗网引来杀身之祸。鸽子云淫欲最苦，以至无所顾忌而危及生命。毒蛇云瞋恚最苦，导致杀人或自杀。鹿云惊怖最苦，时常遭受猎人和猛兽的困扰。精进力比丘云，四禽兽所论皆为枝末，身躯才是痛苦的根本，因此须自己舍俗学道，志求静寂涅槃。佛云，其时比丘即我之前生，四禽兽则是四比丘前生[①]。

该本生故事包含着四谛，即苦（三界六趣之苦报）、集（贪、瞋、痴烦恼及诸恶业之集聚）、灭（静寂涅槃）、道（通往解脱的道路）的深意。饥渴、淫欲为贪欲之属，连同瞋恚集聚为苦之本源，二者统一在有情身躯，故身躯为痛苦的根本。出家学道，舍此报身，后世苦果永不相续，则达成静寂涅槃。就宗教实践而言，该故事涉及的贪欲、瞋恚、惊怖，在后汉安世高译小乘禅法中列

---

① （西晋）法炬、法立译《法句譬喻经》卷三，云“昔佛在舍卫国精舍，时有四比丘坐于树下，共相问言，‘一切世间何者最苦’。（中略）佛说偈已告诸比丘，往昔久远无数世，时有五通比丘名精进力，在山中树下闲寂求道。时有四禽依附左右，常得安隐，一者鸽，二者乌，三者毒蛇，四者鹿。是四禽者，昼行求食暮则来还。四禽一夜自相问言，‘世间之苦何者为重’。乌言，‘饥渴最苦，饥渴之时身羸目冥神识不宁，投身罗网不顾锋刃，我等丧身莫不由之，以此言之饥渴为苦’。鸽言，‘淫欲最苦，色欲炽盛无所顾念，危身灭命莫不由之’。毒蛇言，‘瞋恚最苦，毒意一起不避亲踈，亦能杀人复能自杀’。鹿言，‘惊怖最苦，我游林野心恒怵惕，畏惧猎师及诸豺狼，髣髴有声奔投坑岸，母子相捐肝胆悼悸，以此言之惊怖为苦’。比丘闻之即告之曰，‘汝等所论是其末耳，不究苦本。天下之苦无过有身，身为苦器忧畏无量，吾以是故舍俗学道，灭意断想不贪四大，欲断苦原志存泥洹。泥洹道者寂灭无形，忧患永毕尔乃大安’。四禽闻之心即开解。佛告比丘，‘尔时五通比丘则吾身是，时四禽者今汝四人是也”（《大正藏》第4册，第595页上、中）。

为止观对象①。同时，贪、瞋还是不净观、慈悲观诊治对象，与五停心观（不净观、慈悲观、因缘观、界分别观、数息观）联系在一起。因此，精进力比丘本生在体现小乘佛教教义和禅法方面，具有相当的概括性和代表性。龟兹石窟以壁画形式表现的精进力比丘图像，则是适用于修行者禅观实践的需要。

龟兹石窟壁画精进力比丘本生图像，典型实例见于拜城克孜尔第17窟主室券顶西侧壁面（图一）②、克孜尔第171窟主室券顶西侧壁面（图二）③、库木吐喇第43窟主室券顶北侧壁面（图三）④。三者均表现在菱形格构图的山峦背景中，修行者一概坐在树下，近乎裸体，肩挎帔帛，帔

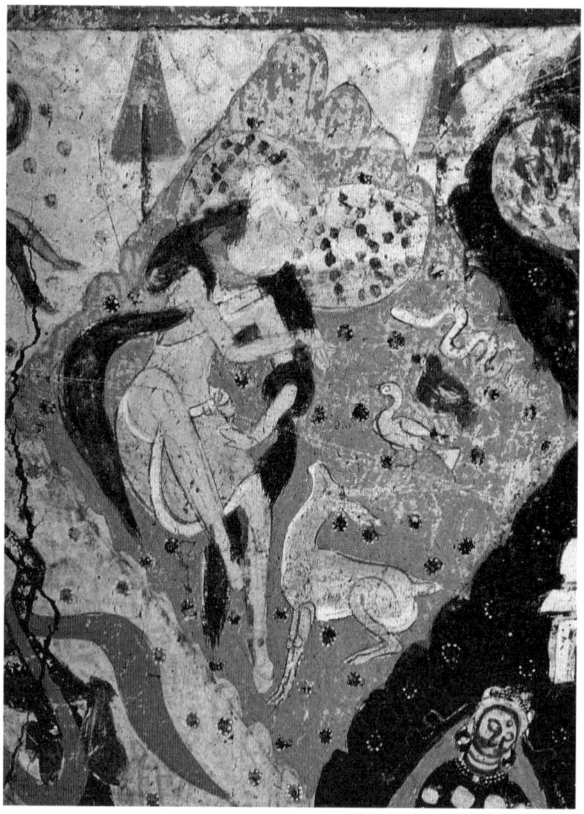

图一　拜城克孜尔第17窟主室券顶西侧壁画精进力比丘本生图
（出自《中国石窟·克孜尔石窟》第一卷，图版67）

图二　拜城克孜尔第171窟主室券顶西侧壁画精进力比丘本生图
（出自《中国新疆壁画全集1·克孜尔》图版186）

---

① （后汉）安世高译《阴持入经》卷下："彼爱欲药为何等，为止。爱已解意亦解，意已解病便愈。彼痴药为何等，为观。痴已却解，从慧解脱为病愈"（《大正藏》第15册，第176页中）。又，（后汉）安世高译《佛说大安般守意经》卷下："安般守意有十八恼令人不随道。一为爱欲，二为瞋恚，三为痴，（中略）十四为惊怖。（中略）坐禅数息实时定意。（中略）坐禅念息，已止便观，观止复行息，人行道当以是为常法也"（《大正藏》第15册，第169页中、下）。

② 新疆维吾尔自治区文物管理委员会、拜城县克孜尔千佛洞文物保管所、北京大学考古系：《中国石窟·克孜尔石窟》第一卷，文物出版社，1989年，图版67；段文杰：《中国新疆壁画全集2·克孜尔》，天津人民美术出版社、新疆美术摄影出版社，1995年，第25页，图版30。

③ 段文杰：《中国新疆壁画全集1·克孜尔》，天津人民美术出版社、新疆美术摄影出版社，1995年，图版186。

④ 新疆维吾尔自治区文物管理委员会、库车县文物保管所、北京大学考古系：《中国石窟·库木吐喇石窟》，文物出版社，1992年，图版77。

帛两端分别从内侧绕过两臂后顺体侧垂下。其中克孜尔第171窟者头发、胡须浓重，另二者头部漫漶不清，三者相貌和穿着宛如仙人。克孜尔第17窟与库木吐喇第43窟修行者前面表现鸽子、乌鸦、毒蛇与鹿，克孜尔第171窟除表现上述四禽兽外还增加一只鸟雀，诸禽兽排列次序不一，它们面向修行者做问道状。德国Albert von Lecoq与Ernst Waldschmidt最早辨识出这种图像内容及《法句譬喻经》出典[①]。此外，《经律异相》《法苑珠林》《诸经要集》均引述了《法句譬喻经》卷三该故事内容[②]。值得注意的是，图像主人公做仙人模样，有别于《法句譬喻经》所云比丘。法国Alfred Fouche找出《僧伽罗刹所集经》出典[③]，此典记述主人公为仙人菩萨[④]，符合图像表现，说明《僧伽罗刹所集经》记述更接近图像内容。《僧伽罗刹所集经》叙述该故事的目的在于说明“观生苦本”，与《法句譬喻经》所谓“身为苦器”相近，不过前者没有点明出场众生所对应的本生人物。

图三　库车库木吐喇第43窟主室券顶北侧壁精进力比丘本生图
（出自《中国石窟·库木吐喇石窟》图版77）

上述精进力比丘本生图像，连同其他本生、因缘、譬喻图像一起表现在主室券顶两侧壁面，形成修行者禅观的对象。这些图像从不同角度表述了小乘佛教教义，但侧重点已经转移到禅观，修行者逐一地观察诸图像，从而去除心中的烦恼、缠缚，将思维限定在教义所规定的范围，深入禅定，以期修成阿罗汉果。

图四　秣菟罗Saptashi Tila出土约纪元前1世纪初窣堵波栏楯

中印度秣菟罗Saptashi Tila出土约公元前1世纪初窣堵波栏楯，浮雕精进力比丘本生图像（图四、图五）[⑤]，修行者亦作仙人形象，前方面对鸽子、乌鸦、毒蛇与鹿，画面表现酷似上述龟兹石窟壁画，所不同者将山峦、树木背景换成草庵而已，这是各自的自然环境使

① 阿尔伯特·冯·勒柯克、恩斯特·瓦尔德施密特著，管平、巫新华译：《新疆佛教艺术》（下）第6卷壁画（四），新疆教育出版社，2006年，第470、471页并插图10（德文版于1922～1933年相继发行）。

② （南朝·梁）僧旻、宝唱等集《经律异相》卷十八（《大正藏》第53册，第96页下、97页上）、（唐）道世《法苑珠林》卷五（《大正藏》第53册，第302页上）、（唐）道世《诸经要集》卷七（《大正藏》第54册，第63页中）。

③ Foucher A著，门胁辉夫译：《仏陀の前生》，东方出版，1993年，第220、221页，以及340页第三部第三章注（15），（法文版于1955年发行）。

④ （十六国·前秦）僧伽跋澄等译：《僧伽罗刹所集经》卷上，《大正藏》第4册，第121页下。

⑤ 秣菟罗博物馆藏。

图五 秣菟罗Saptashi Tila出土约纪元前1世纪初窣堵波栏楯局部精进力比丘本生图

然。这种情况表明，精进力比丘本生图像的源头应在中印度，尽管两者间隔五六百年之久，但图像面貌没有发生多大变化。龟兹石窟菱形格表现的故事图像，采用单幅构图形式，简洁、概括，与中印度纪元前后窣堵波栏楯浮雕图像的一致性值得重视。因此，在考察龟兹石窟故事类图像过程中，视点不应局限在笈多和后笈多美术，中印度纪元前后的初期佛教美术同样值得关注。

又，东晋法显《法显传》："出（摩竭提国瓶沙王）旧城北，东下三里，有调达石窟。离此五十步，有大方黑石。昔有比丘在上经行，思惟是身无常、苦、空，得不净观，厌患是身，即捉刀欲自杀。复念世尊制戒，不得自杀。又念虽尔，我今但欲杀三毒贼，便以刀自刎。始伤肉得须陀洹，既半得阿那含，断已成阿罗汉果，般泥洹。"[①]无常、苦、空连同非身构成苦谛四相，为四念处（观身不净，观心无常，观受是苦，观法无我）内容，同时形成戒、定、慧三学的核心——慧。比丘念身是苦，于是自刎，期间依次获得须陀洹果（领会四谛道理）、阿那含果（消除诸贪欲）、阿罗汉果（消除烦恼和生死轮回，静寂涅槃），为四道果中三种[②]，其中内含着四谛中"灭"与"道"的内容，可见该故事与四谛关联之密切，体现了与精进力比丘本生相近的思想。该故事在表述小乘佛教教义的同时，也体现了禅观用意，与龟兹石窟故事图像的表现意图大体一致，两者呈现有机的联系。

以上可见，龟兹石窟精进力比丘本生图像，一方面内含小乘佛教根本教义——四谛思想，另一方面其图像主要适用于修行者禅观，在禅观中实现教义所规定的内容和预期目的，教义与禅观紧密地交织在一起。龟兹石窟精进力比丘图像与中印度纪元前后图像的一致性，以及中印度相关传说故事与龟兹石窟图像思想的有机联系表明，不仅西北印度、中亚，中印度也是龟兹石窟壁画图像及其思想的重要来源。

二、六种众生譬喻图像

六种众生譬喻，据南朝宋求那跋陀罗译《杂阿含经》卷四十三，佛教导诸比丘，譬如六种众生各乐其所，狗乐欲入村，鸟者常欲飞空，蛇常欲入穴，野干乐向冢间，失收摩罗长欲入海，猕猴欲入山林，将它们一一拴在木桩上则不得自在。眼、耳、鼻、舌、身、意六根亦复如是，各求异根境

① 《大正藏》第51册，第863页上。

② （南朝·宋）求那跋陀罗译《杂阿含经》卷二十四"佛告诸比丘，于四念处多修习，当得四果、四种福利。云何为四，谓须陀洹果、斯陀含果、阿那含果、阿罗汉果"（《大正藏》第2册，第173页中）。

界，若修行者坚摄根门则六根无所猎取，于希望得到者不生贪欲，于不希望得到者不生厌恶①。东晋佛陀跋陀罗译《达摩多罗禅经》卷二《修行观入》②、唐道世《法苑珠林》卷三十四记述雷同③。该故事强调了收摄根门的重要性，这是对佛教修行者的基本要求。《杂阿含经》其他章节也有明确表述，认为比丘应精勤修行，摄其心性永不放逸，纵使肋骨嶙峋，乃至未得所应得者，让众魔不得乘隙而入④。就宗教实践来说，在后汉安世高翻译小乘禅法中，将六根及其摄取物的感受，列为止观对象，要求修行者从四念处入手，到深入四谛思维⑤。

龟兹石窟壁画六种众生譬喻图像，典型实例见于克孜尔第34窟主室券顶西侧壁（图六）⑥、克孜尔第224窟主室券顶东侧壁（图七）⑦。二者均表现在菱形格构图的山峦背景中，克孜尔第34窟者佛坐在树下莲蓬上，着偏袒右肩袈裟，附头光和身光，举右手面对右方弟子，弟子双手合十面向佛而坐，形成佛向弟子说法的呼应关系，与经典记述对应。在佛陀外围，右上方表现飞鸟、猕猴，左方表现野干，左右下方表现毒蛇与狗，下方水中一物应为失收摩罗。克孜尔第224窟者佛左侧身坐在树下，身躯大部图像被刮去，隐约可见身光痕迹。在佛陀左方外围，由上而下依次表现飞鸟、猕猴、毒蛇、狗、野干、失收摩罗，与佛陀形成呼应关系。二图像诸动物所在空间位置，充分考虑了它们各自的习性，用来譬喻六根的功能。马世长先生已辨识这种图像内容及《杂阿含经》与《法苑珠林》出典⑧。

---

① （南朝·宋）求那跋陀罗译《杂阿含经》卷四十三“一时佛住拘睒弥国瞿师罗园。尔时世尊告诸比丘，‘譬如士夫游空宅中，得六种众生。一者得狗，即执其狗，系着一处。次得其鸟，次得毒蛇，次得野干，次得失收摩罗，次得猕猴，得斯众生悉缚一处。其狗者乐欲入村，其鸟者常欲飞空，其蛇者常欲入穴，其野干者乐向冢间，失收摩罗者长欲入海，猕猴者欲入山林。此六众生悉系一处，所乐不同，各各嗜欲到所安处，各各不相乐于他处，而系缚故，各用其力向所乐方，而不能脱。如是六根种种境界，各各自求所乐境界，不乐余境界。（中略）如彼士夫系六众生于其坚柱，正出用力随意而去，往反疲极，以绳系故，终依于柱。（中略）六众生者譬犹六根，坚柈者譬身念处。若善修习身念处，有念不念色，见可爱色则不生着，不可爱色则不生厌，耳声、鼻香、舌味、身触、意法，于可意法则不求欲，不可意法则不生厌。是故，比丘当勤修习，多住身念处”（《大正藏》第二卷，第313页上、中）。

② 《大正藏》第15册，第322页下。

③ 《大正藏》第53册，第550页下。

④ 《杂阿含经》卷四十七“如是，比丘精勤方便，坚固堪能不舍善法，肌肤损瘦，筋连骨立。精勤方便，不舍善法，乃至未得所应得者，不舍精进，常摄其心，不放逸住，以不放逸住故，魔王波旬不得其便”（《大正藏》第二卷，第344页中）。

⑤ 《阴持入经》卷上“亦有十二入。何等为十二，自身六、外有六。自身六为何等，一为眼，耳、鼻、舌、身、心，是为自身六入。外有六为何等，色、声、香、味、更、法，是为十二入。一切从何知，为非常、苦、空、非身，是从是知。亦有二知，一从慧知，二从断知。从慧解知为何等，为非常、苦、空、非身，是为从慧知。从断知为何等，爱欲已断是为从断知。何等为人，解从是致名为人。（中略）为有四谛，苦、习、尽、道。苦名为要语，身亦念习名为要，痴亦所世间爱尽名为要，慧亦解脱道名为要，止亦观”（《大正藏》第15册，第173页下）。

⑥ 段文杰：《中国新疆壁画全集2·克孜尔》，天津人民美术出版社、新疆美术摄影出版社，1995年，第14页，图版19。

⑦ 新疆维吾尔自治区文物管理委员会、拜城县克孜尔千佛洞文物保管所、北京大学考古系：《中国石窟·克孜尔石窟》第三卷，文物出版社，1997年，图版152。

⑧ 马世长：《克孜尔中心柱窟主室券顶与后室的壁画》，《中国石窟·克孜尔石窟》第二卷，文物出版社，1996年（日文版于1984年发行）。

图六　拜城克孜尔第34窟主室券顶西侧壁六种众生譬喻图
（出自《中国新疆壁画全集2·克孜尔》图版19）

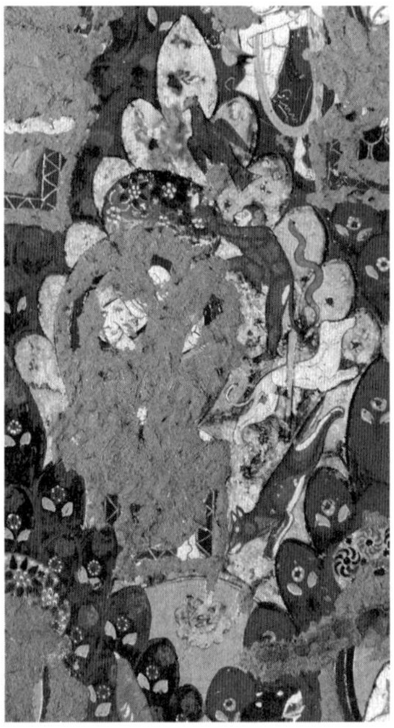

图七　拜城克孜尔第224窟主室券顶东侧壁六种众生譬喻图
（出自《中国石窟·克孜尔石窟》第三卷，图版152）

在年代略早于克孜尔第34窟、224窟的克孜尔第77窟东甬道券顶外侧壁，绘制的连续菱形山峦中，表现禅定比丘观想毒蛇、鸟雀，以及猕猴奔走和禅定的场面（图八、图九）①，尽管不是六种众生譬喻图像，但与之不无关系。猕猴图像尤其受到重视的情况，值得特别注意。猕猴习性活跃、放荡不羁，因而被选择为修行者摄伏心性的代表。猕猴从奔走到坐禅，正是修行者收敛六根，深

图八　拜城孜尔第77窟东甬道券顶外侧壁禅观图
（出自《中国石窟·克孜尔石窟》第二卷，图版17）

图九　拜城孜尔第77窟东甬道券顶外侧壁禅观图
（出自《新疆佛教艺术（下）》第6卷壁画（四）插图90）

① 新疆维吾尔自治区文物管理委员会、拜城县克孜尔千佛洞文物保管所、北京大学考古系：《中国石窟·克孜尔石窟》第二卷，文物出版社，1996年，图版17；阿尔伯特·冯·勒柯克、恩斯特·瓦尔德施密特著，管平、巫新华译：《新疆佛教艺术》（下）第6卷壁画（四），新疆教育出版社，2006年，第456页并插图90。

入禅定的写照。正因如此，在论藏中修行者防止心意散乱，采用拴缚猕猴的方式比喻①。六根为心（即思维）的工具和细分，心则是六根的归结点，而心猿可以看作为六根的集中化体现。

六种众生譬喻图像尚且不见于印度大地，但这种表述早期佛教教义和禅法的图像，那里当初未必不存在。重庆大足宝顶山大佛湾第19号南宋浮雕，为拴缚六耗画面②，有如六种众生譬喻图像的翻版（图一〇～图一二）。在六耗之上表现修行者双手紧抱一猕猴，以防止其挣脱，猕猴与六耗组合，恰是摄伏六根、锁住心猿的体现。在修行者心脏位置向左右两侧各伸展出一条束带，左端连接善、福、乐与天、人，右端连接恶、祸、苦与阿修罗、畜生、恶鬼、地狱，表明修行者的两种选择及两种结果。该六耗图像相对于六种譬喻图像，有进一步的发展和完善。至此，六根修行正式归结为心地修行，心地修行则是唐以后"万法唯心"思想的重心③。此外，德国格伦威德尔在吐鲁番北山前第二峡谷第5号双窟中，发现一幅回鹘时期壁画观心图（图一三）④，画面以莲花上"心"字为中心，左右两侧表现供养比丘，"心"左右上方各发出四道光芒，左右下道光芒上分别表现马、地狱，显然是三恶道表现，上方图像缺失。该图像与北宋早期台州慈云遵式（964～1032年）制作"观心十法界图"接近（图一四）⑤，"观心十法界图"以"心"字为中心，周围由上而下表现

图一〇　大足宝顶山大佛湾第19号南宋浮雕六耗图

图一一　在足宝顶山大佛湾第19号南宋浮雕六耗图局部

① （隋）达摩笈多译《菩提资粮论》卷五"修定比丘心思惟时专意莫乱，若心离境即应觉知，乃至不令离境远去，还摄其心安住境中。如绳系猿猴系着于柱，唯得绕柱不能余去。如是应以念绳系心猿猴，系着境柱，唯得数数绕于境柱，不能余去"（《大正藏》第32册，第534页中）。

② 题记"眼如走犬逐五色财，耳如乌鸦逐空升起，鼻如毒蛇□□□□，舌如野狸寻尸旧□，身如大鱼常思浊海，意如野马奔走无闲"。"眼耳鼻舌身共意，暗使心神不自由，若能锁得六耗住，便是神仙大觉修。"邓之金：《大足宝顶山大佛湾"六耗图"龛调查》，《四川文物》1996年第1期，第23～32页。

③ （唐）湛然《止观义例》卷上"先了万法唯心方可观心。能了诸法则见诸法唯心唯色，当知一切由心分别诸法"（《大正藏》第46册，第452页上）。

④ 格伦威德尔著，赵崇民、巫新华译：《新疆古佛寺（1905～1907年考察成果）》，北京，中国人民大学出版社，2007年，第379、380页，插图471（德文版于1912年发行）。

⑤ （南宋）志磐：《佛祖统纪》卷五十《名文光教志》，《大正藏》第19册，第448页上。

图一二　大足宝顶山大佛湾第19号南宋浮雕六耗图局部

图一三　吐鲁番北山前第二峡谷第5号双窟回鹘时期壁画观心图

（出自《新疆古佛寺》插图471）

图一四　北宋慈云遵式“观心十法界图”

（出自《大正藏》第49册，第448页上）

佛、菩萨、缘觉、声闻、天、人、阿修罗、畜生、恶鬼、地狱十道（或名十法界）图像，阐释心地善恶导致的十种因果报应，强调心地修行的重要性①。吐鲁番峡谷观心图的心字两侧各表现四道光芒，其上内容似乎已不限六道众生，而且中间上方可见莲花残迹，应为佛陀台座，因而当初表现十道众生可能性很大。慈云遵式思想则可能源于吴越国都钱塘（今杭州）慧日永明寺延寿禅师所著《宗镜录》②。无论如何，吐鲁番峡谷观心图粉本与汉地佛教密切关联。

在龟兹石窟中，与六种众生譬喻图像内涵接近的尚有大光明王本生图像，见于克孜尔第14、17、38、69、198窟。由大光明王乘狂象遇险，引出象师“唯能调象身，不能

① 佛祖统纪》卷五十〈名文光教志〉“慈云法师”条“知白汝知（师字知白），日之所为，害善之法偏宜远之（诸恶莫作）；损恶之道益其用之（众善奉行）。口无自伐，心无自欺。勿抱内蠹（包藏无良如木有蠹），勿扬外仪（诈现威仪徒增我慢）（447页下、448页上）。”又，“观心十法界图”两侧书写八十卷华严经的一段偈颂。参见（唐）实叉难陀译《大方广佛华严经》卷十九〈升夜摩天宫品〉“尔时觉林菩萨承佛威力，遍观十方而说诵曰，（中略）‘若人欲了知，三世一切佛，应观法界性，一切由心造’”（《大正藏》第10册，第102页上、中）。

② （吴越）延寿《宗镜录》卷七十一“心迹才现，果报难逃，以过去善恶为因，现今苦乐为果，丝毫匪滥，孰能免之，犹响之应声，影之随形，此必然之理也。唯除悟道，定力所排，若处世幻之中，焉有能脱之者。所以经偈云，‘假使百千劫，所作业不忘，因缘会遇时，果报还自受’”（《大正藏》第48册，第816页上）。

调心”[①]，即修行者之心难以制服的道理。该故事将修行的主体直接归结于心，与六种众生譬喻相辅相成，其图像高频率出现，足以说明龟兹地区对心地修行的重视。

以上可知，摄伏六根的思想和禅法在龟兹地区一度受到重视。六根为感觉和思想的本体，相对于感受和思考对象而言，感觉与思想的器官自身更为根本、直接，摄伏六根使思想凝滞，自然能够进入三昧禅定状态。在汉文化地区，摄伏六根逐渐向心地修行倾斜，并导致万法唯心思想出现，发展了六种众生譬喻的思想。

三、两种图像的内在联系

贪、瞋、痴三毒概念在大小乘经典中一再提及，而且是小乘禅法中的重要议题。精进力比丘本生中的鸽子、毒蛇，六种众生譬喻中飞鸟（作鸽形）、毒蛇，之所以选择此二种众生，应在于所隐喻贪、瞋本性。南朝宋佛陀蜜多译《五门禅经要用法》认为，贪是根本，由贪欲生瞋恚，两者炽盛导致愚痴。进而导入不净观、白骨观治疗贪欲[②]。这种表现与六道生死轮回图像发生关联。

唐义净译《根本说一切有部毗奈耶》记述，佛责令比丘在佛寺屋壁画六道生死轮回图像，中心佛像前绘制鸽子、毒蛇与猪，代表贪、瞋、痴三毒[③]。三者被配置在最重要位置，告诫人们其所

---

① （北魏）慧觉等译《贤愚经》卷三“佛言阿难，过去久远，（中略）有一大王名大光明。（中略）尔时边境，有一国王，与为亲厚，（中略）得二象子，（中略）遣人往送。时光明王，见此象已，心大欣悦，时有象师名曰散阇，王即告言，汝教此象，瞻养令调。散阇奉教不久调顺。（中略）王乘是象，（中略）出城游戏。将至试所，时象气壮，见有群象于莲华池食莲华根，见已欲发，奔逐牸象，遂至深林。时王冠服，悉皆堕落，坏衣破身，出血牵发。（中略）王搏树枝，象去王住，下树坐地。（中略）时净居天，知光明王应发无上菩提之心，即作神力令象师跪答王言，‘大王，我唯能调象身，不能调心’。象师散阇，将象至会，寻使工师，作七铁丸，烧令极赤。（中略）时象四顾，念是众中乃无有能救我命者，以手取丸置口吞之，入腹焦烂直过而死。（中略）王闻是已，（中略）烧香誓愿，‘愿我所有功德回向佛道，我成佛已自调其心，亦当调伏一切众生’。（中略）佛告诸比丘，‘欲知尔时白象吞铁丸者，难陀是也。时象师者，舍利弗是也。光明王者，我身是也。我于尔时见是象调顺故，始发道心，求于佛道”（《大正藏》第4册，第372页、373页上）。

② （南朝·宋）佛陀蜜多译《五门禅经要用法》卷一“贪、瞋、痴是众病之本。爱身着欲则生瞋恚，颠倒所惑即是愚痴所覆故也。于内外身爱着净想，习之来久，深着难遣，欲离贪欲当观不净，瞋由外起虽尔犹可制之。如人破竹初节难破，既制贪欲余二自息。不净观者当观此身生不净，处在胞胎中从不净出，薄皮覆之内纯不净。然四大变为饮食充实其内，自观察从头至足，薄皮裹之内无一净者。（中略）若心住相者，身体柔软心神快乐，心若不住当自责心。我从无数劫来随顺汝故，经历三涂受无穷苦。从今日去我当供伏汝，汝且随我，还摄其心令得成就。若极其身者，当观白骨，亦可入初禅。行者志求大乘，若命终随意所欲生诸佛前，若不尔者必生兜率天得见弥勒，定无有疑也。”（《大正藏》第15册，第332页下）。

③ （唐）义净译《根本说一切有部毗奈耶》卷三四“我今勅诸苾刍，于寺门屋下画生死轮。时诸苾刍不知画法。世尊告曰，应随大小圆作轮形，处中安毂，次安五辐表五趣之相，当毂之下画捺洛迦。于其二边画傍生饿鬼，次于其上可画人、天。于人趣中应作四洲，东毘提诃、南赡部洲、西瞿陀尼、北拘卢洲。于其毂处作圆白色，中画佛像。于佛像前应画三种形，初作鸽形表多贪染，次作蛇形表多瞋恚，后作猪形表多愚痴。于其辋处应作溉灌轮像，多安水罐画作有情生死之像，生者于罐中出头，死者于罐中出足，于五趣处各像其形。周圆复画十二缘生生灭之相。（中略）于其轮上应作无常大鬼蓬发张口。长舒两臂抱生死轮。（中略）次于无常鬼上应作白圆坛，以表涅槃圆净之像。”（《大正藏》第23册，第811页上、中）。

代表的三毒乃是导致生死轮回的本源。以大足宝顶山大佛湾第3号南宋浮雕六道轮回图为例[①]（图一五、图一六），无常大鬼口衔并抱持一生死轮，下方无明众生转动此轮。生死轮作四重同心圆，中心圆内表现禅定修行者，修行者两侧及下方表现鸽子、猪、毒蛇代表三毒。第二层圆等分为六个区间，表现六道众生。第三层圆等分为十八个区间，表现十二因缘生灭之相。第四层圆亦等分十八个区间，表现水罐中有情生死轮回之相。从修行者心脏部位等距离向轮外发出六道光束，每道光束中各自表现五身坐佛，代表成就佛道。本图像说明三毒为烦恼、痛苦之源，是修行者面对的根本问题，消除烦恼、痛苦的方法则是不放逸，亦如题刻所云"于此法律中，长修不放逸，能竭烦恼海，当尽苦边际"。这种图像概括了精进力比丘本生图像、六种众生譬喻图像两种内涵，可以看作心地修行的综合发展形势。值得注意的是，该图像从修行者心脏部位等距离向轮外发出六道光束，每道光束中各自表现五身坐佛，代表成就佛道。如图像题刻："三界轮中万种身，自从贪爱业沉沦。君看轮外恒沙佛，尽是轮中旧日人。"进而说明从心地修行转化为发菩提心，已经超出龟兹石窟图像所见小乘佛教修行的范畴了。

图一五　大足宝顶山大佛湾第3号南宋浮雕六道轮回图

图一六　大足宝顶山大佛湾第3号南宋浮雕六道轮回图局部

综上所述，龟兹石窟壁画精进力比丘本生图像、六种众生譬喻图像，分别表述身为苦器、摄伏六根思想，前者直指四谛核心，后者切中修行根本，相对于五停心观，对小乘佛教修行者提出了更直接和升级的要求。精进力比丘本生图像具有明确的印度来源，六种众生譬喻图像的发展形势则出现在汉文化地区，两者成为印度文化与中国文化的连接点。同时，这两种图像的内容又与六道轮回图像发生关联。在龟兹石窟，这些中心柱窟主室天井故事图像与前壁弥勒菩萨的组合，反映了禅观修行者将来往生兜率天净土的思路。

---

① 胡良学：《大足宝顶大佛湾六趣唯心图之管见》，《大足石刻研究文集 3》，中国文联出版社，2002年，第120～134页。

附记：感谢新疆龟兹研究院赵莉女士、杨波先生等给予的帮助。又，插图未标明出处者为笔者实地拍摄。

An Iconographic Analysis on Intensions of Vīryabala Jataka and Six-kind Sattva Avadana Image in Kucha Grotto Paintings

Li Jingjie

(Academy of Fine Arts, Tsinghua University)

The paintings on two sides of barrel-vaults in stupa-pillar-caves at Kucha, are mostly integrated into a background of lozenge shaped mountains. The motifs are Jataka, Nidana and Avadana images, serving as objects for practitioners to meditate on. This essay is to analyze Iconography of Vīryabala Jataka and Six-kind Sattva Avadana image, and presents an opinion that these two images reflect primitive doctrine and Śamatha Meditation Method of Hinayada （to sit with physical organism at rest during meditation）. Compared to five-settlement Meditation （to fix or settle the mind in meditation in five ways, i. e. meditation on impurity, benevolence, Nidana, distinction of desire regions and counting breaths）, this method poses a higher and more direct demand on practitioners.

The Vīryabala Jataka tells of a dialogue among Vīryabala Bhikṣu with a crow, a pigeon, a snake and a deer, depicts an idea that physical body is the root of suffering, and promotes practitioners to retire from the word to seek the truth and thus achieve Nirvana. This Jataka connotes a deep meaning of the Four Noble Truths （i. e. Suffering, Arising of Suffering, Cessation of Suffering and the Path）, which is an essential of the Meditation Method founded by An Shi-gao in Latter Han dynasty. Another representation of this Jataka is on Mathura reliefs in central India before the Christian era, and has a great similarity with representations in Kucha Grotto paintings in the sixth to eighth century. This indicates an inheritance between representations of the two sites, also reconstructs an historical fact that Kucha even follows the Indian primitive doctrine till a late period.

The Six-kind Sattva Avadana is a parable adopted by Buddha himself in teaching Bhikṣus. It tells a story that a group of animals make their own niche, including a dog, a bird, a snake, a jackal, a crocodile and a monkey, with each animal metaphorically representing a feeling of unrestraint of one of the Six-sense organs （i. e. eye, ear, nose, tongue, body and mind）. This Avadana admonishes practitioners to strictly control the six senses as doors through which illusion enters, thus eliminating all illusions. This practice of controlling belongs to basic canons of Hinayana, and also an essential of An shi-gao’ s Meditation Method. Representations of this Avadana confine to Kucha Grottoes, while the Six-mouse Image at Dazu is a likely analogue, which serves as a development and perfection of the former.

The idea of three poisons, namely wrong desire, resentment and ignorance, echoes in both Hinayana and Mahayana sacred texts, and meanwhile it is an important issue in Hinayana Śamatha Meditation. In images of Vīryabala Jataka and Six-kind Sattva Avadana, metaphors of pigeon （in form of a bird in the latter case） and snake no doubt signal the two poisons of desire and resentment. According to Vinaya Discipline, the selection of these two animals relat to the idea of three poisons, since Buddha once conducted Bhikṣus to paint an iconography of six directions of reincarnation on room walls inside the temple, with pigeon, snake and pig in the center correspondingly representing desire, resentment and ignorance. The iconography of reincarnation is aimed to advise Bhikṣus to progress zealously and always control themselves, so as to jump out the abyss of misery caused by reincarnation.

Vīryabala Jataka and Six-kind Sattva Avadana image in Kucha Grottoes appear in combination together with other representations of Śamatha Meditation, implicating some correlations among these images. Although not entirely organized in a follow of meditation sutras, these images basically display certain rules. The combination of meditation images and Maitreya shows practitioners' wishes to ascend to Tuṣita after birth.

Qiuci Caves: Special Features

Giuseppe Vignato
(School of Archaeology and Museology, Peking University)

Introduction

This paper was conceived as an input for the International Conference on the Conservation and Research of the Kucha Caves, a conference which has highlighted, if there was ever a need, the Cinderella status of archaeological studies in the rock monasteries of Qiuci: historical studies of art, both stylistic and iconographic, continue to occupy the mind of most scholars, and, in recent years a wealth of resources have been dedicated to conservation. Archaeology is staggering behind although reasons would have had that it should lead the way[①].

More than focusing on a specific issue, this contribution aims to emphasize the importance of archaeological studies by highlighting some features which might lead to a better understanding of the rock monasteries of Qiuci. Through my research I have tried to emphasize that the rock monasteries of this ancient kingdom were built as groups of caves and were developed through conscious planning; clear relationship among caves, groups, districts and sites can still be recognized. Consequently, our research should strive to detect the logic behind the planning of each site, considering that each rock monastery was itself, a constitutive part of the Buddhist establishment in the kingdom, an organism with its inner logic and functions. Approached from this perspective, the material evidence will give us a new perspective not only for the study of the material remains, but also for Buddhism as it was practiced in Qiuci. Most of the problems we are facing today, such as the development of style and iconography, will be clarified, while the study of materials and techniques employed for the construction of the caves will help in the preservation process.

Knowledge of the Site

The study of any feature of a rock monastery should be based on a thorough knowledge of the site,

---

① This paper was written with a specific audience and goal in mind as a contribution for the training of the personnel of the archaeological group of the Xinjiang Kucha Research Academy. Emphasis has been given to features often overlooked in the study of caves, taking up some issues which might benefit scholars from others field as well.

A special thanks to Judith A. Lerner for editorial suggestions and professional advice.

or better, in the case of Qiuci, of all the remaining rock monasteries of the ancient kingdom. Archaeology needs to take into account all the remaining features and it does not allow for picking and choosing a few elements according to one's own interest. The primary task is to compile a detailed record of all archaeological remains, and then to proceed by organizing the material according to types and periods, looking for similarities and differences, trying to point out the crucial elements of change. While carrying out fieldwork on these sites or being engaged in research, the scholar needs to keep constantly in mind the fact that he/she is dealing with a site planned and structured as a response to specific needs of a residing community of monks.

The elaboration of a relative chronology of the Qiuci Caves remains as essential as it is complex, an issue which will require most of our effort in the near future①. Stylistic and iconographical analyses will help in the setting up of a periodization and relative chronology, but such types of analysis are limited by their very nature to decorated caves and therefore cannot aim at solving the dating for the whole site. Archaeology is instead better equipped for this purpose, since it is a science that takes into consideration all remaining features and bases its discourse on verifiable data; we can thus succeed in elaborating a reliable relative chronology by correctly applying the archaeological method. Caves are a special archaeological feature: carved on vertical cliffs, they lack horizontal stratigraphy, but they present layers of superposition and intrusion (叠压打破关系) which give the most convincing proof for relative dating②. During my fieldwork I recorded over a hundred cases in Kizil alone; the recording and correct reading of the relationships among layers involves painstaking work, a process that has discouraged some scholars from pursuing it. To date, the elements that give irrefutable proof for a relative chronology have not yet been fully exploited; they are a mine of information which can be studied only *in situ*.

Layer intrusions (打破关系) can be collected under two main types: structural, such as in the case of caves of one type transformed into caves of another type, transformation of some architectural element or restoration; and decorative, concerning the re-plastering, repainting and application or elimination of statuary. These intrusions concern individual caves, but structural intrusions might have occurred among adjacent caves and need to be taken into consideration. Once acknowledged that groups of caves are basic and complete units in themselves, the addition of a new cave to a given group can be considered an intrusion into the pre-existing group. The new cave will give precise information not only about the

---

① The priority of the setting up of periodization and chronology for the correct assessment of the site, as well as the difficulty of carrying it out in Kizil, was well expressed by Su Bai in his early article on Kizil. Su Bai 宿白. "Kezi'er shiku bufen dongku jieduan huafen yu niandai deng wenti de chubu tansuo"克孜尔部分洞窟阶段划分与年代等问题的初步探索（Preliminary Investigation concerning the Periodization and Chronology of part of the Caves in Qizil）. In: Zhongguo shiku. Kezi'er shiku, 中国石窟・克孜尔石窟（Chinese Caves: Qizil Caves）vol. 1, 10-23. Beijing: Wenwu chubanshe, 1989.

② It will be appropriate to carry out excavation in some of the areas in front of the caves, both to recover the caves partially emerging from the ground and to probe if there were surface constructions next to the caves, a feature that seems to be quite common in the rock monasteries of the Qiuci area.

development of the group type, but also become dependable evidence for the development of individual cave types.

Further, attention should be given to restoration, which can be understood as a special case of superposition. Damage in the caves at times occurred during their use, and repairs were required for them to remain in working condition. In addition to studying ancient restoration techniques, which could be of some help for today's preservation work, there is the need to discriminate clearly between original materials and those belonging to successive periods. In the published comprehensive catalogues this fact has not been given due attention, with the result that materials belonging to different periods are presented as contemporaneous. For this reason, even serious scholars have based their work on sets of inaccurate data. To sum up, to date little or no attention has been given to layer intrusions and restorations, and due to the complexity of the issue at times the situation has been misinterpreted. The identification and description of these features require a deep familiarity with the caves and prolonged observation, in addition to sound archaeological training; realistically, the only people that can carry out this task are the archaeologists of the Kucha Academy of Xinjiang (hereinafter referred to as "the Academy").

A systematic exploitation of the superimposed and intrusive layers will bring us to a reliable chronological sequence, which has to be the basis for all the other dating. It should not bc forgotten that scientific dating methods in archaeology need to be calibrated by stratigraphic sequence and based on relative chronology. The present uncritical overreliance on the few ^{14}C data available has, in my opinion, created more confusion than it has solved problems[①]. In a word, once the correct methodology is applied, archaeology has the tools to provide a solid dating of sites and caves.

Our understanding of the rock-carved sites and individual caves are affected by other problems, which could be easily solved. For instance, after a hundred years of studies accurate mapping is still not available, so that at times the relative positioning and the numbering of the caves remains unclear. Specific features of individual caves are not reflected in the simplified maps available, and the material published thus far is too approximate and at times not reliable enough. Drawing maps is a task that only the Academy can carry out; mapping should clarify the position, relative distance, the proportion and the special features of the site, of the groups and of individual caves. Precise mapping is not only essential for scholars who cannot work on the site, but also for those working in the Academy, since a good map can disclose situations and point to commonalities which cannot be grasped by simply looking at the caves; they are an indispensable tool for the analysis of the site and of the individual caves.

While respecting and learning from the centenarian tradition of Kuchean studies, we must be aware of constraints imposed by implicitly accepted commonplaces. For instance, the traditional naming of caves is often misleading, especially in the case of square caves, a name which in reality is given to caves of

---

① For a more detailed assessment of the issue, see Vignato G. Towards a more reliable chronology for the site of Kizil: a discussion on method. Kizil on the Silk Road, MARG, Mumbai, 2008: 32-39.

different types and functions: painted or unpainted worshipping and/or congregational halls, storage caves, meditation cells, niches. The dating of some caves is taken for granted, although the original information is often based on suppositions. In particular, we should be able to rise above details and see a rock monastery as a whole composed of different functional units—groups and districts. Even more importantly, all the sites of the Qiuci area should be considered meaningful parts of the same Buddhist system in Qiuci.

Materials and Techniques

Caves are more than hollows carved into cliffs. The endurance of a cave was mainly determined by the appropriate choice of a portion of the cliff to be excavated; *in situ* observation indicates that much attention was given to making this choice. The geomorphic composition of the cliffs in Qiuci consists of superimposed layers of rock of different natures, consistency and resistance; the characteristic of each layer was well known to the carvers, who looked for the right place where to carve the desired group of caves. Groups were usually initially carefully fitted into a portion of the cliff deemed solid and reliable, while successive enlargements or the setting up of later groups of caves needed to be accommodated in the remaining space, at times forcing variations to the intended layout. Paying attention to the positioning of caves and groups can reveal interesting chronological data.

Different carving tools were needed in different situations—for the carving of rocks of different consistency, for the initial or final stages of carving, for the carving of straight walls, postholes or niches. Presently, in the caves where the plaster has collapsed, we can appreciate the finishing stages of the carving, with close, light strokes, carved in circular fashion; most likely they were produced by a short hand pick. Notice that for the carving of two walls forming a corner one worker needed to be skilled in the use of the right hand and a second one in the use of the left hand. Most probably the number of people excavating a medium size cave was relatively small, and the total time needed for the excavation of a cave in Qiuci was therefore quite short. Considering that the caves forming a group were carved at the same time, a team of 10 to 15 workers, comprising skilled and unskilled ones, which could help with the clearing and could be the wives and children of the more specialized ones, could excavate a one such as the one composed of Caves 38-40, in one season[①].

Hollowing the cliff was just the first phase of the construction of a cave, and to complete it more work and materials were needed. Some materials were locally found, while others needed to be transported from faraway places—to trace their origin is important for the study of long distance trade. The caves

---

① The supposed time for the excavation of caves is based on a discussion with a team leader of workers restoring the caves, who remarked that in antiquity they were more skilled than present workers with hand tools and they could end the work in an even shorter period of time. Verardi has presented an interesting overview of techniques and tools needed for the excavation of caves in Afghanistan, and of the time needed for the work. See Verardi G, Paparatti E. Buddhist Caves of Jāghūrī and Qarabāgh-e Ghaznī, Afghanistan, Rome, IsIAO, 2004: 22-25.

themselves offer the most complete set of information about the material needed. Timber was used in large quantity to set up doors and windows, brackets and consoles into caves, balconies and roofed structures in front of them. Timber, likely procured from the Tianshan Mountains and floated down along the Muzart River, needed to be transported ahead of time and had to be seasoned before utilization. Metal cramps and nails were at times used for the setting up of doorframes. Mud and straw, which could be found on most sites, were mixed to produce plaster which was eventually applied to walls and ceilings. The application of successive strata of mud of different quality in the same cave suggests a selection and preparation of plaster with different characteristics to meet different situations[①]. Lime wash was applied over the plaster; at times it was the final touch, such as in the case of monastic cells and many square caves; in other cases it formed the base for the paintings. For the painting of the caves, mineral and organic pigments were utilized, materials locally found in most cases, but some, such as the lapis lazuli, needed to be procured from faraway places. The caves were usually finished with a gesso floor, a locally found material laid evenly over preparatory layers.

There was no stone suitable for statue carving in the sites, and statuary were made of clay, even in the case of the colossal images, indicating a strong tradition in the usage of this medium. The identical size of a large number of statuary, as it can be seen in Cave 47 in Kizil, suggests that moulds were employed. A few masters were needed to make the moulds, and the technique both quickened the making of statuary sculptures and kept a high artistic standard. The usage of moulds for the making of sculptures was a tradition much diffused in the regions surrounding the Taklamakan.

Painting was a straightforward process. If we take up again the group of Caves 38-40 as an example, only Cave 38 was meant to be decorated. Apprentices might have prepared the color by grounding pigments and preparing glues; the décor was carried out under the direction of a master, who might have been in charge of the initial sketch and of the final touches. The repetitiveness of the themes suggests the usage of cartoons (粉本). It often goes unnoticed that in most caves gold leaf gilding was used on the sides and soffit of the main niche, besides being the standard way of representing the dress of most painted Buddhas; this task was possibly assigned to specialized workers. Likely, one or two masters with a few apprentices were able to paint the whole cave in a season[②].

Therefore, one could reasonably argue that the total time needed for the setting up of groups the size of the group consisting of Caves 38-40, including the carving, the installation of the timber balcony and the decoration of the cave could take two years of time with a relatively small group of workers. In the first year, a team of carvers would begin working on a cave and when they moved to a new one, it was followed

① This is seen especially in Mazabaha, Simsim and Kumtura Southern Monastery, where the quality of the rock was far from ideal.

② My calculation of the time for the painting is based on an oral communication with Guo Feng, the director of the art department of Kucha Academy of Xinjiang.

by carpenters and plasters; in the second year, a small team of painters would work on those caves which were intended to be decorated.

Each material employed and each technique used has a story to tell. A systematic collection of data and the analysis of the materials could lead us to identify caves utilizing the same materials, and which were therefore possibly set up in the same period. The way the materials were prepared and the techniques which were employed might reveal important elements for dating the site and should be carefully noted—e. g. different types of plaster and lime, different ways of fastening statuary to the walls, the way wooden doors and windows were installed analyzing the marks for the setting up of their frames.

The significant number of unfinished caves in the various sites of the kingdom of Qiuci deserves much consideration. Abandoned at different stages of excavation, these caves best indicate the succession of working stages and the techniques employed. The systematic study of unfinished and repaired caves will give us much data for the elaboration of a relative chronology of material and techniques employed.

A final element to be studied emerges from the fact that some caves or groups of caves are so similar in dimension and layout as to suggest that a blueprint might have been followed for their setting up. Lacking archaeological evidence, for the time being we can look attentively at these cases and compare data and drawings.

Antechambers, Connective Features and External Marks

All well preserved caves display an antechamber, a fact which leads us to assume that all caves in the rock monasteries of Qiuci had their own antechambers. Being the part of the cave most likely to collapse and deteriorate, the importance of swiftly taking notes, photographs and promptly mapping any remaining features of antechambers does not need to be emphasized.

Antechambers are an important constitutive structural component of a cave, but this part of the cave goes often unmentioned or is quickly disposed of in the study of the caves. From a structural point of view, the caves of Qiuci were formed at least of two main areas, the antechamber and the main chamber; in the cases of central pillar caves and monumental image caves the main areas were three, adding a rear area formed of corridors and rear chambers. To study a cave without considering its antechamber, even though no traces of it remain, it is like focusing one's study to one half or two thirds of the cave, a serious methodological problem.

Antechambers could be made of timber, carved out of the rock or a combination of both elements. Although all wooden structures are now lost, the remaining installation marks indicate their size and structure. Only in a few cases antechambers served a single cave, while in most cases they served two or more caves. The different structures and sizes indicate that the functions of the antechambers were not the same in all cases. One has also to keep in mind that antechambers are the most decisive element for the identification of groups.

Damage and collapse of antechambers did not occur only after the abandonment of the site, but begun at the time the caves were still utilized, and we see many instances of antechambers restored in antiquity. One of the most common reparation techniques in the case of a collapse in the frontal part of a rock antechamber was to remake it and at the same time recovering some activity space through a timber balcony. Much attention should be given to these instances, to avoid considering the original and restoration materials contemporary.

Although the discernable remains are very few, antechambers were usually decorated with paintings and sometimes with statuary. In some instances the style of the paintings of the antechamber does not correspond to that of the cave. To my knowledge no effort has been spent on the interpretation of the iconography of the antechambers, and in spite of the fragmentary state of the remains, it will be worthwhile to attempt a systematic collection of data and to start considering the whole iconographic program of the caves, with the antechambers included.

The study of the structure and iconography of the antechambers could give the strongest indications of the kind of rituals carried out in the caves, since antechambers give specific clues for the connections among caves and the way the (ritual/assembling) space in front of them was accessed.

Caves were sometimes carved high on the cliff; in these cases we need to look for indications of the way they were reached. In Kizil a few inner stairways remain, and they can also be found on the cliffs of Kumtura and Simsim in spite of their modest height.They were architecturally simple—an ascending tunnel with steps, which could be a straight flight of stairs, or more sets of flight of stairs with landings in between them. There were also cases of outer stairways, the best preserved is possibly the one leading to the central surface site in Tograk-eken, or the one used to ascend to Cave 78 in Kumtura North Monastery. Wooden stairways were utilized as well, anchored to the landing through wooden beams inserted in the floor. Tunnels were hewn to facilitate the passage from one area to another, to avoid climbing or being exposed to dangerous cliffs.

These often-neglected features are essential to understand the functioning of the site, since they provide clear indication of the connection and the relationship among different units.

The remaining external marks are important, and should be promptly noted, since they are doomed to disappear due to weathering or restoration. At times a few poor remains allow for the identification of the original group or might shed light on crucial problems. Attention should be given to the fact that some of the extant marks were made during the recent restoration work, while older ones have been covered with cement. In the second case one needs to study attentively the large collection of photographs taken before restoration, now in the archives of the Academy, and compare them with the present situation. This valuable work will help to reconstruct recently lost parts of the site[①].

① During the International Conference on the Conservation and Research of Kucha Caves we saw some early photographs of the personnel working on the restoration of the caves in the past. Efforts should be made to collect early photographs, since they could reveal lost details.

Groups of Caves and Districts

The rock monasteries of Qiuci were composed of groups of caves. Each cave was an active component of the group and served a specific function; at the same time the group functioned because of the complementary nature of the caves it contained. Groups have been noted and in some case indicated by previous scholars, but were insufficiently exploited in subsequent research①.

A group of caves might be defined as a number of caves carved close to one another, usually hewn at the same level, contained within well-defined boundaries which do not overlap with the boundaries of other groups, often connected by architectural elements. As mentioned above, groups were planned and constructed as a unity, so that all the caves contained in a group were contemporary, except in case the group was enlarged in a later period. This understanding of groups becomes an essential element for typological classification, since it offers a chronological link among caves of different types, and offers the possibility of chronologically relating different cave types. At the same time it indicates that the basic structure of the site is composed of units of two, three, four, five or more caves, and not of individual caves.

The task of studying these basic units, i. e. the cave groups, is mainly the responsibility of archaeology, since at times these groups comprise undecorated caves and remain out of the reach of the art historian. Once we will have understood and described the different typologies, art historians will benefit from our work. In fact I suspect that there are a good number of instances in which the décor of a specific iconographic cycle was carried out in contiguous caves and not simply contained into one. Furthermore, in the case of a group which was expanded, the new caves offer precise indications of the development of themes and styles. In other words, the study of the caves of Kucha should now shift its focus from caves taken out of their context to the groups of caves they belonged to: the fact caves were part of groups cannot be overlooked even by art historians. An advantage of this perspective is that it gives to all caves equal status: decorated and undecorated, well preserved and heavily damaged, since each one has some important information to disclose.

A further step is required in order to understand the rock monasteries of Kucha. Not only were caves carved in groups, but groups of the same type were usually clustered in some areas of the site, which I have called districts. A district can therefore be defined as the area of the site in which caves or groups of caves of the same type are concentrated. In the Guxi area of Kizil there are three easily identifiable districts. From the west, groups formed of monastic cells, a square cave and a central pillar cave are concentrated in the

① Among the scholars who have noted some of the groups of caves are Albert Grunwedel, Su Bai, Chao Huashan. The study of groups of caves has been the focus of my unpublished thesis, An Archaeological Study of Groups of Caves in Kizil: a new perspective of Buddhism in Kucha (克孜尔洞窟组合调查与研究——对龟兹佛教的新探索); an abstract has been published "Archaeological Survey of Kizil—its Groups of Caves, Districts, Chronology and Buddhist Schools" in East and West, 2006, (4): 1-58.

area from Caves 1 to 43①. In the area from Caves 44 to 70 were concentrated deposit cells, usually carved in isolation; the worship or residential caves among them were added later. Caves 71 to 77 were part of a district formed by monastic cells and square caves: not one central pillar cave can be found in the area②. From Gunei Cave 132 to Gudong Cave 154 there are no central pillar caves. These groups are formed of square caves and monastic cells; from Cave 155 to 200 the groups carved at a lower level are formed of square caves and monastic cells, while the groups containing central pillar caves are carved at an upper level: the two districts are set one above the other.

Districts carried out different functions—among the districts mentioned above one is exclusively devoted to the deposit of materials, others contained groups composed of square caves and monastic cells; still others were formed of groups containing at least one central pillar cave. In other rock monasteries of Kucha, such as Kizilgaha and Tograk-eken, a district devoted to the practice of meditation can be unmistakably identified; in Kizilgaha monastic cells were concentrated in the eastern district of the site; groups composed of tunneled caves and monastic cells with a large antechamber were concentrated in the central district of Mazabaha. Rock monasteries were therefore composed of districts; this calls for a correct identification of their boundaries and for the understanding of their natures, functions and interrelationships. This is not the place to enter into a full discussion on these issues; what is important is to constantly relate caves and groups to the district to which they belonged.

This summary account of the structure of the sites aims to draw attention to the fact that the constitutive cells forming a site are not simply the caves, but also the groups and districts they form. This perspective was mentioned in the first archaeological report, but not accurately addressed③. Looking at the site as an organic whole composed of interconnected units cannot be labeled as forcing a theory into the archaeological data; rather, it is simply a method of viewing the site the way it was planned and trying to reconstruct the way it operated. In fact, studying the caves independently from the groups and districts they belonged to is equivalent to dismembering a functioning body; it becomes a kind of autopsy, which, although producing scientifically correct results, does not take into account the life or reality of the whole we are studying. The final objective of our archaeological investigation is to understand the way the rock monasteries operated, and to do so we need to consider them as living organisms.

---

① Vignato G. Kizil: characteristics and development of the groups of caves in Western Guxi. Annali dell'Università degli studi di Napoli "L'Orientale", 2005, (65): 121-40.

② For a detail description of these districts see Vignato G. Archaeological survey of Kizil—its groups of caves, districts, chronology and Buddhist schools, East and West, 2006, (4): 1-58.

③ Beijing daxue kaoguxi and kezier qianfodong wenwu baoguansuo 北京大学考古学系，克孜尔千佛洞文物保管所，eds. Xinjiang kezier shiku kaogu baogao 新疆克孜尔石窟考古报告［The Archaeological Report of the Qizil Grottoes in Xinjiang］Beijing: Wenwu chubanshe, 1997.

Conclusion

The time is ripe to enter into a new stage of studies, and this brief contribution is aimed at encouraging the personnel of the Xinjiang Kucha Research Academy to work with renewed enthusiasm and have them know that they should not be feeling that they are doing their important work alone. The crucial task ahead is to assemble and train a team of archaeologists able to collaborate and capable of compiling a complete documentation and the archaeological report. The knowledge and understanding of the archaeological features of the rock monasteries can only be done by prolonged observation of the caves through the years, i. e. by the archaeologists of the Academy. During the International Conference on the Conservation and Research of the Kucha Caves many institutions showed willingness to cooperate: experts from outside can share their knowledge and offer help in some specific areas, but the driving force must come from the Academy itself. The Academy has now the necessary resources for a systematic study of the whole area, and the success or failure of our generation to achieve a breakthrough in the study of the caves of Kucha stays mainly in its hands. From the perspective of previous archaeological studies, we can summarize the important task ahead by saying that even the most brilliant paper will become outdated and outshined by future research. Only the archaeological report will remain; the caves themselves, for one reason or another, may not be there any longer.

克孜尔石窟的特殊遗迹

魏正中
（北京大学考古文博学院）

笔者在库车田野调查（2000 ~ 2006年）的重点不是简单地关注石窟本身，而是要去理解作为一个整体的遗址，以及其功能如何运转。

在克孜尔，相邻的僧房窟和礼拜窟形成一个洞窟组合，是统一规划并同时开凿的：关于僧人的生活及所信仰的佛教部派，它们能为我们揭示什么？解答类似这样的问题，研究者就必须把所有洞窟，装饰的及没有装饰的，放在同等重要的位置上加以考虑。

认识遗址

我们的研究首先应当全面而详尽地认识遗址上的所有遗迹，然后进一步划出分期和所有洞窟的相对年代。

遗址需要高质量的测绘，不仅是为了无法来到现场工作的学者，也是为了那些在遗址工作的研究人员。一幅好的测绘图可以揭示遗址状况并且指出共性，它是分析整体遗址和个体洞窟必不可少的工具。

材料和技术

石窟并不仅仅是开凿在峭壁上的洞穴。选择峭壁上一处适当的位置对于石窟的保存至关重要。但是一块岩石并不足以修建一座洞窟。一旦决定建造洞窟，就必须保证所有需要的材料：一些是本地所产，而另一些则需从遥远的地方获得——追溯它们的原产地有助于研究长途贸易。

前室、连接遗迹与外部遗迹

在克孜尔，前室是所有洞窟必不可少的组成部分。前室装饰有壁画，有时也有塑像，但据笔者所知还没有研究致力于阐释这些绘画和塑像的图像学意义。

一些洞窟被开凿在峭壁的高处，我们应该找到通往它们路径的痕迹。关注这些遗迹将有助于我们理解整个遗址机能的运作。

外部遗迹非常重要，需要在消失之前被记录下来。

洞窟组合与区段

克孜尔大多数的洞窟是构成洞窟组合的一部分，而这些同一类型的洞窟或洞窟组合又集中于区段内。

打 破 关 系

在考古学中，打破关系是断定相对年代最可靠的证据，这一点对于像克孜尔这样缺乏断代材料的遗址尤为重要。

我们面临的工作还有很多。有必要系统地采集数据，去探究新的和相关的问题；有必要团结我们的力量，开展跨学科工作；未来最重要的任务是培养一支能够同各个领域合作，并且有能力编纂考古报告的队伍。任何其他的研究，以及我们撰写的文章将逐渐消失，唯有考古报告留存，即使当洞窟因为种种原因不复存在之后。

亦狭克沟石窟龟兹语题记简介

荻原裕敏
（中国人民大学国学院西域历史语言研究所）

导　论

克孜尔石窟在龟兹佛教史上的地位至关重要。它不仅具有高度的艺术成就，还出土了大量梵语和龟兹语写本，可见当时是古代龟兹国的最重要的佛教中心之一。20世纪初以来，梵语和龟兹语写本研究证明，在克孜尔石窟发现的佛典大部分属于说一切有部。石窟的艺术史研究也支持这个结果。虽然写本分析与壁画研究还有待我们继续努力研究，但是可以说目前这些领域已经卓有成就。

相对地，石窟题记的研究仍然不够发达。以龟兹语题记而言，除早期探险队留下的日记等相关记述之外，可以利用的资料只有《库车地区诸遗址》*Sites divers de la région de Koutcha*（Mission Paul Pelliot Ⅷ）。书里有乔治・让-皮诺教授从伯希和探险队拍摄的照片读出的题记共60余道[①]。但这些照片已历时百年之久，而且拍摄范围有限。最近几年德国柏林亚洲艺术博物馆在“国际敦煌项目”网站数据库上载的照片资料便显示了其他未刊龟兹语题记的存在。然而可以预想的是，在一个世纪之后的今天，有些题记可能有濒临消失之虞。因此，为了能及时保护或记录这些珍贵文字材料，今后除了应该在现有出版资料的基础上继续深入研究，还应当再次对库车地区的现存龟兹语题记做全面的调查、记录与研究。以下笔者试以语言文献学的立场出发，对石窟题记现况、研究方法、解读结果及引申的历史问题略作阐述。

众所周知，近年来不少中国学者已经深刻认识到题记资料的重要性。因此许多著作均提及龟兹石窟的婆罗谜文字题记。除了已经出版的各部石窟内容总录中有比较系统的著录与描述，一些个别研究也提及汉语、龟兹语等题记的存在[②]。但是除了霍旭初先生曾经立意将题记类型加以分类[③]，可以说学界仍未开展题记研究的方法论。然而，将题记试行分类并定性却是对石窟题记进行初步调查与统计时不可或缺的一个步骤。在石窟内容总录中，记录者已经从外观特征，如题记位置、颜色、书写方法、书写方向、文字种类等事项进行描述，使我们可以从中掌握大致的题记数量与功用，但我们还应该从文字内容、书法特征等方面探讨题记的类型。因此现在我们先试着从文字内容方面，从概念上将题记（inscription）分成四大类型。

---

① 另加晁华山提供的克孜尔尕哈照片共11道题记。

② 吴焯：《克孜尔石窟兴废与渭干河谷道交通》，《汉唐之间的宗教艺术与考古》，文物出版社，2000年，第183～204页。

③ 霍旭初：《滴泉集——龟兹佛教文化新论》，新疆美术摄影出版社，2008年，第191、192页。

榜题（caption），用以形容壁画题材或补充壁画内容，通常写在画面中事先留白的地方或者上下方的留白栏位。

题铭（epigraph），记录与石窟建筑过程相关的事件，如石窟的兴建、改建或废弃。

漫题（graffito），如“某某到此一游”式的游人题记，僧房窟居住者的字画涂鸦，等等。

壁书（mural literature），可以说是以壁面为素材的文学/书法作品。通常写在素白的壁面上而以比较端正的书体写成。但从某种意义上，也可以说是漫题的一个变种。

至今已经出版的龟兹语题记大多数为漫题，但也有一些榜题[①]及少部分壁书[②]。目前，题铭类比较不容易辨认，而使得题记研究还缺乏与石窟营建史等相关领域与议题的密切联系。所以继续调查现存题记以期认识题铭类文字的特征，是未来要努力的方向之一。至于数量较为丰富的漫题，理论上可以成为判定石窟废弃年代的有效辅助证据，但一方面文字形态也比较自由奔放，语言与拼字法有时也会出现非标准的形态，造成认读困难；一方面其书写工具通常比较简单（通常是刻划或炭笔涂写），使得文字容易剥蚀或脱落。再加上一道漫题的存在往往引发更多游人在墙上涂写。因此一道漫题除了面临自身逐渐消退、崩解的自然过程，还常常遭遇与其他题记互相叠压、干扰的问题。今天所要报告的亦狭克沟石窟，就是状态比较危急的案例之一。尽管它位处边缘，但其漫题中保存的人名、地名等罕见史料，促使人们考虑未来应当如何记录、研究并进一步保护题记。希望各位专家能从理论、方法论、历史脉络及实务等各方面给予指教。

一、亦狭克沟石窟龟兹语题记现存情况

关于亦狭克沟石窟，新疆龟兹研究院对其进行了考察，其考察报告已经出版[③]，所以笔者在这里简单地说明一下洞窟情况。它的位置在克孜尔石窟东南方，由六个洞窟构成。2009年5月，在北京大学荣新江教授与新疆师范大学朱玉麒教授的提议下，经由赵莉副院长安排，由台来提所长（现为新疆龟兹研究院副院长）带领我们一行去洞窟考察[④]。最大的洞窟在最南边，而中间的洞窟最完整。这两个没有壁画的洞窟保留有龟兹语题记。以下把南边的洞窟称为第一窟，中间的称为第二窟。剩下的洞窟，我们当时没有考察。接下来介绍一下第一窟和第二窟的龟兹语题记现存情况。

（一）第一窟

第一窟现存右侧壁、正壁和左侧壁。根据我们的调查，第一窟尚可见到7道龟兹语题记。其中可以解读的只有3道。具体情形如表一所示。

---

① 代表性著作为 Pinault G-J. Une nouvelle inscription koutchéenne de Qumtura: Légende de scènes bouddhiques de Praṇidhi. Bulletin d’études indiennes. 1994，11-12: 171-220。

② Thomas, W. 1964. Tocharisches Elementarbuch. Band Ⅱ. Heidelberg: Winter, 63,Text XXII. 3（经核对为第203窟题记）。

③ 参看新疆龟兹研究院、中国人民大学国学院西域历史语言研究所、北京大学中国古代史研究中心：《新疆拜城县亦狭克沟石窟调查简报》，《文物》2013年第12期，第56～66页。

④ 同行人还有庆昭蓉、文欣、赵丽娅、吴丽红、袁亮、依米提、尼牙孜。而实地进入洞窟的是男性队员。

表一　第一窟可解读的3道龟兹语题记

壁面方向①	现存龟兹语题记数量	可解读题记数量
正壁	3	1
左侧壁	4	2
总计	7	3

表一中，所谓可解读题记的意思是能够比较准确地翻译该道题记的大部分内容。其余题记，由于严重受损而无法判断语言并掌握其内容，因此视为不可解读的题记。

（二）第二窟

第二窟东西南北四面现存龟兹语题记共15道，可以解读的有13道。具体情况如表二所示。

表二　第二窟可解读的13道题记

壁面方向	现存龟兹语题记数量	可解读题记数量
右侧壁	4	4
正壁	5	4
左侧壁	5	4
前壁	1	1
总计	15	13

（三）小结

总结以上数据，亦狭克沟石窟龟兹语题记共有22道，其中可以解读者有16道，全属于游人题记。其中第一窟中龟兹语题记状态较为恶劣的情况，可能在20世纪初期已经如此。从黄文弼先生1928年12月15日的日记中可以见到，他考察了亦狭克沟的四个洞窟。他只描述到了最大窟（应即第二窟）中存有许多民族古文字题记，但没有明确描述其南边洞窟（应即第一窟）的民族古文字题记的数量情况。因此合理的推测是当时第一窟的龟兹语题记已经不甚明显，而使黄文弼只留意了第二窟②。

二、题记内容

正如大部分的克孜尔石窟漫题一样，亦狭克沟石窟的漫题多数极为简单。比如，第一窟正壁第三道漫题仅辨出一道，内容为：

kṣemarakṣite tane śem

---

① 《新疆拜城县亦狭克沟石窟调查简报》第62页所记载正壁与左侧壁内容相反，要改成本文所描述。

② 黄文弼于1928年12月15日考察了亦狭克沟石窟，请参看霍旭初：《黄文弼在克孜尔石窟》，《新疆文物》1993年第1期，第105页；黄文弼：《黄文弼蒙新考察日记（1927—1930）》，文物出版社，1990年，第360、361页。

“*Kṣemarakṣite*来此”

其中*śem*是过去完成时[①]，也就是说其人来到了此地。但有些题记则蕴含更加丰富的历史信息，分别关联到王名、地名、龟兹佛教跟汉人佛教的关系，以及克孜尔一带的古代交通这四个方面。

（一）王名

第二窟前壁有道题记题为：

wi kṣ untsa yśukwā lānti [ś]aiy[e] pi[k]ulne śta(r)[c]ce meṃ(n)e śak wi ne…

…citratewe ñem śka śem tuntse [ṣ]otri paiyka

“*Yśukwā*王二年，羊年，四月十二日……

名为*Citratewe*（者）来此，写其记。”

上述题记含有龟兹语漫题中常见套语*tuntse ṣotri paiyka*，字面意为“他写了他的记号/标记”，也就是说到访者以客观的第三人称立场留下了到此一游式的记录[②]。此外，这条题记包含一位龟兹国王的名字。相同的王名曾出现在一件俄藏龟兹语世俗文书上（SI B Toch. /11），年号为*Yśuhkwā*王14年羊年[③]：

14 *kṣuntsa yśuhkwā lānti śaiyye pikulne ñuñce meṃne* … [SI B Toch. /11. 1]

“*Yśuhkwā*王十四年，羊年，九月……”

由于生肖顺序相符，这两条材料提到的国王应为同一人。而且根据我们的调查，这个国王的名字还出现在别的石窟漫题中：

克孜尔第95窟漫题二道：

18 *kṣuṃntsa yśuhkwā lānti suwa [p]i(ku)l(n)e* …

“*Yśuhkwā*王十八年猪年……”

…ṣukṣuṃntsa yśu[h]kwā lānti…

“*Yśuhkwā*王……七年……”

苏巴什第3窟题记一道：

17 *kṣuṃntsa yśuhkwā lānti kweṃ pikulne trice me[ṃ]ne* …

“*Yśuhkwā*王十七年狗年三月……”

其中苏巴什石窟题记是在墙面上一迳刻写端正的大楷，可能具有特殊的事件意义，也就是说不

---

① 关于这个套语，参见Pinault G-J. Épigraphie koutchéenne, Ⅰ. Laissez-passer de caravanes, Ⅱ. Graffites et inscriptions, In: Sites divers de la région de Koutcha (Mission Paul Pelliot 8), H. Chao and others (Paris: Collège de France), 1987: 128-129.

② 关于这个套语，参见Pinault G-J Épigraphie koutchéenne, Ⅰ. Laissez-passer de caravanes, Ⅱ. Graffites et inscriptions, 129-130.

③ Pinault G-J. Economic and administrative documents in Tocharian B from the Berezovsky and Petrovsky collections, Manuscripta Orientalia 1998, 4 (4) : 8-13.

能排除为题铭一类。很可惜的是由于题记后半段难以认读，所以无法确认内容的性质[①]。

据此可以说*Yśuhkwā*王在位期间至少18年，而且当时亦狭克沟石窟，以及一部分的克孜尔石窟与苏巴什建筑物很有可能已经被废弃了。笔者与庆昭蓉研究世俗文书时证实上述俄藏文书应系于唐代而非回鹘时代，而且应该还是唐代行政比较有效地施行在龟兹的时期[②]。因此合理的推测是将此王置于8世纪左右。很可惜的是目前关于这个王的龟兹语材料仍然很有限，而汉籍史料中，7世纪后半以降的龟兹王统有许多留白时期，所以现在还很难给出这个国王的精确在位年代[③]。但值得注意的是，已知不少国王具有梵语风格的名字，如*Suvarṇapuṣpa*，*Suvarṇadeva*，*Kṣemārjuna*等等。但*Yśuhkwā*并不是梵文名字。现在这个名字的语源不明，却也不太像是龟兹语的固有人名，因为龟兹语中不存在*hkw*的基本音位。这个特殊的名字，可能反映出当时的历史情况，至少在国王的起名上似乎脱离了原来印度文化主导的习惯。要是笔者的猜测没有错，在他在位前后可能发生了某种重大事件，导致龟兹国王转而倚靠其他文化或政治势力[④]。

（二）地名

第一窟左侧壁有道漫题内容为：

śkä(c)cene saṅkaseñike śitkāl no yurpāṣkaine (或*yirpāṣkaine*) *masa tuntse ṣotri paiyka*

"六月*Saṅkaseñike*遥赴*Yurpāṣka*（或*Yirpāṣ ka*）。写其记。"

这可以说是一道非典型的漫题。通常龟兹语漫题用的是动词"来（到）"，即到此一游之类。但这道题记却用上动词形式*masa*（*i-*"去"的过去完成时第三人称单数），字面意为"去过了"。因此可以说题写人在亦狭克沟第一窟写下这道题记前，先去过了*Yurpāṣka/Yirpāṣka*。也就是说，*Yurpāṣka/Yirpāṣka*与亦狭克沟有某种地理位置联系。关于这个地名，俄藏龟兹语木简（SI P/139（d）recto 2）曾经出现过*Yurpāṣka*的例证，在法国学者列维（Sylvain Lévi）发现之初，即根据音韵比定为安西著名的寺院耶婆瑟鸡寺[⑤]。但他的学说后来引发不少西方学者的讨论，简单说

① ［作者补注］关于此道题记，参看庆昭蓉：《龟兹石窟现存题记中的龟兹国王》，《敦煌吐鲁番研究》第13卷，上海古籍出版社，2013年，第407页；新疆龟兹研究院、北京大学中国古代史研究中心、中国人民大学国学院西域历史语言研究所：《苏巴什石窟现存龟兹语及其他婆罗谜文字题记内容简报》，《唐研究》第20卷，北京大学出版社，2014年，第403页。

② Ching C, Ogihara H. Internal relationships and dating of the Tocharian B monastic accounts in the Berlin collection.《内陸アジア言語の研究》25号，2010，106-108。

③ ［作者补注］关于这位国王的年代，参看庆昭蓉《龟兹石窟现存题记中的龟兹国王》，第415页。

④ 法藏龟兹语世俗文书里面还出现一个名字叫*Nāśmi*的王，参见Pinauer G-J. Aspects du bouddhisme pratiqué au nord du désert du Taklamakan, d'après les documents tokhariens. In: Fukui F, Fussman G (eds.), Bouddhisme et cultures locales. Quelques cas de réciproques adaptations. Actes du colloque franco-japonais (Paris,23-27 septembre 1991) Paris: École Française d'Extrême-Orient, 1994, 94. Ching C. Secular documents in Tocharian: Buddhist economy and society in the Kucha region. Dissertation thesis. Paris: École pratique des hautes études. 2010. 他的名字也不是梵文名字。

⑤ Lévi S. Le《tokharien B》, langue de Koutcha, Journal Asiatique, 11th séries, tome 2, 1913: 320, 372.

来可以分成两大派：*Yurpāṣka*在龟兹（Lévi，Pelliot[①]）；*Yurpāṣka*在焉耆（Krause[②]，Pinault[③]，Adams[④]）。

对于这些学者的看法，庆昭蓉和笔者已经在别的文章里予以分析，并从柏林所藏克孜尔出土龟兹语木简等龟兹语资料论证*Yurpāṣka*不在焉耆，而应该在龟兹境内，而且很可能与现今的克孜尔有很密切的地缘关系[⑤]。不过，我们根据的材料都是木简和纸张文书，因而不能完全排除它们从别的地方携带过来的可能性。毕竟，目前我们还未能从克孜尔题记中发现这个地名[⑥]，柏林所藏唐代龟兹语寺帐中也没有留下这个地名的痕迹。此外，学者也还不能从语言学上解释*Yurpāṣka*的词源。

基于以上原因，尽管知道最近有不少中国学者已经将克孜尔石窟比定为耶婆瑟鸡寺，我们仍难以遽下定论。更进一步说，从目前已知的龟兹语文献，我们不能完全否定耶婆瑟鸡寺可能是克孜尔石窟近处其他石窟的可能性。而如果耶婆瑟鸡寺的位置确实在今日克孜尔石窟群之中，那么是否它相当于全体的石窟群，或只是其中某一区域的石窟，也还有待进一步研究。希望这个问题能在未来更全面的调查克孜尔石窟题记后得到解决[⑦]。

总而言之，亦狭克沟石窟第一窟左侧壁这道题记的意义在于，它是*Yurpāṣka*地名首次标志在不可移动的空间上的例证，也就是说是条现场（*in situ*）材料。这样的记录有效地推进了耶婆瑟鸡的定位问题，而且也能够支持过去我们否定*Yurpāṣka*在焉耆的看法。因此这道材料对于龟兹语的地名研究极为重要。

（三）龟兹佛教与汉人佛教

汉籍记载，唐代龟兹本土佛教是小乘系统，而汉人佛教属于大乘系统[⑧]。据写本研究和美术研究，龟兹本土佛教就是说一切有部。但是却很难说两种佛教在唐代有怎样具体的交流与关联。而亦狭克沟石窟第二窟左侧壁有道题记：

ja jñāṇara[kṣ]i(t)[e]

titsi

开头的*ja*可能是*jñā*之误，因此书写者略作间隔之后再次开始刻字。他的梵文名字*Jñāṇarakṣite*显示他是僧人或与佛教有关的人。那么，下面写的*titsi*应该怎么解释？这个词在龟兹语文献里从来没有出现过。而笔者认为，这个词是汉语“弟子”的借用语。回纥语里面也有同样形式。他们解释

① Pelliot P. Tokharien et koutchéen, Journal Asiatique, 1934, 224: 91.

② Krause W. Eigennamen in tocharischen Texten, Ural-Altaische Jahrbücher, 1953, 25: 11-18.

③ Pinault G-J. Épigraphie koutchéenne, Ⅰ. Laissez-passer de caravanes, Ⅱ. Graffites et inscriptions, 128-129.

④ Adams D Q. Some observations of peoples, places, and languages in the Tarim Basin in the first millennuim AD, Tocharian and Indo-European Studies, 2000, 9: 3-5.

⑤ Ching C, Ogihara H. A Tocharian B sale contract on a wooden tablet. Journal of Inner Asian Art and Archaeology, 2010［2012］, 5: 106。

⑥ 参见文末补充说明。

⑦ 参看拙文《新疆龟兹研究院所藏龟兹语诗文木牍》，《文物》2013年第12期，第76～80页。

⑧ 《游方记抄》卷一“又从疏勒东行一月，至龟兹国，即是安西大都护府，汉国兵马大都集处。此龟兹国，足寺足僧，行小乘法，食肉及葱韭等也，汉僧行大乘法。”《大正藏》第51册，第979页。

回纥语*titsi*是汉语“弟子”的借用语①。

目前，龟兹语文献里出现的汉语借用语是行政经济方面的词语。要是笔者的猜测没有错，这个*titsi*是龟兹语里面首次出现的从汉语借过来的佛教词语②。我们可以推测这个借用语的背景。比如说，写这道题记的人是汉人，或者龟兹佛教接触汉人佛教、接受这个词等。虽然目前没有办法解释为什么写这道题记的人用汉语的词语，但是他可能反映龟兹当地的佛教跟汉人佛教和社会有关系。

（四）交通

亦狭克沟石窟所留题记里面有年号的不只是上面介绍的第二窟前壁题记。还有以下两道：

第一窟正壁：

śak ok kṣu[ṃ]tsa ṣka[ś]ce meṃne piś [m]eña[n]tse [n]e...

“十八年六月五日……”

第二窟左侧壁：

[w]i (kṣuntsa) [ṣ](u)[k]tañce me(ṃ)ne ñ[u] meñantse ne...

“二（年）七月九日……”

第二窟前壁（上引）：

wi kṣuntsa yśukwā lānti [ś]aiy[e] pi[k]ulne śta(r)[c]ce meṃ(n)e śak wi ne ...

“*Yśukwā*王二年羊年四月十二日……”

前两道题记未记王名，不过总的来说可以看出这些题记是在不同时期刻写下来的。亦狭克沟石窟在克孜尔石窟东南边，但对于亦狭克沟石窟的开凿年代和开凿目的等历史问题都还不甚明白，特别是唐代时期克孜尔石窟的交通路线网络还没有定论。众所周知，*Šaldïrang qaraoul*（盐水沟）出土了龟兹语通行许可证木简。上面屡次出现王名*Swarnatepi*（苏伐叠），因而推知这些通行许可证写于唐朝征服龟兹之前③。正如列维已经指出的，木简的发现意味着在7世纪初期盐水沟一带有路通行，但是从盐水沟去克孜尔石窟的路线仍然有待考证。龟兹语题记出现在亦狭克沟石窟，显示当时此沟是可以行走的。但它是作为克孜尔石窟在群山间的深入延续，还是作为通向克孜尔交通孔道的一个沿线据点，则是必须结合历史、地理与考古学资料加以探索的问题④。

---

① Von Gabain A. Alttürkische Grammatik (dritte Auflage). Wiesbaden: Harrassowitz, 1914，371. a: *titsï, titsi, tisï, taysï* < 弟子。

② 龟兹语里面表示“弟子”的词是*akalṣälle*。这个词的构词法跟梵语的*śiṣya-*“弟子”一样。其构词法，参见Adams D Q. A dictionary of Tocharian B, revised and greatly enlarged. Amsterdam-New York: Rodopi, 2013, 1.

③ Pinault G-J. Épigraphie koutchéenne, Ⅰ. Laissez-passer de caravanes, Ⅱ. Graffites et inscriptions, 84-85，132-133.

④ 李丽：《新疆龟兹地区中小型石窟调查》，《汉唐之间的宗教艺术与考古》，文物出版社，2000年，第176页；李丽：《新疆龟兹地区中小型石窟调查》，《龟兹文化研究》第1辑，天马出版有限公司，2005年，第282页；吴焯：《克孜尔石窟兴废与渭干河谷道交通》，《汉唐之间的宗教艺术与考古》，文物出版社，2000年，第183～204页。

值得一提的是，最近笔者在德藏龟兹语文献里发现了两件通行许可证残片。跟盐水沟出土的许可证木简不一样，这两件是写在纸上的。而且据文书编号，这两件出土于克孜尔。因为残片上未提及年号、人名和地名，所以无法确定其年代。但考虑到龟兹语世俗文献里的纸文书通常写在唐治时期，这些通行许可证也很可能写在唐代。笔者已经在别处讨论了这两件残片①，在这里笔者想指出一点，就是这两件通行许可证的格式跟盐水沟许可证是一样的。如果笔者的判断正确，龟兹国在唐朝统治之后在通关问题上仍然承继了传统的文书格式和手续。

三、结　论

笔者在本文介绍亦狭克沟石窟龟兹语题记现存情况的同时，根据一些题记讨论了龟兹历史的问题。虽然亦狭克沟石窟只有两个洞窟还保留龟兹语题记，但是这些题记对龟兹历史研究可以提供很珍贵的材料。笔者讨论的问题主要有四个方面，也就是王名、地名、龟兹佛教跟汉人佛教的关系和克孜尔石窟一带的古代交通。

关于王名，有一条题记题为*Yśukwā*王。这个王名在龟兹语文书里面很少出现，但是克孜尔和苏巴什所保留的题记里面有这个国王的名字。现在我们无法确定这个国王的年代。希望以后会有更多的材料②。

关于地名，有一条题记题为*Yurpāṣka*，也就是耶婆瑟鸡。这条题记对解决这个地名问题很重要。包含这个地名的龟兹语材料都是木简或文书。相对而言，这条题记是首次出现的当地的材料。这条题记的出现，使得*Yurpāṣka*位于今日克孜尔石窟附近的可能性大为提高了。

关于龟兹佛教跟汉人佛教的关系，亦狭克沟石窟里面有一道龟兹语题记可能提及汉语“弟子”。这个借用语的背景还不清楚。但若释为“弟子”无误，这条材料应该能够反映出龟兹当地的佛教跟汉人佛教之间有比较密切的接触。

必须说明的是，亦狭克沟石窟的龟兹语题记不是同一时间写下的。因此这个地点附近应该是长期有人来往的。

总而言之，亦狭克沟题记所揭示的这些问题，应当与其他地方、其他语言的题记，以及龟兹语世俗文书的内容相结合来研究，才能充分发挥它的价值。

补充说明：本论文初稿完成于2011年8月，皆在报告龟兹题记调查的进展情况。因当时有关耶婆瑟鸡以及龟兹王年款的题记发现较有限，文中也采取较审慎的立场。相关资料愈趋明晰，请读者参看各补注所引庆昭蓉2013年论文及拙撰《略论龟兹石窟现存古代期龟兹语题记》，《敦煌吐鲁番研究》第13卷，上海古籍出版社，2013年，第377～378页。本文主体论述则不加修改，以呈现当时研究到达的阶段。

---

① 拙文《柏林所藏两件龟兹语通行许可证残纸》，《西域文史》第8辑，科学出版社，2013年，第85～93页；亦参见Ogihara H. (forthc.). Two fragments of Tocharian B laissez-passers kept in the Berlin collection. In: Chen Huaiyu, Rong Xinjiang (eds.). Great journeys cross Pamir on the Silk Road: A festschrift in honor of Zhang Guangda on his eightieth birthday.

② ［作者补注］参见本文234页注1以及文末补充说明。

Introduction to the Kuchean Inscriptions and Graffiti Surviving in the Ishäk Grottoes

Ogihara Hirotoshi

(Institute for Historical and Philological Studies of China's Western Regions, Renmin University of China)

The site of the Kizil Grottoes has occupied an important status in the history of the Buddhism in Kucha owing to its heritage of wall paintings and a great amount of manuscripts written in Sanskrit and Kuchean (= Tocharian B). These findings reveal that the Kizil Grottoes were the center of the Buddhism of the Kucha kingdom. The studies on the Sanskrit and Tocharian manuscripts since the beginning of the 20th century has proven that most of the Buddhist manuscripts found at Kizil belong to the (Mūla-)Sarvāstivādin. The studies on the wall paintings also agree with this school affiliation. Although there is still room for developing the philological and art historical studies about this site, it can be said that both of them have made great progress.

However, the studies on the inscriptions and graffiti surviving in the grottoes are far from fully developed. Thus far the only publication specifically dedicated to it appear in *Sites divers de la région de Koutcha* (Mission Paul Pelliot Ⅷ), whereby Georges-Jean Pinault provided his reading of these materials on the basis of the photographs taken by the members of Paul Pelliot's expedition. However, these photographs have been aged to more than one hundred years, so the inscriptions and graffiti should be studied again by undertaking a thorough exploration. In this presentation I will introduce some of the results of the research on the inscriptions and graffiti survived in the Ishak Grottoes acquired in this preliminary stage.

Ishäk Grottoes are located in the southeastern region of the Kizil Grottoes. They are composed of six caves, and the Kuchean inscriptions and graffiti are observable in two of them. For example, one of them is dated as the second year of the King *Yśukwā*, the sheep year. At present (i. e 2011), this name of king appears only once in a Kuchean secular document kept in St. Petersburg, which is dated as the 14th year of the King *Yśuhkwā*, the sheep year. Therefore, they are in all probability an identical person. It is also worth of mention that another graffito mentions *Yurpāṣka*. Sylvain Lévi identified this name as 耶婆瑟鸡, which has led to the discussion on this name by other scholars. This graffito can offer a new clue to this problem.

古代新疆佛寺的畜牧业：龟兹研究院所藏吐火罗语畜牧相关木简

庆昭蓉

（北京大学历史系暨中国古代史研究中心）

一、导　　论

新疆龟兹研究院藏有一组极为珍贵的与畜牧相关的木简，其中一部分近年指定为国家重要文物，包括两件一级文物[①]。这组木简形式独特，原始的树枝外观宛然可见，仅在一侧或两侧略作刨平，以细锐硬笔蘸墨书写，内容则几乎全与畜产品有关。就过去学界所知，以龟兹语（即吐火罗B语）书写的木简在形制上均经过仔细修整刨平，唯独这组木简仍留有树皮，两端削折痕迹也十分明显。很可能是由于记录当下不便于正式书写，所以就地取材，用树枝登记物资出入。

这组木简质地多为胡杨或柳木[②]。标本编号显示它们均出土于克孜尔千佛洞第89-10窟，是1989年5月洞窟发掘清理工作时所得。据《1989年克孜尔千佛洞窟前清理简报》记载，第89-10窟前室窟外南侧有一大土坯堆，土坯堆北侧基础埋有木料，其近处清理出门扇、门框、木料等。而木器、木简则发现于窟口附近，出土位置在灶台附近地面，相当于《克孜尔石窟内容总录》描述的“前室西端下部残存壁炉”近处[③]。这段地面积灰较厚，而壁面被烟熏黑，因此木简大概是在帐目传递完成后，辗转被当成燃料收集，最后储积在灶边。

目前这类保有树枝外观的木简计达26个编号，共27支。其中一支现在借展于新疆博物馆，一支最近送到中国古文字博物馆陈列，其余藏在新疆龟兹研究院[④]。一件由两段残简黏合起来的标本（旧有编号为89K89-10F：13），解读后发现应予分别。还有一支无字断简（旧有编号为89K89-10F：22），即此类木简的后半余白部分。若排除无字简及拼合简，木简数量即与《简报》提到的“龟兹语文木简25件”完全一致，因此可以认为第89-10窟出土的木简完全就是这组畜牧关系木简。

三年前笔者初次得知这类文物。当时业师皮诺（Georges-Jean. Pinault）教授委托笔者将一套关于龟兹石窟的市售幻灯片到店里冲洗成数码格式。其中一张幻灯片拍摄的主题正是院藏6枚龟兹语

---

① 即标本编号89K89-10:05 与 89K89-10:06.

② 参见杨淑红2005：98。

③ 参见《1989年克孜尔千佛洞窟前清理简报》28页，《克孜尔石窟内容总录》100页。

④ ［作者补注］最新完整综述参见新疆龟兹研究院、北京大学中国古代史研究中心、中国人民大学国学院西域历史语言研究所《新疆龟兹研究院藏木简调查研究简报》，《文物》2013年第3期。

木简，包括5枚带着树皮的木简[①]。作为练习，笔者和同学荻原裕敏一起做出录文。后来我们发现这张幻灯片与《克孜尔石窟内容总录》卷首图版刊载的龟兹文木简所摄木简一样，唯陈列顺序略有不同。于是笔者便在博士论文提供了这6支木简的转录（transcription）、译文与注释[②]。

但这并非学界首次发表。1994年，施密特（Klaus T. Schmidt）博士在一场关于印欧语研究的欧洲学术会议上发表了3支木简的部分内容[③]。其中两支已收入上述幻灯片[④]，而另一支当时并不为人所知。但他未及时掌握相关情报，所以发表时将其称之为克孜尔发现的“无编号”（*ohne Signatur*）木简[⑤]。后来他在一篇讨论吐火罗语经济术语的期刊文章中再次引述了先前发表的木简内容[⑥]。另一方面，皮诺教授也看过这种木简。他曾写道：“在克孜尔有许多近年出土的未刊木简，而我有幸于1995年5月调查这批材料。”[⑦]玛尔璨（Melanie Malzahn）博士着手统计当世所藏吐火罗语文献时，皮诺教授亦提供增注，说明“在克孜尔的龟兹石窟研究所藏有数件20世纪90年代发现的木简”[⑧]。

此后，在北京大学荣新江、新疆师范大学朱玉麒两位教授与新疆龟兹研究院赵莉副院长的联系下，笔者与荻原裕敏在2010年11月初到克孜尔对这组木简做了进一步的核对与释读工作。本文内容便是基于此次调查的成果。为了在有限篇幅内说明其史料价值，本文拟从相关议题出发，举出其中耐人寻味的记载，而仍以龟兹语之转录（transcription）与翻译为主。至于这组木简的全部转写（transliteration）、翻译与注释，将在研究课题报告中提出。

二、木简年代

从语言特征与书法形式来看，这组木简不甚古老。它们缺乏龟兹语的古代期特征，也没有用上西域北道婆罗谜字体中较早期的字形。相比之下，龟兹语词的晚期或俗语形式倒是相当频繁地出现其中。不幸的是，龟兹语晚期语言的定义与年代上下限仍然缺乏充分讨论，因此难以用于木简之定年[⑨]。然而笔者认为，木简中的人名*Tsoṅkwāne*应可视为一项年代证据。此名不似龟兹本地人，却像

---

① 经核对，由上而下第二至第六支木简之编号分别为89K89-10F:14, 89K89-10F:06, 89K89-10F:02, 89K89-10F:12, 89K89-10F:09。

② 参见Ching 2010: 294-297。2009年5月笔者与荻原访问北京大学时，曾与荣新江教授和新疆师范大学朱玉麒教授到库车作短期考察。在龟兹研究院接待期间也一同参观院方收藏，包括若干未刊木简。但为尊重先向国人发表文物内涵之原则，博士论文中未予发表。

③ 会议论文集出版于1997年（Schmidt, 1997）。

④ 即第二与第五支木简。前者仅引述其末句，并转写为*otak r̲a̲knāśka klai-yritañai ṣā(r)wai klāte* ◆ *klai-śrotañai* ◆ *alaṃ śrotaña* ◆ *klaina śawāre yotkolau śilawratti wsāme*. 后者仅引述第一句之部分，且转写为*mukusa ṣārwai klāte klaiyna(s̱\)* 3. 两道转写均稍异于原件，详下文。

⑤ 内容经核对为编号89K89-10F:19木简。

⑥ 即Schmidt, 1999[2002]: 9-18.

⑦ Pinault, 1998: 12.

⑧ Malzahn, 2007a: 95, 107.

⑨ 龟兹语文献的语言与书法分期都还不能给出绝对年代，不过桑德(Sander, 1968)、贝明(Peyrot , 2008) 与玛尔璨(Malzahn, 2007b)之讨论颇具参考价值，读者可以参看。

汉语“总管”（EMC tsəwŋ'-kwan'，LMC tsəwŋ'-kuan'）的龟兹语化形式，即附加常见的男子名后缀 *-e*。由于“总管”一词未见于高昌时期文书，故此名似反映唐代汉语之使用。兹举一支为例：

89K89-10F：07

（a）*ṣkaśce śak-ṣ(e)ne yäkweṃs Moko Tsoṅk[w]āne ṣalywe kamāte: mut[k]āntseṃ* 2.

“六月十一日，马队的首领*Tsoṅkwāne*拿了酥：2 *mutkāntse*。”[①]

（b）*ṣukta[ñ]ce (ṣ)[kä]sne kākañyeṃ y(äk)we(s) Moko [Ts]o[ṅ]kwāne ṣaly[w]e k(a)m(ā)t(e): [m]ut[kā]ntse 1. Moko Pūrṇe yāt[k]a.*

“七月六日，谒请（寺僧?）的马队首领*Tsoṅkwāne*拿了酥：1 *mutkāntse*。（这是）首领*Pūrṇe*吩咐了的。”

7、8世纪龟兹语寺院经济文书中的*Moko*（头人、首领）一般是指一群净人的首领，即*kapyāres moko*[②]，所以*Pūrṇe*可能也是这种首领。但*Tsoṅkwāne*却是另一种首领。若逐字面义，应译解为“诸马匹之首领”（*yäkweṃs Moko*，（a）侧）或“邀请的马匹们的首领/主管”（*kākañyeṃ y(äk) we(s) Moko*，(b)侧）。在第二种称呼中，*kākañyeṃ*“邀请的（？）”[③]词尾变化比照“马匹”之复数属格*yäkwes*而为复数间接格，也就是说被邀请者似为一群马。但这只是简化的表达形式，事实上*Tsoṅkwāne*统领的是跟马有关的一群人。例如：

89K89-10F:03

（a）*piṅce (tr)ai(y)ne k(ā)kalyñ(i) yäkweṃṣṣi ṣalywe kamānte: mutkā(n)tse 3.*（后略）

“五月三日，谒请（寺僧?）的*yäkweṃṣṣe**们拿了酥：3 *mutkāntse*。”

上句中*yäkweṃṣṣi* 为复数主格，是由龟兹语“马”（*yakwe*）派生的 *-ṣṣe*形容词，显然指与马有关的人物。其字义或许类似于库车出土汉语文书中之“乘马人”[④]，而*Tsoṅkwān*为其头领。*Tsoṅkwāne*在另一件木简上称为 *Omorkäñe yäkweṃse*“*Omork**的*yäkweṃṣe* ”[⑤]，这即是说他本身也是名*yäkweṃṣṣe*。至于他究竟是位名副其实的总管，或只是个以汉语官号起名的龟兹本地人[⑥]，目前

---

① 龟兹语帐历的数值登记有三种格式，以此条为例，从简而繁的三种变化形式是 *mutkāntseṃ* 2“2 *mutkāntse*”，*wi mutkāntseṃ* “二*mutkāntse*” 以及*wi mutkāntseṃ* 2。最后一种方式笔者拟译为“贰*mutkāntse*”，参见Ching, 2012b。*mutkāntse*是种容积单位，详下文。

② 参见Ching, 2010: 477; 2012b。

③ 其单数主格形式应为*kākalñe*，恰与抽象名词“±邀请”之单数主格同形。但此处不论文脉或词尾变化方式均显示木简上之*kākalñe*并非抽象名词，而是*-ññe*形容词。承获原指教，该形容词最终仍导源自动词*kwā-*‘邀请，召出’，但其派生可能通过未知名词**kākal*。后者的派生方式类同于名词*trokol* “±配给”之于动词*truk-* “± 给；拨给”。至于 **kākal*的词义与*kākalñe*有何不同，现在还不清楚。

④ 参见Pelliot Chinois D.A. 39 (Trombert, 2000: 66). 据笔者研究，此断片可能与38号为同一件文书。

⑤ 标本编号89K89-10F:10.

⑥ 例如俄藏龟兹语上烽名簿(SI P/117) 有人名*Capeś* (转写见Pinault, 1998: 14-15)；另未刊法藏诉状草稿Cp. 37+36中亦有人名*Capeś*。但此名相当于古代突厥语*čabïs* “将军”，汉语作车鼻施。吉田丰（2004: 130-132）认为此词应源自畎哒。参见Ching, 2010: 432; 2012a。

仍不清楚，因为光凭木简看不出这些人到克孜尔是出于交通、贸易、军事或者信仰之动机。但不论如何，如果*Tsoṅkwāne*源自汉语“总管”之诠释无误，那么这组木简应系唐代，而且暗示当时在克孜尔石窟附近有马群及相关人事活动。

三、内容分类

这组木简主要特征在于肉与乳制品的登记有所区隔。其中19支涉及肉品消费、6支涉及乳制品消费，另余1支无字、1支有字而无法分类的残简。

1. 肉品支出

肉品几乎毫无例外地以*ṣarwiye*一字表示。过去学者只从俄藏纸质龟兹语羊帐与施密特提及的克孜尔所藏木简得知，这个词语的单数间接格形式是*ṣārwai*①。事实上新疆龟兹研究院藏木简还给出了其他形式，因而可以确定这个阴性名词的变化遵守VI.2a类名词②：

	单数	复数
主格	*ṣarwiye*	*ṣarwaiṃ*
间接格	*ṣārwai*	*ṣarwaiṃ*

其中复数主格*ṣarwaiṃ*属于晚期或俗语形式，标准形式为**ṣarwaiñ*。现在无法决定*ṣarwiye*具体是指哪一种肉，但为阅读方便，本文迳译以“肉”。

这组木简涉及三种肉食消费：山羊（*ās*）、绵羊（$\bar{a}_u$）及一种不明牲畜*ariwe**。后者可能是另一种羊或别的家畜③。兹举二简为例，前者涉及进帐，后者涉及支出：

89K89-10F:12④

piṅce ñune M[u]kusa ṣarwai(ṃ) klāte: klaiyna [y]ri[ṃ] 3. otak Na[w](aś)k(e) [a]yo(r) ṣe pkuweṣ allā[w]aṃntse ṣārwai k[l]ā[t]e: 1. [Pa]ñ[c]warike ṣam(ā)n[e] Aryasome lyāka | piṅc(e) śa[k]ne Mukusa k[laiṃ]-yritañai ṣārwai klāte: 1. otak ala(ṃ) -śrotañai ṣarw(ai) klā(te): 1. nono [k]l(ai)///

五月九日，*Mukusa*拿了肉：母（绵羊）羔的三块。然后*Nawaṣke*又（拿了）送礼用的二齿（阉?）公绵羊的肉一块。*Pañcwarike*沙门*Aryasome*看到了。| 五月十日，*Mukusa*拿了母绵羊羔的肉一块。然后拿了公山羊羔的肉一块。还（拿了）……（母羊羔）……///

① 施密特（1994）引述俄国羊帐与克孜尔木简时释此字为粪、屎，作春药使用。皮诺 (1998) 出版俄国羊帐时推测为羊毛，而亚当斯(Adams, 2009) 则推测为干酪 (cheese)。笔者(2010：399-400)比较俄国羊帐与吐鲁番敦煌畜牧关系文书后认识到*ṣarwiye*应指羊肉或屠体特定部份（如身、半身等）。

② 参见Krause and Thomas, 1960: 133-134.

③ Pinault (1998: 12)曾推测此字为未去势之雄绵羊，亦为Schmidt (1999[2002])、Adams (2009)接受，但此说仍乏语源与型态学根据。笔者认为不能排除*ariwe**是指其他品种的羊，比如盘羊等等。参见Ching, 2010: 397.

④ 即上述幻灯片所摄第五支木简。

89K89-10F:04

（a） *śtarce ikäṃ-wīne yketseṃ newi(yo yama)skemane ysāre(ṣ)e kapyāreś ṣarwaiṃ lateṃ: oroce kemesa awaṃntaña 1, ariwantaña oroce kemesa 1, asaṃntaña orocce kemesa 1, klaiṃ śrontaña sana 1. mokoñ$^{\ddot{a}}$ yātkar.*

“四月二十二日，肉支出了，交给在当地作渠的一名“小麦净人”：足齿绵羊的一块、足齿*ariwe**的一块、足齿母山羊的一块、母山羊羔的一块。（是）首领们命令了（的）。”

（b） *ṣkaśce ikäṃ-śtwerne yketseñe cake laṃsemane kapyāri ṣārwai śa[w]āre: o[ro]cce kemesa ariwaṃntañai 1.*

“六月二十四日，正在修理地方上的河道的净人们吃了肉：足齿*ariwe**的一块。”

与上一节的乳品相关木简的译法相同，笔者翻译肉品相关木简时参照了西域出土文书用语，特别是敦煌的寺院算羊牒等文书。这是因为龟兹语经济文书对于羊只的描述法与敦煌羊帐术语彼此甚为相似，句型亦颇相通。所以龟兹语羊帐翻译时文以“二齿”“四齿”“六齿”“足齿”表示齿龄，若未指明性别即默认为雌羊①。

上述两支木简充分反映出这组木简的寺院文书特性。已知*Pañcwarike*是柏林克孜尔寺帐中负责粮食与油酥日常支出的中低阶僧职②，笔者曾论证其义应为“掌管五事者”抑或特定五位职事僧，其对应梵语形式可构拟为**pañca-vārika-*③。此职是克孜尔出土龟兹语寺院文书的特征之一，更加说明这组木简应该属于古代克孜尔之某寺。至于第二支木简（a）侧提到之诸头领（复数主格*mokoñ$^{\ddot{a}}$*），暗示该寺有数群净人并各有首领④。由遣词用字来看，书写木简者地位较“首领”为低，也许是净人、寺外俗众、低阶僧侣或沙弥等。

可以看出，寺院在夏日农忙季节时派发肉类（主要是成羊或老羊）给劳动者食用，或许是用以犒劳或补充营养。这与送来的赠礼用嫩绵羊肉明显不同。事实上，上例第二支木简中*ysāre(ṣ)e kapyāreś*（单数向格，字面意义为“［发］向小麦之净人”）及*cake-laṃsemane kapyāri*（复数主格，字面意义为“正在整治河流的净人”）都是首次出现的语词表现⑤。虽然不能确定这些净人在法律身份上近于奴隶、农奴、佃农或者雇工，这些叙述充分显示了寺院对于田产之经营⑥。

此外值得注意的是僧伽也食用肉类，兹举两支木简为例：

89K89-10F:14 ⑦

/// (oro)c(c)e k(e)mesa [a]waṃn[t]añai 1. sāṅk śāwa. Pañcwarike ṣamāne Jñāṇavire lyāka. otak

---

① 参见Ching, 2010: 387-397.

② 参见Sieg, 1950 与 Pinault, 1994.

③ 参见Ching and Ogihara, 2010: 86.

④ 这组木简中确实提到两位首领，分别是*Pūrṇe*（见上引）与*Rawaśke*（详下）。

⑤ *ysāre(ṣ)e*一字之末音节严重斲伤，亦可复原为*ysārece*, 即**ysāretstse*之单数斜格，而释义不变。

⑥ 龟兹净人的世俗身份可能相当多元化，不一定全为卑微之依附人口。相关论述参见Ching, 2010: 46-52, 470-479; 2012a，于此不赘。

⑦ 即上述幻灯片中所摄第二支木简。亦为杨淑红《龟兹石窟新出文物精品集萃》图版一六所刊木简。

Räktāśka klai-yritañai ṣā[r]wai klāte: 1, klai-śrotañai 1, alaṃ śrotañai 1. klaina śawāre. Yotkolau Śilawratti wsā-me. ◆

"///足齿母绵羊的一块，众僧吃了。*Pañcwarike*沙门*Jñāṇavire*看到了。又*Räktāśka*拿了母绵羊羔的肉一块，母山羊羔的肉一块，（阉?）公山羊羔的肉一块，众女人们吃了。（是）总管僧*Śilawratti*把（这些肉）给了她们（的）。"

89K89-10F:15

(ṣuktañc)e (ikä)ṃ-(w)i(n)e (M)i(k)i(s)ā(n)e (ṣa)r(w)aiṃ (klāt)e: (a)· (a)ṃ(ntañ)ai [o](r)o[c]e [k]e[m]esa 1. [n]o[n]o [or]o[c]e [k]emesa[a]waṃn[t]añai 1. sāṅk śā[wa]. Pañcwari(ke) ṣamāne Dharma[m]itre lyāka.

"（七月二十二日（?），*Mikisāne*拿了肉：足齿……的）一块。又拿了足齿母绵羊的一块，僧众吃了。*Pañcwarike*沙门*Dharmamitre*看到了。"

上述文字中，僧众（即*sāṅk*"僧伽"）的肉食支出均在*Pañcwarike*职事僧监督下（字面上使用动词过去完成时*lyāka*"见"）进行。支给妇女的羊肉则由更高级的*Yotkolau*管事僧出面[①]。龟兹僧侣食肉，这与玄奘所述相符，亦可看出当时克孜尔寺院在生活实践上遵循小乘传统。与此同时，也可以看出此寺对于肉品出入管理俨然有序（详下节）。有趣的是，前来取肉的人物中包括一位粟特女性佛教徒*Pättetāya**（< 粟特语 *Buti-dhāy*'佛婢'）[②]，再度印证粟特佛教徒在克孜尔一带有所活动[③]。

2. 乳品支出

这组木简中与乳品相关的木简只反映了支出，并涉及乳、酥、酪三项产品，以下稍加说明。

（1）乳 *malwer*。

*malwer*是龟兹语*malkwer*"乳"的音韵简化，可能是晚期或俗语形式。已知此词源自原始印欧语**melĝ-*"挤乳"[④]。这组木简未指明乳源。既然寺院与羊肉供应来源有来往，很可能是指羊乳；但也可能是牛乳，因为唐代克孜尔寺院中经常性地消费牛乳制成的酥油（*kewye ṣalywe*）[⑤]。有鉴于这组木简中肉品与乳品的记帐彼此区隔，现在还不能确定其乳品的来源与收入过程。

（2）酥*ṣalywe*。

这仍是一种俗语或晚期形式，标准形式是*ṣalype*[⑥]。该词可用以指称动植物性油脂、油膏等，例如，*hirandaṣṣe ṣalywe*"蓖麻油"。但对于这组木简，既然*ṣalywe*与其他乳品相提并论，宜应理解

① *Yotkolau*字面意义为"指挥者""主管者"，参见Pinault, 2008: 383-384; Ching and Ogihara, 2010: 95。

② 在残简89K89-10F:24。此人名曾在《唐神龙三年(707)高昌县崇化乡点籍样》转写为浮啝台（《吐鲁番出土文书》叁：533-544页），参见Yoshida and Kageyama, 2005: 306。

③ 拙撰博士论文中讨论了已知龟兹语文书中的粟特人，包括一些新发现的粟特佛教徒人名。参见Ching, 2012a。

④ Adams, 1999: 442.

⑤ 参见Ching and Ogihara, 2010: 89。

⑥ 参见Peyrot, 2008: 88-90。

为“酥”。如下例木简：

89K89-10F：02[①]

/// piṅce päletne kapyāres ṣaly[w]e wsāwa: mutkāntseṃ 2. Yotkolau yātka. klaina Teṅkeś ruwe mautanamane malwer kamānte: kuntinta 7. | piṅ

“/// 五月十五日，我给了净人们酥：2 *mutkāntse*。（是）总管僧侣命令（的）。为*Teṅke*正在……的妇女们拿了鲜奶：7瓶。| [五]（月）”

*Teṅke*应指某个地域或社会团体。法藏库车出土汉文书断片PK D.A. M.507（32b）上出现的不明词语“邓玼觅索副”或“邓玼觅孚副”[②]，其“邓”可能正用以转写此类人[③]。*ruwe mautanamane*这串词语只出现于这组木简而意味不明。荻原猜测*mautanamane*应为动词*maut-*之中间语态现在分词，意思可能类似于“奉献”。

中古时期“酥”意指奶油，并分为“生酥”（相当于今日之常温固态黄油）与“熟酥”（即酥油，提炼过的液态奶油）[④]。生酥易败，考虑到新疆气候及古代运输保存条件，木简上提到的酥或为熟酥，但也不能排除把生酥提取到他处提炼的可能性。必须说明的是，柏林克孜尔寺帐中逐日登记一至数匙牛酥的耗用，暗示寺中供用之酥乃是熟酥。若为常温下呈现固态的生酥，则量取不便，亦难以精确。

（3）酪*traiwo*。

已知这个词语派生自龟兹语动词*triw-*“混合”[⑤]。*traiwo*一词曾出现于药方书，而亚当斯（Douglas Q. Adams）的字典解释为混合物（mixture）。浅见以为此字在畜牧文书中之字义相当于西域出土汉语文书中之“酪”[⑥]，即今日所谓酸奶（yogurt）之类。其主要根据正在于此物与乳、酥一起出现在这类畜牧相关木简中，计量单位*kunti*亦与乳相同。而且制酪涉及新乳与旧酪，或者乳与醋的悉心搅匀，与*traiwo*的词源也甚为符合。

早期佛教虽未禁止僧侣饮乳食肉，但肉、乳、酪、酥属于美食。僧侣不应随意向信徒索求，但可以被动接受这类布施。例如，《十诵律》波逸提第四十及杂法：

> 若比丘不病，白衣家中有如是美食，乳、酪、生酥、熟酥、油、鱼、肉脯。自为索如是食者波逸提。家者，白衣舍名家。美饮食者，乳、酪、生酥、熟酥、油、鱼、肉脯。
>
> 佛在舍卫国。诸比丘入舍卫城乞食。时檀越施种种好食，乳、酪、生酥、熟酥、油、蜜、鱼、肉脯。诸比丘不取。“将无是乞美食耶？”是事白佛。佛言：“不乞而得

① 即上述幻灯片所摄第四支木简。

② Trombert, 2000: 132.

③ Ching, 2010: 428; Ching and Ogihara, 2010: 85.

④ 两种酥在律藏中屡有论及，于兹不赘。抨酥法则参见《齐民要术》卷六养羊第五十七（缪启愉、缪桂龙，2006：433-434）。

⑤ Adams, 1999: 321.

⑥ 参见Ching, 2010: 401-402. 作酪法参见《齐民要术》卷六养羊第五十七（缪启愉、缪桂龙，2006: 427-429）。

应受。”①

事实上，笔者从俄藏唐代龟兹语羊帐上考订出*śantālye*（旧读*śattālye*）一词意指“牧羊人”，而且在柏林所藏唐代龟兹语克孜尔寺帐断片中发现寺院与养牛人及牧羊人的交往②。因此我们有理由认为，古代克孜尔寺院的产业经营，除了上节提到的小麦耕作，还包括畜养牛羊。在这种情况下，克孜尔寺院的农牧产品应可达到某种自给率。

3. 乳品计量

古代龟兹的粮食、乳品及油脂类各有度量系统③。就已知文书而言，纸质龟兹语经济文书中粮油一般以石（*cāk**）——斗（*tau**）——升（*ṣaṅk**）计取，而笔者与荻原最近证明它们基本上写于唐朝统治时期。其中柏林所藏克孜尔出土寺帐上的油与酥甚至精量到*kalāśe*。根据荻原的意见，此词应借自印度语，梵语形式是*kalācī-/kalācika-*“匙、勺”，意义或即中式单位“合”④。至于使用大块木版书写的寺帐简牍，粮食只用石与斗计量，没有出现“升”。其中一件圣彼得堡藏SI P/136b寺院月结粮、油、钱支出帐，以石斗计谷物，以k_u*śāne*为货币单位⑤，其油脂支出则以石——*mutkāntse*——*kalāśe*之系统表示，故可推知龟兹人接纳中式斛斗系统是个渐进的过程。

在新疆龟兹研究院所藏条状木简里，除了一件以升计酥的例子（即木简编号89K89-10F：05），乳品均以非中式单位*kunti*及*mutkāntse*计算。乳、酪计以*kunti*，而酥计以*mutkāntse*。*kunti*亦为印度借词，梵语形式为*kuṇḍī*“瓫、瓶、壶”。笔者注意到新疆龟兹研究院藏珍品有件夹砂红陶质单耳罐，其上正写有*se kunti mikkikhaṃ[ts]e*“这只*kunti*属于*Mikkikha**”，是文献与实物相印证的一项珍贵实例⑥。至于*mutkāntse*之词源与构成在学界一度产生争议，目前尚未完全解决⑦。总之，这应该是一种容量介于勺与石的一种特定器物。若假定在唐代征服以前，龟兹的“石”（*cāk**）基本上相当于高昌之“斛”（约当20公升），则*mutkāntse*容量应小于此数。

必须说明的是，这组乳品相关木简中出现以“升”量酥的例子，暗示它们确实很可能书写于唐代，也合乎于上一节提出的年代推测。然而在此酥主要还是使用传统单位*mutkāntse*计算。对于这个现象，一个比较合理的解释是书写木简的场所和酥的生产或初步集中储存密切相关，所以仍然依循既有的生产模式，使用传统容器统计，以便于乳品出纳的初级登记与管理。要是这种看法没有太大偏差，不妨把这个现象看成寺院基层人员制作出纳记录的特征之一。

---

① 《大正藏》卷二三，第97、276页。

② Ching, 2010: 400-401; Ching and Ogihara, 2010: 96-97。

③ 参见Schmidt, 1999[2002]: 18-19。笔者(2010：378-383) 曾予以再次综论，特别是澄清中式斛斗单位应为容积而非重量单位。

④ 参见Ching and Ogihara, 2010: 114-115。

⑤ 字面意为“龟兹钱”，参见Ching and Ogihara, 2010[2012]；庆昭蓉，2013。

⑥ 相片刊于阿克苏地区行政公署新闻办公室等，2007：76。

⑦ 参见Pinault, 1989: 204-205; Schmidt, 1999: 102-103; Schmidt, 1999[2002]: 19; Schmidt, 2008: 323; Pinault, 2008: 114, 127, Malzahn, 2010: 772-773.

四、木简反映的寺院营运与管理

这组木简反映的寺院管理制度基本上与书写于唐代的柏林所藏克孜尔出土寺帐相同。综合分析后者之后，笔者发现唐代克孜尔石窟中某座寺院的经济事务管理程序如下：①

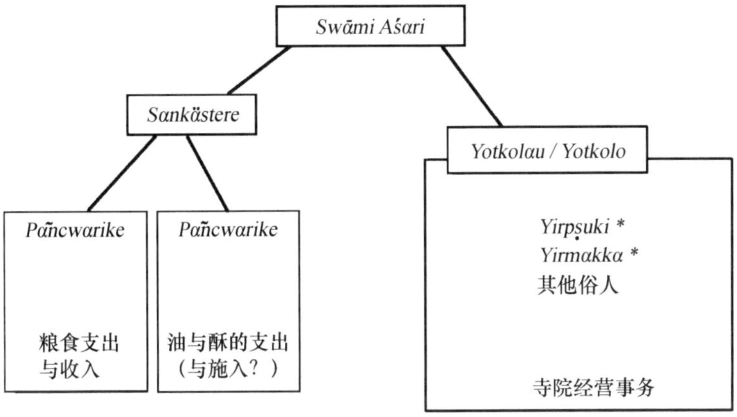

也就是数名*Pañcwarike*职事僧轮流监督僧众日常食粮消费，并由轮值的上座代表*Saṅkästere*摄知其事②。另外，主管僧侣*Yotkolau*与净人、工匠、织匠等各类俗众交涉，而向其上司*Swāmi Aśari*负责。后者可以看成印度语“领主、主人”（梵语形式为*swāmin-*）与“阿阇利”（梵语 *ācārya-*，龟兹语*aśari*）的联合，姑且译为“（寺）主阿阇利”。这位“（寺）主阿阇利”是柏林所藏克孜尔出土寺帐主群的背缝签署者，可视为唐代该寺在经济方面的最终经理人。

承上节，这组木简只出现*Pañcwarike*与*Yotkolau*两种僧职。这个事实也呼应于使用树枝记帐这样的简陋形式：它们很可能属于最原始的帐历登记材料。位阶更高的*Saṅkästere*与（寺）主阿阇利等僧侣大概只过目经过汇总、誊清的纸上出纳数据，无须在这种初级记录上露面。尽管木简书写者的身份（僧侣、佣工或领民）与所在（牧场、净厨或仓房）均不明确，其简略记事仍然反映出该寺在经济方面的有效管理。

有趣的是木简记载了龟兹国王与贵族的活动，而这类记载未见于柏林所藏的克孜尔出土寺帐：

89K89-10F:06③

（*a*）*/// śtarce päletne Kereptañakau śwāle wasa. malwer: kuntinta 6. traiwo laś: kuntinta 4.* | *ñweṃne* K_{u}*[ś]iñe walo ś[w]āle wasa. malwer laś: k[u]ntinta 6. traiwo: kuntinta [2] ///*

“/// 四月十五日，羯猎颠*Akau*给了食物。鲜奶（支出了）6瓶。酸奶支出了4瓶。｜三十日，

① 详见Ching and Ogihara, 2010。

② *Saṅkästere*字面意为“僧上座”“僧伽上座”。这个地位在律文中位居众僧之首，大致可以说是僧团中最为年高德劭，或者深孚人望的长老，但是在龟兹语寺帐中却是一种由几位上座轮流出任的职务。因此这里避免直接翻译为僧上座，以免引起误解。参见Ching and Ogihara, 2010: 90。

③ 即上述幻灯片所摄第三支木简。

龟兹王给了食物。鲜奶支出了6瓶。酸奶（支出了）[2]瓶。///”

获原与笔者最初见到幻灯片时，即察觉*Kereptañakau*乃*Kereptañ** 与*akau*的缀合。*akau*为龟兹高级官员拥有之职位或头衔[①]，而*Kereptañ**与7世纪前半叶的龟兹大将羯猎颠同名，所以*Kereptañakau*此人很有可能是一名地位相当崇高的龟兹贵族，并且不排除与史上的羯猎颠有亲缘关系[②]。

不过这件木简并不容易解释。乍看之下，似乎*Kereptañakau*施寺以乳，而国王施寺以酪。然而除了这件木简，其余与乳品有关的木简均涉及支出，所以笔者认为此简亦应属于乳品支出，只是动词有所省略。那么，是否这支木简记载的是王公贵族来寺布施，而寺院飨之以乳品？抑或是王公贵族命令寺院发放食物给人民，因而寺院发送了乳与酪？目前看来第二种解释较难以成立，因为内容未见“命令、吩咐”（*wätk-*）、“宣令”（*āks-*）等龟兹语文书常见谕令用语。而第一种解释则有必要详加分析。仔细观察这组木简的措词，可以发现动词*laś*与*latem̥*“出”（过去时单、复数）用于寺内消费，特别是僧众消费。而对外之支出基本上使用动词形式*kamāte*与*kamānte*“拿取”（过去时单、复数）。这支木简用了动词*laś*，暗示寺院藉由王公贵族施食的契机营办饮馔，而主要受用者仍是僧侣。不论如何，当时此寺仍与龟兹王族保持一定的联系。事实上，龟兹语寺帐一般很少出现王族之记载，所以该简作为一级文物可以说是实至名归。

五、结　语

过去人们从出土汉语文书得知新疆古代佛寺应畜有牲畜[③]。这个情形既呼应于若干寺院遗址之布局[④]，也合乎律文对于寺院产业的描述。例如，《十诵律》就说明：

> 云何火难？诸比丘树林中作僧坊，是中天火大火来，是火烧诸树林、经行、道头、重阁、僧坊、别房、垣墙、食处、门间、大小便处、居士、牛、羊、驴、马、骆驼、谷场、使人皆烧。诸比丘思惟：“是树林中作精舍。天火大火来烧树林、经行、道头，乃至烧居士、甘蔗田、稻田、麦田、胡麻田、葡萄田、牛、羊、驴、马、骆驼、谷场、使人皆烧。我等三说自恣，或夺命，或破戒。若僧时到僧忍听，僧当一说自恣。”如是白，如是作竟，应自恣。莫与自恣作碍。如是住处，应一说自恣。
>
> 云何水难？若诸比丘河曲中作僧坊，是中诸龙依止雪山住，身增长得力，入大河，归大海，令河水大涨，漂诸树林、经行、道里、重阁、僧坊、别房、食处、门间、大小便处；亦复漂诸居士、甘蔗田、稻田，乃至漂诸谷场、人民。是中诸比丘思惟：“是河曲僧

---

① 参见Ching and Ogihara, 2010[2012].

② 法藏龟兹语通行证木简LP3已出现一个人名*Kereptam̥ñe*，而列维（Lévi，1913）早已注意到它与羯猎颠音韵极为相似。木简全文转写参见Pinault, 1987。

③ 例如《高昌延寿元年（公元624年）张寺主明真雇人放羊券》（《吐鲁番出土文书》壹：393页）。

④ 例如尼雅遗址93A35(N5)建筑物群中佛塔(FS)西北侧院门(FA)傍即有牲畜圈。参见张铁男、王宗磊，1999：55-56。

坊，诸龙大龙依止雪山住，乃至漂人民。我等三说自恣，或夺命、或破戒。若僧时到僧忍听。僧当一说自恣。”如是白，如是作竟，应自恣。不应与自恣作碍。如是住处，应一说自恣。①

考虑到新疆古代环境与生产条件，作为当地社会重要经济体的佛教寺院宜乎发展畜牧资源，而龟兹研究院这组藏品的特殊价值，便在于保留了中亚佛寺对畜牧产品管理的第一手资料。然而，除了上文提到的俄藏寺院羊帐，龟兹语文献中还存在着牲口帐等其他畜牧相关资料。这些文书仍有待进一步比较研究，以阐发古代新疆畜牧业的各种形态及与佛寺经济结合的方式。

参考文献

一、中文

阿克苏地区行政公署新闻办公室，阿克苏地区文物保护管理局编. 2007. 阿克苏文物图册. 香港：香港诚诺出版社.

缪启愉，缪桂龙. 2006. 齐民要术译注. 上海：上海古籍出版社.

庆昭蓉. 2012a. 库车出土文书中的粟特佛教徒. 西域研究，（2）：54-75.

庆昭蓉. 2012b. 略论黄文弼所发现之四件龟兹语世俗文书//黄建民等编. 首届中国少数民族古籍文献国际学术研讨会论文集. 北京：民族出版社.

庆昭蓉. 2013. 大谷收藏品中一件龟兹语木简文书之再析. //中国人民大学国学院主编，国学的传承与创新——冯其庸先生从事教学与科研六十周年庆贺学术文集. 上海：上海古籍出版社.

杨淑红. 2005. 龟兹石窟新出文物精品集萃.新疆文物，（2）：98-100.

新疆文化厅文物保护维修办公室. 1991. 1989年克孜尔千佛洞窟前清理简报. 新疆文物，（3）：1-35.

新疆文物考古研究所. 1992. 1990年克孜尔石窟窟前清理报告. 新疆文物，（3）：13-60.

新疆龟兹石窟研究所. 2000. 克孜尔石窟内容总录. 乌鲁木齐：新疆美术摄影出版社.

张铁男，王宗磊. 1999. 93A35(N5)的调查//中日日中共同尼雅遗迹学术调查报告书》第二卷本文编. 京都—乌鲁木齐：中日日中共同尼雅遗迹学术考察队.

二、日文

吉田豊. 2004. čamūkの來源についての一考察//在森安孝夫編.中央アジア出土文物論叢. 京都：朋友書店：127-135。

三、欧文

Adams D Q. 1999. A dictionary of Tocharian B. Amsterdam: Rodopi.

Adams D Q. 2009. How to tell a sheep’s age and some other animal husbandry terms in Tocharian B. Tocharian and Indo-European Studies: 1-12.

Bailey H W . 1979. Dictionary of Khotan-Saka. Cambridge: Cambridge University Press.

Ching C. 2010. Secular documents in Tocharian: Buddhist economy and society in the Kucha region (Unpublished dissertation thesis). École pratique des hautes études, Paris.

Ching C. 2011. Silk in ancient Kucha: on the Toch. B word *kaum** found in the documents of the Tang period. Tocharian and Indo-European Studies, 12: 63-82.

① 《大正藏》卷二三，第171、172页。

Ching C, Ogihara H. 2010.Internal relationships and dating of the Tocharian B monastic accounts in the Berlin collection. Studies on the Inner Asian Languages, 25: 75-142.

Ching C, Ogihara H. 2010［2012］. A Tocharian B sale contract on a wooden tablet. Journal of Inner Asian Art and Archaeology, 5: 101—128.

Krause W, Thomas W. 1960. Tocharisches Elementarbuch, Band I. Grammatik. Heidelberg: Carl Winter.

Lévi S. 1913. Le « tokharien B», langue de Koutcha. Journal Asiatique, 11e série, 2: 311-380.

Malzahn M. 2007a. Tocharian Texts and Where to Find them. In M Malzahn (ed.), Instrumenta Tocharica, 79-112. Heidelberg: Universitätsverlag Winter.

Malzahn M. 2007b. The Most Archaic Manuscripts of Tocharian B and the Varieties of the Tocharian B Language . In M Malzahn (ed.), Instrumenta Tocharica (pp. 255-297). Heidelberg: Universitätsverlag Winter.

Malzahn M. 2010. The Tocharian Verbal System. Leiden: Brill.

Peyrot M. 2008. Variation and Change in Tocharian B. Amsterdam: Rodopi.

Pinault G-J. 1987. Épigraphie koutchéenne, I. Laissez-passer de caravanes, II. Graffites et inscriptions. In H S Chao, S Gaulier, M Maillard, G-J Pinault. Sites divers de la région de Koutcha (Mission Paul Pelliot VIII) (pp. 59-196).planches 40-96. Paris: Collège de France.

Pinault G-J. 1989. Introduction au tokharien. Lalies, 7:3-224.

Pinault G-J. 1994. Aspects du bouddhisme pratiqué au Nord du désert du Taklamakan, d'après les documents tokhariens. In F Fukui , G Fussman (eds.), Bouddhisme et cultures locales. Quelques cas de réciproques adaptations. Actes du colloque franco-japonais (Paris, 23-27 septembre 1991) (pp. 85-113). Paris: École Française d'Extrême-Orient.

Pinault G-J. 1997. Terminologie du petit bétail en tokharien. Studia Etymologica Cracoviensia, 2: 175-218.

Pinault G-J. 1998. Economic and administrative documents in Tocharian B from the Berezovsky and Petrovsky collections. Manuscripta Orientalia, 4(4): 3-20.

Pinault G-J. 2008. Chrestomathie tokharienne. Textes et grammaire. Leuven: Peeters.

Pulleyblank E G. 1991. Lexicon of reconstructed pronunciation in Early Middle Chinese, Late Middle Chinese, and Early Mandarin. Vancouver: UBC press.

Sander L. 1968. Paläographisches zu den Sanskrithandschriften der Berliner Turfansammlung. Wiesbaden: Franz Steiner.

Schmidt K T. 1997. Liebe und Sexualität im Spiegel der tocharischen Sprachzeugnisse. In M Ofitsch (ed.), Eros, Liebe und Zuneigung inder Indogermania. Akten des Symposiums zur indo-germanischen Kultur- und Altertumskunde in Graz (29.-30. September 1994) (pp. 227-262). Graz: Leykam.

Schmidt K T. 1999. Irrwege der Textinterpretation II. Zum Ansatz eines westtocharischen Verbums *mutk-*. Münchener Studien zur Sprachwissenschaft, 59: 95-106.

Schmidt K T. 1999[2002]. Beobachtungen zur tocharischen Landwirtschaftsterminologie. Die Sprache, 41(1): 1-23.

Schmidt K T. 2008. THT107, Die Speisung des Bodhisattva vor der Erleuchtung. Die westtocharische Version im Vergleich mit der Sanskritfassung der Mūlasarvāstivādins. In P Zieme (ed.), Aspects of Research into Central Asian Buddhism. In Memoriam Kogi Kudara (pp. 309-342). Turnout: Brepols.

Sieg E. 1950. Geschäftliche Aufzeichnungen in Tocharisch B aus der Berliner Sammlung. Miscellanea Academica Berolinensia, Ⅱ（2）: 208-223.

Trombert É. 2000. Les manuscrits chinois de Koutcha. Fonds Pelliot de la Bibliothèque nationale de France. Paris: Institut des Hautes Études Chinoises du Collège de France.

Yoshida Y, Kageyama E. 2005. Sogdian names in Chinese characters, Pinyin, reconstructed Sogdian pronunciation, and English meanings. In É de La Vaissiere , É Trombert (eds.), Les Sogdiens en Chine (pp. 305-306). Paris: École Française d'Extrême Orient.

The Development of Animal Husbandry in a Buddhist Cave Monastery

—The Wooden Tallies Kept in Kucha Academy of Xinjiang

Ching Chao-jung

(Department of History and Center for Research on Ancient Chinese History, Peking University)

The wooden tallies kept in Kucha Academy of Xinjiang is an important topic in the current studies of the Tocharian languages. Thus far scholars know the existence of some wooden tallies which belong to Xinjiang Kucha Academy and involve the records of monastic husbandry, but their precise quantity and general content remain obscure. Only a selected few have been published in the *Comprehensive Record of Contents of Kizil Grottoes* and other sporadic articles. As shown by those published plates, they seem to be a particular sort of Tocharian texts, but neither their formal features nor the type of content are ever known in the texts kept abroad. In brief, they are the records about goats, sheep, horses and other working animals, as well as the consumption of meat and dairy products. Thus these first-hand materials are very precious for the study of the animal husbandry in the Buddshit monasteries in Central Asia. In this paper, the general content of these tallies and some relevant historical issues will be presented.

麦积山石窟早期洞窟与禅修

魏文斌
（兰州大学考古学及博物馆学研究所）

麦积山石窟早期洞窟的造像与壁画题材不是很复杂，与同时期的其他石窟有很多的共同性，而且许多内容与禅观关系密切，表现了北方石窟尤其是西北地区早期石窟重视禅观的特点，如三佛、弥勒、千佛、释迦多宝造像等。有些学者已经论述了麦积山石窟与禅观的关系，如刘惠达[①]、久野美树[②]等。尤其是久野美树从观佛三昧入手，深入地研究了麦积山石窟初期洞窟所表现的大乘禅观思想。麦积山石窟的造像与壁画内容，基本上是按照当时已经被翻译的佛经而创作的，而且与后秦时期著名佛经翻译家鸠摩罗什所翻译的大乘经典，尤其是一些禅观经典有较为密切的关系。

造像中的释迦、三世佛、释迦多宝并坐、弥勒、千佛等除礼拜供养的作用外，还有一个重要的功用就是用来坐禅观像。北魏佛教在宗教行为上特别重视禅修，关于这一点，汤用彤先生在其所著《汉魏两晋南北朝佛教史》一书中已有详细论述[③]。刘慧达先生又结合北魏石窟的造像题材对北魏石窟与禅修的关系做了深入探讨[④]。

本文就早期洞窟表现的禅观思想再做进一步的分析。

一、关于禅及禅观

禅，为梵语dhyana之音译；定，为梵语samadhi之意译。禅与定皆为令心专注于某一对象，而达于不散乱之状态。或谓禅为dhyana之音译，定为其意译，梵汉并称作禅定。又色界之四禅与无色界之四定，合称四禅八定。《一切经音义》卷二十一曰："禅那，此云静虑，谓静心思虑也。"[⑤]

关于禅及禅定，《六祖大师法宝坛经》卷一"坐禅第五"解释云：

> 师示众云：善知识，何名坐禅？此法门中，无障无碍。外于一切善恶境界，心念不起，名为坐。内见自性不动，名为禅。善知识，何名禅定？外离相为禅，内不乱为定。外

---

① 刘慧达：《北魏石窟中的"三佛"》，《考古学报》1958年第4期，第337～352页。

② 久野美树：《中国初期石窟の观佛三昧——麦积山石窟を中心として》，《佛教艺术》176号，1988年，第69～91页。

③ 汤用彤：《汉魏两晋南北朝佛教史》第十九章《北方之禅法、净土与戒律》，北京大学出版社，1997年，第552～576页。

④ 刘慧达：《北魏石窟与禅》，《考古学报》1978年第3期，收入宿白《中国石窟寺研究》附录一，文物出版社，1996年，第331～348页。

⑤ 《大正藏》第54册，第0439页。

若着相，内心即乱。外若离相，心即不乱。本性自净自定，只为见境思境即乱。若见诸境心不乱者，是真定也。善知识，外离相即禅，内不乱即定。外禅内定，是为禅定。菩萨戒经云：我本元自性清净。善知识，于念念中，自见本性清净，自修自行，自成佛道。[①]

禅定是佛教出家者最重要的修行，即“六度”之一，意为“思维修”“静虑”“弃恶”等。它包括两方面内容，一为观佛，一为不净观。前者要求禅僧灭绝一切尘世的欲念，苦思冥想而进入无限美好的佛国境界，后者要求僧人丑化自身，否定人生，达到悲观厌世之态。这些都极其符合封建统治者的心愿，故北魏皇室对修禅是大力参与和提倡的。

僧人习禅，要冥思苦想，这样就需要一个较为理想的环境。窟居是一种极为理想的方式，于是凿窟修禅成为一种时尚。高允《鹿苑赋》：“凿仙窟以居禅，辟重阶以通术。”[②]《付法藏因缘传》：“常着商那衣，成就五支禅。山岩空谷间，坐禅而龛定，风寒诸勤苦，悉能忍受之。”[③]禅窟多是单开的小窟，面积约1平方米，只能容1人坐禅修行，另外还有附于大型造像窟中的小龛，即所谓毗诃罗窟中的小僧房，起源于印度石窟，中国石窟如克孜尔石窟、敦煌莫高窟第268窟和第285窟、肃南文殊山石窟后山的禅窟[④]等都是这种形式。

观像、造像、礼拜、供养都是禅僧修行的重要实践内容。禅经中说，修禅须先观像。《坐禅三昧经》云：“若初习行人，将至佛像所，或教令自往，谛观佛像相好。”[⑤]观像就是要先认认真真地观察佛的“三十二相”“八十种好”，之后到禅室中“闭目思惟，系心在像，不令他念”[⑥]。观像主要是观释迦牟尼佛、释迦多宝对坐佛、十方三世诸佛、无量寿佛、四方佛、七佛和弥勒菩萨等。禅僧为了更好地修行，除观像之外，还大量开窟造像，因为造像不仅可以用来观像，而且造像本身又是一种功德行为，禅僧造像的内容与观像内容相似。礼拜、供养的范围也不出观像之内容。《佛说观佛三昧海经》曰：“若有众生于佛灭后，造立形象，幡花众香持用供养，是人来世必得念佛清净三昧。”[⑦]礼拜、供养不光是在佛灭后，在观佛过程中及入定之前和出定之后也都要礼佛。

二、禅观经典的翻译与十六国北朝北方禅法的流行

犍陀罗结跏趺坐像的手印多为禅定印、触地印、施无畏印。其中双手在腹前作禅定印的结跏趺坐像，是参禅入定的禅定像。佛陀觉悟是在菩提树下结跏趺坐，深思冥想，参禅入定的结果，这是由印度的瑜伽及禅定的传统而来。佛教中的禅定是为达到觉悟的三个实践目标的三学之一（戒律、禅定、智慧）而备受重视，所以佛陀禅定像受到尊崇是很自然的。在犍陀罗很早就出现了禅定印佛坐像。犍陀罗尤其重视禅定三昧，如罗里延·唐盖出土现藏加尔各答印度博物馆的帝释窟禅定造像

① 《大正藏》第48册，第0353页。
② （唐）释道宣：《广弘明集·统归篇序》第二十九卷，《大正藏》第52册，第0339页。
③ （北魏）吉迦夜共昙曜译：《付法藏因缘传》第二卷，《大正藏》第50册，第0302页。
④ 暨远志：《酒泉地区早期石窟分期试论》，《敦煌研究》1996年第1期，第60页。
⑤ （后秦）鸠摩罗什：《坐禅三昧经》上卷，《大正藏》第15册，第0276页。
⑥ （后秦）鸠摩罗什：《思惟略要法》之“观佛三昧法”，《大正藏》第15册，第0299页。
⑦ 《大正藏》第15册，第0678页。

中，不光佛陀作禅定的印相，连山中的猴子都模仿佛陀结跏趺坐禅定印[①]。4～5世纪，作为禅观中心的犍陀罗给中国佛教造像带来了巨大影响。这一点可以从翻译禅观经典的译经僧人的记载中得到证明。久野美树在她的论文里列举了中国禅观经典翻译者的出生地，从而说明中国禅观思想的来源是犍陀罗地区[②]。而且有很多外来的禅僧与中国的禅修有密切的关系。比如，炳灵寺石窟第169窟西秦壁画中现存有"□国大禅师昙摩毗"供养像[③]。大禅师昙摩蜜多在敦煌和凉州积极弘扬佛法，学徒济济[④]。在长安玄高师事的佛陀跋陀罗[⑤]等都是来自外国的禅僧，他们不但翻译佛经，弘扬禅法，而且参与石窟的开凿，对中国4～5世纪的禅修产生了很大的影响。

有关禅观的经典自汉代以来即有很多被不断翻译，东汉时安世高就翻译了《佛说大安般守意经》（二卷）、《应持如经》（二卷）、《佛说禅行三十七品经》（一卷）、《禅行法想经》（一卷）等禅观类经典，西晋竺法护也翻译了《法观经》（一卷）、《身观经》（一卷）。而翻译禅观经典影响最大的还是鸠摩罗什，他在长安翻译了《禅秘要法经》（三卷）、《坐禅三昧经》（二卷）、《菩萨诃色欲法经》（一卷）、《禅法要解》（二卷）、《思惟略要法》（一卷）、《佛说首楞严三昧经》（二卷），鸠摩罗什所翻译的这些经典是其所翻译的大乘经典很重要的组成部分，与他所译的其他大乘类经典都有很重要的影响。另外，东晋佛陀跋陀罗译《佛说观佛三昧海经》（十卷）、刘宋时佛陀蜜多撰昙摩蜜多译《五门禅经要用法》（一卷）、沮渠京声译《治禅病秘要法》（二卷）等都是很重要的禅观经典（表一）。说明禅法经典在汉世之后，为众翻译者所注重，进而说明重视禅观的现实，这些禅观经典不断被翻译，是为众多的禅观实践的需要而服务的。这些6世纪以前就翻译出来的禅观经典无疑对中国的佛教禅观思想及禅观实践具有很重要的指导作用。

表一　5世纪前半期翻译的主要禅观经典

经典名	大正藏册数	卷数	译者	译经地	译经年代	译者出生地/传法地
禅法要解	十五	二卷	鸠摩罗什	姚秦 长安	407	龟兹生，罽宾、疏勒、姑藏
坐禅三昧经	十五	二卷	鸠摩罗什	姚秦 长安	402、407	
禅秘要法经	十五	三卷	鸠摩罗什	姚秦 长安	402～412	
思惟略要法	十五	一卷	鸠摩罗什	姚秦 长安	402～409	
佛说首楞严三昧经	十五	二卷	鸠摩罗什	姚秦 长安	402～409	
佛说观佛三昧海经	十五	十卷	佛驮跋陀罗	东晋 建康	411～421	天竺生、罽宾、青州、长安、庐山
佛说观普贤菩萨行法经	九	一卷	昙摩密多	刘宋 建业	424～441	罽宾生，龟兹、敦煌

① 宫治昭著，李萍译：《犍陀罗美术寻踪》，人民美术出版社，2006年，第183页。

② 久野美树：《中国初期石窟と观佛三昧——麦积山石窟を中心として》，《佛教艺术》176号，1988年，第69～91页。

③ 甘肃省文物考古研究所、炳灵寺文物保管所：《炳灵寺一六九窟》，深圳海天出版社，1994年，图版二二。

④ （梁）惠皎：《高僧传》卷二《昙摩蜜多传》，《大正藏》第50册，第0342页。

⑤ （梁）惠皎：《高僧传》卷二《佛陀跋陀罗传》，《大正藏》第50册，第0334b页。

续表

经典名	大正藏册数	卷数	译者	译经地	译经年代	译者出生地/传法地
观虚空藏菩萨经	十三	一卷	昙摩密多	刘宋 建业	424～441	
五门禅经要用法	十五	一卷	昙摩密多	刘宋 建业	424～441	
佛说观无量寿佛经	十二	一卷	畺良耶舍	刘宋 建业	424～442	西域人
佛说观药王药上二菩萨经	二十	一卷	畺良耶舍	刘宋 建业	424～442	
治禅病秘要法	十五	二卷	沮渠京声	刘宋 建业	424～442	天水生，于阗、高昌、河西
观弥勒菩萨上生兜率天经	十四	一卷	沮渠京声	刘宋 建业	455	

注：此表据久野美树《中国初期石窟の观佛三昧——麦积山石窟を中心として》，《佛教艺术》176号，1988年

中国禅观思想的流行来自印度、西域，从表一可以看出5世纪前半期活跃于北方地区的一些重要的禅观经典的翻译者都来自印度、西域。印度、西域的禅法经过这些翻译者的传播，逐渐流行于中国北方地区。北方地区的凉州、长安、平城等地是十六国至北朝禅法兴盛的地区。尤其是凉州禅法和以鸠摩罗什为代表的长安禅法对北方地区的影响很大[①]。

三、麦积山为早期著名的禅修胜地

北魏佛教继承姚秦和北凉[②]。姚秦和北凉的佛教都重修禅。姚秦鸠摩罗什精于禅法，并且重视翻译禅经，教授门徒。跟随鸠摩罗什坐禅修行的僧人达千人之多，在其影响下，后秦境内信佛者有十之八九[③]。可见鸠摩罗什佛学及禅法对后秦佛教的影响之大。

甘肃早期大型石窟如莫高窟、炳灵寺、麦积山等的开凿均与禅僧有密切的关系[④]。

麦积山从创建初即为禅观胜地。庾信《秦州天水郡麦积崖佛龛铭并序》曰：

> 麦积崖者，乃陇坻之名山，河西之灵岳，高峰寻云，深谷无量。方之鹫岛，迹遁三禅；譬彼鹤鸣，虚飞六甲。[⑤]

庾信的文章中，对麦积山石窟所在的环境适宜禅观修行讲得非常到位。禅法作为北朝禅学的主流，主张静坐修行，不重义学讲经。修禅多选择清静僻远之地，以消除尘世之干扰。于是水边崖际幽静之处成为禅僧首选之地，开凿石窟进行修禅则成为流行趋势。安静之环境是思惟修禅必要的条件，《坐禅三昧经》卷上曰："闲静修寂志，结跏坐林间。"[⑥]《禅密要法经》卷中云："出定之

① 关于十六国北朝北方佛教及译经、禅法等，参考汤用彤：《汉魏两晋南北朝佛教史》第十四章《佛教之北统》、第十九章《北方之禅法、净土与戒律》等，中华书局，1983年，第350～394、551～596页。

② 刘慧达：《北魏石窟与禅》，《考古学报》1978年第3期，第337～352页。

③ （唐）房玄龄：《晋书》卷一百十七载记第十七《姚兴上》，中华书局，1974年，第2984、2985页。

④ 吴荭、魏文斌：《禅宗与甘肃早期石窟的开凿》，《丝绸之路》1996年第1期，第19、20页。

⑤ 张锦秀：《麦积山石窟志》第六章《碑碣·铭文·匾额》，甘肃人民出版社，2002年，第177页。

⑥ 《大正藏》第15册，第0270c页。

时，应于静处，若在树下，若阿练若处。”[①]昙曜等译《付法藏因缘传》卷一对山间禅修的环境，描述得更为具体：“于是迦叶即辞如来，耆阇崛山宾钵罗窟，其山多有流泉浴池，树林蓊欝，华果茂盛。百兽游集，吉鸟翔鸣。金银琉璃，罗布其地。迦叶在斯，经行禅思，宣畅妙法，度诸众生。”[②]在这样一个世外桃源般的幽美寂静的环境里禅思，是再好不过的了。因此北朝石窟多选择在远离闹市的幽静之处开凿。而且经文明确说明要在石窟中修禅，表明北朝石窟与禅观的密切关系。麦积山为“秦地林泉之冠”，所处的环境正是适宜修禅的理想之地。

于是从5世纪以来，麦积山逐渐吸引了众多的著名禅僧来此禅修。与麦积山关系密切之译经僧人或禅僧应该有鸠摩罗什、浮驮跋陀（佛驮跋陀罗）、玄高、昙弘、玄绍等。其中玄高诸人当最有直接关系。

《高僧传》卷十一《释玄高》详述玄高的禅修历程和境界，其禅法当源自浮驮跋陀（佛陀跋陀罗），其所经历之后秦长安、后秦（或西秦）麦积山、西秦之“山舍”（或今之炳灵寺）、北凉之凉州、北魏之平城都为十六国至北朝禅法盛行之地，下面再节引其传：

> 释玄高，……受戒已后专精禅律。闻关中有浮驮跋陀禅师在石羊寺弘法，高往师之，旬日之中妙通禅法。……高乃杖策西秦隐居麦积山，山学百余人，崇其义训禀其禅道。时有长安沙门释昙弘，秦地高僧，隐在此山，与高相会，以同业友善。时乞佛炽槃跨有陇西，西接凉土。有外国禅师昙无毘来入其国，领徒立众训以禅道。然三昧正受既深且妙，陇右之僧禀承盖寡。高乃欲以己率众，即从毘受法。旬日之中毘乃反启其志。……高徒众三百，往居山舍，神情自若禅慧弥新，忠诚冥感多有灵异。磬既不击而鸣，香亦自然有气，应真仙士往往来游，猛兽驯伏蝗毒除害。高学徒之中游刃六门者百有余人。有玄绍者，秦州陇西人，学究诸禅，神力自在。手指出水供高洗漱，其水香净倍异于常。每得非世华香以献三宝。灵异如绍者又十一人。绍后入堂术山蝉蜕而逝。……河南化毕进游凉土，沮渠蒙逊深相敬事，集会英宾发高胜解。时西海有樊僧印，亦从高受学，志狭量褊得少为足，便谓已得罗汉顿尽禅门。高乃密以神力令印于定中备见十方无极世界诸佛所说法门不同，印于一夏寻其所见永不能尽，方知定水无底大生愧惧。[③]

玄高传在《高僧传》里是文字量比较长的，其经历的某些地方如到麦积山和离开麦积山的时间等虽然没有交代得很具体，但其整个经历还是讲得比较清楚的。从其传中我们找不到只字关于他开窟造像的事。但他所经历的这些地方早都有石窟的开凿，佛教是比较兴盛的。根据文献和现存实物可以确定麦积山开凿于后秦时期、炳灵寺开凿于西秦、天梯山开凿于北凉，但这些石窟也没有留下关于玄高信佛禅修的一点实物证据，实在令人费解。从其传中我们还可以看出，玄高秉承的应该是佛陀跋陀罗的禅法，其禅法修行多灵异之事，是修禅到极高境界的修为，一般人是很难达到如此程度的。那么这种高境界的禅法与禅观造像的关系如何呢？从其传记中我们还无法得知。但至少可以得出，玄高到麦积山时，从事其修禅者百余人，并且在其之前已有来自长安的禅僧昙弘在此隐居修禅，可见麦积山的禅事早已有之，到玄高时达到极盛。

---

① 《大正藏》第15册，第0252a页。

② 《大正藏》第50册，第0298c页。

③ （梁）惠皎：《高僧传》卷十一《释玄高》，《大正藏》第50册，第0397页。

四、麦积山初期洞窟的禅修图像与禅观性质的洞窟

麦积山石窟早期洞窟无论从造像内容上看，还是从文献记载的情况看，都反映了当时十分流行禅观，这与北方地区禅观经典的翻译、禅观的流行、修禅僧人的活动等大环境是密不可分的。下面从以下几个方面来论述麦积山早期洞窟所反映的禅观思想。

（一）几例残存的禅修图像与禅观佛像

僧人仿照佛陀的禅定三昧，沉迷于冥想修行，禅定或禅观即坐禅观想的实践在中亚十分流行。克孜尔石窟的壁画尤其是早期洞窟的壁画中，可以看到僧人在用鸟兽、树木、水池表现的山林中静心修禅的画面。僧人深入冥想，身体发出火和水的图像，在禅观经典里有所记载，如《禅秘要法经》中说禅定僧人观自身，“自见身中，水上火下，火上水下，观身无身。……此名斯陀含果”[①]。我们可以观察到，麦积山早期洞窟多数的佛像，其身光和背光中都绘有火焰纹，这种火焰纹一是象征佛的相好光明，二应该是表现僧人在禅观中观像时能见到佛的这种相好，对于禅观者来说也是很有用处的。

像麦积山第148窟正壁佛背光两侧所绘的树下禅修图，即是裹着禅巾的修行僧人（图一，1），说明这个洞窟的禅修功能非常明显，进而可以得知麦积山石窟早期洞窟表现的强烈的禅观思想。第114窟、第115窟也可看到壁画的禅修图像。第114窟画在右壁龛楣外侧，画一戴禅巾的禅修者侧身而坐，双手合于颌下；第115窟正壁左侧上方画三棵树，表示所处的环境为山林，禅坐僧人裹着禅巾侧身坐于草庐内（图一，2、3）。

这种禅僧的图像早在犍陀罗的雕刻中就有表现（图二，1），如在一件表现佛涅槃的雕刻中，

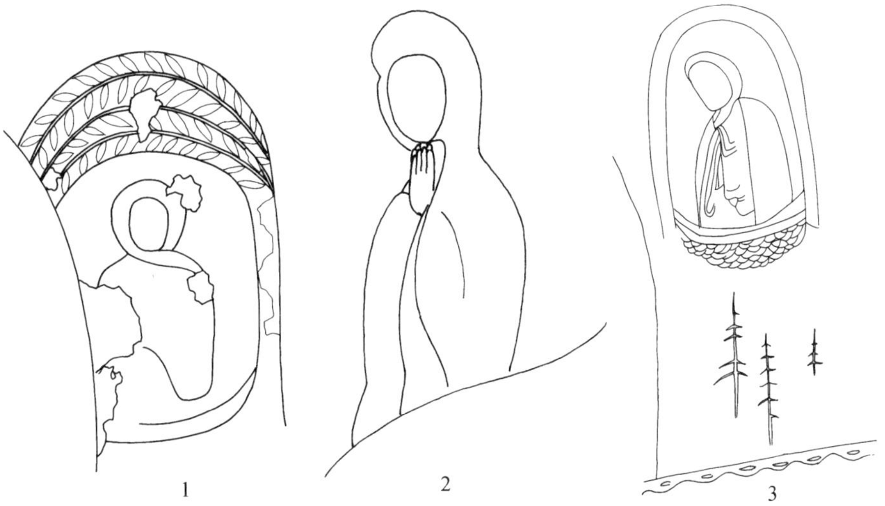

图一　麦积山初期洞窟壁画中的坐禅图像

1. 第48窟正壁佛背光左侧上方　2. 第114窟右壁龛外侧　3. 第115窟正壁左侧上部

---

① （后秦）鸠摩罗什译：《禅密要法经》卷下，《大正藏》第15册，第0262页。

图二　犍陀罗、云冈、龙门、麦积山禅定图对比

1. 犍陀罗石雕涅槃图中最后皈依的弟子（公治昭《涅槃和弥勒的图像学》）　2. 云冈第13、7窟的树下禅定图（采自宿白《云冈石窟分期试论》等）　3. 麦积山第148窟壁画禅定图　4. 龙门古阳洞第75龛龛楣七佛与禅定图　5. 龙门古阳洞北壁第144龛禅定图

其前面雕刻一戴禅巾的僧人（最后皈依佛且先于佛涅槃的须跋陀罗）静坐，就是禅坐的姿势①。在中国的这种图像普遍存在于北朝时期的石窟或者造像中，如敦煌、云冈、龙门等石窟的壁画或雕刻中就有很多这样的图像。表明中国北方早期佛教石窟所表现的禅观意味很浓厚。云冈第5窟窟门西壁树下坐禅、第7窟明窗西侧树下禅修（图二，2）、第12窟明窗东侧树下坐禅、第13窟明窗树下禅

① 宫治昭：《涅槃と弥勒の図像学——インドから中央アジアへ——》，吉川弘文馆，1992年，第123页，插图49。

修（图二，2）等都是表现坐禅修行的例子。

龙门古阳洞中也可以见到禅观图像，如北壁第75龛，龛内主尊为一说法印的坐佛，两侧胁侍二菩萨。在龛楣内浮雕七身结禅定印的坐佛，是表示七佛，七佛是禅观的重要图像，在七佛两侧各雕一圆拱龛，龛内各雕一头裹禅巾的坐禅僧人，这两身禅僧与七佛组合在一起，很明显地表示了禅观的意味（图二，4）[①]。北壁第144龛也雕一与第75龛龛楣相同的坐禅僧人（图二，5）[②]。这种禅观图像又见于一些北朝石刻造像中，如甘肃庄浪县保存的北魏造像塔一面龛上部就雕刻有五身头裹禅巾的禅定比丘像，甘肃平凉市博物馆藏一北周残造像碑正面，中间为交脚弥勒佛，左侧为半跏思惟菩萨，右侧为山峦中刻坐于树下的禅定比丘图。以上数例可证北方地区北朝时期禅观思想的流行。

这种壁画或雕刻的禅修图像，本身就意味着该洞窟中对禅观实践的重视，而且更显示着僧人在洞窟中澄心修行，甚至可以推测当时参与修建该洞窟的功德主中，一定有僧人参与。早期石窟的供养人中，一般多由僧人引导，如炳灵寺第169窟西秦第6龛外的两排供养人行列就是分别由大禅师昙摩毗、比丘道融等引导的[③]。其他石窟中都可以看到这种情况，女供养人前边有一二比丘尼引导，男供养人由比丘僧引导。僧人是世俗供养人进行造像、礼拜、供养等佛教实践的指导者，是师父，因此，大凡开凿石窟都应有僧人的参与与指导。这在十六国北朝时期应该是十分普及的现象。在麦积山的初期洞窟中，因为供养人行列残损得比较严重，仅在几个洞窟里能够看到保存有僧人参与的供养活动。第78窟坛基残存的两排供养人中，明显可以看出有比丘的形象，绘制于正壁，位于两排世俗供养人的前面。第93窟壁面第三排影塑中，靠近正壁主尊佛的几身为站立的僧人形象，手托供养器具，他们站在世俗供养人的前面，也是起着导引的作用。我们现在已经无法确知到底有多少、有哪些僧人参与了洞窟的开凿与供养活动，但麦积山在5世纪初的玄高时期就有上百僧人在此修行，至5世纪中后期到6世纪初北魏佛教大兴时，麦积山能开凿如此众多的石窟，当也有众多的僧人（包括禅僧）在麦积山从事佛教活动，他们很可能是世俗信众进行开窟造像供养活动的直接指导者。所以，麦积山初期洞窟所能看到的禅僧禅修壁画图像，以及供养行列中的僧人形象，是当初在麦积山洞窟中进行禅修观像和供养做功德活动的僧人的写照。

麦积山石窟早期洞窟中的主尊造像多为禅定印：第68、73、70、71龛的主尊、第74窟左右壁佛、第78窟左右主尊、第128窟三壁主尊、第148窟正壁主尊、第76窟主尊、第86窟主尊、第89窟主尊、第114窟左右主尊、第155窟左右壁主尊、第156窟主尊、第195和196龛主尊等（图三）。其实，像第51、80、90、91、93、100等窟的主尊都是被后代重修过的，但可能没有改变主尊造像的手印，而第57、144、148的左右壁龛主尊、第170窟的主尊都已经不存，这些被重修和已经毁坏不存的主尊造像中肯定还有相当数量的作禅定印的佛像，加上凡是现存有影塑佛像的洞窟中的影塑佛也有一定数量的禅定印佛，因此麦积山初期洞窟中的佛像很多都是作禅定印的。从表二的统计中可以看出，第一期洞窟中，作禅定印的主尊有6例，其他手印的6例，不明的3例，其中第51窟三身主尊的手印可能被重修改变，第90窟主尊虽全被重修，但可能没有改变手印，以此来计算，第一期

① 刘景龙：《古阳洞——龙门石窟第1443窟》第1册，科学出版社，2001年，图版53、54。

② 刘景龙：《古阳洞——龙门石窟第1443窟》第1册，科学出版社，2001年，图版84。

③ 魏文斌：《炳灵寺169窟内容总录》，《炳灵寺一六九窟》，深圳海天出版社，1994年，第5页，图八。

图三　麦积山初期洞窟的禅定佛像

1. 第78窟右壁　2. 第71龛主尊　3. 第148窟正壁主尊　4. 第114窟右壁

洞窟作禅定印的主尊佛像约占50%以上。第二期洞窟主尊禅定印11例，其他6例，不明6例，其中第80、144、148左右主尊虽不存，但如果正壁佛像是说法印或与愿印，左右壁一定为禅定印，正壁为禅定印，左右壁也一定是禅定印，以此计算，第二期主尊佛像禅定印占70%以上。第三期洞窟作禅定印的12例，其他4例，不明的1例，则禅定印的占70%以上[①]。可以看出，麦积山初期洞窟中的佛像有50%～80%都是作禅定印的，这个数量是相当可观的，充分说明了这个时期人们对禅定的重视，表现了非常明显的禅观意味。

表二　麦积山早期洞窟主尊佛像手印统计表

期	窟龛	手印			备注
		正壁佛	左壁佛	右壁佛	
第一期	51	●	●	●	重修造像，手印可能被改变，原作左右壁佛应作禅定印
	57	?	?	?	造像全毁，原应有禅定印佛像
	74	●	○	○	
	78	●	○	○	
	90	●	○	○	造像重修，手印可能未改变
第二期	68	○			只有一主尊
	73	○			同上
	75	●			同上，造像重修
	77	●			只有一主尊
	70	○			同上
	71	○			同上
	80	●	?	?	仅存正壁主尊，重修
	100	●	○	○	造像重修，正壁主尊手印改为智拳印，左右主尊手印可能未改
	128	○	○	○	
	143	●			是否三主尊不明
	144	○	?	?	仅存正壁主尊
	148	○	?	?	仅存正壁主尊
第三期	69	●			只有一主尊
	76	○			同上
	86	○			同上
	89	○			同上
	91	○			同上，造像重修
	93	○			同上，造像重修
	114	●	○	○	
	115	●			只有一主尊
	155	●	○	○	

① 关于麦积山石窟初期洞窟的分期，参照魏文斌：《麦积山石窟初期洞窟调查与研究》，兰州大学博士学位论文，2009年。

续表

期	窟龛	手印			备注
		正壁佛	左壁佛	右壁佛	
第三期	156	○			只有一主尊
	170	?			只有一主尊?
	195	○			只有一主尊
	196	○			同上

注：○禅定；●右手说法或与愿印；？不明

（二）麦积山早期洞窟的造像是禅观的重要图像

虽然不能说所有的佛菩萨塑像都是用来作为观像禅修的对象，然禅法的盛行在很大程度上关系到塑像题材的塑造。因此，作为禅修圣地的麦积山石窟，尤其是早期石窟，其造像的创作一定遵循以禅观为主的实践。麦积山初期洞窟的造像题材比较单一，主要有释迦牟尼佛及其胁侍菩萨、三世佛、释迦多宝佛、弥勒、千佛等，这些造像内容正是禅观的主要对象。

1. 观释迦牟尼佛

据《观佛三昧海经》卷九《观像品》，观释迦像包括观佛的立像和坐像。麦积山早期洞窟的佛像全部为坐佛，无一立佛，这是有别于其他早期石窟非常明显的特点，说明麦积山早期造像不流行立佛的塑造。释迦牟尼坐像是禅观的最主要的内容，主要是观佛的相好。

修禅须先观像，观像是修禅的一个必经步骤。《坐禅三昧经》卷上云：

> 若初习之人，将至佛像所，或教令自往，谛观佛像相好。相相明了，一心取持还至静处，心眼观佛像，令意不转系念在像不令他念。①

昙摩蜜多译《五门禅经要用法》也说：

> 初教观佛，先教坐定意，不令外念诸缘使人。然后将至好像前，令谛观像相好分明。然后安坐，教以心目观此像相好。②

观佛像可以逆观也可以仰观，随个人喜好而行。《佛说观佛三昧海经》卷九《观像品》云：

> 乐逆观者，从像足指次第仰观。……（中略）顺观像者，从顶上诸蠡文间，一一蠡文系心谛观，令心了了见佛蠡文，犹如黑丝右旋宛转。次观佛面，观佛面已，具足观身渐下至足。如是往返凡十四遍，谛观一像极令了了。③

禅经又说，习禅所见的各种化佛形象，多在石窟中。《佛说观佛三昧海经》卷三《观相品》曰：

> 是时世尊欲令大众见佛色身，……佛即化精舍如白玉山，高妙大小犹如须弥，百千龛窟，于诸龛窟影现诸佛与佛无异。④

---

① （后秦）鸠摩罗什译：《坐禅三昧经》卷上，《大正藏》第15册，第0227a页。

② （刘宋）昙摩蜜多译：《五门禅经要用法》之“初习坐禅法”，《大正藏》第15册，第0329a页。

③ （东晋）佛陀跋陀罗译：《佛说观佛三昧海经》卷九《观像品》，《大正藏》第15册，第0690c页。

④ （东晋）佛陀跋陀罗译：《佛说观佛三昧海经》卷三《观相品》，《大正藏》第15册，第0662c页。

同上经卷七《观四威仪品之余》：

尔时如来敕诸比丘皆在窟外，唯佛独入自敷坐具。敷坐具时，令此石山暂为七宝。……观佛影者，先观佛像，作丈六想，结跏趺坐，敷草为坐，请像令坐。见坐了了，复当作想作一石窟，高一丈八尺，深二十四步，清白石想。此想成已，见坐佛像住虚空中，足下雨花。复见行像入石窟中。入已，复令石窟作七宝山想。①

这种在石窟中观像的方法，正与石窟造像相一致，因此石窟造像用于观像是最好不过的了。

观佛时要一一观佛的相好，即三十二相，八十种好。鸠摩罗什译《坐禅三昧经》卷上对之做了一一描述，如顶发、白毫，等等②。此处不再详引。仅举其中一例说明。麦积山初期窟中部分佛像为第74、75、78、115等窟有的佛像发髻为水波或漩涡纹，即佛顶之“蠡文”，这也是禅观的对象，谓之“观佛蠡文”。如前引《佛说观佛三昧海经》卷九《观像品》在讲到顺观佛像时从顶上蠡文之间开始用心一一谛观：

顺观像者，从顶上诸蠡文间。一一蠡文系心谛观，令心了了见佛蠡文，犹如黑丝右旋宛转。③

在中国僧人的禅观实践中也出现了在禅观中见到佛髻之事。唐释道世撰《法苑珠林》卷第六十五记载了后秦时沙门道冏在要坐禅时看到佛蠡髻之事：

秦沙门释道冏，乡里氏族已载前记，姚秦弘始十八年师道懿。遣至河南霍山采锺乳，与同学道朗等四人共行。持炬探究入且三里，遇一深流横木而过。冏最先济，后辈坠木而死。时火又灭冥然昏闇，冏生念已尽，恸哭而已。犹故一心呼观世音誓愿，若蒙出路供百人会表报威神。经一宿而见小光炯然，状若萤火，倏忽之间穴中尽明，于是见路得出岩下。由此信寤弥深，屡覩灵异。元嘉十九年，临川康王作镇广陵，请冏供养。其年九月于西斋中作十日观世音斋已，得九日夜四更尽，众僧皆眠。冏起礼拜，还欲坐禅。忽见四壁有无数沙门，悉半身出，见一佛蠡髻分明了了。……（中略）俄而霍然无所复见。当尔之时，都不见众会诸僧，唯覩所置释迦文行像而已。④

此虽然只是灵异之事不足信，但在中国佛教发展的过程中，常常出现类似的灵异之事的传说记载，就像道安⑤、道法⑥在定中见到弥勒一样。反映了僧人习禅时的一种幻觉，进而起到宣扬佛法的作用，也表明了当时禅法的普及程度。

2. 三世十方佛观法

麦积山早期洞窟的三世佛造像是最重要的题材，前面已经做过统计，单就洞窟的比例来讲，其比例是相当高的，达到了50%以上。到了第二期洞窟，开始在壁面出现列龛，列龛内的造像为千

---

① （东晋）佛陀跋陀罗译：《佛说观佛三昧海经》卷七《观四威仪品之余》，《大正藏》第15册，第0681b页。
② （后秦）鸠摩罗什译：《坐禅三昧经》卷上，《大正藏》第15册，第0276a～0277a页。
③ （东晋）佛陀跋陀罗译：《佛说观佛三昧海经》卷九《观像品》，《大正藏》第15册，第0690c页。
④ 《大正藏》第53册，第0784c页。
⑤ （梁）惠皎：《高僧传》卷五《释道安》，《大正藏》第50册，第0353c页。
⑥ （梁）惠皎：《高僧传》卷十一《习禅·释道法》，《大正藏》第50册，第0399b页。

佛，组成三世十方诸佛，适应了禅观中的三世十方佛观法。

鸠摩罗什译《坐禅三昧经》卷下讲如有修行求佛道的，坐禅时应该先专心观念十方三世诸佛：

> 若行者求佛道，入禅先当系心专念十方三世诸佛生身，……佛身如是，有三十二相，八十种好，……常念佛身相，如是行者便得十方三世诸佛悉在心目前一切悉见三昧，……是时便见东方三百千万千万亿种无量诸佛，如是南方、西方、北方四维上下，随所念方，见一切佛，……是为菩萨念佛三昧。①

可见，修禅实际上就是修三世佛之法，而三世佛又可以为修禅者说念佛三昧。这与麦积山初期洞窟多三世佛造像十分符合，说明三世佛造像的禅观作用相当明确。

《思惟略要法》云：

> 念十方诸佛者，坐观东方，廓然明净，无诸山河石壁，唯见一佛，结跏趺坐，举手说法。……既见之后，更增百千，乃至无有边际。……但见诸佛，光光相接。……既得方方皆见诸佛。如东方已当复端坐总观十方诸佛，一念所缘周匝得见。定心成就者，即于定中十方诸佛皆为说法。……是则名为观十方诸佛也。②

从观念一佛进而总观十方诸佛之相好，若能定心得以成就即能在定中十方诸佛为之说法，这就是观十方诸佛的好处。

《观佛三昧海经》卷九《本行品》：

> 佛告阿难，此观佛三昧，是一切众生犯罪者药，破戒者护，失道者导，盲冥者眼，愚痴者慧，黑暗者灯。……汝今善持慎勿忘失。过去、未来三世诸佛，是诸世尊皆说如是念佛三昧。我与贤劫诸大菩萨，因是念佛三昧力故，得一切智威神自在。如是十方无量诸佛，皆由此法成三菩提。③

此讲十方诸佛因为三世诸佛说念佛三昧之故而成就证得无上菩提。

僧传里也能见到禅观与十方诸佛的关系。《高僧传》卷十一《玄高传》记载了玄高弟子僧印从玄高受学，自以为已得到了罗汉果，尽得禅法，玄高以神力让僧印在禅定中见到十方诸佛，僧印才得以知道禅法深奥似无底之水，产生羞愧之心④。玄高曾于麦积山大修禅业，因此，麦积山石窟出现三世十方诸佛题材，自然与禅观有密切关系⑤。

3. 法华观法

麦积山初期洞窟的三世佛造像和释迦多宝造像，他们都是基于法华思想而创作的，同时也适合禅观中的法华三昧观。第100、128、144、148、80等窟中在小龛中塑出了二佛并坐的形象，这二佛即是释迦牟尼和多宝二佛，是依据《法华经·见宝塔品》而塑造的，他们与弥勒菩萨、千佛等组成

① 《大正藏》第15册，第0281a页。

② 《大正藏》第15册，第0299c页。

③ 《大正藏》第15册，第0689c页。

④ （梁）惠皎：《高僧传》卷十一《释玄高》，《大正藏》第50册，第0397页。

⑤ 关于麦积山早期洞窟的三世佛造像，请参考拙文《麦积山石窟初期洞窟三佛造像考释》，《敦煌学辑刊》2008年第3期，第128～145页。

了禅观的图像。

关陇地区有关三世佛的禅法首见于罗什入关（402年年初）后所传出的《思惟略要法》。其中的《法华三昧观》即是说明如何观过去的多宝佛与现在的释迦佛。《思惟略要法·法华三昧观法》云：

三七日一心精进如说修行。正忆念法华经者，当念释迦牟尼佛于耆阇崛山与多宝佛在七宝塔共坐，十方分身化佛遍满所移众生国土之中。一切诸佛各有一生补处菩萨一人为侍，如释迦牟尼佛以弥勒为侍。一切诸佛现神通力，光明遍照无量国土。欲证实法出其舌相，音声满于十方世界。所说法华经者，所谓十方三世众生若大若小，乃至一称南无佛者，皆当作佛。惟一大乘无二无三，一切诸法一相一门。所谓无生无灭毕竟空相，唯有此大乘无有二也。习如是观者，五欲自断五盖自除，五根增长即得禅定，住此定中深爱于佛。又当入是甚深微妙一相一门清净之法，当恭敬普贤药王大乐说观世音得大势文殊弥勒等大菩萨众。是名一心精进如说修行正忆念法华经也，此谓与禅定和合令心坚固。如是三七日中，则普贤菩萨乘六牙白象来至其所，如经中说。①

此观中，如念《法华经》，不但要观想释迦多宝二佛并坐，还要观想十方三世诸佛，念一佛即可成就佛道。这又可说明麦积山的三佛造像与法华经的密切关系。修持法华，也需要观想三世佛。

《禅秘要法经》卷下又云：

佛告阿难，我灭度后，若有比丘比丘尼，式叉摩尼，沙弥沙弥尼，优婆塞优婆夷，若有欲学三世佛法，断生死种，度烦恼河，竭生死海，免爱种子，断诸使流，厌五欲乐，乐涅槃者，学是观。此观功德，如须弥山，流出众光，照四天下。行此观者，具沙门果，亦复如是。②

《法华经》诸品多涉及与禅定相关的内容，是一部关于大乘禅修的重要指导性经典。前已论及，麦积山初期洞窟的二佛并坐题材是根据鸠摩罗什于长安译就的《妙法莲华经》而创作的，该经对当时北方地区的佛教思想影响极大，许多石窟中都有依此经而造的《见宝塔品》图像。鸠摩罗什翻译此经后，并依该经创立了禅观重要的修行方法“法华三昧”观法，对当时僧人及佛教信徒坐禅修行、观相具有非常直接的指导作用。“法华三昧”观法是以《法华经·见宝塔品》为中心而展开的，石窟中的法华图像也是以二佛并坐为核心而创作表现的，构成了坐禅修行、观相的重要图像，即观过去多宝佛与释迦牟尼佛共坐于多宝塔中，以及三世十方分身诸佛以明白过去、现在、未来三世相继绵延不绝的思想。

4. 观弥勒

弥勒造像是麦积山早期洞窟最重要的内容之一，也是禅观的重要图像，早期洞窟中的三世佛中有未来弥勒佛，有两个窟即第165窟和第169窟的主尊为交脚弥勒菩萨，近20个窟有交脚菩萨和半跏思惟菩萨的组合，这种组合都是弥勒的形象。在麦积山早期洞窟中的半跏思惟弥勒菩萨更是具有思

① 《大正藏》第15册，第0300b页。

② 《大正藏》第15册，第0267c页。

惟决疑的深刻含义[①]。鸠摩罗什译《禅密要法经》卷中云：

佛告阿难，若比丘比丘尼，优婆塞优婆夷，系念住意，心不散乱，端坐正受，住意一处，闭塞诸根，此人安心念定力故，虽无境界，舍身他世，生兜率天，值遇弥勒，与弥勒俱。下生阎浮提，龙华初会，最先闻法，悟解脱道。[②]

如有人安心禅定，就能往兜率天见到弥勒，并随弥勒一起下生得到解脱。禅僧修行若多年不能入定，就需要请弥勒决疑。北魏吉迦夜共昙曜译《付法藏因缘传》卷六说：

尔时罗汉即入三昧，深谛思惟，不能解了，便以神力，分身飞往兜率陀天，至弥勒所，具宣上事，请决所疑。[③]

北凉王沮渠蒙逊之弟沮渠京声所翻译的《佛说观弥勒菩萨上生兜率天经》可以说是一部禅观经典，其卷一描述：

佛告优波离："……今于此众说弥勒菩萨摩诃萨阿耨多罗三藐三菩提记。此人从今十二年后命终，必得往生兜率陀天上。尔时兜率陀天上，有五百万亿天子，一一天子皆修甚深檀波罗蜜。为供养一生补处菩萨故，以天福力造作宫殿。各各脱身栴檀摩尼宝冠，长跪合掌发是愿言，我今持此无价宝珠及以天冠，为供养大心众生故。此人来世不久当成阿耨多罗三藐三菩提，我于彼佛庄严国界得受记者，令我宝冠化成供具。如是诸天子等各各长跪，发弘誓愿亦复如是。时诸天子作是愿已，是诸宝冠化作五百万亿宝宫，一一宝宫有七重垣，一一垣七宝所成，一一宝出五百亿光明，一一光明中有五百亿莲华，一一莲华化作五百亿七宝行树，一一树叶有五百亿宝色，一一宝色有五百亿阎浮檀金光，一一阎浮檀金光中，出五百亿诸天宝女，一一宝女住立树下。"[④]

以上表明禅观修行时要观弥勒菩萨。

在观弥勒菩萨的时候，其中提到了要观其宝冠，而且对宝冠的描述极尽华美。麦积山的早期洞窟具有非常明显的禅观意味，菩萨头冠自然也是禅观的重要内容。早期洞窟中，有近20个洞窟中有半跏思惟弥勒菩萨造像，就禅观而言，半跏思惟菩萨不但在形式上符合禅观的目的，在意义上更符合禅观的内容，因为"思惟"一词本身就明确地表达了禅思静虑之意，所以思惟菩萨颇为流行，其原因除弥勒的信仰外，恐怕也与当时重视禅思的佛教思想行为有密切关系。观像时不但要观弥勒菩萨的宝冠，其他菩萨的宝冠也可以是禅观的对象。麦积山早期洞窟的菩萨戴三珠宝冠，有些宝冠十分特殊，如第74、71、100、114、148等窟的菩萨三珠宝冠正面装饰有仰月，第74、69、76等窟龛的菩萨宝冠正面还以兽面作为装饰，凡此种种宝冠，在禅观时都会有一种特别的感受。

刘宋畺良耶舍译《佛说观无量寿佛经》卷一，记观观世音菩萨和大势至菩萨时亦要观其宝冠：

若有欲观观世音菩萨者，当先观顶上肉髻，次观天冠，其余众相亦次第观之，悉令明

---

① 魏文斌：《麦积山石窟交脚与半跏思惟菩萨对称构图研究》，《麦积山石窟研究》，文物出版社，2010年，第68～85页。

② 《大正藏》第15册，第0268c页。

③ 《大正藏》第50册，第0320a页。

④ 《大正藏》第14册，第0418c页。

了如观掌中。作是观者名为正观，若他观者名为邪观。①

总之，以上关于释迦牟尼佛、三世佛、千佛、释迦多宝佛、弥勒等尊像的浓厚禅观意趣是麦积山早期洞窟十分明显的特点，在观尊像的同时，还要观其各种相好，如顶髻、白毫、身相、光明等，同时还要观菩萨的宝冠等，禅观的内容是非常丰富的。

（三）麦积山早期洞窟适于禅观

刘慧达总结北魏石窟中的禅窟大致有三种类型，其中第二种即石窟群中的一些小型窟，形制为长方形，平顶，面积约1平方米，内造像②。麦积山的许多北朝洞窟都属于此种。尤其是早期洞窟中的第76、89、86、115、156等窟都是面积不大仅能容一人安坐的方形洞窟，正适于坐禅修行。其实，较大的一些造像窟也应该兼有禅修的功能，这从以上所介绍的洞窟的题材内容可以做出判断。第51、74、78、90等窟高坛基，前部供礼拜的方形空间较小，正适于坐禅观像。第100、128、114等三壁两龛三佛窟同样具有室内禅修的功能。

建造石窟、窟居禅观，配合适宜禅观的一系列造像，共同构成了麦积山初期洞窟的禅观体系。

附记：本文为2012年度教育部基地重大项目《丝绸之路石窟艺术研究（个案）——麦积山石窟研究》的成果之一，项目代号：12JJD770017。

Early Caves and Meditation in Maijishan Grottoes

Wei Wenbin

(School of Archaeology and Museology, Lanzhou University)

Early caves in Maijishan Grottoes are the same as early grottoes in other northern regions. They had very close relationship with meditation, whether the scale of the grottoes, layout of the paintings or the arrangement and content of sculptures, reflected strong mediation ideology.

The location of the Maijishan Grottoes, Qinzhou area, is close to the central area of Chang'an. The activities of Xuangao who is a meditative monk from Chang, an made Maijishan Grottoes to be a very famous meditative resort, and at the same time Kumarajiva's important translations about meditative scriptures took great effect on the construction sculptures in Maijishan Grottoes. The subject of Buddhas of Three Periods, Sakyamuni and Prabhu Taratna sit together. Metteyya was popularly described that meditative statues were the ideological origin of the early statues in Maijishan Grottoes.

① 《大正藏》第12册，第 0344a页。

② 刘慧达：《北魏石窟与禅》，原载《考古学报》1978年第3期，收入宿白《中国石窟寺研究》附录一，文物出版社，1996年，第331～348页。

克孜尔壁画风格研究之第一步

——以克孜尔第114窟、第69窟和第8窟为中心

中川原育子

（日本名古屋大学大学院文学研究科）

关于克孜尔壁画的风格研究，至今为止，尚存有许多问题。本文是以克孜尔第69窟、第114窟和第8窟为中心，通过图像表现的分析与风格比较来进行。

在这之前，笔者想要先确认一下和年代考察相关的已发表研究。到目前为止，关于克孜尔石窟壁画的年代，具有代表性的研究成果可以列举出两种。第一种是由德国人瓦尔德施密特先生所发表的壁画风格之分析与年代研究①，这是目前为止最具影响力的说法。第二种则是由北京大学考古系教授宿白先生所提出的石窟形式与年代研究②。

首先，我们以瓦尔德施密特先生的观点来进行介绍。克孜尔壁画一共有两种风格：第一种风格与犍陀罗美术有着密切的关系，石窟形制各种各样。第二种则是从第一种风格发展而来，且带有强烈的龟兹地方色彩。这种石窟的形制大部分是以中心柱窟为主。关于这两种石窟的绝对年代，根据其中用婆罗谜字母写下的铭文字体，瓦尔德施密特先生的判断如下：第一种是500年左右，第二种则是从600年开始，到650年之后也依然可以看得到这一类型石窟的存在。另外，第一种风格的存在时期比较短，第二种风格的存在时期比较长。

瓦尔德施密特先生的看法，问题在于第一种和第二种风格之间有着100年的空白期。另外，因为第一种风格与第二种风格有着相当多的不同之处，所以笔者不认为第二种风格是从第一种风格发展而来的。

宿白先生的研究特点是以石窟形式来进行分析，并加以分期，然后利用放射性碳素年代来测定结果，决定其具体年代。第一期是310年±80年～350年±60年，第二期是从395年±65年～465年±65年开始，直到6世纪前期，第三期则是545年±75年～685年±65年及其后。和德国学者所提出的年代比较起来，早期年代早了约280年。宿白先生承认克孜尔壁画有画风上的区别。另外，他认为第一种风格的年代比第二种风格的年代晚。

笔者认为在同一克孜尔石窟中，应该有两种不同风格的壁画存在，但第二种风格并不是从第一种风格发展而来的。这两种风格虽然系统不同，但有着共存于同一时期的可能性。接下来，笔者借

---

① Waldschmidt E. “Beschreibender Text: B. Über den stil der Wandgemälde” , Die Buddhistische Spätantike in Mittelasien VII, Neue Bildwerke II, 1933, repr., Graz-Austria, 1975, 24-31.

② 宿白：《キジル石窟の形式とその年代》，《中国石窟・克孜尔石窟第一》日语版，文物出版社・平凡社，1983，162～178。

第114窟、第69窟和第8窟的分析来详加说明。

克孜尔第114窟是位于谷内区的一个洞窟。它被德国吐鲁番探险队称为回转经窟（Gebetmühlen-Höhle）。按照瓦尔德施密特先生的看法，第114窟属于第二种风格且开凿于7世纪纪初。石窟形制是中心柱窟，主室带有纵券顶。在中心柱窟后室绘有焚棺图和第一次结集图。一般来说，这个部分应当绘有涅槃图，但是我们在第114窟的这个地方却看不到涅槃图。宫治昭先生认为[①]，没有涅槃图的石窟应该都是属于后期的制作。但是在焚棺图里，我们仍然可以找到第一种风格的特征。在属于典型第一种风格的第76窟中，描绘着棺木的搬运图（图一）[②]，这在第114窟的焚棺图（图二）里可以看到相似的表现，比如说，在棺木上缠绕着的细长布条。一般来说，第二种风格的焚棺图是棺木半开，其中是释迦牟尼。另外，棺盖上描绘着火焰，并没有缠绕棺木的细长布条。除此之外，在前面绘有伏地痛哭的阿难尊者，这是在克孜尔地区典型的焚棺图表现。

图一　克孜尔第76窟棺木的搬运图
（描线图之绘制：格伦威德尔）

克孜尔第224窟中的焚棺图（图三）[③]，也是当地典型的壁画表现，我们可以看到一样的表现在第114窟中也有出现。第114窟壁画的右边是第一次结

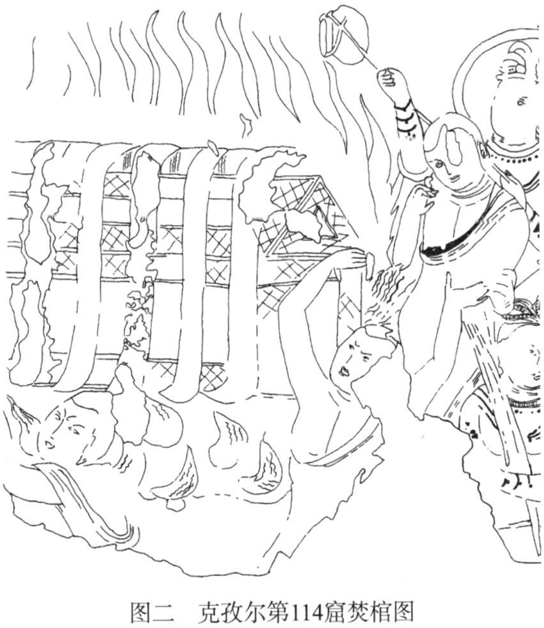

图二　克孜尔第114窟焚棺图
（描线图之绘制：中川原育子）

图三　克孜尔第224窟焚棺图

① 宫治昭：《キジル石窟の涅槃美術—ガンダーラ涅槃図の継承・変貌・展開—》，《涅槃と弥勒の図像学—インドから中央アジアへ—》，吉川弘文馆，1992年，501。

② Grünwedel A. Altbuddhistische Kultstätten in Chinesisch-Turkistan, Bericht über Archäologische Arbeiten von 1906 bis 1907 bei Kuca, Qarasahr und in der Oase Turfan, Berlin ,1912, Fig. 202.

③ 新疆维吾尔自治区文物管理委员会、拜城县克孜尔千佛洞文物保管所、北京大学考古系：《中国石窟・克孜尔石窟》第三卷，文物出版社・平凡社，1985年，图224。

集图（图四），绘有冥想中的大迦叶、召集比丘的场面和批评阿难尊者的大迦叶。虽然后面的壁画已经不存在了，但与典型的第224窟比起来（图五）[①]，其表现得较为自然，且尚未定型。

图四　克孜尔第114窟第一次结集

（描线图之绘制：中川原育子）

接着，笔者想要说明一下在第114窟中的山岳表现及本生故事（图六）[②]。一般来说，第二种风格石窟的山岳表现是画在菱格之中，菱格里绘有本生故事、因缘故事。第114窟中虽然也有本生故事，但其表现方法别有特色。菱格之中有许多小山，上面描绘着竖线与横线（图七），借由这个方法，更加表现了山岳的立体性。另外，在菱格之中也绘有许多与本生故事无关的动物。比如说，正在爬山的羚羊（图八）、正在喝水的羊（图九）、缠绕在山上的蛇（图一〇），等等。

图五　克孜尔第224窟第一次结集

图六　克孜尔第114窟纵券顶壁画山岳及本生故事

① 新疆维吾尔自治区文物管理委员会、拜城县克孜尔千佛洞文物保管所、北京大学考古系：《中国石窟·克孜尔石窟》第三卷，文物出版社·平凡社，1985年，图226。

② 段文杰：《中国美术分类全集：中国壁画全集8：克孜尔1》，天津人民美术出版社、新疆美术摄影出版社，1992年，图152，第141页。本文图七至图一〇都是从上揭书图152复印。

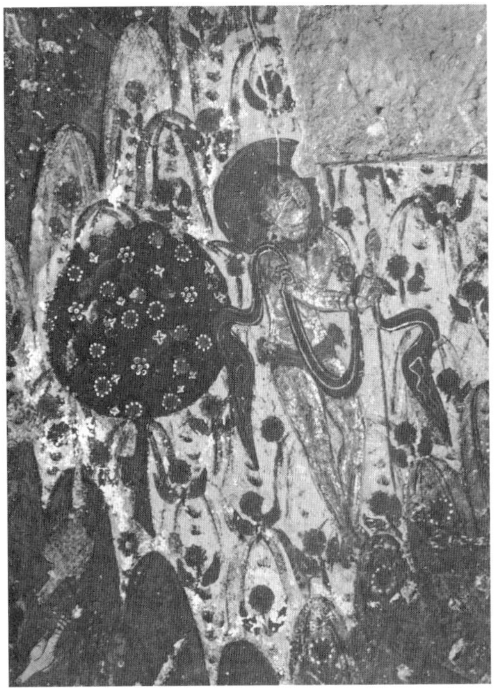

图七 克孜尔第114窟纵券顶壁画
（局部）山岳表现

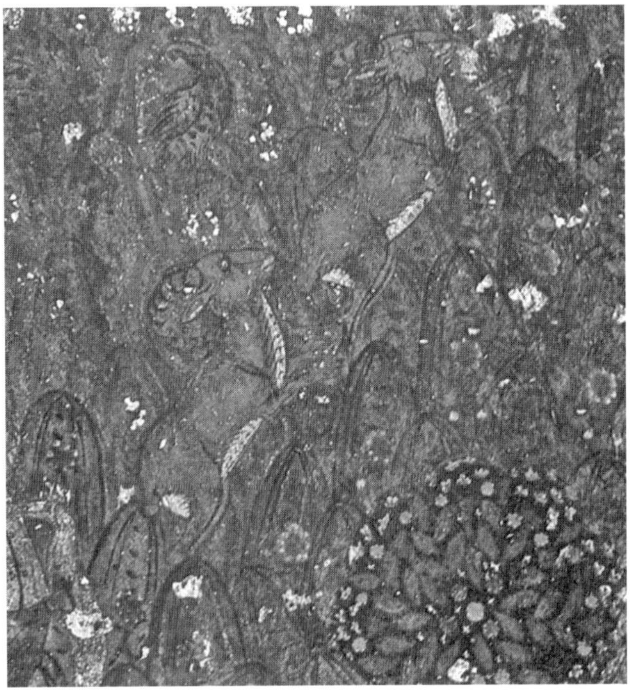

图八 克孜尔第114窟
正在爬山的羚羊

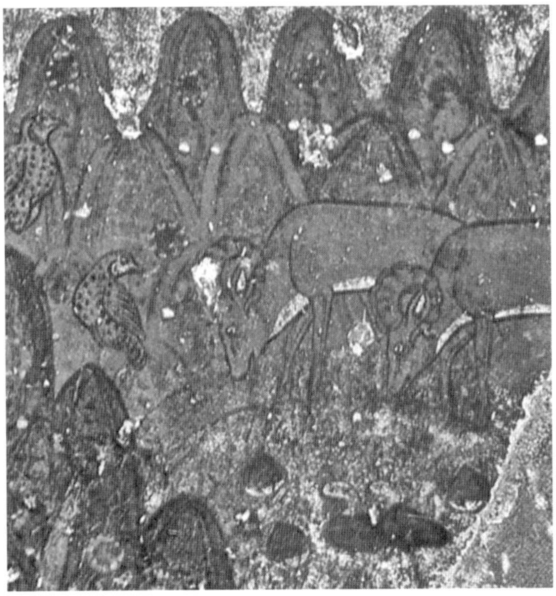

图九 克孜尔第114窟
正在喝水的羊

图一〇 克孜尔第114窟
缠绕在山上的蛇

和第一种风格的山岳表现比较，有一部分的表现相当相似。比如说，在第77窟的山岳表现中，我们可以看到正在喝水的鹿、正在奔跑的大羚羊（图一一）[①]，也可以看到缠绕在山上的蛇、正准备射杀鹿的猎人（图一二），这是在两个菱格中描绘的和本生故事无关的场面。

图一一　克孜尔第77窟右廊纵券顶壁画（局部）山岳表现

图一三　克孜尔第114窟伯叔杀龙济国本生

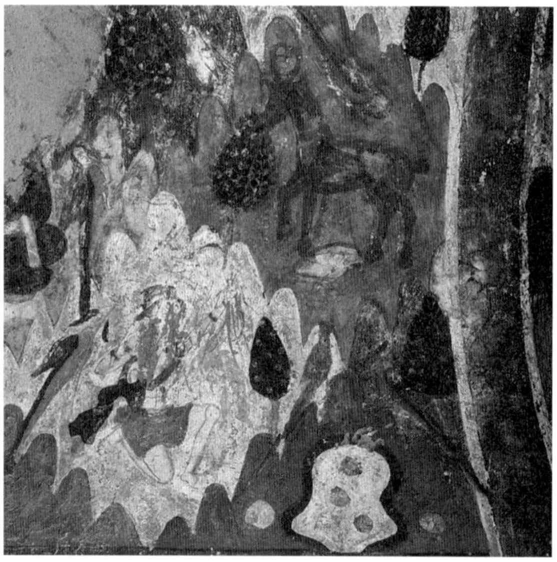

图一二　克孜尔第77窟右廊纵券顶壁画（局部）正准备射杀鹿的猎人

利用两个菱格来表现一个本生故事的例子也有。比如，在第114窟的伯叔杀龙济国本生中（图一三）[②]，爬到象的背上杀龙的狮子便是一个在两个菱格中描绘的本生故事。另外，睒子本生图中，盲眼的老人和被杀的孝子也是利用两个菱格来表现的一个本生故事（图一四）[③]。由此可见，第114窟既有第一种风格的特征，也有着第二种风格的要素。

接着，我们来看一下第69窟。第69窟位于谷西区，在它旁边是很有名的新1窟。第69窟是在1946年发现的较新的洞窟，这个洞窟的保存情况虽然不好，但有其重要性。第69窟的石窟形制也是属于中心柱窟，为第二种风格的石窟。关于第69窟，法国学者皮诺特先生根据不明确的铭文，认为这是7世

① 新疆维吾尔自治区文物管理委员会、拜城县克孜尔千佛洞文物保管所、北京大学考古系：《中国石窟·克孜尔石窟》第二卷，文物出版社·平凡社，1984年，图22。本文图一二是从同书图28复印。

② 新疆维吾尔自治区文物管理委员会、拜城县克孜尔千佛洞文物保管所、北京大学考古系：《中国石窟·克孜尔石窟》第二卷，文物出版社·平凡社，1984年，图131。

③ 新疆维吾尔自治区文物管理委员会、拜城县克孜尔千佛洞文物保管所、北京大学考古系：《中国石窟·克孜尔石窟》第三卷，文物出版社·平凡社，1985年，图137。

图一四　克孜尔第114窟睒子本生
（德国柏林亚洲艺术博物馆所藏Ⅲ9103）

纪初的作品[①]。对于此窟的年代，笔者认为还有重新考虑的余地。这个洞窟绘有龟兹国王夫妻，为供养人。国王的衣服衣领和第一种风格、第207窟的画家衣领相似（图一五）[②]。

第69窟的后室安置着涅槃塑像，顶部上绘有飞天。前壁绘有七身天人可能为梵天、帝释、四天王（图一六）[③]。一般来说，后室后壁通常绘有涅槃图或安置涅槃像，前壁则绘有焚棺图、分舍利，前后壁的主题是不一样的。但第69窟后室则是前后壁皆为涅槃图的表现，可以说得上是一种涅槃的空间，这令笔者感到十分奇特。表现四天王的涅槃图是在第二种风格的时期时才出现，第69窟虽也是属于第二种风格的石窟。但是整个后室构成一种特殊的空间是第一种风格的特征，这可以在第47窟、第77窟中看到。

下面，我们来看一下券顶的山岳表现（图一七）[④]。虽然保存得不好，但是这种山岳表现与第

---

① Pinault G-J. "Aspect of Tocharian civilization under Tang Dynaxsty" , Abstract for the International Symposium on The Civilization of the Western Region in Tang Dynasty 12-19 September 1998, Kizil Caves Xinjiang, China.

② Grünwedel A. , Altbuddhistische Kultstätten in Chinesisch-Turkistan, Bericht über Archäologische Arbeiten von 1906 bis 1907 bei Kuca, Qarasahr und in der Oase Turfan, Berlin ,1912, Fig. 334. "世界美術体系第9卷中国美術" 讲谈社，1964年，第199页，图10。

③ 中国美术研究所、中国外文出版社：《新疆の壁画》下卷，美乃美，1981年，图202。

④ 中国美术研究所、中国外文出版社：《新疆の壁画》下卷，美乃美，1981年，图157。

图一五　第69窟龟兹国王的衣服（左）与第207窟画家衣服（右）之比较

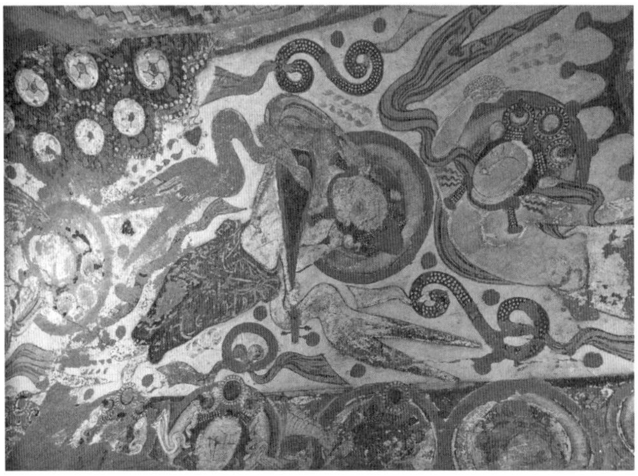

图一六　第69窟后室前壁天人与顶部伎乐飞天

图一七　第69窟纵券顶壁画临摹
（新疆龟兹研究院）

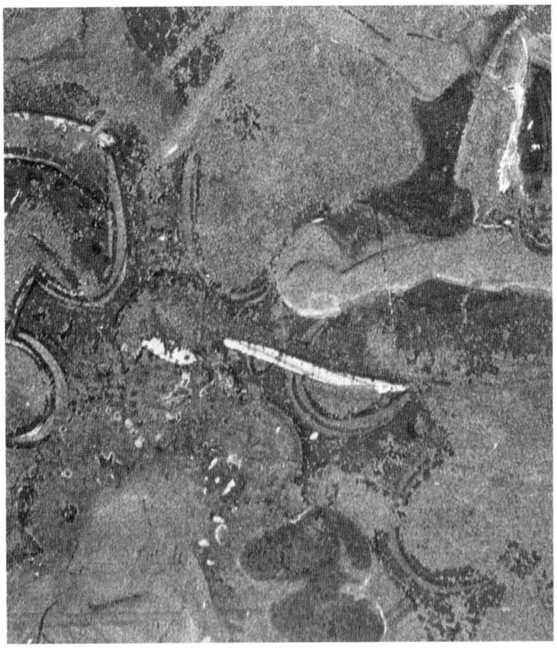

图一八　第69窟纵券顶壁画局部

图一九　第207窟说法图中的山岳表现

114窟中带有第一种风格的部分有着相似的特征。另外，山岳的形制被称为平顶型（图一八）[①]，其上绘有许多线条，呈现了山岳的立体性，这与第207窟的山岳表现类似（图一九）[②]。

综上所述，第114窟和第69窟虽是属于第二种风格的洞窟，但是，这两个洞窟中均可以发现第一种风格的特征。所以笔者认为这两个石窟不仅以第二种风格为主，还带有第一种风格的要素。

第一种风格和第二种风格的壁画群向我们说明了在同一画面中曾经进行过共同制作的数个事例。柏林亚洲艺术博物馆进行了名为Auf Grünwedels Spuren（格伦威德尔的足迹）的展览[③]。此展览（2011年12月至2012年12月底）是以格伦威德尔的业绩和保存修复为中心，展示着柏林亚洲艺术博物馆所藏的、可以明确得知是从克孜尔第8窟中取得的所有壁画。

1985年中日共同出版的《中国石窟·克孜尔石窟》（第三卷）中[④]，先前被认为是第77窟的壁画和展示于地下收藏室中，长久以来出处不明的壁画都是以第8窟的名义首次公开。其中的两张（IB8642、IB8837）是从后室的顶部和侧壁上部取得的壁画。我们可以明确得知第一种风格的画家

① 史晓明：《克孜尔石窟艺术论集》，新疆艺术学院西域佛教文化研究所，2008年，第68页。Grünwedel A. Altbuddhistische Kultstätten in Chinesisch-Turkistan, Bericht über Archäologische Arbeiten von 1906 bis 1907 bei Kuca, Qarasahr und in der Oase Turfan, Berlin ,1912, Fig. 340.

② Grünwedel A. Altbuddhistische Kultstätten in Chinesisch-Turkistan, Bericht über Archäologische Arbeiten von 1906 bis 1907 bei Kuca, Qarasahr und in der Oase Turfan, Berlin ,1912, Fig. 340.

③ Toralf Gabsch und Staatliche Museen zu Berlin, Auf Grünwedels Spuren:Restaurierung und Forschung an Zentralasiatischen Wandmalereien, Koehler & Amelang, 2012.

④ 新疆维吾尔自治区文物管理委员会、拜城县克孜尔千佛洞文物保管所、北京大学考古系：《中国石窟·克孜尔石窟》第三卷，文物出版社·平凡社，1985年，图189。

和第二种风格的画家在同一幅壁画中进行了创作。首先，我们来看一下IB8642（图二〇）①。这张壁画描绘着天人在释迦牟尼涅槃时聚集歌颂的天人赞叹图和天象图。在天人赞叹图中，绘有单手托花盘散花、持捧璎珞、弹奏竖箜篌和吹奏横笛等乐器以赞叹释迦涅槃的伎乐天人。人物的躯体有着重量感，在腰处曲身，两足伸向上方。天人们的肤色为白、灰、深褐色。为了制造出人体的立体感（图二〇），以铁红色加以晕染。因为也使用青金石颜料上色，我们可以将其看作第二种风格的壁画。

可是，在看了左下方的天人形貌后（图二〇），我们可以判断这个部分是由第一种风格的画家所绘制的。因为脸部的轮廓呈圆形，眼鼻集中于面部中央，圆胖的双唇和涂黑的头发是在第一种风格壁画中才可以看到的特征。这明显与典型的第一种风格的克孜尔第77窟（图二一）②、第207窟等的天人面部相似。虽说如此，具有重量感的身体部分却是以第二种风格的手法绘制的。另外，身体

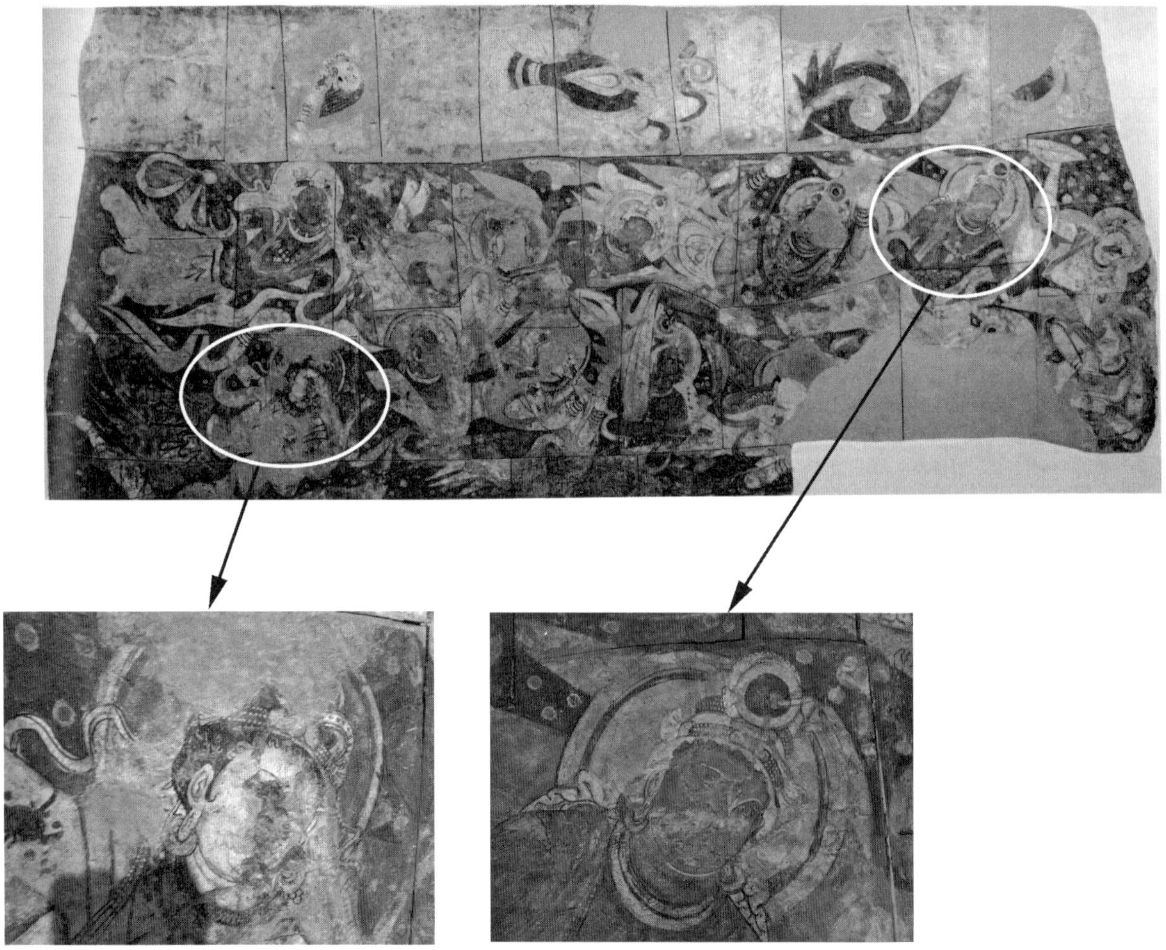

1　　2

图二〇　克孜尔第8窟后室纵券顶壁画

（德国柏林亚洲艺术博物馆所藏IB8642）

① Toralf Gabsch, op. cit. , “Section 6 Forschung und Restaurierung an Wandgemälden im Rahmen des KUR-Programms” , 79, 9.

② 新疆维吾尔自治区文物管理委员会、拜城县克孜尔千佛洞文物保管所、北京大学考古系：《中国石窟·克孜尔石窟》第二卷，文物出版社·平凡社，1984年，图42。

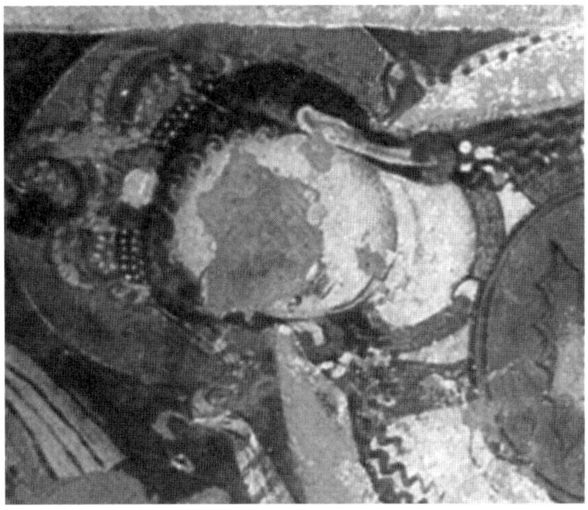

图二一　克孜尔第77窟天人的头部

与头部的连接也不自然。从这一点来看，我们可以说脖子以上的部分是由第一种风格的画家所绘制，其他地方则是由第二种风格的画家所描绘的。

另一张IB8837（图二二）①也可以做相同的说明。此壁画至今为止皆被认定为属于第77窟，但依据德国柏林亚洲艺术博物馆的研究，我们可以清楚地知道它应该是属于第8窟的作品。托盘散花的天人脸部呈圆形，眼、鼻、口在面部集中，头发部分被涂黑，这表现了第一种风格的壁画特征。但是具有重量感的身躯表现、广泛使用青金石颜料来上色等处则可以看成是借由第二种风格的画家之手完成的。在这里，我们可以看到在第二种风格画家集团的作品之中，属于第一种风格的画家也参与了一部分（脸部）的创作。

图二二　克孜尔第8窟后室纵券顶壁画之天人及其头部（部分）
（德国柏林亚洲艺术博物馆所藏IB8837）

由此，笔者的结论是，完成第8窟壁画的显然是有着第二种风格特征的画家集团，但是其中一部分的创作和第一种风格的画家集团相关，这一点是不可忽视的。

另外，对涂在头发的黑色部分进行分析之后，某些特征变明显了。比如，在第一种风格的壁画中，头发的黑色有残留下来，但在第二种风格的壁画中，原本的黑色都看不到了。

在看了天人的头发部分之后，从额际和轮廓线中残留的黑色颜料来看，我们可以判断原本涂有黑色颜料的天人和国王的头发部分，因为劣化的原因使黑色褪去，看起来似乎完全没有着色。这种“消失”的倾向是存在着的（图二〇）。在看了第一种风格的壁画后，天人的发色漆黑，我们可以发现第一种风格没有使用那种“会消失”的黑色颜料。至今为止，此一问题一直未受关注，笔者认为黑色颜料的使用为区别第一种风格和第二种风格的一个重要指标。

① Toralf Gabsch und Staatliche Museen zu Berlin, Auf Grünwedels Spuren:Restaurierung und Forschung an Zentralasiatischen Wandmalereien, Koehler & Amelang, 2012., Section 6 p. 91, abb. 12.

图二三　敦煌莫高窟第275窟北壁

借由成分分析，黑色颜料的种类在今后会逐渐公之于世。附带一提的是，这种“会消失”的黑色的使用从早期的敦煌莫高窟（图二三）①、北魏、西魏、北周、一直到隋代均可以发现，河西地区则无法看到这种颜料的使用。围绕这个“会消失”的黑色（图二四），我们可以看出在克孜尔石窟，第二种风格的画家集团使用的颜料和早期敦煌石窟（北魏—隋）的画家集团使用的颜料具有共通性，两个地区有着相当密切的关系。

对于克孜尔第114窟、第69窟和第8窟，笔者介绍了介于第一种风格与第二种风格之间的图像、表现方法、颜料的共通性和共同制作的事例。综上所述，我们可以得知德国瓦尔德施密特先生的看法，也就是第二种风格是从第一种风格发展而来的理论并不能成立。他判断第一种风格画家集团的活动期间为500年左右，这一看法也应该再加考虑。宿白先生虽然已经指出，在第二种画风的壁画中，对身体各部分施加渲染和色彩的褪色情况与敦煌早期洞窟的壁画相似，但他所提出的绝对年代也存在着问题。尽管如此，我们可以从宿白先生所提出的正确论点来进行考虑和评价。关于这两个风格的相互关系与绝对年代的问题，今后，我们必须借由壁画材料、制作技术、放射性碳素年代测定、石窟构造与组合研究、佛教史的推移等线索进行全面的分析，也期待今后的研究成果。

图二四　敦煌莫高窟第275窟北壁

左：“消失了”的头部黑色部分　右：残留着的头部黑色部分

① 敦煌研究院：《莫高窟第266～275窟考古报告（第一分册）》，文物出版社，2011年，图202、204、206。

Preliminary Study of the Style of Mural Paintings in the Kizil Caves

—Focus on Kizil Caves 69,114 and 8

Ikuko Nakagawara
(Graduate School of Letters, Nagoya University)

There are numerous unresolved issues concerning the style and dating of the mural paintings in the Kizil Caves. In this presentation, I will mention Kizil Caves 69, 114 and 8 as one of the first attempts to resolve those issues. Through the analysis and comparative study of the iconography, composition and color, I will present a hypothesis about the style of the paintings that differs from conventional study.

The central pillar caves are the most common type among the caves in the Kucha region, and thus I regard this type as the best representative. The walls of the back room and corridors have Nirvana-related paintings, while the vaulted ceiling of the main room has Jātaka paintings (illustrating the previous lives of Buddha) in the diamond shape that symbolizes Mt. Sumeru.

Based on an analysis of the style and a study of the dates of the mural paintings, Waldschmidt claimed that there were only two styles among the mural paintings in the Kizil Caves. Firstly, the type I style was closely related to Gandhāran art in terms of iconography and style. Secondly, the Type II style, which is based on type I in style, clearly showed characteristics of the painting style specific to the Kucha region. Most of the central pillar caves belonged to the latter type. As for the dates, he estimated that the type I paintings were made around 500 AD and the type II ones around 600–650 AD. In this estimation, there is a blank for about one hundred years between the type I and type II periods, which is a problem for the theory and requires an explanation.

According to Waldschmidt's view, Kizil Caves 114 and 8 made in the early seventh century are classified as the type II style. However, Miyaji at Nagoya University maintains that Cave 114 belongs to the last period of the Kizil Cave history based on an analysis of the iconographies and the composition of the nirvana paintings. On the other hand, Cave 69 was found after Waldschmidt's work. The official view of the Kucha Cave Research Institute is that it was made in the seventh century. There is also the view that the cave was made during the reign of Suvarnadeva (619–646), based on a reading of some obscure written inscriptions by French and German inscription researchers.

Many previous studies considered that those caves were made in the first half of 7th century, but in my opinion, Caves 114 and 69 were dated prior to 7th century for some reasons. Furthermore, we need to review the theory that the paintings depicting the type I style was older than the paintings depicting the type II style.

Firstly, I analyzed the iconographic and stylistic expressions of the motifs, that is, the coffin in cremation scene, mountains and donor's costumes, depicted in Caves 114 and 69. I found some characteristics belonging to both type I and type II in them.

Secondly, focusing on the specific black colors, that is, discolored black and indelible black, I analyzed the hair color of celestial beings to be that of the black color found in Cave 8. According to my study, the groups depicting the type I style tend to use indelible black. In contrast, the groups depicting the type II style tend to use discolored black. I found both discolored and indelible black colors in Cave 8. This shows that the two different groups created the wall paintings of Cave 8 in collaboration.

Thus, my conclusion is that the stylistic differences of the type I and the type II express not the dating differences, but the different painter groups that use different techniques and pigments. It is quite possible that those different painter groups existed at the same time and produced a cave in collaboration.

Color Survey of the Kizil Murals Based on the Munsell Book of Color

—Using Mural Pieces from the Museum of Asian Art at Dahlem Museum

Michiko Sato

(Tokyo University of the Arts)

Introduction

When creating a reproduction of a mural, we try to accurately reproduce the colors using the original mural and photographs as reference. Photographs and images of murals are extremely useful reference sources. Additionally, for this study, actual pieces of the mural were used to visually match up the samples under the same light conditions to create instinctively accurate material that fit the sensitivity of the people when they actually see the mural. When creating a reproduction, determining the tone of the colors in the painting is an essential step to select the right materials and establish the process for recreating the painting.

Tasked with reproducing the Kizil murals, Haruya Kudo, a professor at the Tokyo University of the Arts, and me jointly conducted a color survey of the Kizil murals in the collection of the Museum of Asian Art at Dahlem Museum Germany from March 13 thru 23, as part of their efforts to create basic materials for creating a reproduction.

The method used was to visually match the Munsell Color System JIS Standard (Standards of the Japanese Industrial Standards Committee) color samples and the colored parts of the actual mural and then to determine the corresponding colors. Color sample pieces that were determined to be most similar were selected from more than a dozen pages of the color sample book for each of the colored parts of the mural pieces. The color sample pieces were held up close to the actual mural pieces, the sample that came closest was selected, and the codes and numbers were recorded.

Since this work was a sensory one based on the color sensitivity of the individual, it is necessary for the individuals conducting the survey to have experience sensing the differences of colors through their everyday work. There were times when the color samples selected by Kudo and Sato immediately matched and also time when they didn't. At times, it was necessary to discuss how each sensed the characteristics of the color in order to determine the closest match.

The murals used in this study were nine mural pieces cut out from Caves 38, 224, 77, and 171. As a result, it was discovered that the colors would be limited to six or seven types of hues. In this paper, I will introduce the color survey methods using the Munsell Color System that were applied to the mural pieces of Caves 38, 224, 77, and 171, and provide results to the survey on what colors were used for the different parts of the murals, and how this data will be used to create reproductions.

The Munsell Color System and the Color Survey Method

The Munsell Color System specifies the three dimensions of colors, hue, value, and chroma using numbers and letters(Plate 35、36). Value is noted from the bottom to the top of the vertical axis as black (0) to white (10). Chroma is the neutral color axis that extends radially outwards from neutral (0) to the maximum chroma (12 or pure color). Hue is found in rings around the value axis. Each is expressed using letters and numbers like 5PB (blue hues), 5G (green hues), and 5R (red hues). For example, the blue in the halo of the Buddha on the mural piece for Kizil Cave 38 (Heaven cave) III-8707 is identified using the Munsell Color System as the following:

7.5PB　　6　/　8

Blue hues　Value　Chroma

The smaller the number, the closer it is to a neutral color and the darker the color is. The larger the number the more vivid and brighter the color is. The hues are listed on pages according to the color system such as 5PB (blue hues), 5G (green hues), and 5R (red hues) (Plate 37 ~ 39). Similar pages are selected under the same light source as the mural and the colors are narrowed down until a match is found.

The pockets of the color chart page hold color chart pieces. The back of the pieces have the S number. The color chart piece that looks most like the survey part of the mural is held up to the sample and determined visually(Figure1). The code number of the color chart is then recorded on the record paper (copy of the mural image or sketch drawn onsite) (Figure2) .

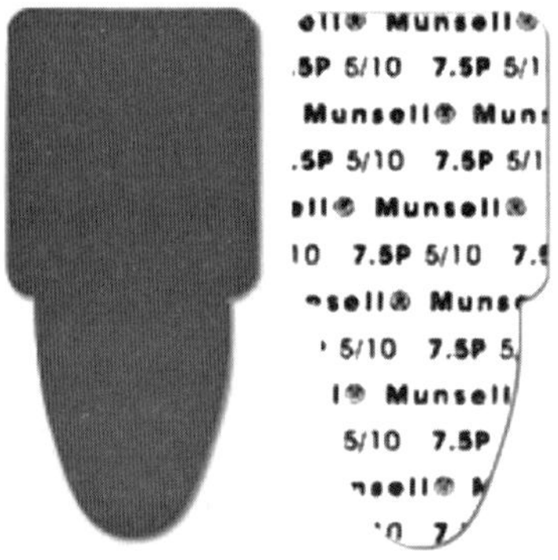

Figure 1　Color chart piece 7.5P5/10

Figure 2　Kizil Cave (Maya Cave, Site 3) III-8863 Berlin Color Survey Record Paper

Actual Color Surveys

As the color survey progresses, trends and distributions in the colors used become apparent. We found that there was a surprisingly limited number of colors used in the murals. This allowed for a natural, pure harmony in each of the paintings. The colors used were mainly Atacamite green, lapis lazuli blue, lapis lazuli ash, burnt sienna, Caput Mortuum red, white, and black pigment. In many cases the natural colors of the pigment were pigment as it is and not many colors were made from mixtures. The base colors were used well to create a contrasting scene through the balance of color space and composition. The background colors were used effectively to portray the message of the narrative of each mural. Many different techniques were used to make expressions more effective using limited colors. The shine of the halo is expressed using the gradation of blues and browns (8707) (8838-8840), and by placing Atacamite green next to earthy reds using the contrast of complementary colors was effective in creating a more vivid sense of sublimity (8838-8840). By placing white and brown lines between different colors, it was possible to create concise, orderly designs while using the pigment's natural colors. Light and dark contrast were placed in a rhythmical fashion to create a picturesque composition and the contrast of value and chroma were used to create an artistic space in flat, uniform surfaces without relying on shading. It is assumed that the drawings were painted using one color at a time, making it possible to see the steps used to create the paintings. Pigments of high purity and valuable colors were used effectively on important parts and on the noble Buddha. In areas where pigment were thought to be applied in layers, the nuanced colors made from multiple layers and the colors of the parts that had peeled off were difficult to compare with the simple colors of the color chart, so we studied the colors of the upper and lower layers to find a close match. Additionally, we studied the base color of the entire mural. There were parts where several colors were used such as the color of the drawing lines, outlines in the figures below. First, a drawing was made of the entire picture after which thicker Caput Mortuum lines were added for emphasis in places like the face and body. Sometimes, clothes and other individual items were outlined using different colors. By observing the colors used, we were able to look deeper at the steps taken to create the murals as well as the intentions of the painter.

Creating a Reproduction

When creating reproductions, the important thing is determining the color of the base material of the entire mural. We studied the edges and cracks in the mural pieces to find the color of the base layer. We also determined the color of the line drawings of the entire mural. We considered the basic pigments to be used for the reproduction. We determined the trend in the mixing of neutral colors such as gray, beige, and skin color. We referred to the mixture ratios of the pigment. For the colors we assumed were made by layering colors, we colored the upper and lower layers separately. We also observed the texture of the surface, degree of permeation into the wall, raised pigments, and the smoothness of the brush strokes on the drawing lines to determine the catalysts combined with the pigment. We were also interested in seeing how the rough copy was copied onto the wall to create the base drawing. If the drawing was copied from a rough copy, it is possible that the painter made rough markings then used experienced brush techniques to draw the drawings directly on the wall. How did they lay out the pictures on a large wall, where did they start drawing, and in what order did they color the drawing? When working with other painters, there must have been a set of shared understanding regarding how the pigments and catalysts were mixed in order to achieve the same end result. By considering these points when studying the mural pieces, we believe it will be possible to create more accurate reproductions of the Kizil murals closer to the way they were originally created.

Color Survey Using the Kizil Mural Pieces from the Berlin Museum of Asian Art in Germany (March 13 thru 16, 2011)

1. Kizil Cave 38 (Cave of musicians)

Berlin Museum of Asian Art, March 15, 2011
Color analysis based on the Munsell Book of Color
III-8707 The Buddha in Dragon Boat Kizil
Cave of the Musicians (Cave 38)
Wall painting, 34.0 cm × 30.7 cm (Plate 40)

There were mainly six colors of pigments used in this piece: atacamite green, earth pigment (burnt sienna hue), two lapis lazuli colors, white pigment, and black pigment. There was also a neutral color gray made by adjusting pigments and a white skin color assumed to have been made by combining earth pigment and a white color. The bright background of atacamite green and white create a fantastic scene but the positioning of blue and black in the center brings the piece together. By using a limited number of colors, the theme of the narrative is portrayed more succinctly. Lapis lazuli of a high purity is used for the hair on the Buddha's head, the center of the halo and the fabric around the waist of the standing person all located in the center of the mural. The skin color of the Buddha and the standing person differ with the Buddha having white color with a higher chroma and value to show a sense of nobility. A gradation of lapis lazuli combined with the highlight white and the darkest black create a strong contrast to depict the dazzling sublimity of the Buddha.

2. Kizil Cave 38 (Cave of musicians)

Berlin Museum of Asian Art, March 15, 2011
Color analysis based on the Munsell Book of Color

III-8390 Self-Sacrifice of the Bodhisattva Kizil

Cave of the Musicians (Cave 38)

Wall painting, 30.0 cm × 25.5 cm(Plate 41)

The main pigments used in this piece are probably the following six colors: atacamite green, reddish brown earth pigment color, dark and light lapis lazuli colors, white pigment, and black pigment. There was also a neutral color gray and a white skin color made by adjusting pigments. The dark background was created with two layers to bring out depth but you can also detect some indigo blue dye. As to make them glow in the dark background, the mother and baby wrapped in cloth on the left, the upper body of the Buddha on the right, and the dots of the white flowers were painted to create a dramatic contrast of dark and light. There is a lot of black background making the chroma of the atacamite green and lapis lazuli blue stand out. The dots of the white flowers are raised from the wall surface adding a sense of weight to the pigment.

3. Kizil Cave 38 (Cave of musicians)

Berlin Museum of Asian Art, March 15, 2011

Color analysis based on the Munsell Book of Color

III-8392 Visvantara Jataka Kizil

Cave of the Musicians (Cave 38)

Wall painting, 41.0 cm × 31.5 cm (Plate 42)

The main pigments used in this piece are the following seven colors: atacamite green, two reddish brown earth pigment colors, dark and light lapis lazuli colors, lapis lazuli ash, and white pigment. There was also a neutral color gray and a white skin color made by adjusting pigments. There was no black pigment. The neutral gray background gives the sense of a tense worldly atmosphere strikingly different from anything sacred. The drawings of a group of children drawn with reddish brown lines seem real like news program footage. The outline of the man on the left is strong, emphasized with a layer of Caput Mortuum lines. At the museum, pieces III-8707, III-8390 and III-8392 are exhibited together as a set. Some characteristics of the composition of Kizil murals are the collections of small parts divided by the mountain design and the contrast of the background color in neighboring murals and the use of repetitive patterns.

4. Kizil Cave 224 （Maya Cave Site 3）

Berlin Museum of Asian Art, March 16, 2011

Color analysis based on the Munsell Book of Color

III-8836The Future Buddha Maitreya, Kizil,

Maya Cave, Site 3 (Cave 224)

Wall painting, 109.0 cm × 261.0 cm (Plate 43)

The main pigments used in this piece are the following six colors: atacamite green, reddish brown earth pigment color, dark and light lapis lazuli colors, white pigment, and black pigment. There was also a neutral color gray made by adjusting lapis lazuli ash and a white skin color made by adjusting earth pigments. The upper layer of the wall soil is visible in some areas. The mural depicts a group of Buddhas with one in the center and one on each side, but the color composition is not symmetric but dynamic. There is a large lunette, but the area of each color is similar, giving the entire mural an impression of stability. Lapis lazuli with high chroma is used for the hair, necklace, and fabric wrapped around the waist of the central Buddha, and the use of the wide, white area focuses one's attention on the center of the mural.

5. Kizil Cave 77 (Statue Cave)

Berlin Museum of Asian Art, March 14, 2011

Color analysis based on the Munsell Book of Color

III-8838, III-8840

Statuenhöhle (Höhle 77) Buddha cave, Kizil

The Cowherd Nanda 60.0 cm × 33.0 cm, 82.0 cm × 62.0 cm (Plate 44)

The main pigments used in this piece are the following five colors: atacamite green, two reddish brown earth pigment colors, white pigment, and black pigment. There was also a neutral color gray made by adjusting lapis lazuli ash and a white skin color made by adjusting pigments. Blue lapis lazuli of high chroma was not used. This is a dazzling scene using the complementary colors green and red. The complementary contrast of green and red is used often, increasing the effect of the colors. The chroma of the red is high for the Buddha and the Nanda on the lower right. The red used in the fabric around the waist of the person standing to the left and in the flowers in the flowing water are neutral colors but a different pigment from the colors used in the clothes of the Buddha and Nanda, and you can sense the intent of the painter in the use of the varying types of red. The lightest white skin color is used for the face and body of the Buddha and the Nanda, differentiating them from the skin color of the other people and putting the focus on these two characters.

6. Kizil Cave 171

Berlin Museum of Asian Art, March 15, 2011

III-8420 Gott and Female Musician Kizil (Cave 171)

Wall painting, 209.0 cm × 134.0 cm (Plate 46)

The main pigments used in this piece are nine following nine colors: atacamite green, earth pigment such as burnt sienna, caput mortuum, and yellow ochre, dark and light lapis lazuli colors, lapis lazuli ash neutral gray color, white pigment, and black pigment. There was also a white skin color made by combining earth pigments and white pigment. This mural depicts large standing figures of white and brownish colored people on a slightly dark, brown color of the background and their bodies are decorated with flowing atacamite green and lapis lazuli blue strings and belts. There are detailed decorations such as the hair accessory with atacamite green and lapis lazuli blue and the sacred gems in the background, making this a decorative piece. One's eye is attracted to the white person behind the dark background to the left and the green waistband has a reddish yellow ball that is not very common.

7. Kizil Cave 224(Maya Cave, Site 3)

Berlin Museum of Asian Art, March 16, 2011
Color analysis based on the Munsell Book of Color
III-8863 The Miraculous Crossing of the Ganga Kizil,
Maya Cave, Site 3 (Cave 224)
Wall painting, 48.5 cm × 97.5 cm (Plate 45)

The main pigments used in this piece are probably the following six colors: atacamite green, reddish brown earth pigment color, two lapis lazuli blues, white pigment, and black pigment. There was also a neutral color gray made by adjusting lapis lazuli ash and a white skin color made by adjusting earth pigments. The dark color of the background was created by layering black and blue pigments. Bright blues and greens were used for the building and decorations, making it glow from the dark background and showing a high level of interest in the building.

8. Kizil Cave 224(Maya Cave, Site 3)

Berlin Museum of Asian Art, March 16, 2011
Color analysis based on the Munsell Book of Color
III 8864 King Ajata, His Queen and His Minister Varshakara Kizil, Maya Cave, Site 3, (Cave 224)
Wall painting, 41.0 cm × 72.0 cm (Plate 47)

This mural is formed by three pieces which was cut apart. Different colors are used such as the atacamite green in the background, two reddish brown earth pigment colors, various lapis lazuli blues with high chroma, light blues and neutral gray ash. These colors and the white pigment and black pigment probably make up the main eight pigments used in this picture. There was also a white skin color made by adjusting earth pigments. Strong white is placed to highlight the eyes, nose, and eyebrows and used in the hair accessory. White and gray people are placed on a bright background of atacamite and lapis lazuli, and the small amount of black used in the background pull the picture together. The accessories are painted with iron oxide pigment caput mortuum and the strength of the pigment gives a metallic appearance to the accessories. The white skin of the people and the white of the clothes are positioned on earthy reddish brown backgrounds to give a sense of softness and warmth.

9. Kizil Cave 224(Maya Cave, Site 3)

Berlin Museum of Asian Art, March 16, 2011
III-8880 Varsakara, Minister of King Ajatasatru Kizil,

Maya Cave, Site 3 (Cave 224)

Wall painting 20.0 cm × 30.0 cm (Plate 48)

The main pigments used in this piece are the following six colors: atacamite green, reddish brown earth pigment color, red of the caput mortuum iron oxide pigment, blue of lapis lazuli, white pigment, and black pigment. The lines of the drawing were drawn with caput mortuum iron oxide pigment of a reddish brown color and the thick lines of the neck and arms were drawn with dark gray color. A gray with bluish ash of lapis lazuli was used for the person's skin. The dark flower background is often seen in Kizil murals and one can sense some indigo blue in the color. The palms of the person's hands were close to the color of the wall and the white dots of the center of the flower stand out due to the raised pigment.

利用色彩样品进行克孜尔石窟壁画之考察

——以德国柏林亚洲艺术博物馆所藏的壁画残片为中心

佐藤道子

（日本东京艺术大学）

为了进行临摹，基本的资料收集与整理是不可欠缺的一项工作。在临摹时，首先必须要明确地知道原画色调的倾向。

负责克孜尔石窟壁画的复原及临摹工作时，东京艺术大学的教授工藤晴也和我在2011年3月14～23日的这段时间，一起在德国柏林亚洲艺术博物馆（以前的印度艺术博物馆）进行了克孜尔壁画的色调考察。考察方法是利用孟塞尔颜色图册的色彩样品与实际壁画相对照，进而判断出对应的色调的一种方法。

考察的壁画是从克孜尔第224窟、第38窟、第171窟及第207窟所切割出来的残片，大约有20片。根据考察结果，我们归纳出在壁画中共使用了6或7种的色调。

本文是介绍利用色彩样品来进行色调考察之方法，并报告在柏林亚洲艺术博物馆所藏的壁画图像里，什么部分描绘着什么样的色调。最后，再加以说明我们所收集的这份资料，将来会如何被运用到临摹品制作之中。

Re-examining the Chronology of the Kizil Caves Based on ^{14}C Analysis and Architectural Style

Mai Murofushi[1] Yoko Taniguchi[1, 2]

(1. Tokyo University of the Arts 2. University of Tsukuba)

Introduction

A re-examination of the chronology of the Kizil Caves was conducted targeting 236 caves that had been previously catalogued, numbered and documented in published materials. This review is based on stylistic analyses and published ^{14}C data compiled by the Chinese archaeologist Su Bai[①] and the German art historian Marianne Yaldiz[②]. Sus and Yaldiz's ^{14}C data relates to 24 samples taken from 20 caves. In addition, this review was also based on structural classifications of wall paintings from a technical point of view.

Cave Styles

In his work, Su Bai classified cave styles into 4 types: central pillar caves, Giant Buddha caves, rectangular caves and monastery caves[③] (Figure 1.1 - 1.4).

1. Central Pillar Caves

First, the central pillar style, counted in 61 out of 236 caves or 25% of the total, is dominant among Kizil Caves. This style has been observed in caves over all time points and in all locations of the valley. The principal style underlying cave and wall paintings in Kizil's central pillar caves is characterized by the following 5 features:

(1) The ceiling in the main hall possesses a rectangular vault shape;

(2) The main ceiling and sidewalls are connected by simple stepped corbelling;

(3) The main niche in the main hall has diamond-shaped decorations for sculptures;

(4) Wall paintings on the sidewalls in the main hall have diamond-shaped patterns;

(5) Motifs of a reclining Buddha in Nirvana are located in the backroom.

The first feature given above was observed in 44 out of 61 caves, or over 70% of the total.

---

① 宿白. キジル石窟の形式区分とその年代. 中国石窟キジル石窟. 东京：平凡社，1983：1162-1178.

② Yaldiz M. Magische Gotterwelten、Werke aus dem Museum fur Indische Kunst,Berlin.

③ 宿白. キジル石窟の形式区分とその年代. 中国石窟キジル石窟. 东京：平凡社，1983：1162-1178.

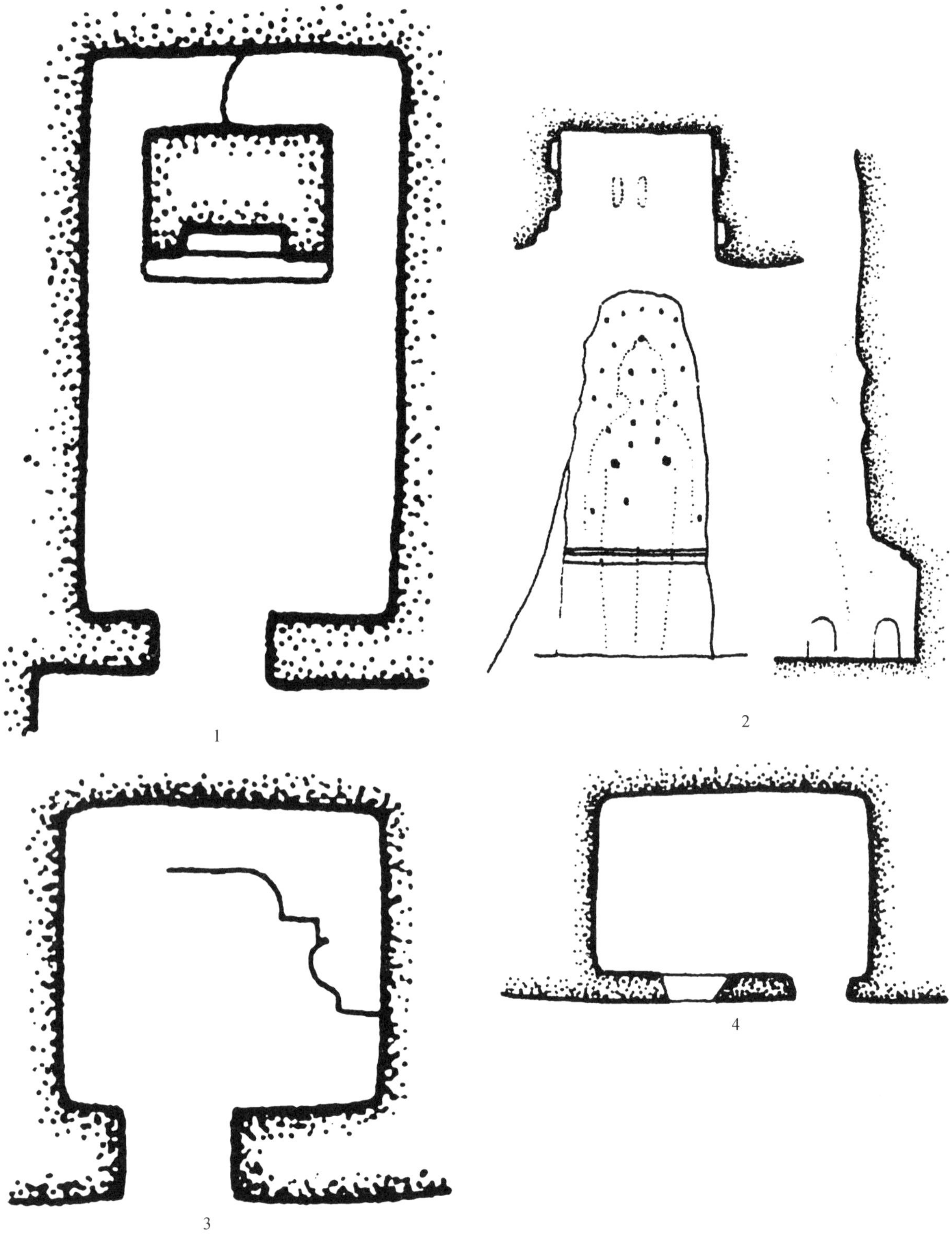

Figure 1

1. The central pillar caves (Cave 171 plane figure)　2. The Giant Buddha caves (Cave 70 plane figure, side view and elevation)
3. The rectangular caves (Cave39 plane figure)　4. The monastery caves (Cave 234 plane figure)

^{14}C analysis was performed on 12 central pillar caves, 10 of which had vaulted ceilings, one of which had a "lanterndeche" ceiling, and one of which had a domed ceiling. Dates indicated that the 10 caves with vaulted ceilings were constructed between the 3rd and the 7th centuries, which corresponds directly to the era of the Kizil kingdom. Thus, it can be said that the central pillar caves with the vaulted ceiling-style comprise the most common style within Kizil. On the other hand, the dates for domed and lanterndeche ceilings fell between the early 5th and the early 6th centuries, which means that that these styles did not appear in Kizil until after the 5th century.

Similar examples have also been observed at Bamiyan in Afghanistan (Figure 2, Figure 3) . The Bamiyan caves were built between the 5th and the 9th centuries in styles much like those seen in Kizil. Most caves in Bamiyan were dated using ^{14}C when Japanese scholars Mayu Iwade and Shigeru Kubodera carried out a thorough chronological study①. According to their research, domed ceilings were visible throughout the 5th and the 9th centuries in Bamiyan. Flat ceilings appeared in the mid-5th century and lasted for 100 years, whereas lanterndeche-style ceilings appeared after the end of the 7th century. Vaulted ceilings made their appearance at the end of this chronology, in the 8th century. The dominant architectural style evident in Bamiyan, domed ceilings, differs greatly from the vaulted ceilings dominant in Kizil.

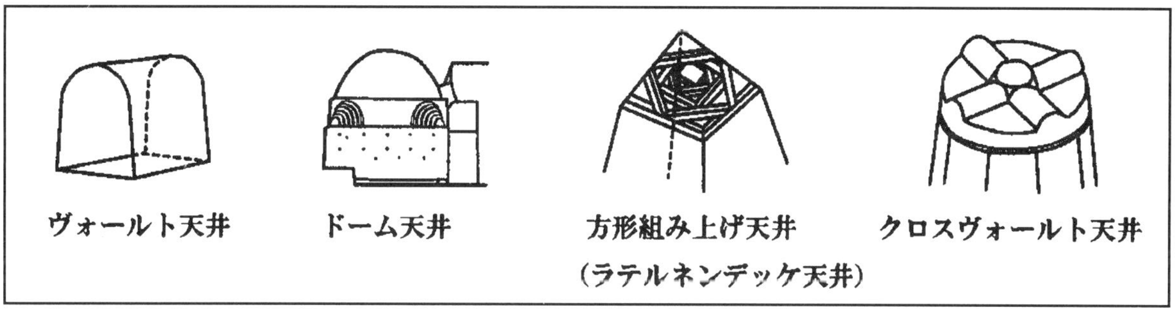

Figure 2 Ceiling styles at the Bamiyan, Afghanistan②

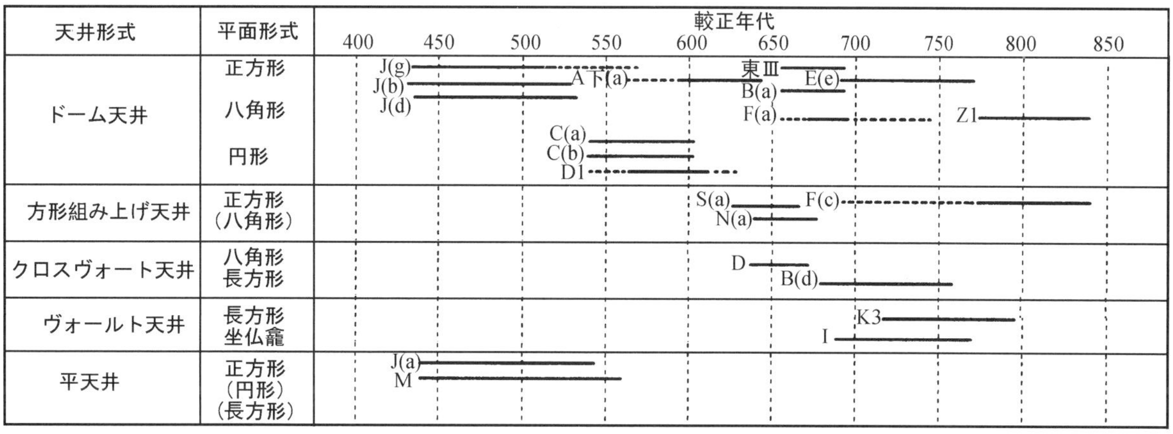

Figure 3 ^{14}C results and ceiling styles at the Bamiyan, Afghanistan③

① 晁華山. 20世紀初頭のドイツ隊によるキジル石窟調査とその後の研究. 中国石窟キジル石窟3. 东京：平凡社，1985：241-260.

②③ 東京文化財研究所，文化遺産国際協力センター. アフガニスタン文化遺産調査資料集. 第5巻. バーミヤーン仏教石窟の建築構造およびその意匠と技法. 东京：明石書店，2011.

Figure 4　Photo around the main niche

However, though specific dominant architectural styles may differ, a chronological table of stylistic trends may be crafted by assuming that, as in Bamiyan, certain styles of ceilings in Kizil were built specifically within certain frames of time.

In the central pillar style caves, traces of wooden pegs and holes in the walls have indicated that the main niches of the main halls were usually decorated with clay sculptures (Figure 4). The holes are located in a diamond shape, suggesting that the sculptures simulated mountains. Out of 12 caves, 9 had such mountain-shaped sculptures and each could be dated to sometime between the 3rd and 7th centuries. These sculptures are a common feature within the Kizil Caves.

In addition to these sculptures, diamond-shaped patterning in wall paintings is also commonplace in Kizil (Figure 5). 45 of the 65 central pillar style caves are decorated in this way and, of these caves, 40 have diamond-shaped patterning in the main hall. 37 of these cave caves carry depictions of the same on the ceiling. Therefore, one could assert that this diamond-shaped patterning is typically represented on vaulted ceilings in the main halls. ^{14}C dating has indicated that the diamond-shaped patterns, like the central pillar caves, were employed throughout the period spanning centuries from the 3rd to the 7th. These designs were widely used in various locations across Kizil.

In such caves, Nirvana Buddha sculptures or paintings were also usually present in the backroom. Caves with Nirvana Buddhas were built throughout the Kizil valley throughout the period from the 3rd to the 7th century. This phenomenon represents another common feature of the Kizil style.

The 5 features described above are all found in the historic Kizil Caves built between the 3rd and the

Figure 5　Diamond-shaped patterns

7th centuries; therefore, one is able to conclude that these features are both independently and as a whole "typical" of the Kizil style. Other styles found in the caves can be considered essentially "foreign" and/or "temporary".

2. Giant Buddha Caves

There are 7 Giant Buddha caves in Kizil (Caves 47, 48, 70, 77, 139, 148 and 154). However, only 2 were dated using ^{14}C: Cave 47 dated as 350 AD and Cave 77 dated as 406-425 AD.

These 7 caves all share 2 features in common: a rectangular vaulted ceiling in the main hall, and a backroom that is larger than the main hall. The presence of larger backrooms was required for housing a Nirvana Buddha statue, which represents a style identical to that observed in the central pillar caves. However, diamond-shaped patterns have not been observed in the Giant Buddha caves. This indicates that motifs used in wall paintings were intentionally differentiated according to the cave style.

Su Bai classified Caves 70 and 148 as belonging to the third stage, which he dated as 545 ± 75 to 685 ± 65 using ^{14}C data. He asserted that this new style of cave, the Giant Buddha cave, made its appearance in the third stage. Its advent marked a change in technical methods, from the creation and mounting of stucco statues to the carving out a giant statue in a rock cliff—suggestive of the Bamiyan Buddha's technique. Extensive ^{14}C dating studies have been carried out on the Bamiyan Buddhas[①]. According to the results, the Eastern Giant Buddha was created between the mid-5th and late 6th century, whilst the Western Giant Buddha was created in the late 6th to early 7th century. These dates are contemporary with the date of the third stage, 545 ± 75 to 685 ± 65. Similarities between Bamiyan and Kizil indicate possible technical interactions between the two kingdoms via trade. The advent of a new technique for carving out a huge Buddha statue likely occurred at the same time in these two separate, remote locations.

However, Caves 70 and 148, which Su Bai classified as belonging to the third stage, were unfortunately not analyzed with ^{14}C for our review. Thus, there is no scientific evidence that Caves 70 and 148, and the Eastern and Western Giant Buddha were contemporary. Therefore, ^{14}C dating is highly desirable for confirming the possibility of such cultural interactions.

3. Rectangular Caves

92 of the 236 Kizil Caves, or nearly 40% of the total, are rectangular caves. These caves exhibit a wide range of ceiling styles, wall painting motifs, corbellings and cave sizes. This is possibly due to a problem found in the "definition" of rectangular caves, since the only existing condition is to "have a rectangular layout". In order to determine the inherent role of this style of cave, detailed re-classification is required.

---

① 東京文化財研究所，文化遺産国際協力センター. アフガニスタン文化遺産調査資料集. 第5巻. バーミヤーン仏教石窟の建築構造およびその意匠と技法. 东京：明石書店，2011.

Wall Paintings

German art historian Ernst Waldschmidt identified wall paintings in Kizil as belonging to one of two distinct styles, A and B[①]. Style A made its appearance from the 5th century and Style B was seen from the 6th century onwards. ^{14}C results indicate that Cave 38, which Waldschmidt defined as Style B, is the oldest in Kizil. Caves 224 and 207 show similar dates although Waldschmidt classified them as different styles. Therefore, according to ^{14}C results collected by Chinese and German researchers, these two styles co-existed over the same period, and Style B may have even been present prior to Style A. This would support the theory postulated by Su Bai.

Technological and structural classification of the wall paintings also indicates that the two styles were probably co-existent and, furthermore, likely employed by two different groups of artisans. It is thought that one group of artisans developed Style A between the 5th and the 7th centuries in a small numbers of caves, and another developed Style B between the 4th and the 7th centuries in a large numbers of caves. It appears that the group of artisans behind Style A may have come to Kizil from elsewhere and left Kizil in approximately the late 6th century.

Also, similar characteristics could be observed in painting techniques and materials. For example, Style A has warmer color hues, such as yellows, reds and grays, without blues. And Style B has extensive blue lapis lazuli which would have likely cost a lot of money. This means that the artisans who depicted Style B paintings received financial support by the king of Kizil and must have had significant connections in order to obtain such expensive lapis lazuli from Afghanistan.

One could naturally deduce that these particular artisans were the same as those who created the typical central pillar caves characterized by 5 common features and widely built in Kizil over the centuries from 3rd to the 7th. Among the caves reviewed, 25 belonged to Style B, as defined by Waldschmidt, and 19 were central pillar style. Of the 19 caves, 16 included Feature 1, 14 included Feature 2, 11 included Feature 3, 14 included Feature 4, and 13 included Feature 5. Features 4 and 5, namely, the diamond-shaped patterns and Nirvana Buddha, were often subject to vandalization or looting which makes the task of counting difficult. It is possible that similar styles of caves by the same artisans were created more widely, but cannot be identified today. Ultimately, one can conclude that these five features and the artisans behind Style B are strongly related.

Expansion of the Kizil Caves

Finally, the authors would like to hypothesize about how the grottoes were developed and the direction

---

① 晁華山. 20世紀初頭のドイツ隊によるキジル石窟調査とその後の研究. 中国石窟キジル石窟3. 东京：平凡社，1985：241-260.

in which they expanded.

First, based on Marianne Yaldiz's data[①], she and German scholars constructed a theory of the development of the Kizil Grottoes (Figure 6). In this theory, the inner valley and backside highland regions were named as the oldest areas within the Kizil Grottoes. The theory also asserts that all areas were developed simultaneously. In Su Bai's theory, based on ^{14}C results, the oldest caves dating from between the 3rd and the 4th centuries are all located in the western part of the valley. Cave 190, which is located in eastern part of the valley, is dated as the 7th century. In his theory, the inner valley and backside of the highland region are not the earliest areas (Figure 7).

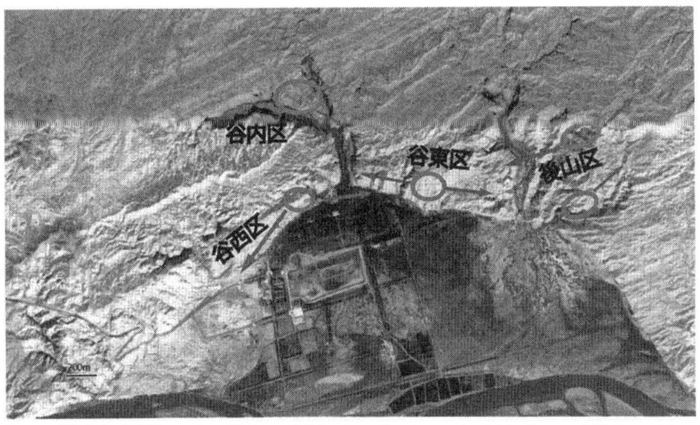

Figure 6 Expansion of the Kizil Caves on the ^{14}C dating by Germany

Figure 7 Expansion of the Kizil Caves on the ^{14}C dating by China

A careful re-examination of the chronology was performed based on all ^{14}C results and the review, although limited due to a lack of sufficient ^{14}C data, appears to indicate that development of the grottoes initially began in the western part of the valley, and then expanded into the inner valley and backside highland regions. This finding is consistent with Su Bai's theory (Figure 7).

However, it must be noted that some grottoes in the highland region were developed in at least the 4th century. For example, Caves 206 and 212 are dated as the 4th century, and Caves 224 and 207 are dated as the 5th century. Perhaps the backside of the highland region was also developed in the earliest stage of the Kizil kingdom. In light of the cliff's geographical settings, it would be natural to consider the western part of the valley served as the early center of the Kizil kingdom and the grottoes expanded from there.

According to Yaldiz's dating, the inner valley and the backside highland regions were the oldest areas within the Kizil Grottoes. Both regions would have been difficult to access since hills had to be crossed to reach the former, and a severe cliff-face known as "Sogdian ditch", which is located in the central part of the main cliff, protected the latter[②]. Perhaps development in the western part of the valley first took place in areas easily accessible to worshippers, before slowly expanding into other surrounding areas.

Finally, the authors would like to propose a theory on the beginning of Kizil Grottoes. In the 1980s,

① Yaldiz M. Magische Gotterwelten、Werke aus dem Museum fur Indische Kunst,Berlin.

② 宿白. キジル石窟の形式区分とその年代. 中国石窟キジル石窟. 东京：平凡社，1983: 1162-1178.

Su Bai's ^{14}C analysis indicated that the Kizil Grottoes were first created at the end of the 3rd or around the early-4th century①. This date, which is very early relative to those of other sites in Central Asia②, has been the subject of much discussion and criticism. However, a 1997 ^{14}C analysis performed by Chinese scientists confirmed Su Bai's data by dating the first caves as 3rd century③.

It is a fact that the date for the Kizil Grottoes is quite early relative to other Central Asian Grottoes. For example, Kizil's beginnings date back 200 years earlier than Bamiyan's. Considering the scientific data, it would not be unreasonable to conclude that Buddhism did not always travel exclusively from the West to the East, as Shumpei Iwai and other Ryukoku University scholars have recently reported④. Rather, Buddhism was likely introduced to western areas from the east, and then communicated back and forth before finally expanding towards the Eastern world.

再观克孜尔石窟之开凿年代

——从^{14}C分析与石窟风格的角度来看

室伏麻衣[1]　谷口阳子[2]

(1. 日本东京艺术大学　2. 日本筑波大学)

本文是依据宿白先生、M. Yaldz女士所进行的^{14}C年代测定的各项研究成果、已经被发表的其他成果，以及克孜尔当地的石窟形制、壁画构造，尝试着以考古学的观点来重新解释以往关于克孜尔石窟形制的学说。

到目前为止，依据瓦尔德施密特的说法，克孜尔壁画具有两种风格：第一种风格的年代为5世纪左右，第二种则为大约6世纪以后。以此学说为基础，依据中国与德国的^{14}C分析结果并且加以考察，可以发现此两种风格是并存于同一时代，且第二种风格的时代比第一种早的可能性是相当大的。这也可以作为宿白先生理论之旁证。

此外，从存在着的两种壁画形式来看，我们可以联想到，克孜尔石窟在同一时代可能有两个画工集团在活动着。相对于创造第一种风格的画工集团于5～7世纪的短暂期间，在少数石窟进行壁画创作，进行第二种风格创作的画工集团是在4～7世纪及其以后，贯穿于整个克孜尔石窟的历史年代进行着活动。这些痕迹是可以被看见的，且其所创作的石窟数量也远超过第一种风格。

---

① 宿白. キジル石窟の形式区分とその年代. 中国石窟キジル石窟. 东京：平凡社，1983，1162-1178.

② 谷口陽子. 壁画の制作年代と下塗り層に含まれる藁スサについて，独立行政法人文化財研究所国際文化財保存修復協力センター他，アフガニスタン文化遺産調査資料集第2巻. バーミヤーン仏教壁画の編年. 放射性炭素による年代測定. 东京：明石書店，2006：29-31.

③ 北京大学考古学系，克孜尔千佛洞文物保管所. 新疆克孜尔石窟考古报告，第1卷. 北京：文物出版社，1997.

④ 岩井俊平. バーミヤーン初期窟壁画の源流，西南アジア研究68号. 京都大学大学院文学研究科・文学部. 西南アジア史学専修，2008: 63-81.

创作第一种风格的画工集团是从别的地区来到克孜尔的，大约在6世纪衰退了，也有可能移动到了别的地区。

关于中心柱窟，贯穿于整个克孜尔石窟创作的历史年代。有一种可以称为“克孜尔风格”的普遍风格存在着。这种普遍风格具有下列五种特征。

（1）主室顶部为纵券顶。

（2）主室顶部与邻近墙面的连接部分有数段构造简单的叠涩。

（3）主室正壁佛龛的周围饰有影塑的菱格形装饰。

（4）主室的壁画有菱格形图案。

（5）后室配置以涅槃故事为主题。

这种普遍的风格与前面所提到的创作第二种风格的画工集团应该有着密切的联系。

关于大像窟，这种5世纪以后出现的新形式与巴米羊的东、西大佛之间的关系被宿白先生所提出。比较了两者的放射性碳素年代，也就是营造年代之后，可以发现，两者在年代上大致是互相重叠的。也就是说，宿白先生的理论得到了证明。

考察克孜尔石窟壁画会以怎样的方式展开变迁，依据宿白先生的^{14}C测定结果所做的假设，以及根据M.Yaldz女士等人的测定结果所做的推测均可以成立。前者为从谷西区开始，石窟的开凿逐渐扩散到各个区域。到了晚期，以谷东区为开凿的中心地。后者虽然无法看出区域及年代倾向，但不管年代、区域，个别区域在广泛地进行开凿是可以确认的。

总结两者的测定结果，并观察其倾向，我们可以知道，谷西区可以看到较早期的石窟，且从谷西区开始，石窟的开凿逐渐扩散到谷东区及后山区。此倾向虽然大致沿袭着中国学者的假设，但是后山区于4世纪时，部分洞窟已开始建造的推测也是不难被看出的。

The Kuchean Connection: The Kharoṣṭhī-Inscribed Buddha from Xi'an and Its Stylistic Problems

Minku Kim

(Department of East Asian Languages & Cultures, Stanford University)

In Xi'an Museum, there is a gilt-bronze seated statue of the Buddha that embodies *par excellence* a result of phenomenal interactions between Indic- and Chinese-speaking civilizations in the first several centuries of the common era. The intricate juncture of this trans-cultural exchange as embodied in this statue culminates with the striking contrast between the distinctively "alien" element, i.e. Kharoṣṭhī, inscribed around the lower back of the Buddha's throne and the prevalent "Chinese" style to which this piece registers among the larger assemblage of early metal sculpture in China that is be better known to us. This contrast is so stark and intriguing that the paper aims to mull over its cultural milieu by pointing to one of its unique stylistic element, the draped throne decorated with rhombus patterns, as characteristic of the kucha region.

Since its reputed discovery in 1979 until today, the seated Buddha remains to be the unique Kharoṣṭhī-inscribed Buddhist metal statue ever found not only in China proper but also anywhere outside the politico-cultural nucleus of the writing system, i.e. northwestern India, where Kharoṣṭhī was in primary use to write the local Prakrit known as Gāndhārī from the mid-third century BC to the third century AD①. If not images, any discoveries of artifacts inscribed with the script are extremely rare, especially, in the region east to the Tarim Basin of which fringe was dotted by ancient oasis states. Likewise, the Kucha area, the focus of the present conference proceedings, was one of the easternmost locations to yield some handful fragments of documents written in Kharoṣṭhī.

In China, on the other hand, there is hitherto only another report of Kharoṣṭhī ever made, namely, the stone fragments from a suburb of Luoyang that carry a dedicatory inscription in relation to a Buddhist monastery②. In due consideration of scarcity of such find, it comes as no surprise that Father George Prévost, the French Lazarist missionary in Beijing who first published the inscription in 1924, mistook

---

① For an overview of Kharoṣṭhī, see *inter alia* Andrew Glass, "Kharoṣṭhī Manuscript: A Window on Gandhāran Buddhism" 24, 2004: 129-152.

② Brough J. "A Kharoṣṭhī Inscription from China" , Bulletin of the School of Oriental and African Studies 1961, (24): 517-30; 林梅村, 洛阳所出佉卢文井栏题记: 兼论东汉洛阳的僧图兴佛寺, 中国历史博物馆馆刊, 1989, 13-14: 240-249.

it for the "Palmyran" script representing an underlying Jewish dialect①. This had thereafter misguided a certain historical fantasy about Jews in early China②. But Prévost's mishap was not completely absurd, for Kharoṣṭhī—like its cognate alphabet of Hebrew—is also derived of Aramaic, one of the official writing systems of the Achaemenid Empire that administered the Greater Gandhāra region until the fourth century BC③.

Unlike this unparalleled, Indic epigraphic feature of the Kharoṣṭhī Buddha, its artistic style does fit the well studied group of seated metal statues of the Buddha that we generally regard to comprise the earliest extant repertoire of such in the region we today call China. In regard to specifics of typology, sub-classification, and chronology of this archaeological assemblage, however, scholars may disagree with one another in several details④. But it is likely that those members of the assemblage exhibit cohesive stylistic recurrences to represent some initial phase of Buddhist image-making practice in China, whereby the production and worship of images reached for the first time any palpable, institutionalized scale⑤.

A few formal characteristics shared by these metal Buddhas help us to identify such coherent stylistic group despite individual varieties. They are, in general, hollow cast, seated cross-legged, with lowered hands to make a meditative gesture, and don a thick robe of symmetrical drapery that covers both shoulders down to the arms to form distinctive overhangs above the shins. They are differed from another, but possibly related, group of metal Buddha statues in that the latter shows a rounded, voluminous modelling and asymmetric, naturalistic drapery as seen in such examples as the ex-Grenville L. Winthrop Collection Buddha in the Harvard Sackler Museum⑥. In facial physiognomy, fluid proportion and iconography as well, the latter group shows more pronounced "alien" (or "non-Chinese") looks and orthodox hand positions as compared to their Indian counterparts.

The ex-Avery Brundage (1887-1975) Collection Buddha in San Francisco may well be classified to the former group, distinctively with the imposing size to reach 40 cm in height and the singled-out date of 338 AD—the earliest among any extant Chinese Buddhist image inscriptions. Unfortunately, we do not

① For the initial, anonymous report of the inscription, see "Les inscriptions hébraiques du Musée de l' Université du Gouvernement chinois à Pékin", Bulletin Catholique de Pékin, 11-134, 1924: 407-410. For its enlarged edition under the priest's name, see Georges Prévost, Les inscriptions sémitiques de Loyang conservées au Musée gouvernemental de Pékin: contribution à l'étude de la question juive en Chine (Pékin: Imprimerie des Lazaristes, 1926).

② Lowenthal. R. Jews in China, The Chinese Social and Political Science Review. 1940, 24-2: 113-234, esp. 176; Pan Guangdan (潘光旦), 中国境内犹太人的若干历史问题: 开封的中国犹太人 (Beijing: Peking University Press, 1983) [Trans., comp., and ed. by Sidney Shapiro, Jews in Old China: Studies by Chinese Scholars (Expanded ed., New York: Hippocrene Books, 2001), pp. 57-59].

③ Frye. R N. The Aramaic Alphabet in the East. Journal of Inner Asian Art and Archaeology. 2006 (1) : 57-60.

④ For an attempt of such serriation, see inter alia Li Jingjie (李静杰), 早期金铜佛谱系研究, Kaogu (1995-5): pp. 451-465. For a methodological consideration, see Lothar von Falkenhausen, Chinese Society in the Age of Confucius (1000-250 BC): The Archaeological Evidence (Los Angeles: Cotsen Institute of Archaeology, UCLA, 2006) : 15-7.

⑤ Kim M. The Genesis of Image Worship in China (Ph. D. diss ertation, University of California, Los Angeles, 2011).

⑥ Whitfield R. Early Buddha Images from Hebei. Artibus Asiae. 2005, 65-1: 87-98.

know the exact provenance of this particular piece, but its epigraphic usage of the Later Zhao (319-351 AD) regnal title of Jianwu (335-349AD) indicates the political domain of this non-Han state that ruled the great part of north China during the early Sixteen Kingdoms period (304-439AD). Be that as it may, however, a number of similar seated gilt Buddhas are known with documented find spots in Hebei, including Baoshui in Tang Xian and Xiguancheng in Yi Xian, all clustered around the capitals of Later Zhao, Xiangguo and Ye①. At any rate, the socio-economic basis of images in this group must have been closely connected to the Buddhist communities in and around Later Zhao.

Nevertheless, the geographical extant of the style may not be confined to Hebei and its adjacent regions. Although without an inscription, the gilt image unearthed from Taiyangdun at Yudu in Jingchuan, Pingliang (Gansu) exhibits not only the given style but also the full, familiar ensemble of such attached items as the tetrapod dais, the aureole formed by both circles of a mandorla (around the body) and a halo (around the head), and the parasol supported by a pole②. As the Yudu Buddha is small enough to be mobile and looks so similar to the Hebei/Later Zhao group as if a cast of one same mold, we cannot rule out the possibility that this was not a local manufacture but originated from a foundry at a distance whereby the artistic epi-center(s) of the style—presumably somewhere in Hebei—was located③. But such appearance of similar artifacts in different places can also be explained in terms of stylistic diffusion or co-existence of multiple foundries sharing the same style, not necessarily of a direct removal of objects from an area of production to elsewhere④. Actually, this kind of stylistic diffusion is well observed in findings from much afar. The seated Buddha from Shin Ri 新里 at Kyuam窥岩in Puyŏ 扶馀(South Chung'chŏng) would demonstrate the long-ranged spread of the style, although much modified and deteriorated⑤. In case of another Korean find from Ttuksŏm뚝섬a. k. a. Tokto 纛岛 at Songsu 聖水 in Songdong 城东（Seoul）, it is difficult to tell whether it was a local product or import from northern China⑥. The style was so widely dispersed to become "international" throughout the early Buddhist continental north East Asia, spreading from Gansu to the Korean Peninsula.

Now the realization of this early but lasting prominence of the style invites us to reconsider such issues as its origin, social background, and other art-historical implications. Despite grave import of these issues, it is a challenging task to pursue them due to the dearth of epigraphic evidence as well as unclear

① 裴淑兰, 冀艳坤. 河北省征集的部分十六国北朝佛教铜造像. 文物, 1998, 7: 67-72.

② For the primary report of the excavation in 1976, see Cultural Center of Jingchuan, Museum of Pingliang, and Liu Yulin, 甘肃泾川县发现一批西秦窖藏文物, 文物资料报刊, 1983, 8: 74-76.

③ Pei S L et al. Hebei Sheng Zhengji (1998); Annette L. J. Seated Buddha with Parasol. In idem and Judith A. Lerner (eds.), Monks and Merchants: Silk Road Treasures from Northwest China (Gansu and Ningxia, 4th-7th Century). New York: The Asia Society, 2001: 150-151.

④ George A K. The Shape of Time: Remarks on the History of Things. New Haven: Yale University Press, 1962.

⑤ Hwang S Y. Puyŏ Kyuam ch'ult'o Paekche pulbosalsang（扶馀窥岩出土 百济佛菩萨像）. In idem, Han guk pulsang ŭ i yŏn'gu（韩国佛像의研究）. Sŏul: Samhwa 三和, 1973; Chŏng Yŏng-ho（鄭永镐）. Paekche ŭ i pulsang(百济의佛像). Sŏul: Churyusŏng(周留城) 2004: 154-158.

⑥ Kim W Y. An early Chinese gilt bronze Buddha from Seoul. Artibus Asiae, 1960, 23-1: 67-71.

archaeological context. For this reason, it is an extraordinary piece of information that the Kharoṣṭhī Buddha from Xi'an is after this crucial, "Sinicized" style contrasted by its non-Chinese linguistic reference.

Nevertheless, some critical issues arise with formal features intrinsic to this particular statue. They pertain to rather peculiar qualities. For example, it is an odd choice the way in which the Buddha's left hand is laid horizontally to go between the thumb and index fingers of the right hand. Moreover, the lower part of the Buddha, especially the throne, features elements distinct from any of its relative counterparts from the Heibei/Later Zhao group. First, knees are bulging downward like a round mass, formulating stepped pleats. Second, the geometric, lozenge pattern repeated over the front of the throne is a true idiosyncrasy never to be attested elsewhere in early Chinese Buddhist art.

Such visual eccentricities of the Kharoṣṭhī Buddha may call us to reexamine its genuineness. While no scholar has yet publicized his or her straightforward doubt on this issue, questions would still persist. Nor would a connoisseur's authentication perforce guarantee this piece to be unmistakably genuine, ever if the statue had safely travelled to the US a few years ago without raising any controversy about its authenticity①.

Nevertheless, the statue is known to be retrieved at an retail outlet for waste goods in Chang'an District of Xi'an②. This suggests that the metal object was then completely disregarded of its cultural value, not even to mention the market value of gilt bronze, until it was finally "recovered" by the Municipal Cultural Office. This account does yet provide us with very appealing circumstances to authenticate the find, for presumably the local junk-peddler —or whoever had taken into possession of such "waste"—would have earned only a small reward from passing it to the secondhand vendor③. In any case, it is fortunate that those retailers at the recycling outlet were aware where this particular "waste" of the Kharoṣṭhī Buddha came from. It was Shifosi Village at Huangliang Town in the same district Chang'an, although the more exact locale of the "unearthed" site has not been disclosed since 1979④.

More essentially, the inscription itself is also out of question. Richard Salomon personally communicated with me that its the epigraphic genuineness will counter suspicions on stylistic part⑤. As a matter of fact, it is simply too tough to suppose someone linguistically competent enough in pre-1979 China to forge this out with intended paleographic accuracy, especially, for a minimal economic expectation worth of some scrap junky.

How, then, can we make sense of stylistic problems of this statue? In other words, where can we account for the source of its aberration? Here I wish to focus on one major odd feature, namely, the lozenge

① Angela F H. Seated Buddha in meditation. In James W C Y et al. China: Dawn of a Golden Age, 200-750 AD. New York: Metropolitan Museum of Art, 2004: 134.

② 韩保全. 长安出土的佉卢文铭鎏金铜造像. 收藏家, 1998, 29: 21.

③ I owe this point to Professor Lothar von Falkenhausen.

④ Lin M. A Kharoṣṭhī Inscription from Chang'an. In 李静, 蒋忠新(eds.), 季羡林教授八十华诞纪念论文集, vol. 1. Nanchang: Jiangxi Renmin, 1991: 119-131.

⑤ On a personal communication, Stefan Baums also reaffirms its Gāndhāran authenticity.

pattern on the throne. As it is well know, the use of such décor is found nowhere but the Kucha region, especially early Kizil Caves①. In Caves 8, 17, 32, and 38, for example, the design is repeated thousands times to become the most common ornamentation onto thrones. It is also impressive to find another concordance between kucha and the statue in which a large square pattern centers the throne. This may well help us to identify the actual meaning of the design. In short, it seems to represent some luxurious kind of fabric that covers the seat of the Buddha, which was in real life decorated—whether through dye or embroidery—with the lozenge pattern②.

With the identification of this referent, the next step is to reconstruct its iconographic purport. Above all, in light of the conspicuous diamond-like shape, one may well recall the vajrāsana at Bodhgaya, the sacred seat on which the Buddha-to-be bodhisattva entered into the final meditation. In Kizil, however, the design seems not to be reserved for that specific moment in the historical Buddha's life. Nor is this exclusive for the Buddha, as it frequently appears in depiction of bodhisattvas and monastics as well. Therefore, it would remain safe for us to say that the design was in use for a local expression of honorification, the convention that might well be applicable to the Kharoṣṭhī Buddha's case. Nevertheless, we cannot rule out the intriguing possibility that the Buddha was, in fact, meant to represent the final meditation of the bodhisattva Siddhartha.

Besides, I am in the high hopes that our colleagues in Indo-European philology would further corroborate this Kuchean connection suggested by the artistic aspect of the Kharoṣṭhī Buddha. Nevertheless, the state of the field has just taken a new step, especially, with the emended reading of the inscription made by the Gāndhārī Project in April 2011③. While replacing Lin Meicun's earlier translation, the anticipated, new understanding will open up a fresh direction for further scrutiny④. As a matter of fact, a handful of Kharoṣṭhī writings, albeit fragmented mostly, have also been located within the limit of ancient

① Kim M. Bridging Kucha and Xiangguo: an alleged donative inscription by Fotudeng and a Kharoṣṭhī-inscribed Buddha in the Chinese guise. An unpublished paper presented at the international conference Central Asia Initiative: Buddhist Cave Temples of the Kucha Kingdom, organized by UCLA Asia Institute in collaboration with the Cotsen Institute of Archaeology.

② Hans B. trans. by Grace Marjory Allen. Carpets from Eastern Turkestan: Known as Khotan, Samarkand, and Kansu Carpets (Accokeek: Washington International Associates, 1979) .

③ See http://gandhari.org/a_inscription.php?catid=CKI0170［2011-8-5］.

④ Lin M. A Kharoṣṭhī Inscription, 1991.

Kucha, including such sites as Kizil, Subashi, and Khitai-bazar①. With the Kuchean usage of the script, henceforth, I am curious if the inscription can be better construed in connection to Kuchean (or Tokharian B)—especially under the consideration of certain phonological shift between Gāndhārī and Tokharian.

Even if it is not so easy to establish such Kuchean connection through the linguistic perspective only, there still are historical circumstances that one can look to. The key figure in this line of thought is the eminent monk Fotudeng (佛圖澄) [var. Futudeng (浮圖澄), 232?-348 AD], who has been traditionally associated with Kucha with the typical Kuchean ethnikon of Bo (帛). During his celebrated tenure in Later Zhao, he was also witnessed for his distinctive worship of Buddhist images. For my purpose, he can be highlighted as a vital juncture at which the Hebei / Later Zhao style Buddha images can be related with Kucha. Unfortunately, we have no direct archaeological evidence for those Buddha images that used to be venerated by Fotudeng, but now it may not be too far-fetched to imagine that they would have looked like the Kharoṣṭhī Buddha in Xi'an, following his home style of Kucha.

With respect to both linguistic and artistic features, the Kharoṣṭhī Buddha from Xi'an would thus be a best example to point to the activities of Kuchean immigrants in early Buddhist north China. Their artistic contribution would have been much more crucial than we have imagined before.

龟兹的风格：西安出土佉卢铭佛像与样式的问题

金玟求
（美国斯坦福大学东亚语文系）

一尊以佉卢文铭刻的鎏金坐佛像，于1979年在陕西省西安市长安区黄良乡石佛寺村被发现。直至今日，这不仅是中国出土的唯一一尊佉卢文佛像，也是在佉卢文使用的政治文化核心地域（即印度西北部）之外，罕见的佉卢文铭佛像。除了造像，以佉卢文铭刻的其他文物也很稀少，特别是在塔里木盆地东南缘的古鄯善国以东的区域。在中国，有关佉卢文的报告只出现过一次，即是洛阳附近的石井缘边铭。但是此铭文于1926年被北京的法国拉匝禄会的神父误认为是希伯来文。

---

① Pinault G. Épigraphie koutchéenne. In Sites divers de la région de Koutcha. Paris: Centre de recherche sur l'Asie central et la Haute Asie, 1987: 59-196; Lin M. A Formal Kharoṣṭhī Inscription from Subashi. In 敦煌研究院 ed., 段文杰敦煌研究五十年纪念文集, 北京: 世界图书出版公司，1996: 328-347; Salomon R. Kharoṣṭhī Manuscript Fragments in the Pelliot Collections, Bibliothèque Nationale de France. Bulletin d'études indiennes. 1998, 16: 123-160; Sander L. Early Prakrit and Sanskrit manuscripts from Xinjiang, second to fifth/sixth centuries C.E.: paleography, literary evidence, and their relation to Buddhist schools. In Nattier J. McRae J R (eds.), Buddhism Across Boundaries: Chinese Buddhism and The Western Regions, Taibei: Fo Guang Shan Foundation for Buddhist & Culture Educations, 1999: 61-106; Klaus T S. Entzifferung verschollener Schriften und Sprachen Dargestellt am Beispiel der Kučā-Kharoṣṭhī Typ B und des Kučā-Prākrits", Göttinger Beiträge zur Asienforschung 2001, 1: 7-27; Lin M. Five Gāndhārī Documents from Kizil in the Le Coq Collection. Kodai bunka (古代文化). 2001, 55-3: 117-137; idem Two Tokaro-Gāndhārī Bilingual documents from Kizil in the Le Coq Collection. In 荣新江，李孝聪(eds.)，中外关系史：新史料与新问题，北京：科学出版社，2004：79-97.

由于考古资料的单一性，对于佉卢文佛的真伪问题仍有讨论的空间。最严重的问题可能涉及它的风格特点。虽然此像与十六国时期的鎏金佛像群有着相似性，但有些特征仅见于此像。例如，此像台座上的菱形图样，于当时的中国佛教艺术中是极为罕见的。

在这里，我们要探讨龟兹地区的佛教艺术，其中常见的一种台座类型即饰以菱形图样。这样的装饰纹样，大量出现在克孜尔的早期石窟中，例如，第8、17、32、38石窟，等等。本文将解决此一风格相关联的问题，并讨论中国早期佛教物质文化的多层次背景。

龟兹刘平国刻石的发现与近代新疆[1]

朱玉麒

（北京大学中国古代史研究中心）

引　　言

刘平国刻石是晚清在今新疆拜城县境内发现的最重要的汉代摩崖。它与清代前期和中期发现于哈密地区的东汉裴岑碑、沙南侯碑及唐代的姜行本纪功碑相呼应[2]，在以北碑南帖争高下、以金石证史为风气的清代学术界引起了很大的轰动。它甚至还引起了那一时期来新疆探险、考察的外国人的兴趣，捆载而去的行箧中，多多少少总有这一摩崖的拓片[3]。

刘平国刻石位于新疆维吾尔自治区拜城县黑英山乡喀拉塔格山麓的博孜克日格沟沟口，是克孜尔河支流博孜克日格河的出山口。博孜克日格是维吾尔语的音译，有“建筑、装饰”之意，它与吐鲁番著名的千佛洞所在地柏孜克里克是同一维吾尔语词汇音译的不同汉字书写。刘平国刻石的地理坐标是东经82°30′05″，北纬42°19′00″，海拔1900m。距拜城县城132km、库车县城175km、克孜尔石窟120km。从克孜尔大桥西侧的入口北去，则是86km。

从这里入沟北上，翻越海拔3800m的阿克布拉克达坂，就抵达流入特克斯河的科克苏河峡谷，进入伊犁河流域。这条道路过去是南北疆之间的捷径，也一直是黑英山牧民前往北部山区夏季牧场的必经之路，今天更是徒步旅游者挑战的高难度道路。

刘平国刻石在今天中国传统文化畸形发展的情形下，也受到相当的关注。例如，具有书法意义和收藏价值的刻石旧拓片，在拍卖会上成交的价格不断飙升。我们从网络上看到：晚清徐桂丛的《汉龟兹左将军刘平国碑》拓片，于2008年12月23日在上海崇源艺术品拍卖有限公司“2008秋季大型艺术品拍卖会”上，以35,840元成交[4]。两年以后的2010年6月2日，同件作品在北京保利国际拍卖有限公司的“北京保利2010年6月2日拍卖会·古籍文献名家翰墨”中以39,200元成交[5]。2013年7月12日，在杭州的西泠印社拍卖有限公司“2013年春季拍卖会·古籍善本专场”上，一件标示为

---

① 本文系笔者担任新疆龟兹研究院兼职研究员时承担的2011年度新疆龟兹研究院开放课题 “龟兹刘平国刻石发现与研究述论”项目成果之一。又得到以下项目资助：2011年度国家社科基金重大项目“清代新疆稀见史料调查与研究”（11&ZD095）、2011年度教育部人文社会科学重点研究基地重大项目“清代西北边疆平定与国家认同”（11JJD770029）。先后在2011年8月新疆龟兹研究院“龟兹石窟保护与研究”国际学术研讨会、2013年12月日本关西大学东西学术研究所“非典籍出土文献研究班”研究会上宣读，得到与会专家的指正而定稿，谨此致谢。

② 汉唐西域碑刻在清代的发现，参笔者《汉唐西域纪功碑考述》，《文史》2005年第4集，第125～148页。

③ 《刘平国刻石与外国探险家》是笔者另文揭示的内容。

④ http://pm.findart.com.cn/753381-pm.html。

⑤ http://auction.artxun.com/paimai-33233-166163028.shtml。

“罗振玉旧藏《汉龟兹将军刘平国治路颂》”的拓片，又拍出了43,700元的高价[①]。最新的消息：上海朵云轩拍卖有限公司又将于2013年12月24日的“2013秋季艺术品拍卖会·古籍善本专场”中，拍卖一份经郑文焯、邹安、郑叔问、唐希陶等名家旧藏并题跋钤印的《汉刘平国刻石》拓本，估价25,000～45,000元[②]。

刘平国摩崖刻石在书法界具有很高的评价，自不待言。日本的书法家牛丸好一曾经写过《中国隶书摩崖之旅》的文章，介绍其在2000年为寻找中国的隶书摩崖而来到最西部的刘平国刻石处的情况[③]，由此可见其对于书法史的意义。

此外，在拜城县这个以富裕命名、却很少出名人的地方，刘平国作为拜城的形象代言人，于1999年被竖立在城市中心的世纪广场上。

但是，实际存在的刘平国刻石本身，其被保护的状态却令人担忧。1957年，这一摩崖就被新疆维吾尔自治区人民政府列为第一批自治区级重点文物保护单位。虽然近年拜城县文化体育广播影视局（简称“文体局”）也派有当地看护员做一个月一次的巡回管理，但是由于荒远偏僻，人为和天然的破坏仍然不断持续。笔者曾于2008年1月前往考察，周围石壁的涂画不在少数，而2002年特大洪水留下的水位线仍然可以看到对于距离地面约1.8m的两处石刻的破坏。2012年拜城县文体局虽然公布了投资80万元的“龟兹左将军刘平国治关城诵石刻遗址防洪坝工程”通过验收的消息[④]，但新建的这个文字错误甚多的刘平国将军纪念碑和148m的防洪堤坝究竟能够应对多少不可知的破坏，仍然是个疑问。这也是笔者认为这是中国当代文化畸形发展的个案：当刻石的拓片被哄抬、哄抢之际，原石的命运却岌岌可危。“皮之不存，毛将焉附？”因此这篇对于刘平国刻石的研究文章如果能够起到引起社会各方对石刻保护的重视，笔者将甚感欣慰。

有关刘平国刻石在清代发现、拓本流传、史事考证的情况，马雍先生在20世纪80年代曾经发表过系统研究的文章[⑤]。最近，陶喻之先生也在撰写《〈刘平国刻石〉汇考》的文章，相信对于晚清以来前辈学人的研究成果有更为详细的记载[⑥]。本文则就该刻石的发现、保护，根据新的材料进行探究，并将其与近代新疆的关系做出一个历史学的研究。

一、刘平国刻石的发现与保护

刘平国刻石由于地处偏僻，早期从事研究的学者，几乎没有一人亲历其地。因此关于它在晚清

---

① http://auction.artxun.com/paimai-99904-499518386.shtml。

② http://auction.artxun.com/paimai-105377-526881230.shtml。

③ 牛丸好一：《中国隶书摩崖之旅》，原载日本《墨》2004年第9、10期（总70期）；潘力中译本载《中国书法》2005年1期，第18～23页。

④ 参拜城县政府网站：http://www.xjbc.gov.cn/Item.aspx?id=5092。

⑤ 马雍：《〈汉龟兹左将军刘平国作亭诵〉集释考订》，《文物集刊》第2辑，文物出版社，1980年；收入作者著《西域史地文物丛考》，文物出版社，1990年，第24～40页。

⑥ 陶喻之：《〈刘平国刻石〉汇考》的初稿系参加“黄文弼与中瑞西北科学考察团国际学术研讨会”（2013年10月19～20日，新疆师范大学，乌鲁木齐）论文，参《“黄文弼与中瑞西北科学考察团国际学术研讨会”论文集》，第289～321页。修订稿在2015年由科学出版社正式出版的论文集中发表。

的发现时间和地点、形制等客观事实，没有多久传闻就失实了。就本文研究相关的发现时间而言，就有咸丰、同治年间（1851～1874年），光绪二年（1876年）、三年、四年、五年、六年等不同的说法。

咸丰、同治年间的说法，出自张度（1830～1895年），其言“咸、同间此石始著”[1]。这与我们后面即将分析的近代新疆形势是有很大出入的。

光绪二年说最早见于光绪九年赵于密（1845～？）的题跋，其后王仁俊、田北湖、吴湖帆等均袭用之[2]。

光绪三年说最早见于宣统三年王树枏（1851～1936年）等纂修的《新疆图志》记载[3]，其后为王树枏《新疆访古录》沿用，影响了黄文弼（1893～1966年）乃至今天新疆文物系统的记录。

光绪四年说则见于吴昌硕（1844～1927年）的所谓“光绪戊寅”的题跋[4]。

光绪五年说由施补华（1836～1890年）在其光绪八年的《刘平国碑跋》中提到，并在后来他为内地文人收藏的拓片题跋上多处提及[5]。

光绪六年说则出自柯昌泗（1899～1952年）的《〈语石〉异同评》[6]。

为此，马雍先生的文章专门做出了辨析，而以施补华发现于光绪五年为正确的说法。

光绪五年发现刘平国刻石是与我们后面讨论近代新疆的战争形势相吻合的，也是我们下文历史学讨论的重要依据，因此本文的这一部分，将再次通过刘平国刻石被保护的相关记载，证成施补华光绪五年说的正确性。

为了讨论的方便，先将施补华的题跋中论及发现经过及与以下论证相关的文字逐录如下：

> 此碑在今阿克苏所属赛里木东北二百里山上。［光绪］五年夏，有军人过其地，见石壁露残字，漫漶不可识。或以告余，疑为汉刻。秋八月，余请于节帅（师）张公，命总兵王得魁、知县张廷楫具毡椎，裹粮往拓之，得点划完具者九十余字。按，文称“永寿四年（158）八月”，永寿为后汉桓帝年号，《后汉书•桓帝纪》凡年号六，建和、和平、永兴、永寿、延熹、永康，其称永寿凡三年，四年六月戊寅，大赦天下，改元延熹。《汉书》，龟兹国去长安七千四百八十里，后汉都雒阳，视长安较远。其时当未奉改元之诏，故称永寿四年耳。……按，温宿，今阿克苏；姑墨，今赛里木、拜城；龟兹，今库车。……光绪八年十月。[7]

---

① 张度题跋原文未见，引自马雍：《〈汉龟兹左将军刘平国作亭诵〉集释考订》，《西域史地文物丛考》，文物出版社，1990年，第26页。

② 陶喻之：《〈刘平国刻石〉汇考》，《黄文弼与中瑞西北科学考察团国际学术研讨会论文集》，2013年，第290页。

③ 王树枏等：《新疆图志》卷八七《古迹志》“拜城县 · 汉乌垒关”条，东方学会，1923年，7A。

④ 马雍：《〈汉龟兹左将军刘平国作亭诵〉集释考订》，《西域史地文物丛考》，文物出版社，1990年，第26页。

⑤ 马雍：《〈汉龟兹左将军刘平国作亭诵〉集释考订》，《西域史地文物丛考》，文物出版社，1990年，第24～25页。

⑥ 叶昌炽撰、柯昌泗评：《语石 · 语石异同评》卷二，中华书局，1994年，第98页。

⑦ 施补华：《刘平国碑跋》，《泽雅堂文集》卷七，光绪十九年刻本，1A-2A。

施补华（1835～1890年），字均甫，浙江乌程（今属湖州）人，同治九年（1870年）举人，先后入佐左宗棠、张曜幕府，在光绪五年至十年期间进疆参与了平定阿古柏叛乱之后帮办军务的善后事宜。其后以道员改发山东，未就任而卒。有《泽雅堂文集》《泽雅堂诗集》《岘佣说诗》传世，事迹见杨岘《山东候补道施君墓志铭》。施补华的题跋，还见于他回到内地后在分赠给盛昱、王懿荣等学者的拓片上。例如，近期刊布的上海图书馆保存的王懿荣旧藏《刘平国刻石》拓片上，就有施补华光绪十五年的另一则题跋：

> 余于光绪五年，得此鸠兹山中。八年，为之跋。九年，命工拓数十纸，分贻海内朋好。伯羲祭酒、廉生太史皆装为大卷，属题其后。按，此刻文字，余于跋尾既略为考证，祭酒后补其未及若干字，审定为《刘平国斲孔记》，释其义于右方矣。唯此刻既显，拓者踵至，咸以军人充其役，手与纸墨夙不相习，椎毡又复未具，往往点画不可辨识，甚者脱去“京兆淳于”数行。而种人居山下者又患其扰累，谋划去之。予为就崖窾作亭，覆盖其字。召酋长受约束，毋俾其坏。于今六年，损坏与否，实不可知。然料他人之所拓，与拓之异日者，其不能如此本决矣。对此本，如在疏勒军中万里忆朋好也。廉生仁兄属正。除日弟补华。①

从以上两则题跋的相关记载可以了解到：光绪五年的夏天，赴南疆平定阿古柏叛乱的张曜（1832～1891年，字亮臣，号朗斋，谥勤果）所率领的嵩武军军士在博孜克日格山口偶然发现了摩崖上的刘平国刻石文字，因此向幕府中的施补华谈起。施补华因此专门向张曜请示，而后派了总兵王得魁、知县张廷楫率领兵士于当年八月前往椎拓。经过对拓片的仔细研究，施补华证实这是一份重要的汉碑。三年之后，他写定了研究的文字，即此《泽雅堂文集》卷七中的《刘平国碑跋》。

但是施补华的这一发现也带来了巨大的麻烦：在崇尚古刻的清代，这个出现在遥远地方、遥远年代里的汉字石刻，肯定给当时文人带来了无穷的兴趣，要求椎拓的人蜂拥而至。今天中国国家图书馆保存有光绪十一年塔尔巴哈台参赞大臣锡纶（1843～1888年，字子猷，博尔济吉特氏，满洲正蓝旗人）题跋的旧拓片，锡纶的题跋几乎完全照抄了施补华的考订文字②，可见是受到了施补华宣传的影响；而锡纶的文字，又被转抄在远藏于美国柏克莱加州大学东亚图书馆的旧拓本上③。由此辗转的流传，即可知当时在新疆官场这一拓片的需求之广。从施补华的题跋中可以了解到，被派往这一僻远之地的军士和当地的维吾尔族居民对拓碑的差使均不堪其扰，后者甚至谋划破坏这一石刻

① 马雍：《〈汉龟兹左将军刘平国作亭诵〉集释考订》，《西域史地文物丛考》，文物出版社，1990年，第25页。马雍引文系由新疆博物馆藏周大烈旧藏过录本转抄。施补华题王懿荣旧藏拓本则由仲威年初发表，参仲威：《关于龟兹左将军刘平国摩崖王懿荣藏本》，《东方早报》2013年1月7日B10版；又《汉碑善拓过眼之三》，《书法》2013年第2期，第90～95页。

② 锡纶的这一旧藏拓片及题跋，有《北京图书馆藏历代石刻拓本汇编》黑白影印本，中州古籍出版社，1989年，第112页；国家图书馆国家古籍保护中心编：《西域遗珍——新疆历史文献暨古籍保护成果展》彩色影印本，国家图书馆出版社，2010年，第18～21页。按，施补华的题跋在《泽雅堂文集》本中言“《后汉书·桓帝纪》凡年号六”，实当作“七”，夺“元嘉”年号。锡纶的题跋转述时纠正之，可见施补华在抄录给友人的题跋过程中也不断做出修订，反而是留在箧中的底稿身后刻入文集时无从修改。

③ 柏克莱加州大学东亚图书馆编：《柏克莱加州大学东亚图书馆藏碑帖》彩色影印本，上海古籍出版社，2008年，第31页。

来永绝人望。

施补华在得知这一情形之后，再次动用了官方力量，“就崖窾作亭，覆盖其字”，并“召酋长受约束，毋俾其坏”，即修建保护性建筑、责成当地居民的头领承担起看管石刻的任务。作亭覆字而令民约束，似乎可以看做是新疆官方在没有文物保护法的年代里最早采取的文物保护措施。不过这一措施后来的实施情况如何，施补华在光绪十五年题跋的时候说道：“于今六年，损坏与否，实不可知。”他本人并不了解这一由他提议的保护工作的进展情况。

非常有意思的是，在相隔二三十年后，日本的探险家来到此间目睹了这一保护现状。这便是晚清光绪、宣统年间，即日本的明治后期大谷光瑞探险队的三次考察，其中第一次考察的队员渡边哲信和堀贤雄、第二次考察的队员野村荣三郎，以及第三次考察的队员吉川小一郎在1903年、1909年、1913年的日记中，记录了刘平国刻石当时的状况。兹分别摘引如下：

渡边哲信《西域旅行日记》

（1903年）四月十三日　星期一　续往明布拉克　八炮台弱

午前八时二十分出发，正午到达石碑所在地，离开当地、踏上归途的时刻是二时四十五分，五时十五分到阿尔斯兰村长（百人长）的家。路线是往北走，东边有条河。据说这条河流入赫色尔河。此处石碛恰如河洲一般，高出田圃表面三间许。又出现一道南流河水，于是沿着东岸前行。东北方……阿尔通伙什山西边一座山峰称为博子克勒克，两峰高度相当，后者带有石灰岩形成的赭色。流出两峰峡间的河流名为博子克勒克河。此河右岸有一小屋，占地一间与一间半许见方。此屋即以博子克勒克山崖为后壁，崖壁刻字处便是乌垒碑。听说为保护碑文，距今八年以前，バイ・バン・シユ（或即朱?）出手令人建此屋。又此碑乃距今二十五年前，因一土人（已故）而得以发现云云。

之前说过那位工于拓碑的土民千人长“Min bashi”到来。他先在纸（强度介于唐纸与白纸之间的纸）上喷水濡湿，贴在凹凸不平的岩面，隔毡片用木槌敲打许久。待纸紧密贴着石刻，用水溶解墨粉，作成浓汁，用好像是棉花包着的圆头工具涂蘸，轻轻在纸面上敲打之后刷过。碑文刻在大小两块地方，小处字少，大处字多。余试用日本石折墨刷之，但因岩面凹凸而失败。

堀贤雄《堀贤雄西域旅行日记》

（1903年）四月十三日 星期一　Arslan 6850

Dp. 8.20 a.m.　ar. 5.15

碑所に滞在2.45 Time 6.10, 8P.

七时起床，早饭照旧。（吾等）率巧于拓石之村民及昨日三人（Momin、百人长与通事）出发参观石碑，另一村之百人长及二三骑（为入与夕景同照）亦跟上来。

出发后向北、西北前行，进入田畴，约1½位炮台处道路碎砾极多，抵达荒原地带。续沿同一方向前进，来到生有棕色荆棘、像是散布无数海胆的杂草原，过此复行约2炮台，即接近河谷，见到前方山陵屹立霭中。人说山陵南侧有石碑。其山薄霭环绕，远见不辨其岩质。

12.00至石碑处。人云碑在溪流山脚数千呎壁立岩石之麓，筑有小屋，而碑便在屋内。入内未见碑石之物，便问随来村民，答说“那里、那里!”（Mana Mana!）并指着那片石壁与地面相接之处。熟视方见到岩面一侧削平，刻有数十字，大小二块均刻在岩面上，不能称之碑石，先即大为失望。……似此这般，今日之行殆属徒劳。见碑以前，欢喜振奋，还说要将拓本裱成卷轴，现要裱成卷轴也是白花装潢费用而已。

令村民拓此大小碑石（?），得大碑四（拓）、小碑三（拓）。此间共停约二小时四十五分，摄下全景，用过煮蛋与茶，便踏上归途。

野村荣三郎《蒙古新疆旅行日记》

（1909年）四月二十八日　晴　明不拉发 抵乌垒碑

晨六时出发向北。接抵天山山脉脚下的是岩石形成的峡门。乌垒碑乃在明布拉北方五十清里，直接刻在宛如山门关口的石崖上，距路面高约二尺余处。现在县衙方面令人筑屋保护。一到此碑，便即着手拓印，刷完八份时已届正午。

吉川小一郎《支那纪行》

（1913年）五月廿七日　星期三　北风强，阴天　6：05起　57°F

因想一见（明不拉克）台地北方山谷中的刘平国碑，我让土人向导，一共五骑出发。在昨日涉水处的上游渡河。土人引用此水，耕种碛地，但只能栽培乌麦。石碑就雕在峨峨岩壁上，前面建有茅屋保护。花费两小时做了十数份拓本，于是踏上归途。[①]

从渡边哲信和堀贤雄以上所引日记之前的记载中，可知是他们在访问拜城知县郑有叙的过程中，得知了刘平国刻石的消息，因此在郑有叙的协助下，前往考察了刻石原地；后来的野村荣三郎、吉川小一郎也都是在拜城县衙门的支持下访问了这一地方。他们都共同记载了保护在崖壁前的小屋。渡边哲信甚至听说了“为保护碑文，距今八年以前，バイ バン シユ出手令人建此屋。又此碑乃距今二十五年前因一土人而得以发现”的消息。按照这个听闻推算，建屋的时间是在1896年即光绪二十二年，发现的时间则在1879年即光绪五年。关于建屋的时间，与施补华所说的光绪九年相差较大，可能是后来重修的时间；又或者这种没有文字记载的口述历史当然有其记忆不能完全准确的地方。

渡边哲信日记中提到的“バイ バン シユ”是对当地人发音的记录，バイ バン可能是“帮办”不标准发音的记录，而シユ，渡边哲信怀疑是“朱”字，但它也同样可以是“徐”字并不标准的发音记录。这一点，让我们联想到柯昌泗《〈语石〉异同评》中的记载：

光绪庚辰（六年），固始张勤果公曜驻兵阿克苏、喀什噶尔，始访得汉刘平国造乌累关城摩崖，令总兵王得魁携纸墨往拓之，即此石初拓本也。石在今拜城县东北二百余里，曰希拉可庄，传为汉西域都护建牙之地，即乌垒关城。又东北五十里，曰博子克勒克山，入山五里，即摩崖也。距地六尺。下方京兆长安淳于伯隐作此诵，三行十一字，距地仅尺

① 以上所引渡边哲信、野村荣三郎、吉川小一郎日记，出自上原芳太郎编：《新西域记》，东京：有光社，1937年。堀贤雄日记见西域文化研究会编：《西域文化研究（四），中央アジア仏教美术》，京都：法藏馆，1961年。承庆昭蓉、荻原裕敏二位博士译成中文，谨此致谢。《新西域记》的中文翻译系2011年度国家社科基金重大项目“清代新疆稀见史料调查与研究”（项目编号：11&ZD095）子课题“清代新疆与海外档案史料”成果之一。

许。长沙徐叔鸿尚书（树钧）之弟桂丛刺史，在勤果幕，得碑其所目击。后权知拜城县事，乃叠石为屋以护之。曾见尚书题此拓本，记所言如此。勤果传拓此石，与裴岑纪功碑之传自岳襄勤者，先后为西征名将佳话。[①]

在这一题跋中，柯昌泗提到了为刘平国刻石“叠石为屋”的是曾经在张曜幕府帮办军务、后曾代理拜城知县的徐桂丛。徐桂丛名不显，但是他的堂兄徐树钧（1842～1910年，字衡士，号叔鸿）却是晚清著名的金石学家，以得王献之《鸭头丸帖》真迹而名其室曰宝鸭斋。有《宝鸭斋题跋》等传世，其中收录的题跋中有《龟兹刘平国碑并释文》一则，提及：“余弟桂丛从军西域，得此二本，属余释其文，以一本归之。”[②]其中没有记载柯昌泗提及的徐桂丛筑屋保护事迹，疑柯氏所见为徐树钧的另一拓本题跋。

不过，我们还可以看到柯昌泗的堂兄柯莘农（1883～1945年，原名士衡，字莘农其字，号逸园）也珍藏有徐桂丛的一件旧拓，即上文“引言”提及的那件连续在上海崇源艺术品拍卖有限公司“2008秋季大型艺术品拍卖会”和北京保利国际拍卖有限公司的“北京保利2010年6月2日拍卖会·古籍文献　名家翰墨”中出现的《汉龟兹左将军刘平国碑》拓片。在这一拓片的左下角，钤有“姑墨令章”白方印、“徐桂丛手拓本”朱方印二枚，无疑都证明了这是徐桂丛担任拜城知县时所拓旧本[③]。

从以上各种拓片的题跋和印记综合而言，笔者推测光绪九年施补华的所谓“予为就崖寮作亭，覆盖其字。召酋长受约束，毋俾其坏”实际上只是一种建议，他是对刘平国刻石进行保护的一个提倡者。从他在张曜军中最后“以功复原官翎枝，擢知府，加盐运使衔”来看[④]，他的地位和职衔都很高，有一定的影响力，但那仍然是没有任何实职的幕僚。因此刘平国的刻石保护措施，只能委托给拜城知县、掌有地方实际权力的徐桂丛来完成。“徐帮办”因此而由当地维吾尔族传讹为渡边哲信记录中的“バイ バン シユ”。从刘平国刻石在日本探险者游记中所见筑屋保护并派专人比较得法地拓碑来看，徐桂丛认真执行了这一保护方案。“徐桂丛手拓本”的印章及他被当地民众记为“バイ バン シユ”，也使我们相信他可能是真正亲临其地的第一个文人。这件手拓本的文字特点，与马雍先生描述的拓本分期来看，是比最早的第一期（光绪五年前后）清晰拓本少了八九个字的第二期拓本，因此，他与刘平国刻石因捶拓过度而需要保护的时段（光绪九年前后）是相吻合的。

距离吉川小一郎访问刻石地15年之后，黄文弼先生作为一个现代考古学家于1928年来到了刘平国刻石地。虽然这些保护摩崖的房屋已经荡然无存，但是他仍然见到了曾经为官府看护石碑的当地维吾尔族居民，为我们确信清末曾经有意识保护刘平国刻石的措施再度做了印证。据《黄文弼蒙新考察日记（1927—1930）》的记载：

（1928年11月25日）12点20分，渡博者克拉格河，沿河向北偏西20°行，至榆切大板

---

① 叶昌炽撰，柯昌泗评：《语石·语石异同评》卷二，第98页。

② 徐树钧：《宝鸭斋题跋》，1929年石印本，上7B-8B。

③ 清人以汉代姑墨国当今拜城县境，见上引施补华《刘平国碑跋》。徐桂丛在新疆的经历还影响到了其子徐崇立（1872～1951年，字健石，号瓻园）对西北边疆的关注，后者根据魏黻《喀什噶尔与墨克道里记》《新疆勘界公牍汇钞》和袁大化《辛亥抚新纪程》编成的《西域舆地三种汇刻》，当时流传甚广。

④ 杨岘：《山东候补道施君墓志铭》，《续碑传集》卷三九，江楚编译书局刊校本，宣统庚戌（1910年），4B。

村庄。1点10分，住于一维民家中。此维民大拐提马木，曾看守石碑者，后因有人告发，遂罢。据说此石碑尚在沟内约30里，今日去不能回，拟明日前往查看。[①]

以上日记，在后来的正式考古报告中，也有大致相同的记录：

（1928年11月25日）午一时，至榆切大板，住一维民大拐提马木家。渠曾看守石碑数十年，据说此碑在沟内刻于一岩石上。次日携带拓字器具，由住处前往。向北行，渡博者克拉格河，入戈壁，小山阜起伏不绝，约二十里抵博者克拉格沟口。刻石即在沟西一岩石上。刻字处距地面尺许，随岩石之隆窪曲折凿刻。[②]

黄文弼先生关于石刻的记载没有提到任何在石壁上筑屋的事，从最早单独发表的《拜城博者克拉格沟摩崖》所附实拓照片来看[③]，也确实没有筑屋的痕迹。可见看守员因人告发而罢免后，便没有了保护。但是维吾尔族群众大拐提马木以往曾经看守石碑数十年的事实，还是被他记录下来了。

在有关刘平国刻石发现的问题上，光绪三年徐万福发现说至今仍在一些重要的场合被接受。原因是这一观点是由王树枏作为新疆布政使而主持纂修的《新疆图志》及亲自编撰的《新疆访古录》中提出的，其任职新疆的经历就有了某种权威意义。但是相比于施补华光绪初年在库车、拜城地区更加贴近遗址本身而言，虽然同样是在新疆，仍然相差不可以道里计。据三十年后纂修《新疆图志》的乌鲁木齐官员们的记载，还是难免有道听途说的失误。

因此，以上种种关于刘平国刻石保护的记载，不仅为我们提供了清代地方官府对文物古迹的重视态度，同时也使我们确信了施补华发现刘平国刻石记载的真实性。

二、刘平国刻石的发现与近代新疆

光绪五年刘平国刻石的发现，虽然由施补华对拓片的最早考证而大行于世；但确切地说，是因为“有军人过其地，见石壁露残字，漫漶不可识，或以告余”，才为施补华所留意。因此，刘平国刻石真正的发现者，是一个（或者几个）没有留下名字的普通军人。

东汉龟兹国的将军刘平国在这里刻石的原因，虽然后世的解释分歧[④]，但终究不离作为具有战争性质的边界防御与交通功能。因此在东汉，这个地方也还是龟兹国偏僻的北方边界地带。即使对于现代都市社会而言，拜城已经相对偏僻了，而黑英山乡更是拜城最偏僻的角落，2008年9月17日，通向黑英山乡政府的沥青公路才正式通车，这是阿克苏地区最后竣工的通乡沥青公路[⑤]。而从黑英山乡政府抵达博孜克日格沟的40多km路程，仍然是崎岖的山道。军人何以会来到偏远的天山脚下目击到这一摩崖？这便是本文需要论述的另一个重要问题——刘平国刻石的发现与近代新疆的战争形势密切关联。

晚清新疆最重要的一个事件就是同治三年波及全疆的民变，这一推翻官府的变乱恰恰就是从我

① 黄文弼著，黄烈整理：《黄文弼蒙新考察日记（1927—1930）》，文物出版社，1990年，第336页。

② 黄文弼：《塔里木盆地考古记》，科学出版社，1958年，第34页。

③ 黄文弼：《拜城博者克拉格沟摩崖》，《女师大学术季刊》1930年第4期，第1、2页。

④ 笔者《刘平国刻石的早期研究》另文详述。

⑤ 参新疆维吾尔自治区交通运输厅网站：http://www.xjjt.gov.cn/subClassNewsContent.aspx?id=17110 .

们讨论的库车地区开始发生的。它造成政局的动荡，使清政府行之有效的伊犁军府管理体制全部瘫痪。中亚浩罕军官阿古柏（1820～1877年）乘机入侵南疆，并进逼乌鲁木齐，带来了长达十多年的割据、动乱。清政府收复新疆的局面直到光绪元年改任左宗棠（1812～1885年）为钦差大臣督办新疆军务之后，才略有起色。按照左宗棠“先剿北路而后加兵南路”的战略，北疆略定之后，刘锦棠、张曜、徐占彪的三路军队于光绪三年三月分兵南下，于年底平定南疆八城①。

然而平叛结束了的善后事宜却一样非常复杂，从俄罗斯手中收复伊犁即是其中的关键。

在全疆动乱之际的同治十年前后，俄罗斯以“代收代守”的名义，出兵侵占了伊犁，并以清政府恢复新疆的控制权（“新疆之复”）为归还之期。因此在光绪四年初新疆平定后，左宗棠与伊犁将军金顺即奉旨派员与俄议还伊犁之事。在俄方以各种理由拖延的情况下，清政府于光绪四年六月派出崇厚（1826～1893年）出使俄国，办理伊犁交涉事宜。光绪五年八月，崇厚“未候朝旨”而擅自签订《交收伊犁条约》（即《里瓦几亚条约》），国家利益多所丧失，引起朝野大哗。其中关于伊犁领土，割让霍尔果斯河以西及伊犁河上游的特克斯河流域归属俄罗斯，不仅丢失了原来的领地，也使南北疆的两处通道——木扎尔特达坂和贡古鲁克达坂划在界外，造成伊犁孤悬、南北疆隔绝。对于这样一种丧权辱国的越权订约行为，自不能为中国所接受，因此，光绪六年正月，清政府派出钦差大臣曾纪泽（1839～1890年）出使俄国重订和约。

就中国立场而论，可以不承认这一未经皇帝表决的擅权约定；而对于俄罗斯而言，自然不会放弃原定协议中的分外收获。在黑龙江到喀什噶尔的漫长边界线上，俄罗斯频繁征兵压境，并扬言要兵船封锁辽东海域。曾纪泽能否成功再议，对于1840年以来在外交史上不断签署不平等条约的中国而言，光绪皇帝并无胜算，因此在当年闰二月曾纪泽出发后特旨下达给左宗棠：

> 现改派曾纪泽前往再议，惟彼国不遂所欲，恐伺隙启衅，必须有备无患，以折狡谋。左宗棠熟悉边情，老于军事，着将南北两路边防通盘筹划。②

左宗棠也迅速提出了武力收复伊犁的战略：

> 现拟规复伊犁，东路宜严兵精河一带，扼其纷窜，伊犁将军金顺主之。中路由阿克苏冰岭之东，沿特克斯河径趋伊犁，计程千二百五十里，本商货往来之道，广东陆路提督张曜主之。西路取道乌什，由冰岭之西经布鲁特游牧地，约七站抵伊犁，计程千二百五十里；此路久经封禁，道光初，那彦成、德音阿指为换防官兵往来快捷方式者也，通政使司刘锦棠主之。③

面对中国军队在西域的严阵以待，俄罗斯最终选择了与曾纪泽再度和议。光绪七年正月二十六日，双方在圣彼得堡签署了《中俄伊犁条约》（又称《改订条约》或《圣彼得堡条约》），其中特克斯河谷的收回，是界务方面难得的胜利。

以上关于收复伊犁事件的冗长回顾，与本文关系密切的是左宗棠之所以能够立即制定出武力收

---

① 平定阿古柏叛乱前后的史实，可参刘锦棠《刘襄勤公奏稿》、魏光焘《勘定新疆记》及王树枏等纂《新疆图志》卷一一六《兵事》二等。

② 《新疆图志》卷五《国界》一，28A。

③ 《新疆图志》卷五《国界》一，28A。

复伊犁的决策，一定是在他平定阿古柏叛乱、收复南北疆以前就开始筹划了的战略。

中国与俄罗斯的国际关系，从康熙以来逐渐频繁；认识到俄罗斯在东方的扩张野心，必定是筹划西北边疆问题的常识。左宗棠督办新疆军务而通盘考虑收复方案，接收被俄罗斯占领的伊犁当然是重要的战略。《新疆图志·交涉志》记载：

> 光绪元年三月，左宗棠以钦差大臣督办新疆军务，进驻肃州。案，查是年六月，俄游历官索思诺福诣行营见宗棠，言俄皇立意与中国永敦和好，故令其前来，从前回逆马海乞降纳款，俄皇斥其为贼，拒之境外，原俟回疆渐定，即将伊犁交还。时陕回白彦虎踞古牧地、玛纳斯等处，回夷勾结，互相援系，于是宗棠定先剿北路而后加兵南路之策。[①]

从左宗棠的策略可以看出，他对于北路俄罗斯与白彦虎可能形成的战略同盟非常警惕，因此制定了剿灭北路叛乱、孤立俄罗斯，然后再平定南路的计划，可见俄罗斯在伊犁的占领一开始便成为左宗棠特别考虑的因素。

收复伊犁需要动用武力的考虑，在曾纪泽出使之前就已经为左宗棠所筹划就绪。光绪五年崇厚签约之后，左宗棠即奉上谕："崇厚奉使俄国，……乃竟任其要求，轻率定议，殊不可解。……左宗棠于新疆情形了如指掌，金顺、锡纶久在西北，谙习边情，着一并核议，密速具奏。"[②]此时的左宗棠便具疏极论，略曰："俄与中国陆地相连，仅天山北路为之间隔。……此后蚕食不已，新疆全境将有日蹙百里之势，秦陇燕晋边防因之益急，彼时徐议筹边，正恐劳费不可殚言，大局已难覆按也……就事势次第而言，先之以议论，委婉而用机，决之以战陈，坚忍而求胜。臣虽衰驽无似，敢不勉旃。"[③]左宗棠"决之以战陈，坚忍而求胜"所表达的决战信念，至少在光绪五年就已经胸有成竹了。

在确定曾纪泽出使时，左宗棠也具奏说："曾使前往再议，词严义正，自可折其机谋。若得成议而返，庶几息事安边，事有结果。傥其始终坚执，辩论竭而衅端开，非合南北全力慎以图之不可。请督师出屯哈密，规复伊犁。"[④]因此曾纪泽到达圣彼得堡之后，在与俄罗斯官员的谈判中也曾经表达过类似的意思："中国百姓未必不愿与鄂（俄）国一战。中国人坚忍耐劳，纵使一战未必取胜，然中国地方最大，虽十数年亦能支持。"[⑤]这一表达，无疑有左宗棠的影响存在。所以《新疆图志·交涉志》评论说："于是宗棠分兵四路，进规伊犁，舁榇驰抵哈密。俄人侦知我国有备，闻我王师大出，不敢劳师远涉，轻启兵端，商改条约之事渐次就范。故曾使得以从容辩论，保全数百里疆索还隶职方者，宗棠之力也。"[⑥]

左宗棠以古稀之龄抗着棺材（舁梓）抵达哈密来指挥收复伊犁的战事，是以一种姿态来表达誓死决战的信心。在这种姿态背后，是他对于武力收复伊犁做出的周密安排，即上述进军伊犁的三路兵力部署。除了在天山北部由伊犁将军金顺率领的精河一线主力外，左宗棠安排的另外两路兵力正

① 《新疆图志》卷五四《交涉》二，3A、3B。
② 《新疆图志》卷五四《交涉》二，6A、6B。
③ 《新疆图志》卷五四《交涉》二，6B ~ 8A。
④ 《新疆图志》卷五四《交涉》二，9B。
⑤ 曾纪泽撰述，袁同礼校订：《金轺载笔》卷二，台湾商务印书馆，1966年，第8页。
⑥ 《新疆图志》卷五四《交涉》二，10A。

是进赴南疆平定阿古柏叛乱的以刘锦棠（1844～1894年）的老湘军和张曜的嵩武军为核心的军队。他们以阿克苏的冰岭即木扎尔特达坂为界，被安排为进击伊犁的中路和西路军。

穿行木扎尔特达坂的冰岭道，是从南疆翻越天山进入伊犁河谷最重要的干道，乾隆以来专门派有椎凿冰梯的“达巴齐”维护道路的畅通[①]。但是左宗棠没有使用这条道路，可能与这一道路行走艰险、不适合大部队行军有关[②]；或者兵贵奇诡，放弃这条通常的大道与俄罗斯军队有所设防而难于穿越有关。因此启动冰岭道东西的不寻常道路，成为收复伊犁的军事机密。

冰岭以西的捷径，是一条早已废弃的道路，从距离和出奇制胜的角度上来说，是非常合适的。在《新疆图志·山脉志》据引清代各种行记而有详细的描述，兹摘要如下，以见左宗棠选定这一道路的考虑：

> 贡古鲁克山岚层复，岩坂峻险。山间溪涧纵横，谷中尤隘，凡百余里，仅容单骑。有地曰南、北郭罗，北郭罗通伊犁之伊克哈布哈克卡伦，南郭罗则布鲁特所游牧也。《莎车行纪》云：“自伊犁惠远城起，西南十七站，由布鲁特游牧地方直抵乌什，为行兵快捷方式。道光八年（1828），奉旨着伊犁将军、乌什办事大臣将伊犁南路哈布哈克卡伦、乌什迤北贡古鲁克卡伦添派官兵巡访，不许夷民取道往来。”今考伊克哈布哈克卡伦越贡古鲁克山以达乌什之路，悬崖峭壁，险阻异常。承平时有人行走，乱后路为贼毁，人迹罕到矣。[③]

与本文相关的张曜率领的中路军队被部署从木扎尔特达坂以东向伊犁进发。这一道路，必然就在今天的拜城县境内寻找。拜城县境主要为木扎尔特河与克孜尔河东西环抱，二者在南边的克孜尔石窟附近汇流为渭干河。其间从北部天山峡谷流出的水流都会汇入其中之一，而它们都有可能成为沿着峡谷通向伊犁河谷的道路。

于是，从时间和地点高度的吻合程度上，我们可以水到渠成地做出如下推论。

在明确了左宗棠的战略部署之后，张曜的部队承担了从拜城县境内翻越天山进攻伊犁的任务，因此他在光绪五年开始探寻一条最为便捷的道路。在当地居民的帮助下，他的军士走向了刘平国刻石所在的博孜克日格沟口。也许是维吾尔族向导告诉了军士们他们早已看到过的摩崖刻石（如前引渡边哲信的日记所言），也许是军士们在沟口憩息之际发现了这一汉字遗迹（如施补华题跋的记载），从此刘平国刻石名扬天下。

这场收复伊犁的战争预案并没有真正实施，仅凭有限的资料，我们并不清楚在左宗棠计划中的那条冰岭之东道路——“沿特克斯河径趋伊犁，计程千二百五十里，本商货往来之道”是否即穿行博孜克日格峡谷的道路，但是刘平国刻石应该是在踏勘那条进军线路的过程中被意外发现的。

---

① 徐松，朱玉麒整理：《西域水道记》卷二，中华书局，2005年，第91页。

② 刘锦棠：《请按约索还乌什之贡古鲁克地方折》即有“阿克苏冰岭台路艰阻万状，夏月冰涣，四山圻溢裂流，峭壁森立，莫能飞渡”之语，转引自《新疆图志》卷八九《奏议》八，13B。

③ 《新疆图志》卷五九《山脉》一，27B。

结　论

参加平定阿古柏叛乱并担任了新疆建省后第一任巡抚的刘锦棠，曾经将从伊犁通往南疆的捷径概括为四条①，而通过博孜克日格沟口的道路并不在其中。博孜克日格沟是如此偏僻地出现在天山南麓的一个幽静角落，作为天山南北的一条通道，穿越它仍然是非常艰难的过程。只有非常时期的非常需要，人们才会考虑到它。

在从古至今这样远离城市而交通不便的地方，刘平国刻石的被发现，实在是一个异数。而如本文开篇所言，它与裴岑碑、沙南侯碑、姜行本纪功碑的发现一样，都是因为西域的战事导致了军队跋涉到不同寻常的天山深处，因而才有了西域古代历史遗迹的重现人世。从这个意义层面上，我们看到中国历史上的清代与汉、唐在西域经营的历程，还真是有很多的相似性。

Discovery of Liu Pingguo Inscription in Kuča and Modern Xinjiang

Zhu Yuqi
(Center for Research on Ancient Chinese History, Peking University)

This paper gives an account of the location and preservation of the Liu Pingguo's inscription of Kuča dated the Eastern Han Dynasty, and makes new research from two respects on it. First, according to the recently discovered inscriptive writings and related inspection records in Chinese and foreign languages, the paper reviews the inscription's discovery and preservation in late Qing Dynasty and confirms that it was firstly discovered by Shi Buhua in the 5th year of Guangxu era (1879). Second, considering the historical background of modern Xinjiang, the author proposes that the discovery of the Liu Pingguo's inscription is related with Zuo Zongtang's strategy for retaking the occupied region of Yili by Russia. In fact, the inscription was an unexpected finding when Zhang Yao and Zuo Zongtang's man, led his troops to make a breakthrough advancing from Baicheng area to Yili.

① 刘锦棠《请按约索还乌什之贡古鲁克地方折》："臣查伊犁通南快捷方式有四：一自那喇特卡伦，经朱勒都斯、察罕通格两山，以达喀喇沙尔。一由穆素尔达巴罕渡特克斯河，逾冰岭以达阿克苏之札木台；一出伊克哈布哈克卡，越贡古鲁克达巴罕，以达乌什；一出鄂尔果珠勒卡伦，逾善塔斯、巴尔琿两山，渡纳林河，以达喀什噶尔。"转引自《新疆图志》卷八九《奏议》八，13B。

龟兹石窟中的古文字题记

台来提·乌布力
（新疆龟兹研究院）

“题记”指古人在各处名胜地题写的文字。例如，各地的摩崖石刻，亦可称摩崖题记；各类石窟题字，也叫石窟题记。在我国的各大名胜多多少少都能看到古人所题的各类题记，龟兹石窟中的古文字题记可以说是这些众多题记中最独特的一类。它以题记的古老和内容的丰富成为我国诸多遗址题记中的奇葩之作。

一

“龟兹”即我国古代西域大国，是中国唐代安西四镇之一[①]，“龟兹”其名首见于《汉书·西域传》[②]，尔后屡现于汉晋至唐宋时期的传世历史文献，绵延不绝。现在龟兹的地界范围为我国西部的新疆阿克苏地区拜城县、库车县和新和县境内，在这里历史遗留下许多佛教的大小型石窟群，这些石窟群统称为龟兹石窟。由于龟兹地处古代东西方交通大动脉“丝绸之路”的要冲，历史上在中外政治、经济和文化的交流上占有重要的地位。东汉时班超曾说：“若得龟兹，则西域未服者百分之一耳。”[③]由此可见一斑。

龟兹立国千年左右的时间里，正是“丝绸之路”兴盛发达的黄金期。龟兹由于王权统治相对稳定，自身自然资源比较丰富，加之又处于十分有利的地理位置，所以社会经济发达，对外贸易繁荣，积累了大量的社会财富。从历史文献和考古发掘的多方面情况看，一般认为龟兹当地的土著是操吐火罗语的吐火罗人。此外，出于政治或经济的需要，还有多个民族曾经在龟兹活动，主要包括汉、突厥、吐蕃、粟特、回鹘等。他们先后以自己的语言文字为载体，展现了各自不同的文化。其中，流传至今的重要文化遗迹之一，就是现在龟兹石窟里的多种古文字遗存。

龟兹石窟是历史上佛教在当地流行的重要见证。公元前6世纪诞生于印度的佛教，约在1世纪后传入龟兹。到3世纪中，就有不少龟兹僧人去中原地区翻译佛经，说明龟兹佛教已具相当势力，有向外输出的能力。4世纪下半期，由于先宗小乘、后奉大乘的龟兹著名佛学大师鸠摩罗什的大力推崇，龟兹佛教进入了一个大、小乘并举的繁荣阶段，至7世纪初玄奘路过龟兹时，仍见此地有“伽蓝（即寺庙）百余所，僧徒五千余人……洁清耽玩，人以功竟”[④]。到了唐代，中原汉地佛教这朵

---

① 王欣：《吐火罗史研究》，中国社会科学出版社，2002年。

② 《汉书》卷九十六下《西域传》。

③ 《后汉书》卷四十七《班梁列传》。

④ （唐）玄奘、辩机著，季羡林等校注：《大唐西域记》，中华书局，1985年，卷第一“屈支国”。

奇葩又在龟兹盛开。延至北宋，还有龟兹僧人向中原王朝贡献舍利等佛教圣物。蒙元以后，随着龟兹国的灭亡，佛教也随之在龟兹逐渐衰亡。可以说，佛教在龟兹思想文化领域曾经长期占有统治地位。

伴随着佛教在龟兹的兴盛，以它为载体，以建塔造寺为主要形式的佛教艺术也在龟兹逐渐发展起来。佛教本来又称“像教”，以形象的方式传播其深奥昧涩的教义一向是其所倚重的。是时，在龟兹繁衍、生息的古代民族，在虔诚佛教信仰的激励下，以极大的热情、惊人的聪明才智，大胆吸收了种种随着佛教涌进的外来艺术因素，积极从现实生活中采撷生动真实的艺术素材并溶入自我的审美情趣，用灵巧的双手创造出辉煌灿烂的佛教艺术。《比丘尼戒本所出本末序》中记：“拘夷（即龟兹）国寺甚多，修饰至丽。王宫雕镂，立佛形像，与寺无异。”[①]《晋书》载：“龟兹国……俗有城郭，其城三重，中有佛塔庙千所……王宫壮丽，焕若神居。”[②]这些古籍所述，均是古人对龟兹佛教艺术的赞誉之辞。而跨越千年饱经沧桑的龟兹石窟群，则为古人的赞誉增加了一个有力的考古学证据。

二

龟兹石窟中发现古文字题记最早是在18世纪上半叶，沉睡了近千年的龟兹石窟再次引起世人的关注。约在18世纪30年代，清代的谢济世因军务巡视库车，后在《戎幕随笔》中记录到：“丁谷山千佛洞白衣洞，即唐书所谓阿羯田山……白衣洞有奇篆十余，剥落不可识……壁镌楷书轮回经一部，字甚拙……”[③]随后谪戍新疆的徐松在考察当地河道时来到了库木吐喇石窟，他在《西域水道记》卷二中记述：“渭干河……经丁谷山西，山势斗绝，上有石窟五所，高丈余，深二丈许……洞门西南向，中有三石楹，方径尺，隶书梵字，镂刻回环，积久剥蚀，惟辨建中二年字。又有一区是沙门题名。”[④]

随后又于19世纪中叶以后，由于清政府的腐败无能，国力衰微，接连与帝国主义列强签订了一系列不平等条约。各帝国主义国家在加强对中国经济掠夺的同时，逐渐开始加紧文化掠夺。对新疆的考古学考察在19世纪末才真正开始，晚于对该地区进行的地理与自然的科学考察。此前，不少国家已在此进行了很长时间的地理与自然科学研究。到1888年时，随着中亚地图上的轮廓线大致确定，探险活动逐渐开始侧重于细节了，领域逐渐扩展到了考古学。1889年，英国人鲍尔为追查杀害英国商人的凶手在库车意外获得一批古文字写本。这些写本后来被带到印度，由印度学家霍恩雷研究后发现，此写本是最古老的书籍之一，年代是5世纪，用婆罗迷文字书写梵语。这就是著名的“鲍尔写本”。霍恩雷后来总结了这些发现物的重要意义，他说：“鲍尔对原稿的发现以及原稿在

① 僧佑：《出三藏记集》卷十一。

② 《晋书》卷九十七《四夷》。

③ （清）俞浩：《西域考古录》卷十二。

④ 晁华山：《库木吐喇石窟初探》注释1，《中国石窟·库木吐喇石窟》，文物出版社，1992年，第170～201页。

加尔各答的公开发行，是在新疆考古学的探索上，开始了一个完全现代化的运动。”[①]另一位学者在皇家亚洲学会杂志上发表文章时说，鲍尔中尉发现手稿和霍恩雷公布手稿，使得“科学的欧洲在这个区域内开始了更进一步的古物追求”[②]。可以说，龟兹故地库车古写本的发现，激发了近代帝国主义列强掠夺新疆古代文物的野心。

20世纪初，英国、法国、德国、俄国、日本等多国派出所谓“探险队”进入新疆，肆意掠夺文物并盗往国外，龟兹石窟也遭洗劫，损失惨重，许多精美的文物，包括多种文字资料流失域外，分藏于多家学术机构、博物馆及个人手中。这些亮相于世界舞台的佛教艺术珍品，使当时国际中亚学术和艺术界为之震动，叹为观止。许多学者纷纷对它们进行了研究。

三

从现已获得的龟兹石窟中的文字资料看，主要呈现出以下三个特点：首先是时代跨度大，既有古代的，也有现代的，如2世纪马鸣的梵文《舍利弗》剧本的抄本、近现代人的刻写等。其次是使用多种书写工具，主要包括毛笔墨书、锐物刻写、炭条书写、铅笔书写等。此外就是文字种类多：主要包括梵文、龟兹文、佉卢文、汉文、突厥文、古藏文、粟特文、回鹘文、德文、察合台文、吐火罗文、俄文等。

1. 梵文

梵文为印度雅利安语的早期（约公元前1000年）名称，印度教经典《吠陀经》即用梵文写成。后来，在古典大乘佛教时期开始以后，梵文逐渐成为佛教的经堂语。在龟兹石窟所见的梵文资料大致有两类：①洞窟壁画中的榜题。此类资料，书写规范，多以毛笔墨书（或为赭石色）在横长条形的栏内，内容多为对壁画题材的说明，如克孜尔石窟中的供养人画像，多配有榜题。②洞窟内外出土的梵文文书。德国所藏梵文残卷，内容虽然庞杂，然而统而观之，不出僧羯磨的范围，其中有夏坐或雨安居通告、吁请文（劝请文）、斋僧通告，等等。龟兹石窟中克孜尔石窟第69窟，第38窟，库木吐喇第23窟有墨书的梵文题记。20世纪80年代克孜尔第98窟所出的梵文残卷，内容即为《十诵律》的片段[③]。

2. 龟兹文

它是原始印欧语言中的一种独立语言。20世纪初在中国新疆发现了这种语言的残卷。后经考释，此语言有东西两种方言，习称吐火罗A（焉耆语）、吐火罗B（龟兹语）。所使用的字母是中亚婆罗米斜体字母，这种字母的系统在当地（指6～8世纪的塔里木河流域）和同时代的其他地方被用来抄写梵文的卷本。在龟兹石窟所见的吐火罗文资料大致有以下两类。

---

① 〔英〕彼德·霍普科克著，杨汉璋译：《丝绸路上的外国魔鬼》，甘肃人民出版社，1998年，第21页。

② 〔英〕彼德·霍普科克著，杨汉璋译：《丝绸路上的外国魔鬼》，甘肃人民出版社，1998年，第21页。

③ 黄盛璋：《新出十诵律梵文残页及其相关问题》，《中国佛学》1989年第1期。

（1）洞窟墙壁上的榜题和题刻。前者书写规范，多以毛笔墨书（或为赭石色）在横长条形的栏内，内容多为对壁画题材的说明。例如，克孜尔石窟第110号窟的61幅佛传故事画，每幅画下方都有吐火罗文的榜题；后者书写随意，排列无序，多用锐物刻写或者炭笔书写。库木吐喇石窟第34窟、第50窟，克孜尔尕哈石窟第25窟等洞窟有大量的、保存完整的吐火罗B的题记。

（2）洞窟内外出土的吐火罗文文书和木简。保留在德国的抄本残卷数量较多，包含了两种方言。吐火罗文的文献著作大多是以佛教内容为主题的，包括了大量的《本生经》转写译本和新编本、佛法譬喻，以及阐释佛教思想、教诲和戒律的著作。在吐火罗B文本中也包含了一些商业贸易活动的记录，像是寺院经营档案、商旅通关文件、医学和巫术的报告，等等[①]。龟兹石窟中，克孜尔石窟第1窟、第6窟、第8窟、第17窟、第20窟、第22窟、第28窟、第38窟、第43窟、第48窟、第49窟、第69窟、新1窟、第95窟、第110窟、第116窟、第118窟、第145窟、第153窟、第181窟、第200窟、第203窟、第211窟、第213窟、第219窟、第220窟、第222窟、第224窟、第225窟、第227窟，库木吐喇石窟大沟区第17窟、第20窟，窟群区9窟、第23窟、第34窟、第43窟、第46窟、第50窟、第51窟、第69窟、第76窟，森木塞姆石窟第19窟、第40窟、第48窟，克孜尔尕哈石窟第12窟、第18窟、第24窟、第25窟、第27窟、第30窟、第37窟、第47窟，玛扎巴哈石窟第6窟（原7窟）、第7窟（原8窟）、第34窟（原30窟），第44窟（原36窟），亦狭克沟石窟第1窟、第2窟，温巴什石窟第19窟保存有龟兹文题记。

3. 佉卢文

它最早起源于古代犍陀罗，是公元前3世纪印度孔雀王朝阿育王时期的文字，全称“佉卢虱底文”，最早在印度西北部和今巴基斯坦一带使用，1～2世纪时在中亚地区广泛传播。4世纪中叶随着贵霜王朝的灭亡，佉卢文也随之消失了。犍陀罗地区曾是早期小乘佛教法藏部流行区域，所以佉卢文被广泛用来抄写法藏部的典籍。龟兹地区的佛教曾长期是说一切有部占优势，故佉卢文资料发现较少。德国吐鲁番考察队的勒考克（A. vonLeCoq）在苏巴什古城和克孜尔千佛洞曾发现佉卢文题记和账本，年代约在7世纪[②]。目前克孜尔石窟第213窟、第222窟和苏巴什佛寺遗址西区第2窟都发现有刻写的佉卢文。而且在1989～1980年新疆考古研究所为了配合克孜尔石窟岩体加固工作，在克孜尔石窟谷西区进行清理时发现了两件写有佉卢文的木简。

4. 汉文

龟兹石窟所见的汉文题记和汉文资料大致可分为三类。

（1）洞窟壁画中的榜题。此类汉文规划在先，书写规范，多以毛笔墨书在竖长条形的栏内，内容多为对壁画题材的说明，如库木吐喇石窟、阿艾石窟中的佛及普萨尊像，多配有榜题。

（2）洞窟内外岩壁上的题记和刻写。此类资料多为洞窟废弃后，游方僧人和普通游人随意所

---

① 〔法〕谢阁兰、伯希和等：《中国西部考古记 吐火罗语考》，中华书局，2004年。

② Meicun L. “Two Tokharo-Gāndhārī Bilingual Documents from Kizil in the Le Coq Collection”,《中外关系史：新史料的调查整理与研究》，科学出版社，2005年，第79～97页。

留，内容多为记事或留名。一些资料中保存有中国传统的干支纪年，甚至还有中原王朝的年号，弥足珍贵。

（3）洞窟内外出土的汉文文书。其中，较为重要的是日本大谷文书及法国藏杜尔杜尔阿护尔文书。内容涉及政治、经济、宗教、文化等多方面内容。此外，黄文弼在龟兹石窟发掘时也获得部分汉文文书。在龟兹石窟中，克孜尔石窟第10窟、第43窟、第105窟、第111窟、第118窟、第145窟、第211窟、第220窟、第222窟、第225窟，库木吐喇石窟大沟区第7窟、第16窟，窟群区第5窟、第9窟、第21窟、第42窟、第43窟、第45窟、第45窟东侧岩壁、第46窟、第46-1窟、第49窟、第66窟、第69窟、第74窟、第75窟、第76窟、第77窟、第79窟，克孜尔尕哈石窟第12窟、第27窟、第45窟，阿艾石窟（目前仅发现一个洞窟，窟内保存有23处汉文题记）保存有汉文题记。

5. 突厥文

它是7～10世纪突厥、回鹘、黠戛斯等族使用的拼音文字，又称鄂尔浑-叶尼塞文、突厥卢尼克文。通行于鄂尔浑河流域、叶尼塞河流域，以及今中国新疆、甘肃境内的一些地方。突厥文在各种文献中所用字母数目不一，形体多样，一般认为有38～40个。大部分源于阿拉米字母，一部分来自突厥的氏族或部族标志，还有一些是表意符号。词与词之间用双点"："分开，但是偏正词组有时写在一起。行款一般从左至右横写，也有从右至左的。在龟兹石窟中，克孜尔石窟第75窟、第100窟，库木吐喇石窟的第49窟、第51窟、第76窟，玛扎巴哈石窟第6窟壁面上发现少量刻写的突厥文。

6. 古藏文

在龟兹石窟中，克孜尔石窟新1窟上方的残窟，第220窟、第222窟和苏巴什佛寺遗址西区第2窟的壁面上发现少量刻写的古藏文。此外，德国探险队曾在克孜尔石窟发现一长一短的两则古藏文题记，内容涉及当地历史上的宗教演变。

7. 粟特文

粟特语是古代中亚著名的商业民族粟特人使用的语言。这种语言属印欧语系、印度-伊朗语族伊朗语支，同波斯语和古和阗语关系密切。一般认为粟特文字母来源于叙利亚的阿拉米字母。在龟兹石窟中，仅在克孜尔第220窟壁面上发现少量刻写的粟特文①。

8. 回鹘文

又称回纥文，是8～15世纪回鹘人的文字，用以拼写自己的回鹘语。在龟兹石窟中，回鹘文资料大致有以下两类。

（1）洞窟墙壁上的榜题和题刻。前者书写规范，多以毛笔墨书（或为赭石色）在长条形的栏内，内容多为壁画题材的说明。后者书写随意，排列无序，多用锐物刻写，如库木吐喇石窟第70

① 荣新江：《西域粟特移民考》，《西域考察与研究》，新疆人民出版社，1994年，第157～172页。

窟、第79窟等洞窟。

（2）洞窟内外出土的回鹘文文书和木简。在龟兹石窟中克孜尔石窟第153窟，库木吐喇石窟大沟区第7窟，窟群区第9窟、第23窟、第42窟、第43窟、第46窟、第49窟、第70窟、第76窟、第79窟有回鹘文题记。

9. 满文

它是中国满族使用过的一种拼音文字。1599年清太祖努尔哈赤命额尔德尼和噶盖二人参照蒙古文字母创制满文。俗称无圈点满文或老满文。在龟兹石窟中仅在克孜尔石窟第43窟、第118窟发现有清朝中期的满文题记。

10. 察合台文

察合台维吾尔语是从14世纪中叶至20世纪初生活在西域与中亚地区的维吾尔族、乌孜别克族等操突厥语的诸民族共同使用过的语言。该语言对新疆及中亚各民族文化的发展起了不可否认的作用，使用该语言著述了文学、宗教、历史等有关各个领域的不少著作。在龟兹石窟中，克孜尔石窟第8窟、第17窟、第38窟、第80窟、第116窟、第118窟、第123窟、第155窟、第196窟，库木吐喇石窟第24窟发现少量刻写的近代察合台文题记。

此外，在洞窟的墙壁上还发现德文和俄文资料。前者是1906年德国探险队在当地活动时所留，多用铅笔书写，如克孜尔石窟第38窟、第176窟、第177窟、第222窟及第223窟的洞壁上都发现巴图斯的德文题记；后者是近代个别俄国游人的刻写留名，如克孜尕哈石窟第16窟、第23窟、第27窟的壁面上都有发现。

结　　语

龟兹石窟古文字题记的内容非常广泛，语种丰富，笔者认为，这些古文字题记的发现和研究，为进一步研究龟兹地区的古代人类活动和语言变迁提供了主要的依据，对语言学、考古学、历史学、美术学、佛学等各学科的综合研究有着重要的意义。

Ancient Inscriptions in Kucha Caves

Telet Obul

(Kucha Academy of Xinjiang)

Various inscriptions are discovered in Kucha Caves (written in ancient script such as Tokharian, Chinese, Turkish, Uyghur, Chagatai, etc.). These old and muti-language inscriptions take a distinctive position in all the inscriptions decoveried in the ancient relics of China. The inscriptions in the caves are valuable first-hand information to the scholars and make us know the history of ancient Kucha better.

从北朝湾漳墓壁画看西域绘画与中原地区绘画的交融与影响

郭　峰

（新疆龟兹研究院）

北朝湾漳壁画墓是帝王规格的大型壁画墓①，该墓被认为是北齐文宣帝高洋的皇陵。描绘了墓主升仙的场面，仪仗逾百人，分列东西两壁，气势恢宏，俨然帝王的排场。此外，该墓还在不同空间里同时展现了护送、引导墓主人升仙的壮阔场景，内容丰富多彩，既写实又充满了幻想。壁画中走在地上的是与真人几乎等高的仪仗人物，缓步前进，神态肃穆，面部的刻画细腻入微，生动传神。整个墓葬壁画挥洒自如，毫无矫饰，形象众多，人物、神灵、禽兽，彼此呼应，浑然一体，代表了北朝宫廷绘画艺术的成就。

东壁的仪仗队伍前绘朱雀、神兽、青龙等，西壁与青龙相对的位置绘白虎。青龙和白虎各通长4.5m。东壁以青龙为先导，53人的仪仗队分列两行徐徐前进；西壁以白虎为先导，也是53人的仪仗队分列两行徐徐前进。仪仗出行队列中，各人分执戟盾、鼓乐、旄幡、华盖等，好不热闹，显示了墓主人的高贵地位。墓道壁画表现的是4列仪仗队伍，两壁各53人，队伍之上有神禽瑞兽。通长4.5m的巨型青龙白虎做前导，仪仗队伍后是兵阑列戟。墓道地面绘3纵列莲花，两侧是缠枝忍冬花纹。墓门上方高达5m的正面朱雀，加以畏兽羽兔、云气莲花图像。墓室内壁画因盗掘和水浸之故保存不好，仅能分辨出墓顶的星象图，四壁分三栏，上两栏为神禽异兽，下栏似表现人物活动。“此墓壁画、地画的整体布局匠心独运，墓道两壁长卷式的壁画上下不分栏，前后连贯，一气呵成，成功地表现了仪仗队列徐徐前行、天境神兽奔翔的壮阔场景。”②墓室壁画内容反映出对前朝与南朝丧葬文化及佛教石窟装饰艺术的借鉴与创新。

湾漳墓室壁画一方面使用了铁线描、兰叶描、高古游丝描等多种中国画传统线描技法；另一方

---

① 2009年7～12月，笔者参加了“中国文化遗产研究院文物保护修复培训项目”——壁画保护与修复的课程。培训班授课教师由中意双方知名大学教授和专家学者共同组成，采取既重视理论学习，又注重实际动手操作能力的培训教学模式。在这4个月的理论与实践的学习中，开展了丰富的理论教学课程，公共课主要有修复理论和修复史、中国古代艺术史、普通化学、中国古代建筑史、生物学概论、修复物理、信息学、文化遗产保护法概论、修复化学、修复生物学；开设的专业课主要有壁画的修复技术与方法、壁画保护前期调查、壁画修复材料学、壁画的病害与地质学特征、中国壁画艺术史、中国壁画技术史、壁画的化学病害与处理方法、壁画的生物病害与处理方法。在理论学习的同时，还进行了实验室实际操作，在中意双方老师的指导下，我们学习了古代壁画的制作工艺，并按原工艺制作了一幅壁画；学习了壁画修复的前期调查、绘制病害图、预加固处理、清洗、加固、壁画揭取等知识。本文即从笔者修复过的湾漳壁画墓入手，参校龟兹石窟壁画进行西域画风的讨论。

② 中国社会科学院考古所、河北省文物研究所：《磁县湾漳北朝壁画墓》，科学出版社，2003年。

面在墓室壁画中，又将西域的凹凸晕染法与中国传统晕染法相融合，并在壁画和地画中得到完美的体现，使壁画中人物面部的色泽极富立体感。墓葬壁画是人类珍贵文化遗产的重要组成部分，其精美的画面内容反映了人类历史的政治阶层、宗教信仰、经济状况、文化特征、科学技术等社会生活面貌，是考古学科及相关领域极其珍贵的实物资料，同时，也具有非常重要的学科研究价值和特殊的文物保护价值。

北朝湾漳墓室壁画从绘画技法上反映出浓厚的西域因素，值得我们将其与西域绘画做一番梳理与比对。

新疆现存40余处佛教石窟，全部洞窟总数超过1000个。壁画总面积大约1万m^2（克孜尔石窟是4000余平方米，吐鲁番诸石窟共约2000m^2），石窟从3世纪始建到14世纪废弃，持续了千余年。这些壁画从绘画风格上分为“龟兹风”[①]（以克孜尔石窟为代表）、“汉风”（以库木吐喇石窟和阿艾石窟为代表）和“回鹘汉风”（以柏孜克里克石窟为代表）。龟兹石窟壁画的题材，主要有佛、菩萨、佛传故事、本生故事、因缘故事、护法像、僧尼、供养人、伎乐天人、禽兽动物、图案纹饰等，主要分布在礼佛窟里。

5～6世纪是北朝开凿石窟的盛期，此时龟兹石窟的开凿已过半数。而“凹凸法”是此种绘画风格使用的一种晕染技法，加强了人物形体的体积感和光泽感。壁画用线是“屈铁盘丝”画法，表现出“曹衣出水”的形态。染色同样运用单色平涂和晕染相结合的画法。龟兹壁画人物造型与传统汉人形象迥然不同。壁画人物形象应是当时龟兹国现实人物的艺术再现。龟兹壁画常见裸体、半裸的人物，这在全国各地的石窟及墓室壁画中也是特别的。

湾漳壁画与龟兹壁画的绘画技法相似，它也是用朱红色铁线勾勒出各种形象的位置、相互关系、造型及细节表现，复勾的定稿线，提神线用浓重的朱红色线或墨线。两地壁画用线是“铁线描”画法，中锋用笔，线条紧劲，粗细匀称，如“屈铁盘丝”，人物衣纹处理为“U”形排列的长线组合，每组两条或三条，表现出“曹衣出水”的形态；线条运行无“汉风”壁画的“一波三折”和气韵贯通的书写感，两地壁画都运用了“刻线”的技法，起形时以锐器较准确地刻画在人物及形体的结构线上。

从人物造型分析，湾漳壁画与龟兹壁画人物面部造型多是3/4（或2/3）侧面，而正面和正侧面较少。人物形象都具有独特的造型特征。湾漳壁画人物大都是高鼻、高颧、浓须、大耳，表情凶悍，身体粗壮，这与传统汉人形象迥然不同。反映出北齐社会民族融合的现象。例如，笔者参加修复的西壁第35～39号壁画人物。龟兹壁画中人物宽额深目、五官显得集中，面部呈圆形。

玄奘《大唐西域记》屈支条记：“其俗生子以木押头，欲其匾匮也。”这条有关龟兹民俗的记载已被出土的古尸和壁画所证实，雀离大寺西寺大佛塔旁墓葬里出土的古尸，其头骨保存完好，额骨比正常人宽扁，显然是经过木压的；而壁画中龟兹风人物的额也是宽而高的，正是对文献记载的最好印证。

湾漳人物身体粗壮（头身比例大约为1∶5）。龟兹壁画人物身体多呈“S”形（三道弯），姿态健美（头身比例为1∶7，较多的比例1∶8，甚至还有1∶9、1∶10的比例）。二者均非汉地常见

① 袁廷鹤：《龟兹风壁画初探》，《龟兹佛教文化论集》，新疆美术摄影出版，1993年，第126页。

身体比例。

“龟兹风格”壁画另一种特别的晕染方法是以朱磦色在面部腮侧面、眼窝等结构转折处用细密的排线，表现出明暗体积的观念，类似西方素描排线的造型方式（如克孜尔石窟新1窟出土的壁画面部残片）；人物面部或服饰等部位成色完成后，在形体结构转折处提炼添加白线，如脸部在鼻梁、眉弓、下腭、眼睑、上下唇线等相对高处再描出白色线条（似沥粉），进一步加强了人物形体的体积感和光泽感。

龟兹石窟壁画是多民族共同创造的，这一点已毫无争议，克孜尔第207窟留有叙利亚画家鲁玛卡玛的画迹。库木吐喇石窟壁画很多为汉族画工所作。佛教初传西域，印度画家也曾在这里留下他们的手迹。

于阗、鄯善的佛教美术遗物，为我们揭示了佛教美术传入新疆的部分早期面貌，而古代龟兹克孜尔石窟等地的佛教美术，则比较全面地揭示了佛教美术在新疆形成独特的民族艺术风格的情况，以上情况反映出两地画家鲜明的整体及个人绘画风格，以及在绘画艺术上取得的巨大成就。“曹衣出水”“屈铁盘丝”“平涂晕染”及“凹凸用色”诸种绘画技法相互融汇，长期为龟兹和西域画家所广泛使用，最终形成了西域绘画的典型画风。

西域民间画家有文字记载的非常少见，为此我们应把他们的名字一同列入西域画派的史册：□载才、廉毛鬼、索善宁、鞠仙妃和尉迟乙僧父子、曹仲达、鲁玛卡玛。下面结合现存湾漳墓壁画与龟兹石窟壁画艺术特点与文献中有关西域画家的记载，探讨一下西域绘画与中原绘画的关系。

首先是曹不兴，他尤以画佛为妙。谢赫《古画品录》将之列为上品，居顾恺之上。他的绘画样式对后世影响很大，有不少弟子成为当时及后世的著名画家，其中最有名的就是卫协。三国时，康僧会等人携印度佛像范本远游至吴，曹摹写不已。曹不兴学会佛像后，或绘卷轴以供礼拜，或图寺壁以助庄严，所做大佛像有的高达5丈，气魄恢宏，庄严妙相，仰之弥高，令人肃然，于是被誉为“佛像之祖”，对佛教东渐起到了一定的推动。他虽未有画作传世，但其开创的中国佛像绘画在后来的发展中可见一斑，后人把他与顾恺之、陆探微、张僧繇合称为“六朝四大家”。曹不兴既擅长佛画，又擅长泥塑。他自辟蹊径，独树一帜，所做佛画，到唐代有“曹家样”之美称，与张僧繇的“张家样”齐名。此外还有吴道子的“吴家样”和周昉的“周家样”，在唐代风靡一时，唐代壁画中往往可窥见其影响，研究者可以从中探索。宋人把曹家样的特点概括为“曹衣出水”，颇得其形象。如以之与“吴带当风”的“吴家样”相对照，两者的面貌相当明白易晓。由此而去理解“曹之笔，其体稠叠，而衣服紧窄”，和“吴之笔，其势圆转，而衣服飘举”，二者风貌判然有别。我们从历代的人物、宗教画和雕塑中，都能看到这两种技法的差别。

随其而后的是张僧繇。《建康实录》所载：“一乘寺，梁邵陵王王纶造，寺门遗画凸凹花，称张僧繇手迹。其花乃天竺遗法，朱及青绿所造，远望眼晕如凹凸，近视即平，世咸异之，乃名凹凸寺云。”据传他又创造了一种不用轮廓线的“没骨”法，全用色彩画成，改变了顾、陆以来的瘦削型的形象，创造出比较丰腴的典型，画人“面短而艳”。张怀瓘评语“象人之美，张（僧繇）得其肉，陆（探微）得其骨，顾（恺之）得其神”。张僧繇的“疏体”画法，至隋唐时兴盛起来。后人论其作画用笔多依书法，点曳斫拂，如钩戟利剑，点画时有缺落而形象具备，一变东晋顾恺之、南朝宋陆探微连绵循环的“密体”画法。后人将其画法与唐吴道子并称为“疏体”。张僧繇子善果、儒童，均擅绘宗教画。

以张僧繇为代表的“面短而艳”的人物造像风格，在齐梁间逐渐取代以顾、陆为代表的“秀骨清像”风格，到南朝后期盛行于大江南北。但从美术史的角度考察，这仍是一个形成的基础期，真正繁荣昌盛、在艺术上达到顶峰的时期当在唐代。丰满艳丽、雍容华贵的泱泱大唐风范才是这一风格的成熟形态。可以说，没有张僧繇“面短而艳”的人物造像风格的奠定，就不可能达到唐朝雍容大度、丰满健康、蓬勃向上的人物造像的顶峰。顾、陆相去已远，张僧繇是对隋唐影响最大的画家。

据《历代名画记》卷二《论师资传授南北时代》记载，隋唐很多著名画家都追随张僧繇，被称为百代画圣的吴道子，也一直被公认为师自张僧繇。《宣和画谱》卷《道释一》载，唐阎立本也是远师张僧繇，“立本尝至荆州，视僧繇画，曰：‘定虚得名耳！’明日又往，曰：‘犹是近代佳手’。”凹凸晕染法长于表现立体感，中国古代画史称作天竺遗法，是吸收古印度的画法。据《建康实录》记载，南朝梁的大画家张僧繇，曾用天竺遗法在建康（今南京）一乘寺画凹凸花。北朝以前的西域绘画是以龟兹石窟为代表的“龟兹风格”壁画。而“凹凸法”是此种绘画风格成色的一种晕染技法。克孜尔壁画的凹凸晕染法，同印度阿旃陀石窟壁画相似，也同阿富汗巴米扬石窟壁画近似，但又有自己的特点。

张僧繇吸收了天竺等外来艺术之长处，在中国寺观壁画中首先采用凹凸晕染法，画出的人物像和佛像栩栩如生，传神逼真。唐人窦蒙评他：“澄思用笔，虽与中华道殊，然气正迹高。”张僧繇的绘画真迹，目前已无从得知，仅存唐代梁令瓒临摹他的《五星二十八宿神形图卷》。从影印本看，作者是以细画见长。这虽不能使张僧繇的艺术特征完全再现，但也在一定程度上体现了原作的某些特点，对研究张僧繇的技法风格，仍不失珍贵的资料。《历代名画记》记载，北朝画家杨子华“居于禁中”，不得皇帝同意，不能轻易为民间作画，“（梁）武帝崇饰佛寺，多命僧繇画之”。由此可知湾漳壁画可能是水平较高的宫廷画家们绘制。而克孜尔石窟第161窟和库木吐喇石窟新2窟的绘画精美细致，笔者认为这也是宫廷画家的作品。

北齐画家曹仲达是曹国（故地今乌兹别克斯坦撒马尔汗古城）粟特人，以画“梵像”著称，并创立了“曹衣出水”的独特画风。

《图画见闻志》进而论之：“曹吴二体，学者所宗。吴之笔，其势圆转，而衣服飘举；曹之笔，其体稠叠，而衣服紧窄，故后辈称之曰，‘吴带当风、曹衣出水’。”一代风范被确立、成为后人之楷模。

谭树桐说，“朱景玄《唐朝名画录》里说尉迟乙僧：‘凡画功德人物，花鸟皆是外国之物象，非中华（指中原）之威仪。”《唐朝名画录》记载说，他画的《降魔变》“千怪万状，实奇纵也”。段成式的《京洛寺塔记》里也有描写，说：“四壁画像及脱皮白骨，匠意及险，又变形三魔女，身若出壁。”汤垕在《画鉴》里分析其特点：“用色沉着，堆起绢素，而不隐指。”是说看上去是凸出的画面，但用手一摸却是平的，与印度的线染合一的壁画，风格是不同的。克孜尔等龟兹石窟壁画的画风近似尉迟乙僧，于阗丹丹乌里克佛寺遗址中的吉祥天的壁画遗迹，与克孜尔壁画画风之间的相近，也可作一旁证。笔者认为，克孜尔壁画中，早于初唐的作品，应属于尉迟乙僧的先驱；7世纪的作品，是他的同行；八九世纪的作品，可能是他的后继。尉迟乙僧当时已是誉满全国的大画家，唐朱景玄在《唐朝名画录》（成书于8世纪）中写道：“前辈云；尉迟乙僧，阎立本之比也。……其画居神品也。”克孜尔壁画的作者们，没有尉迟乙僧那样的名气，也没有他那样高的艺术造诣；但是，在今天要看“屈铁盘丝”的线描和凹凸法晕染的画风，离开克孜尔千佛洞等古龟兹的壁画恐怕是难以找到的。

唐代，随着唐帝国政治和军事力量进入西域，中原汉化佛教也随之进入，这就产生了艺术交流中的回流现象——“汉风壁画”。龟兹的艺术家们又大量吸收了汉风壁画的技巧，形成了龟兹回鹘时期的壁画特色，这就是“汉风回鹘壁画”。

以克孜尔石窟为代表的龟兹诸石窟主要使用的颜色是蓝色（青金石）①。红色（成分有朱砂、朱磦、铁红、铅丹、红土）、石绿（成分有绿铜矿）、白色（成分有石膏、石英、方解石等）和黑色（炭黑、二氧化铅和铅丹变色发黑）。另外龟兹石窟有些洞窟主室左右侧壁说法图，券顶菱格中佛身体袈裟部分和佛龛内侧壁贴着金、银、铜箔。

湾漳壁画颜色主要有朱砂（辰砂）、朱磦、铅丹、暗红（铁红）、石绿（还有铜绿）、铅白（还有熟石灰）、土黄、黑色（炭黑和铅丹变色）、青灰（成分不明）等。

可以看出，两地均使用了朱砂、朱磦、铅丹等颜料，具有一定的相似性。

笔者曾比较克孜尔石窟与敦煌石窟、麦积山石窟②、河西地区墓葬壁画与砖画③，以及湾漳壁画的颜料，发现这几种壁画的主要颜色无论从色相到颜料成分都大致相对应；另外，敦煌与克孜尔石窟中胶结材料都是牛皮胶④。显示出一脉相承的状况。需要特别指出的是，原产地中亚阿富汗地区的青金石，离产地越远越显得珍贵，用量渐少（佛教壁画“五宝色”的成分是青金石、孔雀石、珍珠白、金、红蝴蝶）。

总之，湾漳壁画更多体现了东晋顾恺之的“以形写神”及谢赫提出的“气韵生动”的人物画要求这一传统理论，而“龟兹风格”壁画中“凹凸法”等技法及绘画材料为中原传统绘画增添了新的表现形式，随着佛画东传，这种方法显然对在内地推广也起到了积极作用。龟兹及西域诸石窟处于中原文化、印度文化、波斯文化和希腊罗马文化四大世界文化体系交融之地，同时也受到了北方草原文化和游牧民族文化的影响。龟兹石窟壁画代表了当时中西亚绘画的最高水平，在中国绘画史上的意义是不可低估的。

从以上湾漳墓壁画与龟兹壁画的比较中，我们可以看到西域与中原在南北朝时期文化艺术的交流与互动关系，弥足珍贵，值得我们进一步整理研究。

---

① 苏伯民、李最雄、马赞峰：《克孜尔石窟壁画颜料研究》，《敦煌研究》2000年第1期，第72、73页。

② 周国信：《麦积山石窟壁画，彩塑无机颜料的X射线衍射分析》，《考古》1991年第8期，第744、755页。

③ 卢燕玲、田小龙、韩鑿卿：《甘肃河西地区墓葬壁画与砖画颜料分析比较》，《敦煌研究》2002年第4期，第29～32页。

④ 苏伯民、真贝哲夫、胡之德：《克孜尔石窟壁画胶结材料的HPLC分析》，《敦煌研究》2005年第4期，第61页。

Discussing the Relationship Between Kucha Murals and Center China Paintings, Based on Wanzhang Tomb Murals

Guo Feng

(Kucha Academy of Xinjiang)

Wanzhang murals of Bei Dynasty learned from the burial culture of Nan Dynasty and Buddhist cave deco art. Murals, painted with the iron line drawing, blue leaf description, description and other high-ancient gossamer line, originated from traditional Chinese painting techniques, the Western method of bump blooming drawing, combined with traditional Chinese soap stain paintings, is the perfect embodiment of the murals about people's faces with vivid three-dimensional color and effect.

It is the peak period of Bei Dynasty when caves dug from the 5th to the 6th century AD, when formed a unique style called "Kucha style" in the West. The "bump method" is such a blooming painting modeling techniques to enhance the physical character of the sense of volume and shining. Mural uses "iron wire" drawing method, which shows "Cao clothing out of water" from without twists and turns, can be seen in the Han style murals. The same technique is also used in Wanzhang murals. Murals in these two areas used the same purity level, monochrome painting and "groove" technique. Character shapes are very different from the traditional image of Han Chinese people.

Kizil Grottoes, as the representive of the Kucha Grottoes mainly used various color azurite, lapis lazuli, red, malachite green, white and black, and the niches of Kucha Caves and Buddhist bodies shrines with gold and silver foil, which also used at the tomb murals, but there is no lapis lazuli, only the blue stone.

Wanzhang murals reflects Gu Kaizhi and Xie He's traditional theory of figure painting of Eastern Jin Dynasty. The "bump" technique of Kucha style, other traditional techniques and materials added a new form of expression for painting of the Central Plains.

Kucha Caves are not only influenced by Central Plains, the Western culture, Indian culture, Persian culture, the Greek and Roman cultures, but also the northern steppe culture and nomadic culture. Some scholars believe that mural paintings of Kucha Grottoes, representing the highest level in Central Asia at that time, have underestimated significance in the history of Chinese art.

库木吐喇第45窟造像内容考证

苗利辉
（新疆龟兹研究院）

库木吐喇石窟是古龟兹国境内一处重要的石窟群，位于今新疆库车县西约25km的三道桥乡库木吐喇村。洞窟分布在渭干河出却勒塔格山口东岸崖壁上。现存的石窟群可分为南北两区，分别称为沟口区和窟群区，两区相距约3km，现已编号洞窟114个。库木吐喇石窟的壁画风格分为龟兹风、汉风和回鹘风，其中数量最多的是回鹘风洞窟，它们见证了漠北回鹘人西迁进入龟兹地区后社会文化、宗教的变迁，为我们了解当时龟兹地区历史、宗教情况提供了丰富的材料。库木吐喇第45窟是一保存较好的回鹘风洞窟，其壁画风格和内容均具有较大的代表性。笔者考证其内容，分析其思想，试图抛砖引玉，推动学界对龟兹佛教文化及回鹘佛教思想的研究。

一、第45窟概况

第45窟位于库木吐喇窟群区大沟的南侧崖壁上，坐南面北，窟口方向348°，附近没有相邻洞窟。西南侧约60m为第44窟，隔沟与第46窟附1窟相望，两窟相距约80m。

该窟为中心柱窟。现存前室、主室和甬道（图一）。前室平面呈矩形，面宽7.25、残存进深3.2、高4.8m，平顶，壁面草泥层多已脱落，前壁无存。

主室平面呈长方形，面宽3.86、进深4.36、高4.56m，纵券顶。主室正壁中部开莲瓣形龛。龛内原有塑像，现已毁无存。龛上方壁面绘树冠、华盖、宝珠、飞天和菩萨。正壁下方两侧开左、右甬道。甬道口绘团花纹。两侧壁中部绘一头戴披帛的禅定坐佛像，左右侧各绘小坐佛五排，现右壁残存27身、左壁残存23身，均漫漶，坐佛下绘纹饰。前壁下部壁画大多脱落，仅在门道外左侧壁上残存部分壁画。门道上方半圆壁面被德国探险队剥去。窟顶中脊壁画以团花图案为饰，部分被攫。左右券腹各绘小坐佛四排，每排8身，以上下错落的形式排列。右侧券腹壁画有两处被攫走。左右侧壁与券顶交接处原置像台，上方有影塑的身光和头光，每壁3身。影塑身光左右侧有安置小塑像的痕迹，排列形式为一佛二菩萨像。塑像均无存。地面中部有一低台。

左右甬道纵券顶，左、右甬道里端与后室相通，后室平面呈横长方形，横券顶。左、右甬道内外侧壁和后甬道正壁，皆绘佛与菩萨相间的立像。甬道通顶绘莲花、云头纹。左甬道内外侧壁的榜题均毁。右甬道外侧壁外起榜题为：“南无大势至菩萨”“南无阿弥陀佛”“南无观世音菩萨”；右甬道内侧壁的榜题里端已毁，外端为“南无释迦牟尼佛”。后甬道正壁的榜题残损。左右端壁与后甬道正壁相连。后甬道前壁壁画被德国探险队攫去。

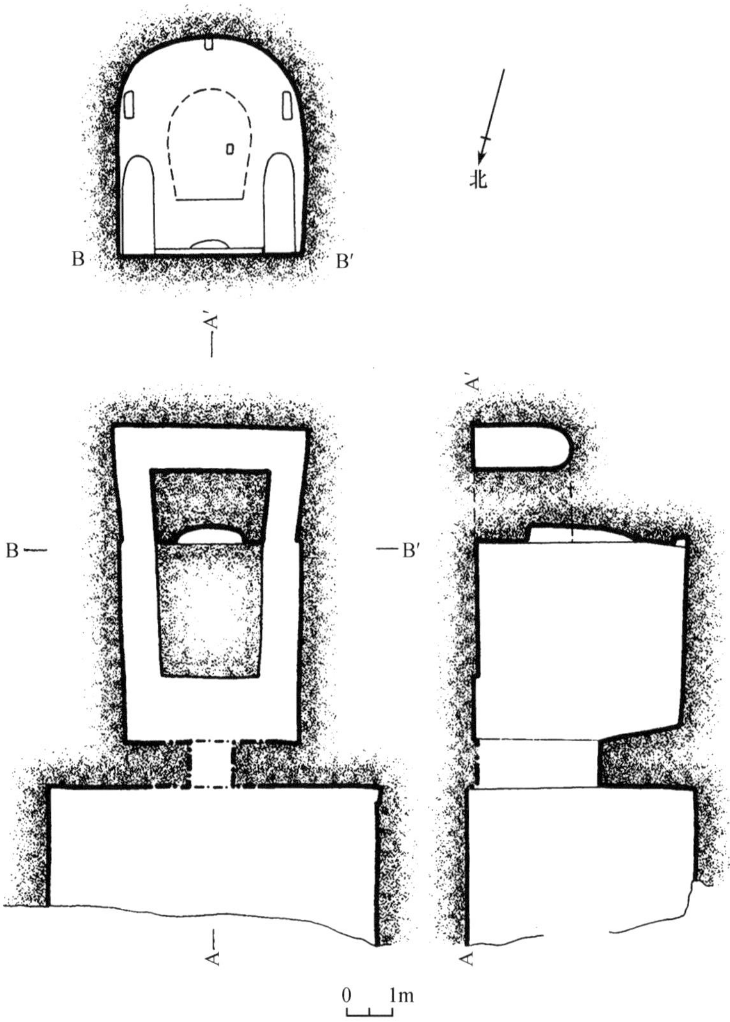

图一　库木吐喇石窟第45窟平、剖立面图

库木吐喇第45窟属回鹘风洞窟，其开凿年代大约在10世纪后期[①]，洞窟壁画保存基本完整，为我们了解龟兹地区这一时期回鹘人的历史、宗教和艺术特点提供了很好的素材。

二、第45窟研究概况，拟研究问题

最早提到库木吐喇第45窟的是德国的勒柯克和瓦尔德施密特。勒柯克在其所著的《新疆佛教艺术》中对切割自库木吐喇第45窟（他称之为阿布沙罗斯窟）的主室前壁、券顶、左右甬道侧壁和后甬道前壁的壁画进行了介绍，并对这些图像进行了识别，他识别出了前室正壁的弥勒说法图、券顶的坐佛和后甬道前壁的涅槃图，但对甬道侧壁壁画的判定有些是错误的[②]。实际上这些壁画中有个

① 贾应逸：《印度到中国新疆的佛教艺术》，甘肃教育出版社，2002年，第335～339页。

② 阿尔伯特·冯·勒柯克、恩斯特·瓦尔德施密特著，管平、巫新华译：《新疆佛教艺术》，新疆教育出版社，2006年，第548～550页，图版26～28；第661～662页，图版26、27。

别是属于库木吐喇石窟第38窟的（勒柯克将其命名为涅槃窟），这种错误瓦尔德施密特给予了纠正[①]。德国学者认为这个石窟的绘画年代应该在8～9世纪，而且其发展尚未达到顶峰。此外，他们还认为该窟在色彩的使用上，运用了红色、红褐色及黄色之间的色彩变幻的情况[②]。中国学者最早对库木吐喇第45窟进行介绍的是阎文儒先生，他在其所著的《龟兹境内汉人开凿、汉僧主持最多的一处石窟——库木吐拉》一文中，对第45窟侧甬道的壁画及榜题情况进行了介绍[③]，并认为它的开凿年代在唐到回鹘人统治的龟兹时期[④]。随后对第45窟研究的是刘增琪先生，他在对第45窟洞窟形制、洞窟壁画题材及其壁画艺术特点分析的基础上认为该窟为龟兹地区吐蕃控制时期开凿的，是来自中原的画家绘制的[⑤]。后来北京大学的马世长先生在其《库木吐喇的汉风洞窟》一文中，以及《中国石窟·库木吐喇石窟》中的《库木吐喇石窟内容总叙》，也对库木吐喇第45窟的壁画情况做了简要的说明[⑥]。此外，新疆博物馆的贾应逸先生在认真核对库木吐喇第45窟现存壁画保存状况的基础上，指出勒柯克将部分第38窟壁画划入该窟的错误[⑦]，在对该窟形制、题材及艺术分析的基础上，并认为该窟是回鹘中期的洞窟，其时代为9世纪及其以后绘制的，风格为典型的回鹘风格，此外，她认为主室两侧壁的壁画为密宗的大日如来[⑧]。

综观以往对第45窟的研究，可以说对该窟的研究主要是从考古学及艺术学两个方向展开的，并在一定程度上借助了文献学、图像志、历史学的研究成果。但可以看出上述研究并不系统，也不全面，研究中也未将整个石窟的形制、壁画作为整体加以考虑，尤其对这一石窟最本质的方面——它所反映的佛教思想没有加以考虑，从而使得对这一石窟的研究未能深入。笔者认为站在过去诸领域研究的基础上，结合考古学、图像学和文献学的方法，把石窟形制和造像作为一个整体进行考虑，进而揭示出该窟所反映的佛教思想，对于我们了解当时龟兹地区佛教及中西佛教文化交流的历史具有重要意义。

---

① 阿尔伯特·冯·勒柯克、恩斯特·瓦尔德施密特著，管平、巫新华译：《新疆佛教艺术》，新疆教育出版社，2006年，第572页。

② 阿尔伯特·冯·勒柯克、恩斯特·瓦尔德施密特著，管平、巫新华译：《新疆佛教艺术》，新疆教育出版社，2006年，第582页。

③ 阎文儒：《龟兹境内汉人开凿、汉僧主持最多的一处石窟——库木吐拉》，《现代佛学》1962年第4期，第27页。

④ 阎文儒：《龟兹境内汉人开凿、汉僧主持最多的一处石窟——库木吐拉》，《现代佛学》1962年第4期，第27～29页。

⑤ 刘增祺：《库木吐拉45窟壁画浅析》，《新疆社会科学》1988年第1期，第101页。

⑥ 新疆维吾尔自治区文物管理委员会、库车县文物保管所、北京大学考古系：《中国石窟：库木吐喇石窟》，文物出版社，1992年，第210～268页。

⑦ 贾应逸：《德国吐鲁番探险队窃取库木吐喇石窟壁画的位置核对》，《新疆佛教壁画的历史学研究》，中国人民大学出版社，2010年，第238、239页。

⑧ 贾应逸：《库木吐喇回鹘窟及其反映的历史问题》，《新疆佛教壁画的历史学研究》，中国人民大学出版社，2010年，第213页。

三、第45窟壁画内容中反映的佛教思想

1. 主室正壁、券顶的壁画内容

第45窟的主尊现已无存，不过我们可以根据本窟内的造像组合做一推测。该窟主室正壁开龛，龛上方绘华盖，华盖上点缀有摩尼宝珠，华盖上方和两侧均绘菩提树冠，菩提树外侧上方各绘一身飞天，下方各绘一身跪姿菩萨，飞天和菩萨均站于云朵之上（图二）。此种情景与唐代实叉难陀翻译的《大方广佛华严经·卷第一·世主妙严品》中，关于卢舍那佛在摩竭提国阿兰若法菩提场讲法时的记载吻合，“一时，佛在摩竭提国阿兰若法菩提场中。……上妙宝轮，及众宝华、清净摩尼，以为严饰；诸色相海，无边显现；摩尼为幢，常放光明，恒出妙音；众宝罗网，妙香华缨，周匝垂布；摩尼宝王，变现自在，雨无尽宝及众妙华分散于地；宝树行列，枝叶光茂。佛神力故，令此道场一切庄严于中影现。其菩提树高显殊特：金刚为身，琉璃为干；众杂妙宝以为枝条；宝叶扶疏，垂荫如云；宝华杂色，分枝布影，复以摩尼而为其果，含辉发焰，与华间列。其树周圆咸放光明，于光明中雨摩尼宝，摩尼宝内，有诸菩萨，其众如云，俱时出现。又以如来威神力故，其菩提树恒出妙音，说种种法，无有尽极”①。

图二　库木吐喇石窟第45窟主室正壁龛上方

该经又记载，“尔时，世尊处于此座，于一切法成最正觉，智入三世悉皆平等。其身充满一切世间，其音普顺十方国土。譬如虚空具含众像，于诸境界无所分别；又如虚空普遍一切，于诸国土平等随入。身恒遍坐一切道场，菩萨众中威光赫奕，如日轮出，照明世界。三世所行，众福大海，悉已清净，而恒示生诸佛国土。无边色相，圆满光明，遍周法界，等无差别。演一切法，如布大云。一一毛端，悉能容受一切世界而无障碍，各现无量神通之力，教化调伏一切众生；身遍十方而无来往，智入诸相，了法空寂。三世诸佛所有神变，于光明中靡不咸睹。一切佛土不思议劫所有庄严，悉令显现”②。

① 《大正藏》第10册，第1页。

② 《大正藏》第10册，第1、2页。

这些描绘又和第45窟主室券顶绘制十方诸佛（诸佛均面向主尊）、诸佛度化众生的因缘故事和券腹下方绘制三世佛这些图像相吻合，说明该窟主室主要部位绘制的应是华严经变，描绘的是卢舍那佛在摩竭提国阿兰若法菩提场讲法的情景，那么主尊应是卢舍那佛。该窟正壁龛台前的低台上原来可能放置有卢舍那佛造像组合。与第45窟形制、绘制题材接近的还有库木吐喇窟群区第38窟。该窟为中心柱纵券顶窟，现保存少量的前室，主室及左右后三甬道保存较好（图三）。该窟主室正壁前也有像台，像台上原有一身卢舍那佛塑像①，现已毁，但浮塑的项背光遗迹尚存，背光由内向外绘小坐佛，小坐佛的项背光外沿绘火焰纹，再外绘一圈三角形的组合纹样，最外沿一周贴塑小千佛，惜已无存（图四）。背光上方绘菩提树冠，树冠左侧绘一身天人，天人脚下有一身形体较小的飞天。左右侧壁下部均有通壁像台，像台上方各开两个莲瓣龛。该窟两侧券腹绘一佛二菩萨，佛的头光上方均有菩提树冠和华盖。左右甬道外侧壁各绘立佛4身，立佛间均绘一身形体较小的菩萨，内侧壁绘千佛。顶部绘飞天。后甬道正壁中部开龛，龛外左侧绘立姿一佛一菩萨，其间绘有其他人物。右侧也绘立姿一佛一菩萨。前壁绘涅槃图，顶部绘飞天。两个窟除主室侧壁及甬道内侧壁壁画

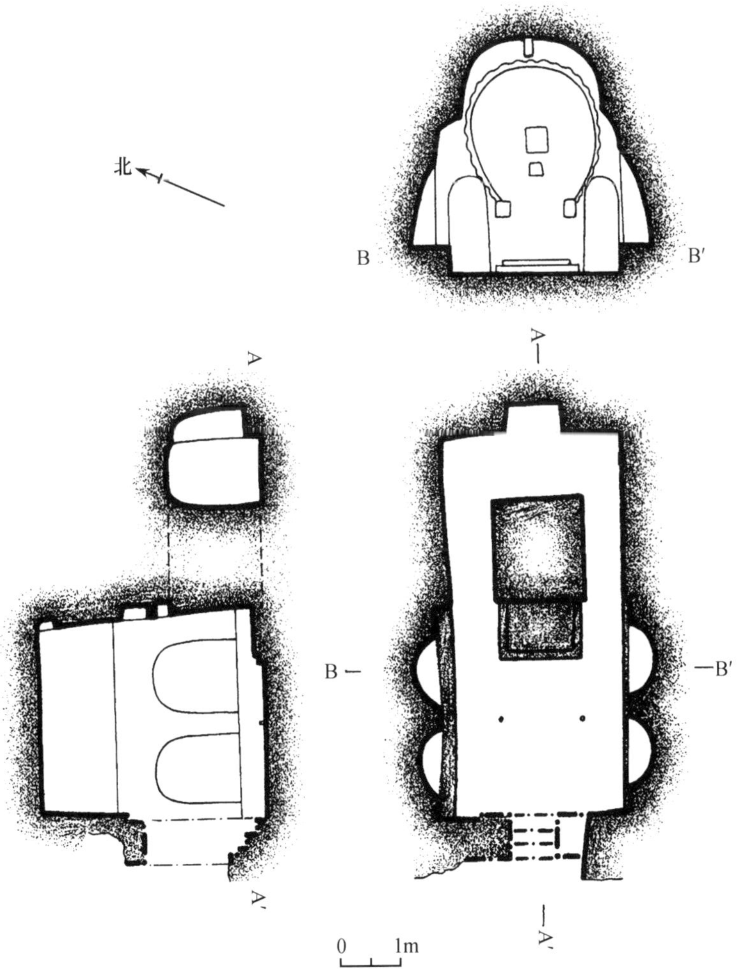

图三 库木吐喇石窟第38窟平、剖立面图

① 该窟主室正壁前也有像台，像台上原有一身佛像，现已毁，但浮塑的项背光遗迹尚存，背光由内向外绘小坐佛，依据《大方广佛华严经·卷第六·毗卢遮那品》记载“尔时，一切功德山须弥胜云佛，于其道场大莲华中忽然出现。……一切众生咸得目见无边化佛从其身出，种种色光充满法界”。见《大正藏》第10册，第54页。

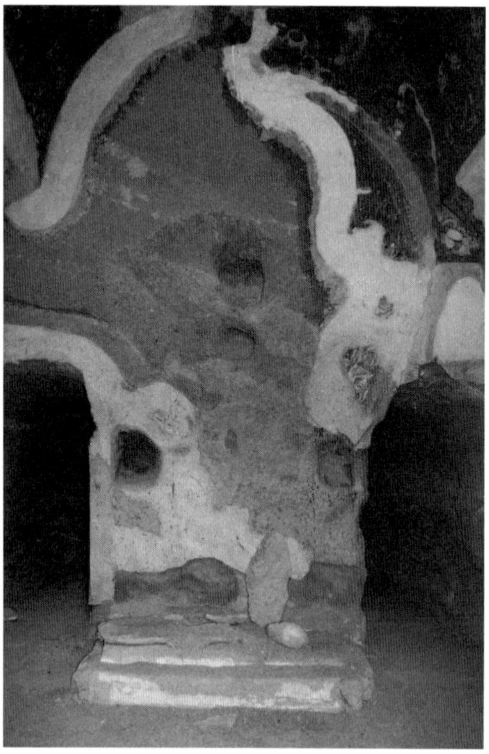
图四　库木吐喇石窟第38窟主室正壁

内容差别较大外，形制和壁画题材有着很大的相似性，其反映的思想应该大致不差，可以互相佐证。第38窟的主尊可以确定为卢舍那佛，那么第45窟的主尊也可以推定为卢舍那佛。此外，库木吐喇石窟的窟群区第9、第13窟中也塑或绘有卢舍那佛。第9窟绘于右甬道外侧壁外端（图五），第13窟的主尊为卢舍那佛[①]。上述三个洞窟均为龟兹地区回鹘时期修建的。另外，目前新疆出土的回鹘文文书中，也发现有上述华严经本的残卷[②]。上述文献和石窟图像的材料均说明，这一时期华严思想在龟兹地区还是比较流行的。那么第45窟出现卢舍那佛的造像也就不足为奇了。

2. 主室侧壁的壁画内容

关于主室侧壁正中的带披帛坐佛像（图六），有学者认为是大日如来像[③]。笔者认为此像应为卢舍那佛像。首先大日如来是密宗主尊，关于其造像特点，《大日经义释》中记载："观作宝莲华台宝王宫殿，于中敷座，座上置白莲华台。以阿字门转作大日如来身，如阎浮檀紫摩金色。如菩萨形，首戴髮髻犹如冠形，通身放种种色光，被绡縠衣，此是首陀会天成最正觉之标帜也。"[④]可以看出，大日如来造像为菩萨形，身披纱或丝绸之衣。而该窟侧壁正中的造像身着袈裟，为佛装，因而肯定不是大日如来。至于此头戴披帛的坐佛，应属北传华严系统的"装饰佛"，其代表的是华严的卢舍那佛。"阿富汗华严义学的主尊为'宝冠如来'及其他以当时王者衣饰为主的所谓 '装饰佛'，伴随装饰佛出现的背景通常石窟窟顶是'十方佛'。"[⑤]该窟的侧壁正中坐佛两侧各有五列坐佛，表现得应是十方佛。尽管这十方佛没有绘制于石窟顶部，但其表达的内涵应该是相同的。

3. 主室前壁上方圆拱壁壁画内容

该壁画已被德国探险队剥走。下面根据他们发表的照片[⑥]对其进行描述，然后进行辨识。

画面正中为绘一交脚坐佛像，其头部上方绘树冠，其两侧各绘三身闻法菩萨，菩萨头上方亦绘树冠（图七）。

① 庄强华：《库木吐喇石窟总叙》，新疆维吾尔自治区文物管理委员会、库车县文物保管所、北京大学考古系编《中国石窟·库木吐喇石窟》，文物出版社，1992年，第264、265页。

② 现知的属于上述华严经本的回鹘文收藏于日本羽田明处、甘肃博物馆和敦煌研究院文献研究所。详情见杨富学：《回鹘之佛教》，新疆人民出版社，1998年，第107、108页。

③ 贾应逸：《印度到中国新疆的佛教艺术》，甘肃教育出版社，2002年，第343页。

④ 《大正藏》第23册，第313页。

⑤ 赖鹏举：《敦煌石窟造像思想研究》，文物出版社，2009年，第44页。

⑥ 阿尔伯特·冯·勒柯克、恩斯特·瓦尔德施密特著，管平、巫新华译：《新疆佛教艺术》，新疆教育出版社，2006年，第661页。

图五 库木吐喇石窟第9窟右甬道外侧壁

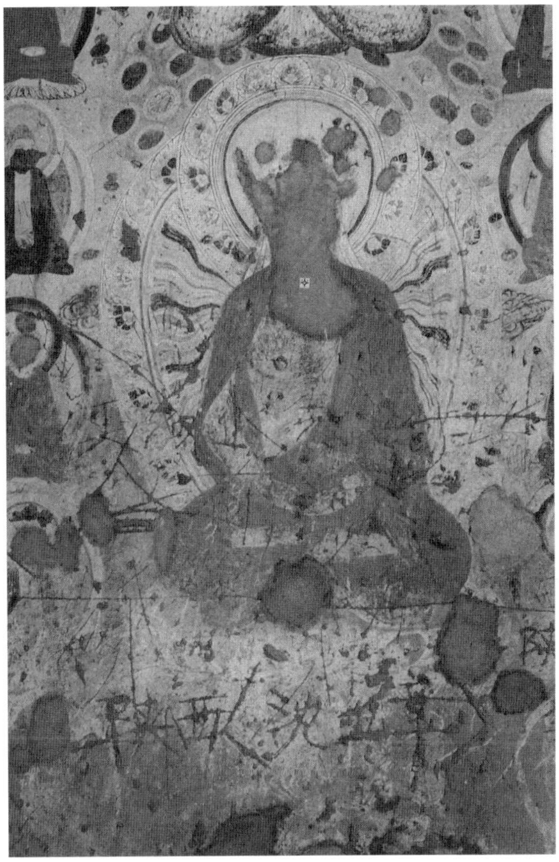

图六 库木吐石窟第45窟主室右侧壁正中卢舍那佛

图七 库木吐喇石窟第45窟主室前壁弥勒说法图

此画面与西晋月氏三藏竺法护译《佛说观弥勒菩萨下生经》的记载相吻合。“尔时去鸡头城不远，有道树名曰龙华，高一由旬，广五百步。时弥勒菩萨坐彼树下，成无上道果。……是时魔王将欲界无数人天，至弥勒佛所恭敬礼拜。弥勒圣尊与诸人天渐渐说法微妙之论。所谓论者，施论，戒论，生天之论。欲不净不净想，出要为妙。尔时弥勒见诸人民已发心欢喜，诸佛世尊常所说法苦集尽道，与诸天人广分别其义。尔时座上八万四千天子，诸尘垢尽，得法眼净。”[①]尽管经中没有提到弥勒的坐姿仪轨，但根据敦煌、云冈和龙门等地已明确的弥勒造像特征来看，倚坐或交脚坐，手

① 《大正藏》第14册，第421、422页。

作说法印是弥勒佛的特征[①]。因而，我们可以判断第45窟前壁圆拱壁上绘的是弥勒佛龙华说法图。

综上所述，我们可以断定第45窟主室正壁、券顶及侧壁是依据《大方广佛华严经》卷一《世主妙严品》绘制的华严经变，而主室前壁依据《佛说观弥勒菩萨下生经》所绘制的弥勒龙华说法，属三世佛系列，一方面延续了龟兹地区三世佛的信仰传统，另一方面也反映了这一时期龟兹地区的弥勒上生和下生信仰并存的状况。同时它也是此时期龟兹地区华严思想对三世佛思想融摄的具体反映。

4. 左、右和后甬道的壁画内容

后甬道前壁原绘涅槃变，画面简单，释迦牟尼位于画面下方，右胁而卧，身后绘5身天人立于娑罗树下（图八）。涅槃是龟兹地区的流行题材。该涅槃图画面布局、构成元素与龟兹本土非常相似，位置亦位于后甬道内，应该是龟兹地区涅槃信仰与艺术传统的继续，但左右后甬道的其他壁面均绘一佛一菩萨，其中依据榜题可以辨识的有右甬道外侧壁的“南无大势至菩萨”“南无阿弥陀佛”“南无观世音菩萨”和右甬道内侧壁的“南无释迦牟尼佛”。“南无大势至菩萨”“南无阿弥陀佛”“南无观世音菩萨”为大乘佛教西方净土三圣，代表了西方净土信仰，在此与涅槃图共同出现，反映了此窟涅槃图反映的应是大乘的涅槃观，即“常、乐、我、净”，并与净土等大乘信仰的融合。“南无释迦牟尼佛”由于没有其他可以辨识的佛名与菩萨名参考，其反映的大乘信仰已无法断定。涅槃与净土能够结合的渊源在于净土思想所反映的大乘法身观乃是大乘涅槃的本质，净土的性质即常、乐、我、净乃是涅槃的特征。根据有关学者的研究，大乘涅槃思想与净土的结合，在我国最早出现于我国河西地区的炳灵寺石窟[②]，后来逐渐东传，为敦煌北凉三窟继承，后来发展到北

图八　库木吐喇石窟第45窟后甬道前壁涅槃图

① 贺世哲：《敦煌图像研究 十六国北朝卷》，甘肃教育出版社，2006年，第15～29页。

② 赖鹏举：《丝路佛教的图像与禅法》第十一、十三章，圆光佛学研究所，2002年。

朝的中心柱窟，隋以后又发展出以经变表现两者结合的造像组合①。库木吐喇第45窟左右后甬道出现的造像情况应该是这种思想影响的结果。

库木吐喇第45窟还反映出龟兹地区华严思想统摄或代替涅槃思想的特点，这点我们可以从左右后甬道中的立佛及菩萨皆面向主室正壁主尊的情况看出。这也是中原汉传佛教唐以后的重大变化。涅槃思想为华严思想代替，肇始于北齐高僧僧稠开凿的小南海石窟中洞和大住窟中，这两窟造像结构相同，其中大住窟为三壁三龛，每龛各一坐佛，各有榜题。东壁为“弥勒佛”，西壁为“阿弥陀佛”。正壁佛像有“卢舍那佛”题刻②，反映出华严思想对涅槃思想的融摄。这种思想后来为唐初高僧杜顺发展，创造出以卢舍那佛统摄涅槃的禅法及石窟造像，这种情况我们也可以在敦煌莫高窟盛唐的第205窟中看到③。

小 结

（1）库木土喇第45窟是龟兹地区回鹘时期的典型洞窟，该洞窟的主尊为卢舍那佛，主室两侧壁亦绘出卢舍那佛。该窟主室券顶及前壁上方半圆壁面则绘出十方三世佛，左右后甬道除后甬道前壁外，绘出立佛立菩萨，其中有榜题的可见阿弥陀佛等，体现出华严思想对十方三世佛观念的融摄，后甬道前壁绘涅槃图则体现出华严思想对涅槃思想的融汇。

（2）库木吐喇第45窟开凿于10世纪，其反映的上述佛教思想特点，是中原汉化佛教东传的结果，反映出宋元时期西域与中原、回鹘文化与汉文化的交流和融合。

The Study of Cave 45 of Kumtura Grottoes

Miao Lihui

(Kucha Academy of Xinjiang)

Cave 45 of Kumtura Grottoes, a respective of Uighur Period of ancient Kucha, embodies integration of ideas, including Hua Yan-Thought, ten directions and three periods Buddhas and Nirvana, and it is the result of flowing back of Han Buddhism and culture exchanging between Uighur and Han, or Western Region and Central Plains.

① 赖鹏举：《敦煌石窟造像思想研究》第四、五章，文物出版社，2009年。

② 赖鹏举：《丝路佛教的图像与禅法》，圆光佛学研究所，2002年，第236页。

③ 赖鹏举：《敦煌石窟造像思想研究》，文物出版社，2009年，第176页。

后　记

我国已故著名学者季羡林先生曾说："世界上历史悠久、地域广阔、自成体系、影响深远的文化体系只有四个：中国、印度、希腊、伊斯兰。而这四个文化体系汇流的地方只有一个，这就是中国的敦煌和新疆地区。"位于丝绸之路北道的龟兹地区正是这四种文化的交汇之地，龟兹文化正是东西方文化融合的产物。龟兹在本土传统文化的基础上，除了吸收中国内地、印度、希腊文化外，还曾受到古代两河流域文明的深刻影响。正是对上述多种文化的兼收并蓄，碰撞与交流，使得古代龟兹创造了风格独特、灿烂多彩的艺术文化。

龟兹不仅深深地吸引着国内外众多的专家学者，而且也受到各级领导的关心和瞩目。2010年7月9日，克孜尔千佛洞迎来了刚刚主政新疆两个多月的张春贤书记。在参观完部分洞窟后，春贤书记在鸠摩罗什铜像前，给我们作了即兴讲话。春贤书记说："我看了洞窟中的天相图后，很受启发，天相图的首尾都是太阳和月亮。中原文化、东南文化、区域文化的共同理想都是对接太阳、对接天堂，追求美好，这是共同的。各地的文化不论以什么方式，都是要追求登高，朝最高处对接天堂，即追求美好。追求天堂、追求美好的生活靠什么实现呢？这需要一个载体，克孜尔是金翅鸟，还有些地方是太阳神鸟。我们现在是要建设新疆、建设美好家园，十年以后把新疆建设成和全国同步进入小康社会的一个地区，要靠工业化、新型城镇化、农牧业现代化，这些都是载体，靠思想、靠载体实现我们的理想。人要有追求和理想，我们的理想当然是共产主义。"春贤书记接着说："洞窟中的券顶和西方的哥特式教堂拱顶相似，而我们的洞窟是公元3世纪的，其时代比西方的教堂要早得多。不单单是文化，建筑等多方面在周边都体现了我们灿烂的古文明和优秀传统。我们要好好挖掘它、珍惜它、热爱它。第8窟的佩剑供养人，其实就是参与洞窟的建设者，他们的衣服是紧袖的，克孜尔石窟见证了一段文化融合的历史。我们中华民族大家庭是个多民族融合的大家庭，是各民族共同建设的大家庭。我们现在的服装是少数民族带进来的，主要是北魏时期。北魏的孝文帝是个很有作为的皇帝，我们民族融合是从鲜卑族这个皇帝开始的，他推行汉制，让高官取汉名，和汉族通婚，并把他们的习惯带进中原文化。过去的汉族穿水袖长袍和开裆裤，后来受马背上的民族影响，才改为紧袖和合裆裤的，这些都是民族融合的产物。我们的民族必须要融合，把我们各民族最优秀的文化融合为一体，形成现代文明，传承优秀文明，这个地区将来才有长远竞争力，人们才具备良好素质和有品位的素质，才是优秀的、有品位的民族。这些都要在研究当中，在传承当中，通过成果和展示，通过赵莉院长他们的研究成果来告诉世人、教育世人，发扬光大。另外，透过历史来佐证中华民族是个大家庭，赵莉院长和大家所做的工作很有意义，很光荣。克孜尔千佛洞这个地方奇峰俊石，适宜研究佛教文化。……我们一方面要加强这个专业领域的高精尖研究，另一方面还要发扬多学科研究。所谓高精尖研究就是要支持像赵莉院长这样深入的研究。所谓多学科研究就要研究我们传统文化，要融合起来研究如何为现代文化服务，这些将来都要考虑。……龟兹地区文化博大精深，历经沧桑，无论从文物和研究来说都是藏龙卧虎之地，赵院长你们好好研究，自治区先拨出50万经费资助你的研究。志杰秘书长回去协调，把这12公里的旅游道路修好。让更多的人来参观这个值得参观、值得学习、值得研究、值得进修的地方。”（张春贤书记的讲话根据现场录音整理）春贤书记的讲话，高屋建瓴、立意深远、内涵丰富、思想深刻。

在春贤书记考察克孜尔千佛洞之后不久，50万元的研究专项经费很快就拨付下来了。为了贯彻春贤书记的讲话精神，新疆龟兹研究院决定联合北京大学中国古代史研究中心，于2011年8月在克孜尔千佛洞组织召开以“龟兹石窟保护与研究”为议题的国际学术研讨会，以推动龟兹石窟的保护和研究。由于没有从新疆维吾尔自治区财政申请到会议专项经费，研究院决定启用春贤书记拨付的50万元。此外，由北京大学的荣新江教授和我们一起向敦煌石窟保护研究基金会申请了15万元，弥补了会议经费不足的部分。由于种种原因，直至6月底我们才得到了相关部门准许召开会议的批件，国内外专家学者接到正式邀请到参会所剩时间非常短暂。因此，大部分学者是带着论文提要来参加此次学术研讨会的。在接下来的四年多当中，我们开始了漫长而艰难的催促和等待论文全文的过程……

这50万元的科研经费虽然没有用于“高精尖研究”，但却发挥出了更大的经济支撑作用，为国内外更多的专家学者对龟兹石窟的保护和研究提供了一个交流和学习的平台，对进一步弘扬民族优秀文化、开展国际间的交流合作、推动西域学和龟兹学的开拓与发展，产生了广泛而深远的影响。正如鸠摩罗什的偈颂所言：“心山育明德 流薰万由延 哀鸾孤桐上 清音彻九天。”

在新疆维吾尔自治区党委和自治区人民政府的大力支持下，在自治区文化厅、自治区交通厅和阿克苏地区交通局的关心和帮助下，2012年7月，克孜尔千佛洞旅游专线得以顺利贯通。这条公路方便了更多的专家和游客前往千佛洞参观考察，推动了龟兹石窟的宣传力度和龟兹文化的传播速度，进一步提升了克孜尔等龟兹石窟的影响力和知名度，在保护和传承龟兹历史文脉中造就了龟兹文化品牌；同时，也在一定程度上带动了当地旅游经济的发展，造福各族人民群众。

2014年6月，克孜尔千佛洞被列为世界文化遗产名录。

当前，国家提出“一带一路”的发展战略，新疆作为这一战略的桥头堡，机遇难得，责任重大。“一带一路”既是商贸之路、和平之路，更是文化对话之路。新疆文化是多元文化融合的代表，我们积极研究和宣传新疆文化，加强同各国学界的交流与合作，做到文化先行，就是为配合和宣传国家“一带一路”战略服务。希望本论文集能发挥这样的作用。

在此，向春贤书记和所有支持龟兹文化保护和研究的各级领导以及国内外专家学者表示崇高的致敬和由衷的感谢！ 我们还要感谢科学出版社和责任编辑的辛勤工作，谢谢你们一如既往的坚持和努力！也为论文集的姗姗来迟向大家表示诚挚的歉意！

赵　莉

2015年12月31日

图版1　与会代表合影（郭峰 摄）

图版2　开幕式（张婷 摄）

图版3　会场情况（郭峰 摄）

图版4　黄克忠研究员在演讲（向敏 摄）

图版5　佐藤一郎在演讲（向敏 摄）

图版6　会场情况（郭峰 摄）

图版7　会场讨论（高峰 摄）

图版8　分会场（向敏 摄）

图版9　篝火晚餐（向敏 摄）

图版10　石窟考察（郭峰 摄）

图版11　克孜尔石窟谷西区外景（王建林 摄）

图版12　莫高窟第85窟3D病害图

（王旭东《基于〈中国文物古迹保护准则〉的壁画保护方法论探索与实践》）

图版13 (Plate 13)　Mural painting from Kizil Cave 8 (MIK III 8426), Asian Art Museum, Berlin

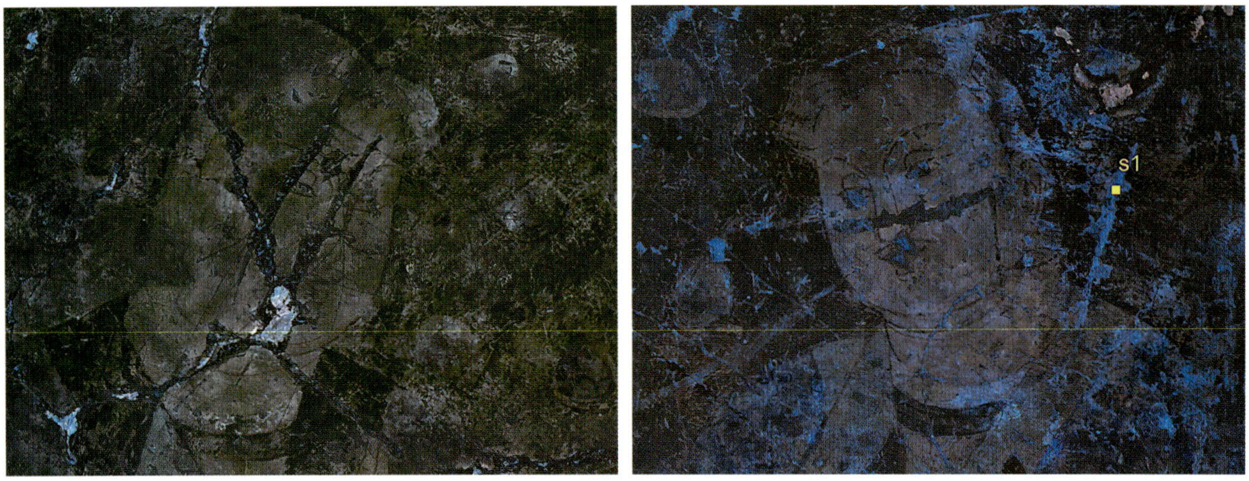

a. fragment MIK III 8425　　b. fragment MIK III 8426

图版14 (Plate 14)　Differentiation of two types of fragments, those consolidated with Calaton (a) and those treated with Caparol-Binder (b), Asian Art Museum, Berlin

a. VIS picture　　b. IR picture

图版15 (Plate 15)　Detail of fragment MIK III 8425 from Kizil Cave 8, Asian Art Museum, Berlin

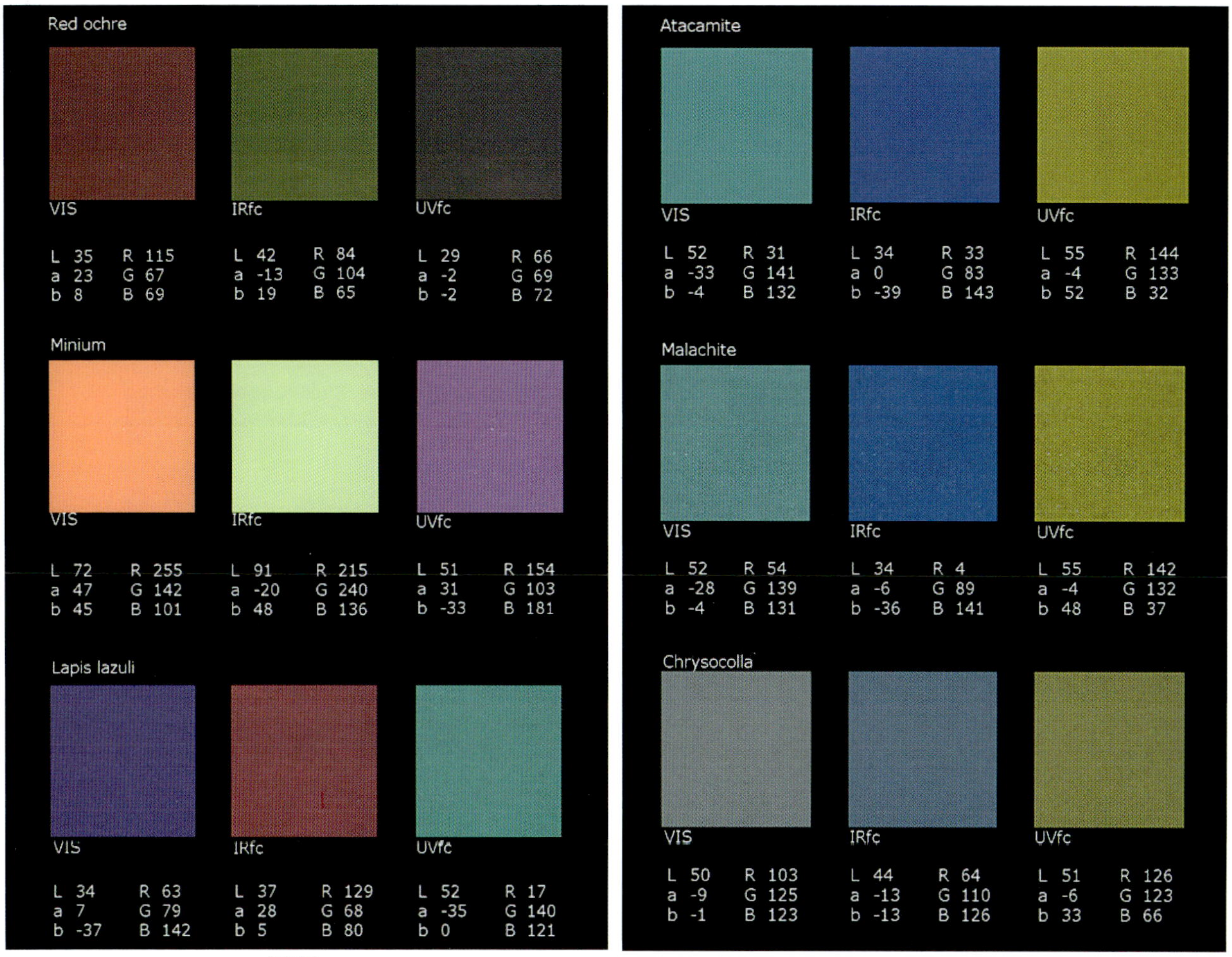

图版16 (Plate 16) Multispectral imaging of reference materials, a^* and b^* coordinates are independent of the luminance L^* (CIELab color system)

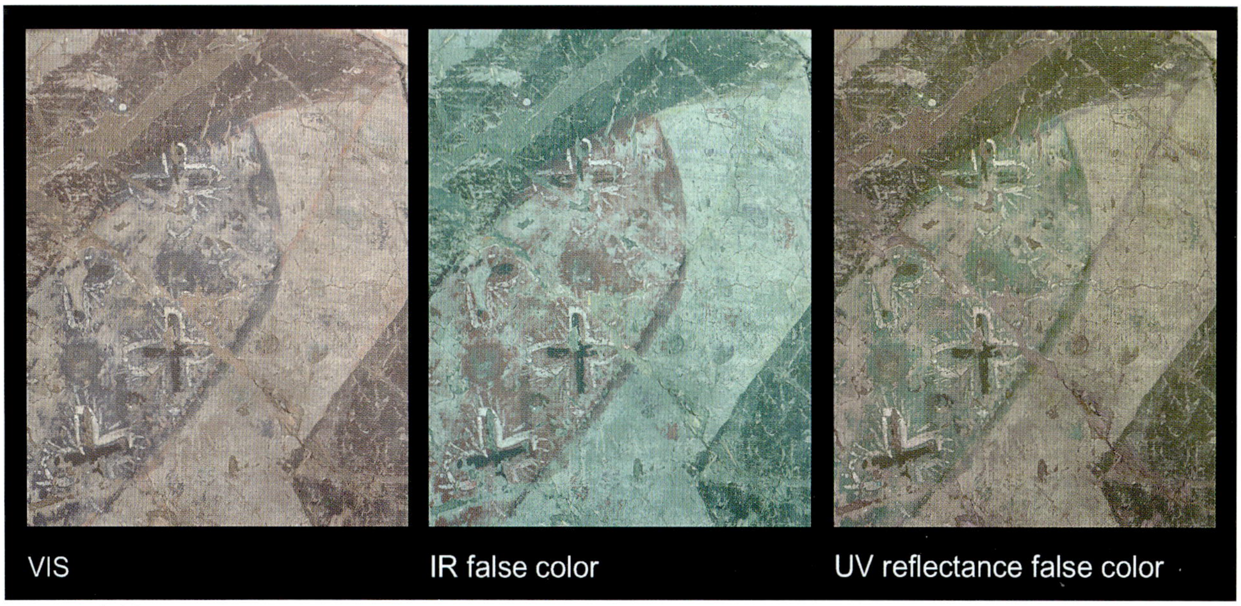

图版17 (Plate 17) Multispectral imaging of fragment MIK III 8426, Asian Art Museum, Berlin

图版18 (Plate 18)　Mural painting from Kizil Cave 8 (Detail of MIK III 8426) with sampling locations. Table 3 gives a description of the samples taken

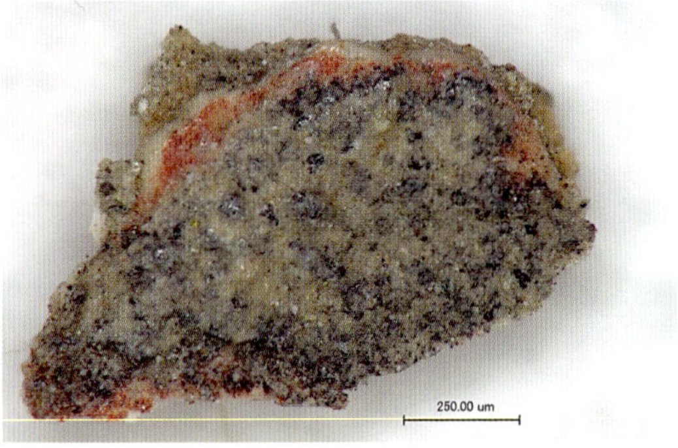

a. before the embedding

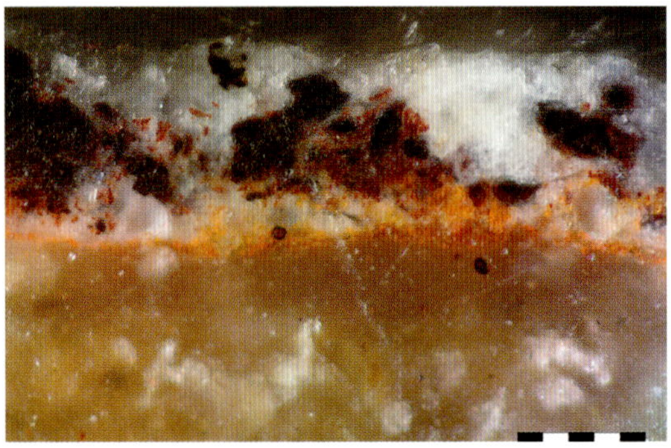

b. VIS photograph of the cross-section

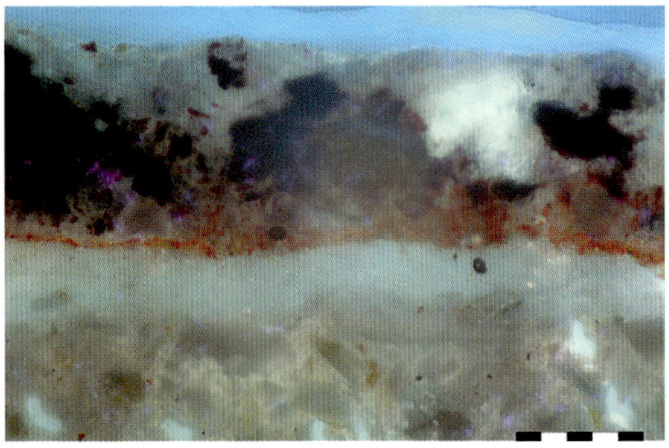

c. UV photograph of the cross-section

图版19 (Plate 19)　Microscopic documentation of sample s3

a. before the embedding

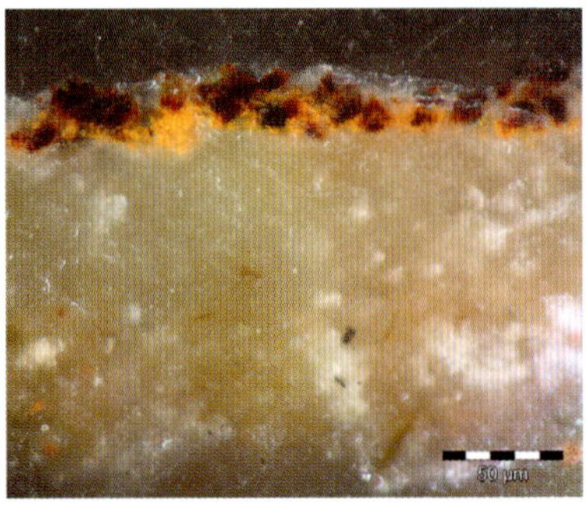

b. VIS photograph of the cross-section

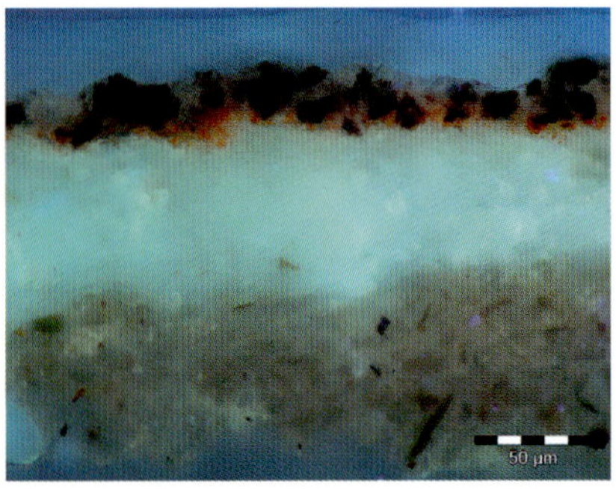

c. UV photograph of the cross-section

图版20 (Plate 20)　Microscopic documentation of sample s4

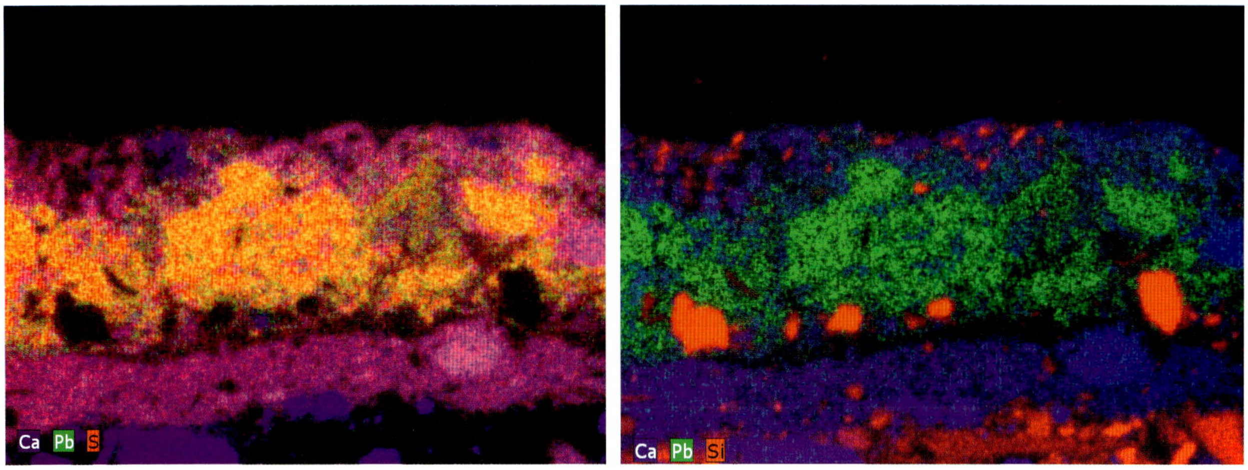

a. mapping of the elements Ca, Pb (L-line) and S (K-line)　　b. mapping of the elements Ca, Si and Al

图版21 (Plate 21)　ESEM/EDX of sample s3

a. the circular decoration on the blue garment　　b. Sample s5, UV photograph of the cross-section

图版22 (Plate 22)　The graying of the painting layer shows clear delimitation

a　　b

图版23 (Plate 23)　a) Detail of a in situ wall painting with b) photograph of sample s6 with a visible grayish layer covering the brown paint layer

[图版13～23（Plate 13～23），见Ellen Egel, Stefan Simon, "The Graying Phenomenon on Mural Paintings from Cave 8, Kizil, Xinjiang, China"]

图版24 (Plate 24) Mural paintings from the ceiling covered by soot crust

图版25 (Plate 25) Mural paintings from Cave 40, Simsim, Asian Art Museum, Berlin (photo: Birgit Schmidt)

图版26 (Plate 26) Measured area by means of μ-XRF (photo: Birgit Schmidt)

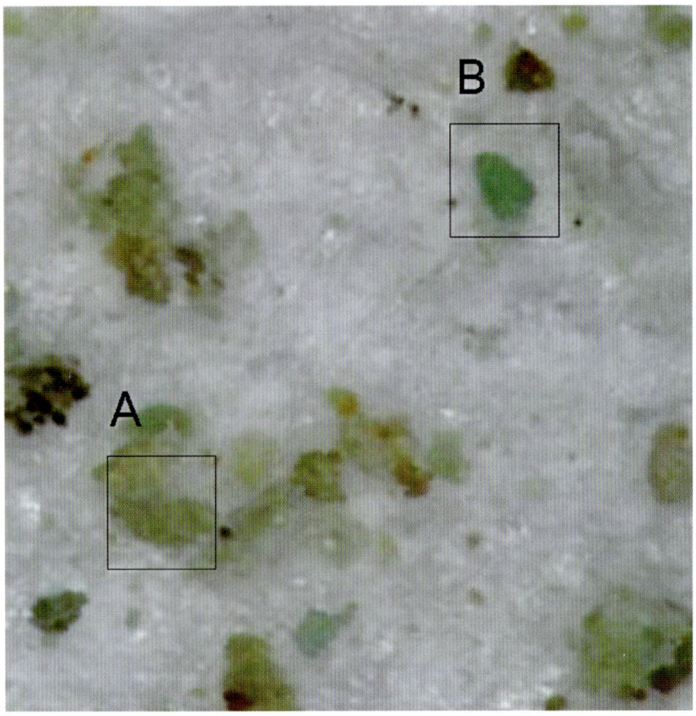

图版27 (Plate 27) Inhomogeneous composition of the green color. At least two different green tones can be distinguished

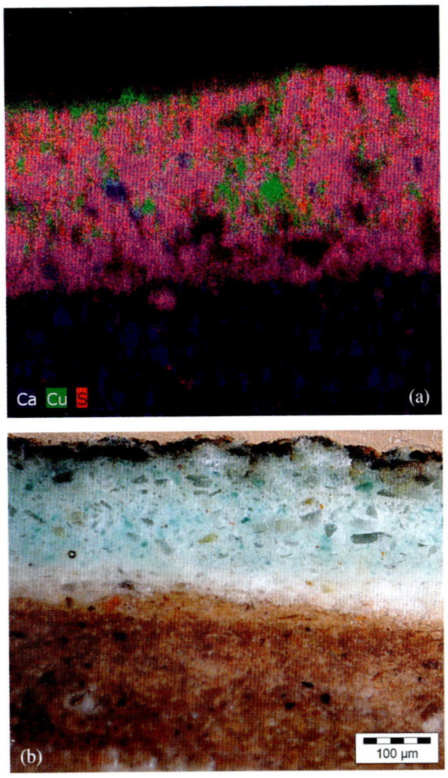

图版28 (Plate 28) a) Cross-section of the green paint sample (photo: Birgit Schmidt) and b) distribution of the elements calcium (Ca), sulfur (S) and copper (Cu) trough the cross-section. The green copper pigments were mixed with gypsum

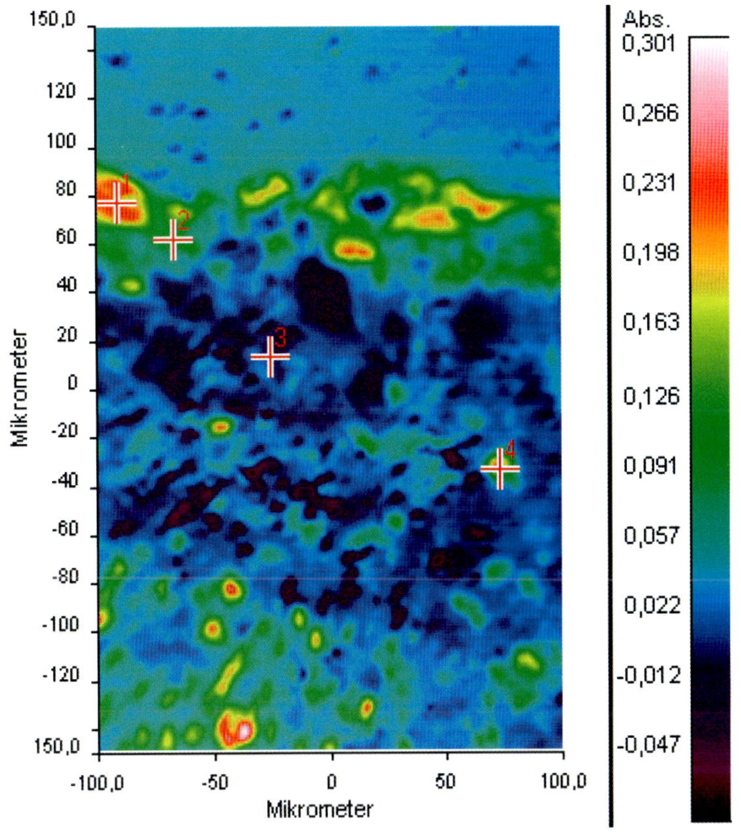

图版29 (Plate 29) ATR-FTIR image of the cross section at 1360 cm^{1}

a. ultramarine (colonization rate: 4)

b. minium (rate 4)

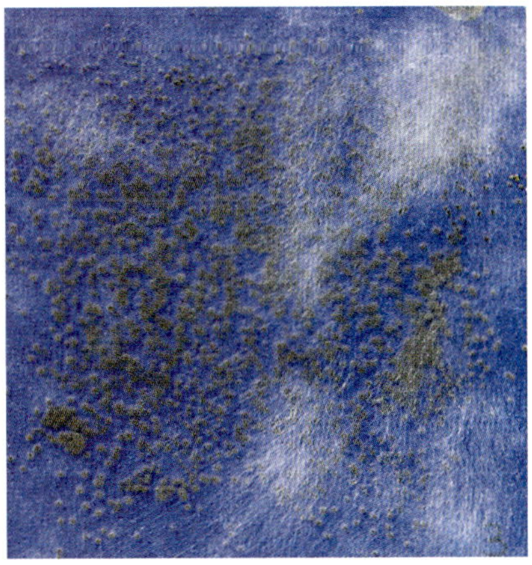

c.malachite (rate 2-3)

图版30 (Plate 30) Wall paintings mock-ups with visible mould growth

[图版24 ~ 30（Plate 24 ~ 30）, 见Ellen Egel,Stefan Simon, “Technological Studies of Copper Pigments and Degradation Products in Cave 40, Simsim, Xinjiang, China”]

石绿　石青　赭石　朱砂

大漆　大漆+朱砂　大漆+石青　大漆+赭石　大漆+石绿

图版31 四种矿物颜料粉末及大漆彩绘膜

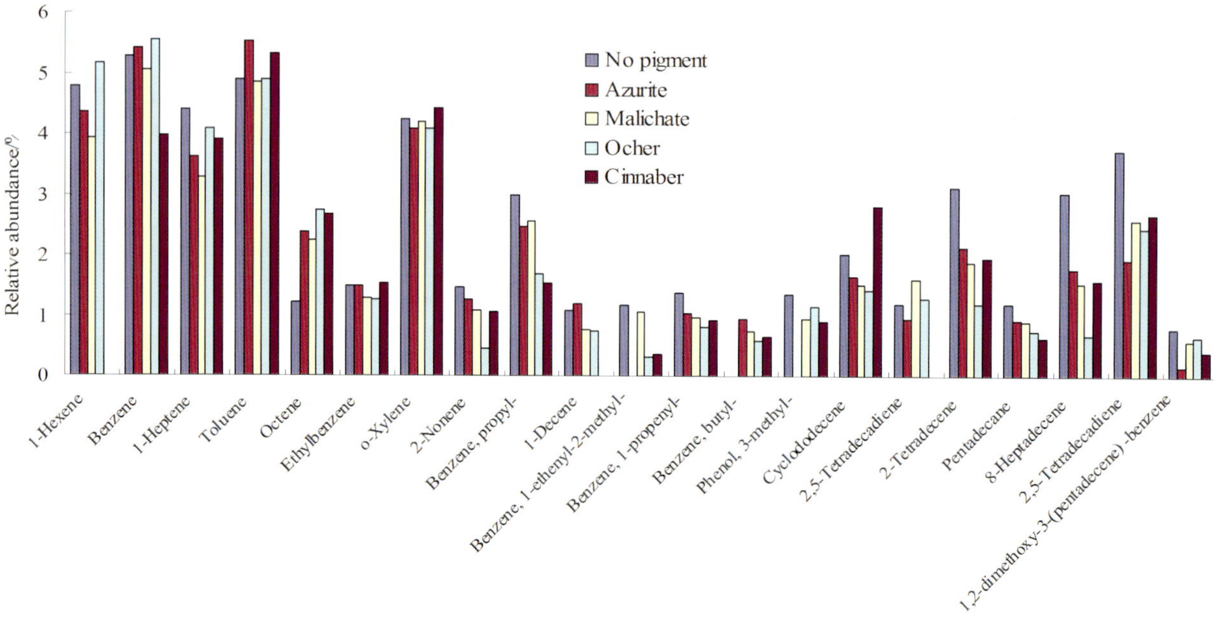

图版32　颜料对主要组分监测分析的影响

（图版31～32，见王娜等《中国古代彩绘中大漆黏合剂的Py-GC/MS识别及颜料对检测的影响》）

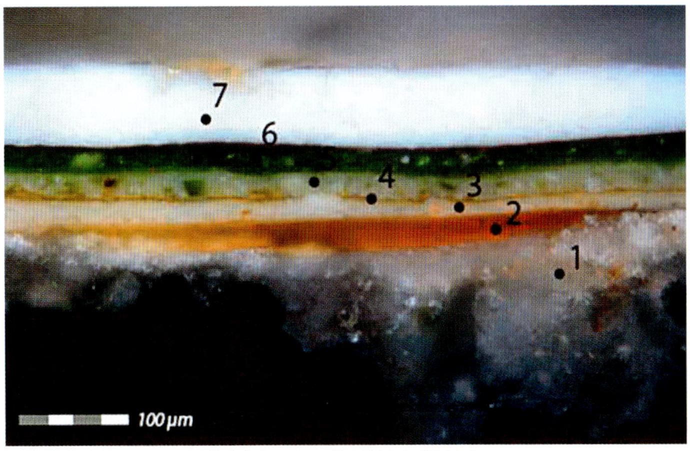

图版33　壁画的颜料层

（梁涛《龟兹石窟壁画的病害类型及成因初步分析》）

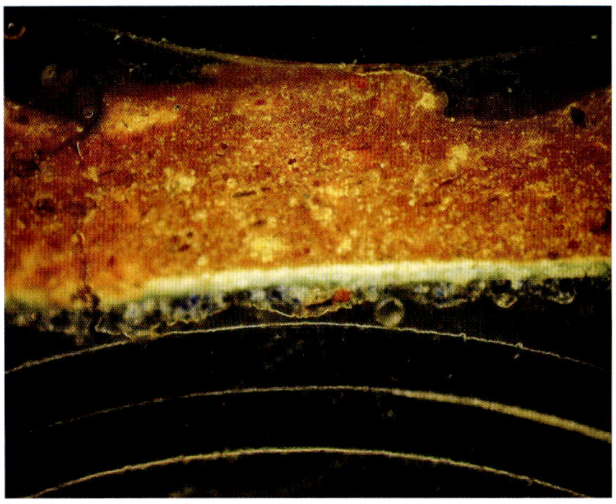

图版34　森木塞姆第30窟壁画蓝色颜料剖面显微分析

（叶梅《森木塞姆石窟壁画主要病害及保护对策》）

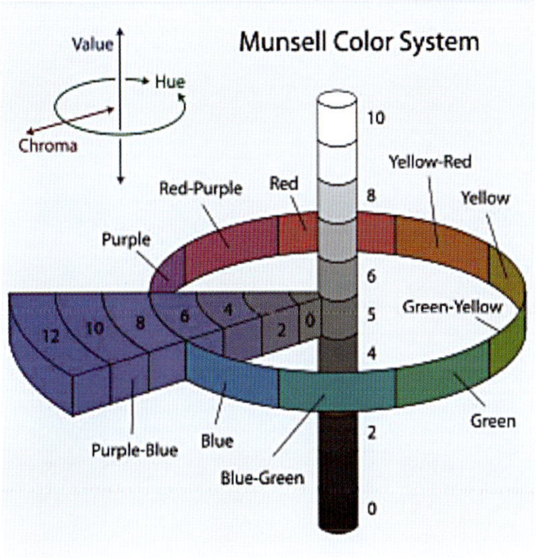

图版35 (Plate 35)　Concept of the Munsell color system

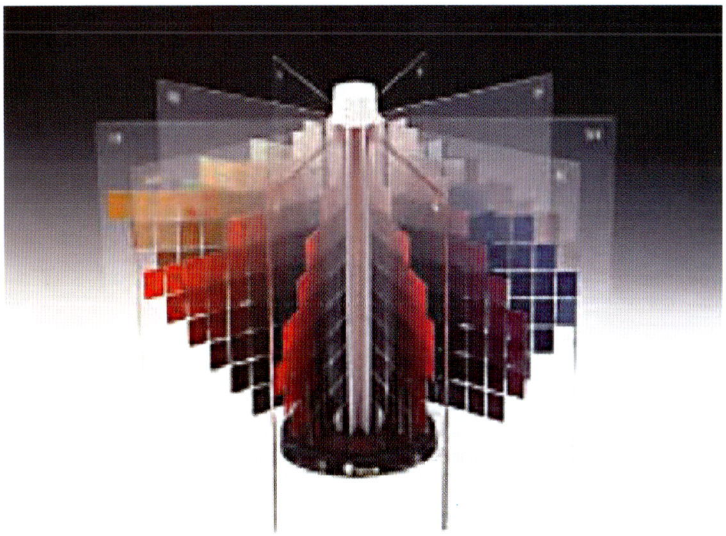

图版36 (Plate 36)　Munsell color solid structure

图版37 (Plate 37)　Munsell color system page 5 PB

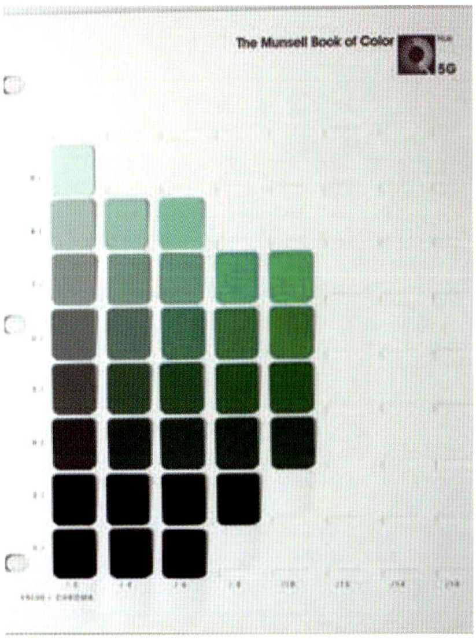

图版38 (Plate 38)　Munsell color system page 5G

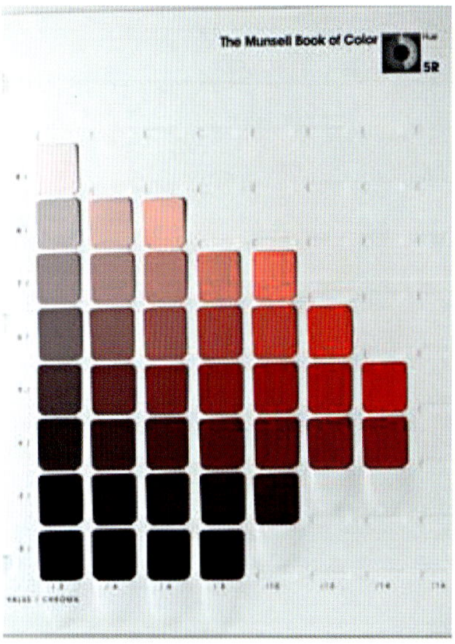

图版39 (Plate 39)　Munsell color system page 5R

(Mural part)	(Munsell color chart number)	(Pigment)	(Color chart)
Green hues			
Background	7.5G7/4	Atacamite	
Inside halo of Buddha's head	7.5G7/4		
Brown hues			
Halo	10R5/4	Earth pigment	
Outline of body	10R3/6		
Color of base material	10R6/2		
Blue hues			
Hair on head	7.5PB4/10	Lapis lazuli	
Center of halo (deep)	7.5PB4/10		
Halo (light)	7.5PB6/8		
Surface of water (light)	7.5PB6/8		
Fabric around waist	7.5PB4/10		
White hues			
White skin of Buddha	RY9/5YR	White pigment	
Skin of standing person	RY8/10YR		
Mountain design part	RY7/5YR		
Gray part of halo	RY8/5YR		
Black hues			
Clothes	RY3/10R	Black pigment	
Boat	RY3/5R		
Canopy	RY4/10R		
Mountain design part	RY5/10Y		

图版40 (Plate40)　Kizil Cave 38
(Cave of Musicians)

(Mural part)	(Munsell color chart number)	(Pigment)	(Color chart)
Green hues			
Person on right, throw fabric	7.5G7/2	Atacamite	
Person on right, dark part of throw fabric	7.5G7/4		
Mountain design on lower left side	7.5G7/2		
Reddish brown hue			
Outline	10R4/6	Earth pigment	
Dark outline of fabric covering mother on left	10R3/6		
Blue hues			
Head of person standing on right	7.5PB4/10	Lapis lazuli	
Fabric around waist of person standing on right	7.5PB4/10		
Mother's breast on left	7.5PB4/10		
Mother's legs on left	7.5PB4/10		
Mother's body on left	7.5PB5/6		
Mountain design on lower right	7.5PB5/8		
Vegetation of upper part	7.5PB4/2		
Dark part of vegetation on upper part	7.5PB3/2		
White hues			
Skin of person standing on right side	10YR8/2	White pigment	
Skin of mother on left side	10YR8/2		
Skin of baby	10YR8/2		
White spots on flowers on upper side	R-Y9/10Y		
White spots on flowers in mountain design on lower right	R-Y9/10Y		
Mother's legs	10YR7/2		
Halo of person standing on right side	10YR7/2		
Black hues			
Dark background on left side	R-Y3/5YR	Black pigment	
Shoulder of mother on left side	R-Y3/5YR		
Slightly lighter background on upper right	R-Y4/10R		
Background on left side	R-Y5/5YR		

图版41 (Plate41)　Kizil Cave 38
(Cave of Musicians)

(Mural part)	(Munsell color chart number)	(Pigment)	(Color chart)
Green hues			
Arch	7.5G7/2	Atacamite	
Throw fabric on mother	7.5G7/2		
Mountain design on lower right	7.5G7/2		
Reddish brown hue			
Person on left, outline	10R3/6	Earth pigment	
Outline of arch on right	10R4/10		
Light outline of mother and child on right	10R4/10		
Blue hues			
Hair of mother on right	7.5PB4/10	Lapis lazuli	
Blue in arch part	7.5PB4/10		
Mountain design on lower left	7.5PB4/10		
Dark blue on upper left side of arch	7.5PB3/2		
Person on left, left side	7.5PB3/2		
Outline of mountain design	7.5PB3/2		
Right side of arch	7.5PB6/2		
Person on left, skin, grayish blue lapis ash	7.5PB5/4		
blue lapis ash	7.5PB5/4		
White hues			
Skin of mother on right	10R7/2	White pigment	
Skin of children	10R7/2		
Base of arch	2.5Y9/2		
Waistband of mother on right	2.5Y9/2		
Person on left, throw fabric	2.5Y9/2		
White ribbon inside mountain design on lower left	2.5Y9/2		
Background gray	7.5Y7/2		

图版42 (Plate42) Kizil Cave 38
(Cave of Musicians)

(Mural part)	(Munsell color chart number)	(Pigment)	(Color chart)
Green hues			
Legs of person on left	7.5G7/2	Atacamite	
Behind Buddha in center	7.5G7/2		
Legs of person on left	7.5G6/2		
Blue hues			
Legs of white person on left side	5PB4/4	Lapis lazuli	
Strong blue in upper design on lunetta	5PB3/4		
Center on necklace of Buddha in center	5PB3/4		
Legs of person on right	5PB4/4		
Fabric on legs of Buddha in center	5PB5/4		
Brown hues			
Bracelets	10R3/4	Earth pigment	
Thin lines on legs	10R3/4		
Outline of people	10R4/8		
Drawings on skin	10R4/8		
Dark brownish edge of lower part of lunetta	10YR3/2		
Light brownish edge of lower part of lunetta	10YR4/2		
White hues			
Gray person on left, light parts of skin	R-Y6/5R	White pigment	
Gray person on left, dark parts of skin	R-Y6/10R		
Gray person on right and center, dark parts of skin	R-Y5/10R		
Gray person on right and center, light parts of skin	R-Y7/5R		
Gray person on right edge, skin	R-Y7/2R		
Gray people, white eyes and nose	R-Y9/10Y		
White halo	R-Y9/10YR		
Black hues			
Lower part of lunetta	R-Y2/10R	Black pigment	
Color of base soil of entire piece (light)	10YR6/2		
Color of base soil of entire piece (dark)	10YR5/2		

图版43 (Plate43) Kizil Cave 224
(Maya Cave，Site3)

(Mural part)	(Munsell color chart number)	(Pigment)	(Color chart)
Green hues			
Buddha halo	5BG8/2	Atacamite	
Person standing on left side, throw fabric	5BG8/2		
Running water lower part	5BG8/2		
White hues			
Skin of Buddha	10R8/2	White pigment	
Skin of Nanda on lower right	10R8/2		
Reddish brown hue			
Red clothes of Buddha	10RP4/4	Earth pigment	
Person standing on left side, fabric around waist (light)	7.5R5/6		
Person standing on left side, fabric around waist (dark)	7.5R4/6		
Person standing on left side, skin	2.5YR6/2~6/4		
Person standing on right side, skin	7.5YR7/2		
Person standing on right side, clothes	2.5YR6/4		
Clothes of Nanda on lower right	10RP4/4		
Acanthus leaf design on right (dark)	2.5YR6/4		
Acanthus leaf design on right (light)	2.5YR5/4		
Gray hues			
Color of base soil on upper part	10YR6/4		
Bluish gray base color on lower left	10YR6/2		
Base of honeycomb design on seat of Buddha	R-Y5/10Y		
Background (dark)	R-Y4/10Y		
Black hues			
Black hair of person standing on left side	R-Y4/10Y	Black pigment	
Black background of Acanthus design on right	N2/5		
Edges of running water at bottom	R-Y4/10Y		

图版44 (Plate44)　Kizil Cave 77
(Statue Cave)

(Mural part)	(Munsell color chart number)	(Pigment)	(Color chart)
Green hues			
Roof decoration	7.5GY6/4	Atacamite	
Upper part of left column	2.5BG6/4		
Light parts of building wall	2.5BG6/4		
Dark parts of building wall	10GY4/4		
Halo	7.5GY6/4		
Blue hues			
Upper part of column	7.5PB4/10	Lapis lazuli	
Lower left part of column	7.5PB4/6		
Upper arch window of building	7.5PB4/6		
Lower left rectangular part of building	7.5PB4/6		
Roof	5PB5/4		
Halo	7.5PB4/6		
Background sky (Gray of peeled parts)	7.5PB6/2		
Background sky (Gray of peeled parts)	5PB5/2		
Brown hue			
Left column	10R3/4	Earth pigment	
Person on left, brownish line on hand	10R3/4		
Gray hues			
Building wall	R-Y8/10YR		
Person on right (eyes, nose, eyebrows)	R-Y8/10YR		
Person on right (face, neck)	P-RP5/5RP		
Person on right (hands, body)	P-RP6/5RP		
Halo	P-RP6/5RP		
Person on left, hands	P-RP 5/5RP		
Person on left	P-RP6/5RP		
Lower right edge	P-RP6/5RP		
Upper layer soil of wall	5YR7/2		
Peeled part in center of picture	10YR7/2		
White hues			
White dot decoration of roof	N9/25	White pigment	
Black hues			
Black background	R-Y3/10YR	Black pigment	

图版45 (Plate45)　Kizil Cave 224
(Maya Cave，Site 3)

(Mural part)	(Munsell color chart number)	(Pigment)	(Color chart)
Blue hues			
Person on left, blue fabric on shoulder	5PB5/4	Lapis lazuli	
Person on left, blue fabric at side of waist	5PB4/4		
Person on left, thin fabric on legs	5PB6/2		
Person on left, blue decorative string	5PB5/4		
Rhombic design on bottom edge	5PB5/4		
Person on right, breastplate	5PB4/4		
Person on right, fabric around waist	5PB6/4		
Person on right, skirt	5PB5/4		
Blue dots in lower background	5PB5/4		
Center of upper flower design	5PB3/4		
Blue of right edge	5PB4/4		
Green hues			
Person on left, halo	7.5G7/4	Atacamite	
Person on left, ball on chest	7.5G7/4		
Person on left, waistband	7.5G7/4		
Person on left, waistband, dark part	7.5G6/2		
Person on right, halo	7.5G6/2		
Person on right, fabric on stomach	7.5G6/2		
Left side of rhombic edge design at bottom	7.5G5/2		
Right side of rhombic edge design at bottom	7.5G6/4		
Green inside white dot design	7.5G6/2		

(Mural part)	(Munsell color chart number)	(Pigment)	(Color chart)
Reddish brown hue			
Outline of people's handsand face	5YR5/8	Earth pigment	
Person on left and right, necklace, string	10R3/4		
Person on left and right, arm accessories and necklace	10R3/2		
Upper arm accessory	10R4/2		
Hair band and stem of accessory on bangs	10R3/4		
Person on left, bells on waist (yellow)	5YR7/6		
Upper left edge (light)	10R3/6		
Upper left edge (dark)	10R4/6		
Uneven part of background on left	10R5/2		
Background (dark)	10YR4/2		
Background (light)	10YR5/2		
Rhombic design on bottom edge	10YR4/2		
Person on left and right, reddish gray inside halo	7.5R6/2		
Person on left and right, halo red lines	10R5/4		
Person on right, light part of skin	10R5/2		
Person on right, dark part of skin	10R4/2		
Person on right, deep colored part of clothes	10YR4/2		
Color of base material	7.5R6/2		
White hues			
Person on left, face and chest	10YR8/2	White pigment	
Person on left, lower body	10YR7/2		
White dot design on left side on background raised white parts	N9		
Black hues			
Person on right, fabric on waist	N2/25	Black pigment	
Person on left, lower decorative string A	10Y6/2		
Above person on left and decorative string of person on right B	10Y5/2		
Person on left, coiled hair in back	10Y5/2		
Light part of upper flower design, gray	10YR6/2		

图版46 (Plate46) Kizil Cave 171

(Mural part)	(Munsell color chart number)	(Pigment)	(Color chart)
Green hues			
Person in center and on left, halo	5GY7/4	Atacamite	
Person on right, background green	5GY8/4		
Blue hues			
Person in center and on right, upper background	5PB5/4	Lapis lazuli	
Person on right, skin (face, light part of shoulders)	5PB7/2		
Person on left, shoulder fabric	5PB6/2		
Gray, beige hues			
Person in center, halo	10YR8/2		
Person on left, skin	7.5YR9/2		
Person on left, neck band	2.5YR6/2		
Person on left, background	7.5PB4/6		
Person in center, accessory on bangs	R-Y6/10YR		
Person in center, skin and chest	R-Y5/10YR		
Person in center, light part of background on upper right side	10RY8/2		
Person on right, light part of background on upper left side	10YR8/2		
Person on right, dark part on back of head	R-Y4/10R		
Person on right, skin, chest, hands	5PB6/2		
Person on right, edge of clothes	2.5YR6/2		
Reddish brown hue			
Person on left, arm accessory	10R3/4	Caput Mortuum	
Person on left, triangular corner below right elbow	7.5YR5/6	Light red	
Person on right and center, accessory	10RP3/2		
Brownish part of mesh on center and lower left	7.5YR 5/8		
Person on right, left outline	7.5YR5/10		
White hues			
Person on left, skin	10YR9/2	White pigment	
Person on left, skin (deep color), upper left corner	7.5Y9/2		
Person on left, hair accessory	R-Y9/5Y		
Person in center, lotus hair accessory	10YR9/2		
Person in center, white lines of eyes, eyebrows, nose and mouth	R-Y9/5Y	White pigment	
Person in center, halo white design	R-Y9/5Y		
Person on right, white lines of eyebrows and nose	R-Y9/5Y		
Person on right, white clothes	10YR9/2		
White part of mesh on center and lower left	10YR8/4		
Black hues			
Dark striped on left side of background	R-Y3/10R	Black pigment	
Person in center, front part of head	R-Y4/10R		
Person on right, dark part behind head	R-Y4/10R		

图版47 (Plate47)　Kizil Cave 224
(Maya Cave，Site 3)

(Mural part)	(Munsell color chart number)	(Pigment)	(Color chart)
Blue hues			
Hair	7.5PB4/6	Lapis lazuli	
Petals	7.5PB4/6		
Green hues			
Person's clothes	7.5GY6/4	Atacamite	
Lower left corner	7.5GY6/4		
Lower right	7.5GY6/4		
White hues			
White highlights(eyes, nose, eyebrows, neck band and earrings, flower petals)	R-Y9/5Y	White pigment	
White spots on background flower	R-Y9/5Y		
Lower right palm of hand	7.5YR8/2	White earth pigment dark gray	
Dark gray hues			
Skin	P-RP4/5RP	Dark pigment	
Skin (neck, dark part of arms)	P-RP3/5RP		
Upper right, petal gray	P-RP5/5RP		
Left side of face, petal	P-RP6/5RP		
Reddish brown hue			
Upper arm accessory	10R3/6	Iron oxide pigment	
Outline of person	10R3/6		
Black hues			
Black upper right corner of background	R-Y2/10R	Black pigment	
Edges of person's clothes, shoulders, and chest	5YR6/4	Earth pigment	
Upper layer soil of wall	5YR6/4		

图版48 (Plate48)　Kizil Cave 224
(Maya Cave，Site 3)

[图版35～48（Plate35～48），见Michiko Sato "Color Survey of the Kizil Murals Based on the Munsell Book of Color"]